KB231561

조선어독본 2

강진호 · 허재영 편

➲ 일러두기

1. 이 책은 발간 당시의 상태를 최대한 유지하고자 하였다.
2. 각 권에 수록된 '조선어과' 교과서는 다음과 같다.

<table>
<tr><th>권수</th><th>학교급</th><th>발행 시기</th><th>책명</th><th>수록 대상</th></tr>
<tr><td rowspan="4">1</td><td>보통학교</td><td>1911-13
(자구정정)</td><td>보통학교 학도용 조선어독본</td><td>권2, 4, 5, 6, 7, 8.</td></tr>
<tr><td rowspan="3">기타</td><td rowspan="3">기타</td><td>보통학교 고등과 조선어독본(1925)</td><td>권1, 권2</td></tr>
<tr><td>보통학교 학도용 한문독본(1911)</td><td>권2, 4</td></tr>
<tr><td>보통학교 한문독본(1925)</td><td>제5학년, 6학년용</td></tr>
<tr><td rowspan="4">2</td><td>보통학교</td><td>1913-20
(제1차)</td><td>보통학교 조선어급한문독본</td><td>권1, 2, 3, 4, 5, 6</td></tr>
<tr><td rowspan="3">보통학교,
간이학교</td><td rowspan="3">1939
(제7차)</td><td>초등조선어독본</td><td>권1, 권2</td></tr>
<tr><td>초등조선어독본 교사용</td><td>권1</td></tr>
<tr><td>간이학교 초등조선어독본</td><td>전</td></tr>
<tr><td rowspan="2">3</td><td>보통학교</td><td>1923-25
(제3차)</td><td>보통학교 조선어독본</td><td>권1, 2, 3, 4, 5, 6</td></tr>
<tr><td>보통학교</td><td>1933-35
(제4차)</td><td>보통학교 조선어독본</td><td>권1, 2, 3, 4, 5, 6</td></tr>
<tr><td rowspan="2">4</td><td>고등보통학교</td><td>1915-22
(제1차)</td><td>고등조선어급한문독본</td><td>권1, 2, 3, 4.</td></tr>
<tr><td>고등보통학교</td><td>1923-25
(제3차)</td><td>신편 고등조선어급한문독본</td><td>권1, 2, 3, 4, 5</td></tr>
<tr><td rowspan="2">5</td><td>고등보통학교</td><td>1933-35
(제4차)</td><td>중등교육 조선어급한문독본</td><td>권1, 2, 3, 4, 5</td></tr>
<tr><td>여자고등보통학교</td><td>1923-25
(제3차)</td><td>여자 고등조선어독본</td><td>권1, 2, 3, 4</td></tr>
</table>

- 목차 -

제1차 교육령기

제7차 교육령기

제1차 교육령기

普通學校朝鮮語及漢文讀本

卷1·2·3·4·5·6

朝鮮總督府編纂

普通學校朝鮮語及漢文讀本

卷一

緖言

一、本書는普通學校第一學年用朝鮮語及漢文科敎科書로編纂한者이라。

二、本書의各課는、生徒의能力을隨하야、練習을幷하야二三時間에敎授할者이라。

三、卷初에揭載한單語를敎授할때에는、爲先、生徒에게挿畫를指示하야、其名을言케하고、又此에對하야說明하고、問答한後에諺文을敎授할지니라。

四、單語의諺文中、□匡內에在한者는敎授치말지라。

五、本書는挿畫를特히多히한바、生徒로臨寫케하기爲하야、略畫를挿入

[illegible]

七、練習問題는必要에應하야此를補할지며漢文練習은 [illegible]

히하야運用自在하게할지니라。

八、本書는京城에서行用하는言語로標準을삼고諺文의綴法은 [illegible]

서定한바를依하야純全한朝鮮語에對하야는發音式을採用하야 [illegible]

댜를자、져·뎌를저、죠·됴를조、쥬·듀를주、챠·탸를차、쳐·텨를처、쵸·툐를 [illegible]

튜를추、샤를사、셔를서、쇼를소、슈를수로書하고、中聲、는使用치아니 [illegible]

하며、又分明히漢字로成한語音은本來의諺文을使用하나、生徒로 [illegible]

야금恒常此에準據케할지니라。

大正四年三月

朝鮮總督府

普通學校朝鮮語及漢文讀本 卷一

(一)

ㅏ ㅑ ㅓ ㅕ

ㅗ ㅛ ㅜ ㅠ

ㅡ ㅣ ㆍ

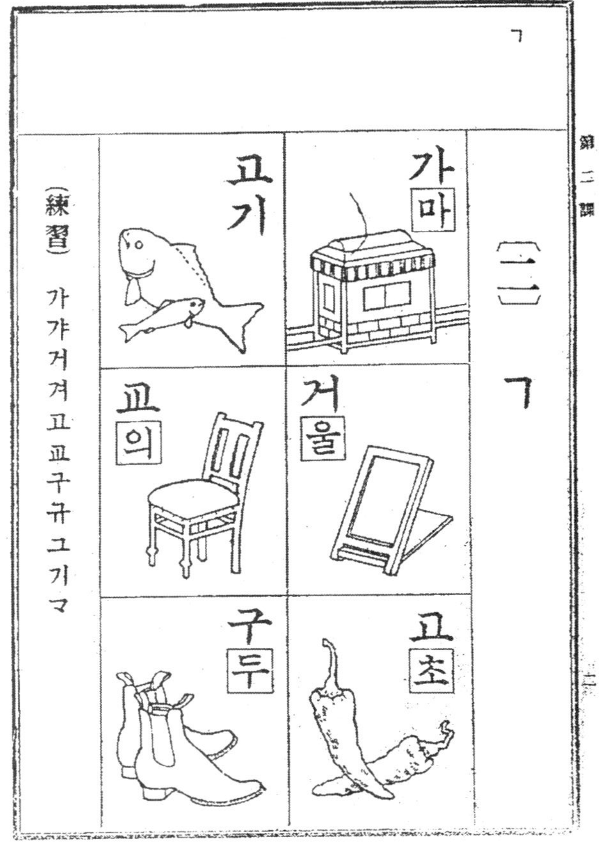

ㄱ

第二課

(二) ㄱ

가마 고기

거울 교의

고초 구두

(練習) 가갸거겨고교구규그기ㄱ

二

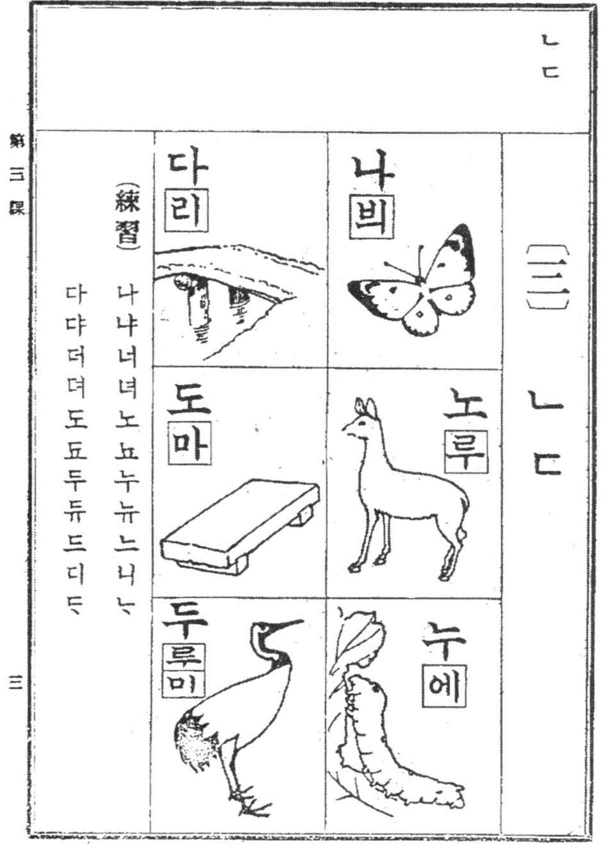

ㄴ ㄷ

第三課

(三) ㄴ ㄷ

나븨 다리

노루 도마

누에 두루미

(練習) 나냐너녀노뇨누뉴느니ㄴ

다댜더뎌도됴두듀드디ㄷ

三

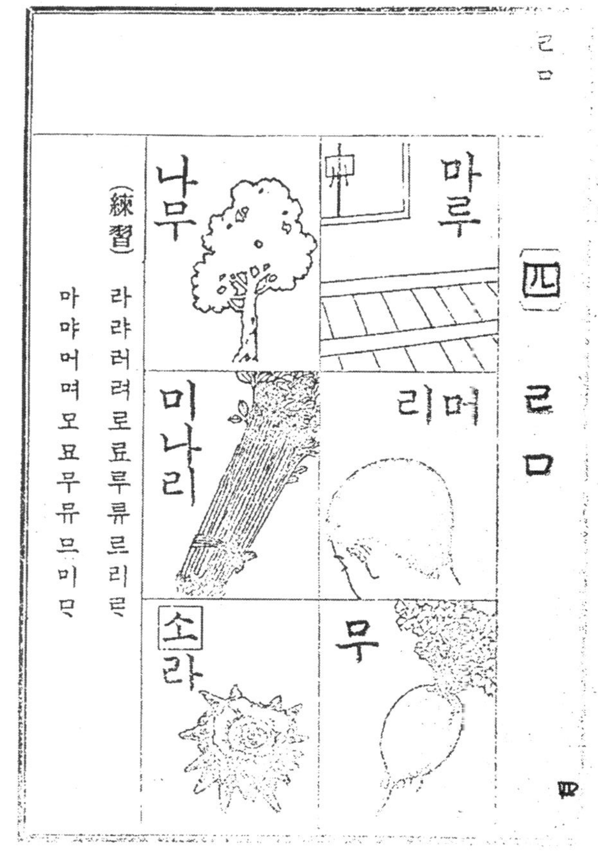

四 ㄹ ㅁ
마루
나무
머리
미나리
무
소라
(練習) 라 랴 러 려 로 료 루 류 르 리 ㄹ
마 먀 머 며 모 묘 무 뮤 므 미 ㅁ

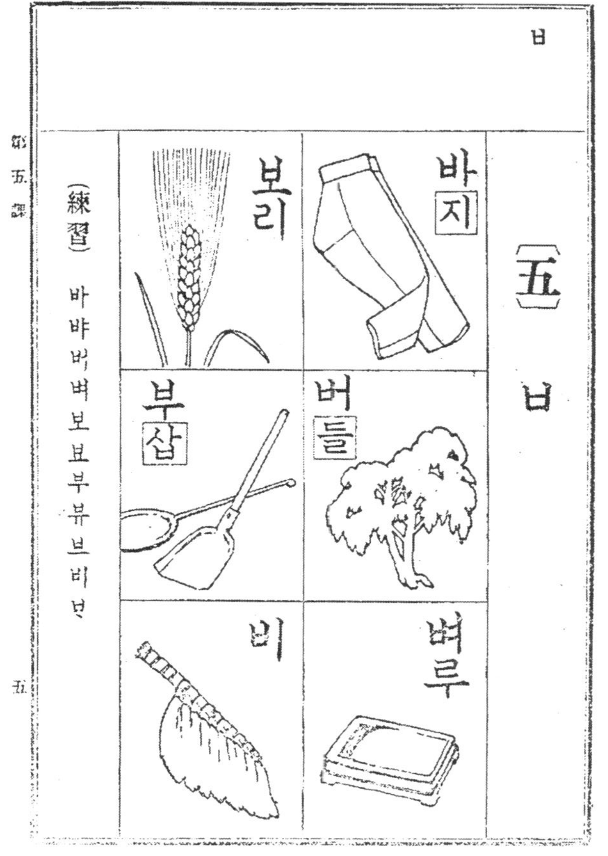

五 ㅂ
바지
보리
버들
부삽
벼루
비
(練習) 바 뱌 버 벼 보 뵤 부 뷰 브 비 ㅂ

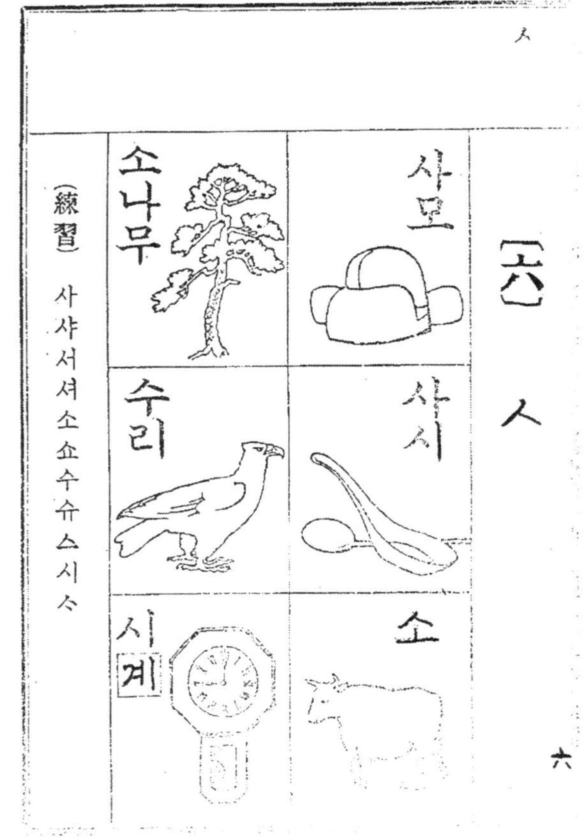

ㅅ

〔六〕 ㅅ

사모

사시

소

소나무

수리

시계

(練習) 사샤서셔소쇼수슈스시ᄉ

六

ㅇ

〔七〕 ㅇ

아해

어부

여호

오리

우물

이마

(練習) 아야어여오요우유으이ᄋ

第七課 七

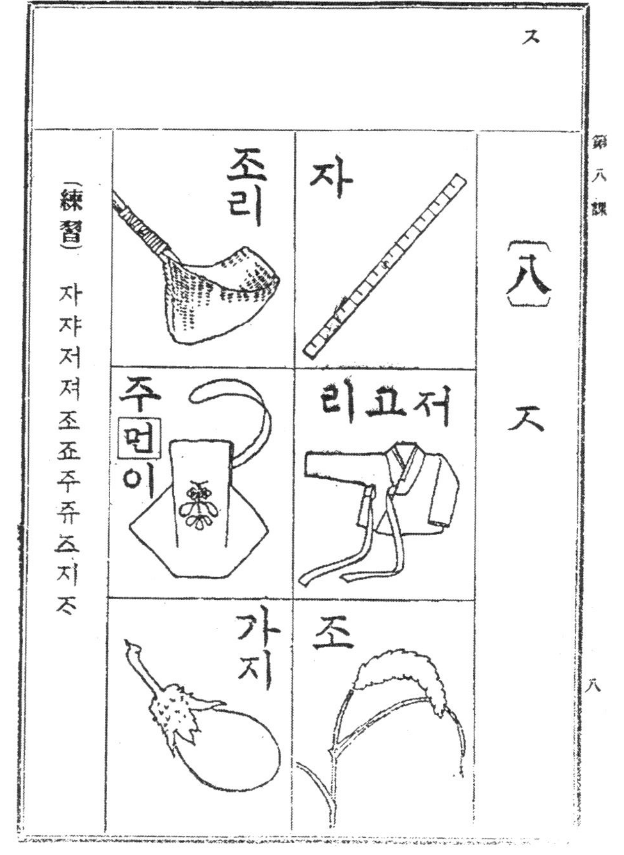
第八課
ㅈ
八 ㅈ
자
조리
저고리
주먼이
조
가지
(練習) 자쟈저져조죠주쥬즈지ᄌ
八

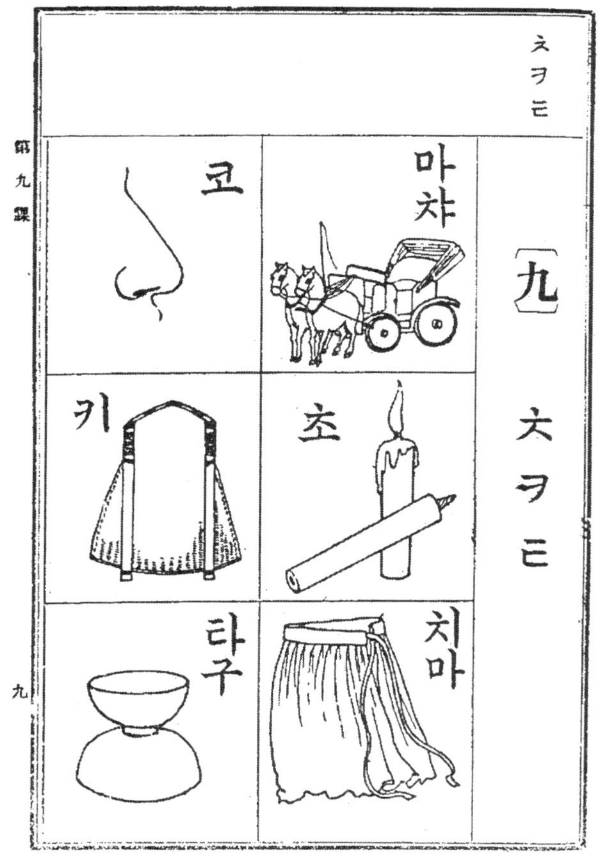
第九課
ㅊㅋㅌ
九 ㅊ ㅋ ㅌ
마챠
코
초
키
치마
타구
九

第九課

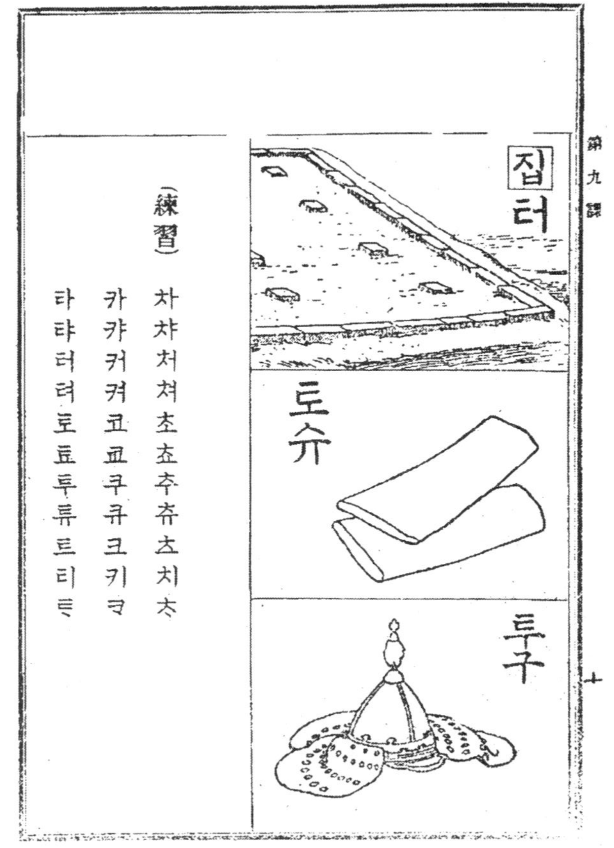

(練習) 차 챠 처 쳐 초 쵸 추 츄 츠 치 ᄎ
카 캬 커 켜 코 쿄 쿠 큐 크 키 ᄏ
타 탸 터 텨 토 툐 투 튜 트 티 ᄐ

十

第十課

ㅍ ㅎ

(十) ㅍ ㅎ

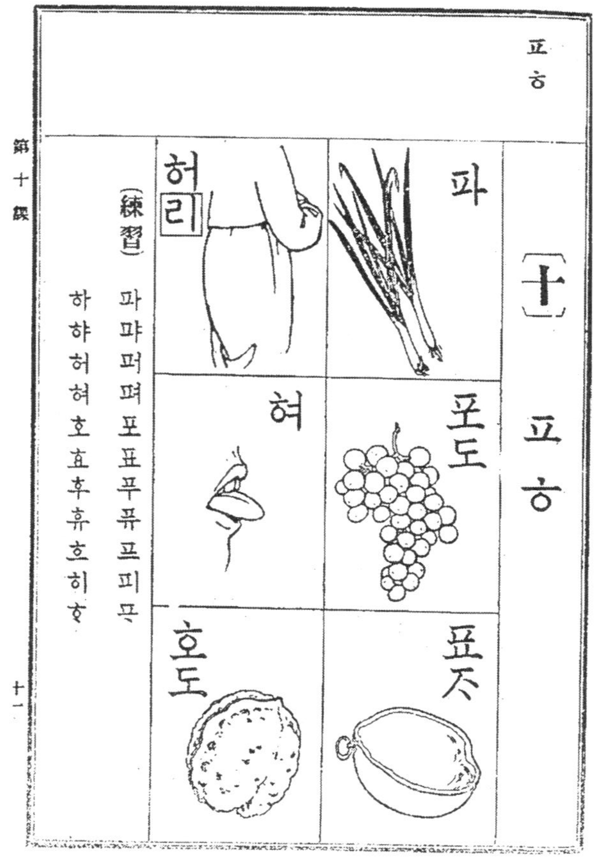

(練習) 파 퍄 퍼 펴 포 표 푸 퓨 프 피 ᄑ
하 햐 허 혀 호 효 후 휴 흐 히 ᄒ

十一

ㄱㄴㄷㄹㅁㅂㅅㅇ
ㅈㅊㅋㅌㅍㅎ

(復習)

가갸거겨고교구규그기ᄀᆞ
나냐너녀노뇨누뉴느니ᄂᆞ
다댜더뎌도됴두듀드디ᄃᆞ
라랴러려로료루류르리ᄅᆞ

마먀머며모묘무뮤므미ᄆᆞ
바뱌버벼보뵤부뷰브비ᄇᆞ
사샤서셔소쇼수슈스시ᄉᆞ
아야어여오요우유으이ᄋᆞ
자쟈저져조죠주쥬즈지ᄌᆞ
차챠처쳐초쵸추츄츠치ᄎᆞ
카캬커켜코쿄쿠큐크키ᄏᆞ
타탸터텨토툐투튜트티ᄐᆞ
파퍄퍼펴포표푸퓨프피ᄑᆞ
하햐허혀호효후휴흐히ᄒᆞ

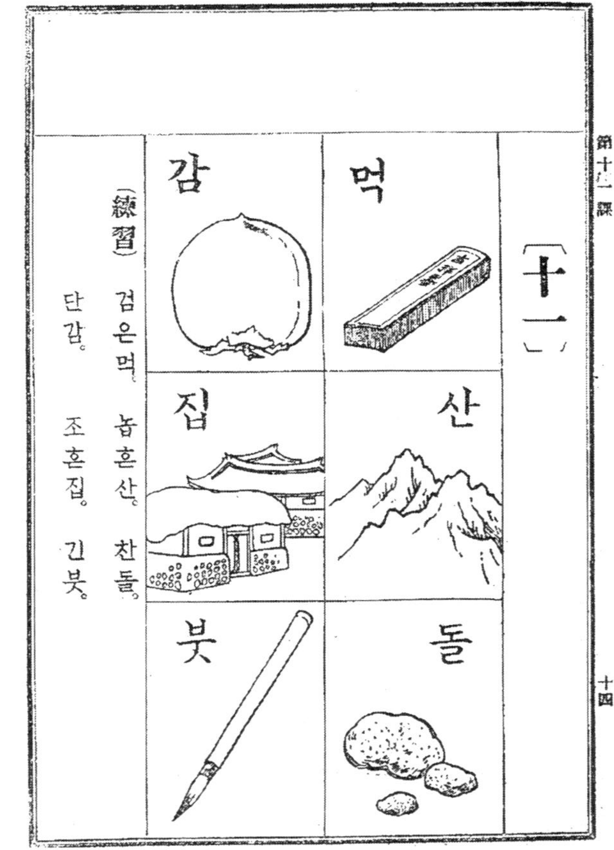

第十一課 十四

〔十一〕

먹 산 돌

감 집 붓

(練習) 검은먹。 놉흔산。 찬돌。

단감。 조흔집。 긴붓。

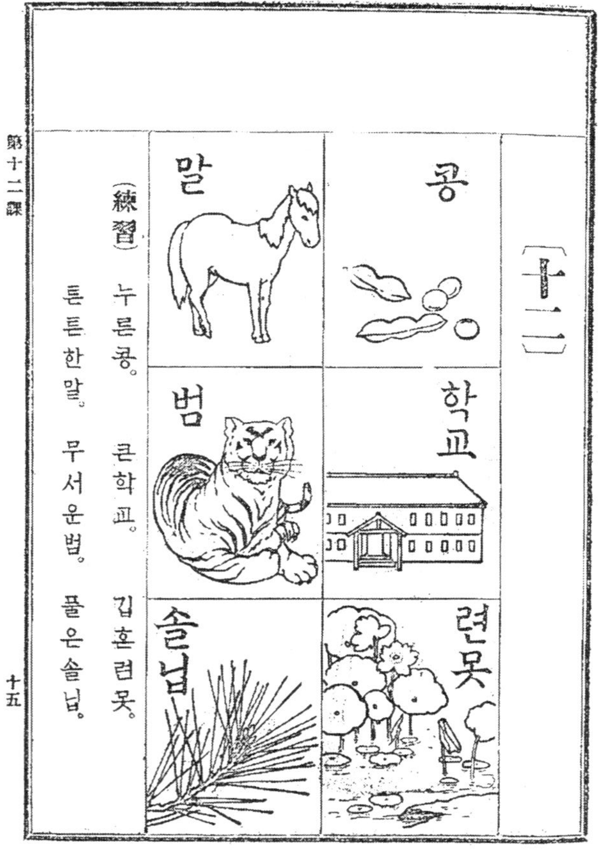

第十二課 十五

〔十二〕

콩 학교 련못

말 범 솔닙

(練習) 누른콩。 큰학교。 깁흔련못。

튼튼한말。 무서운범。 풀은솔닙。

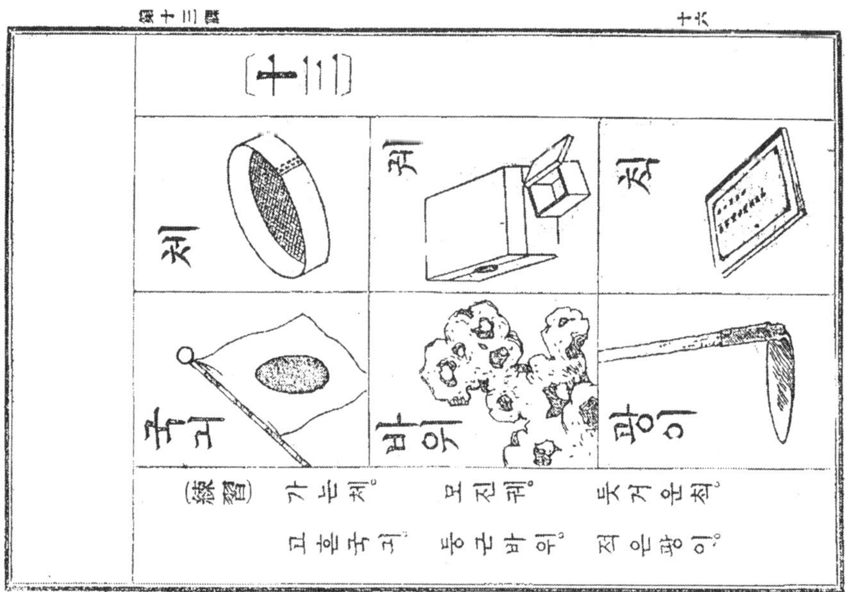

〔十三〕

(練習) 가는체。 모진궤。 두거운책。

고흔국긔。 둥근바위。 적은광이。

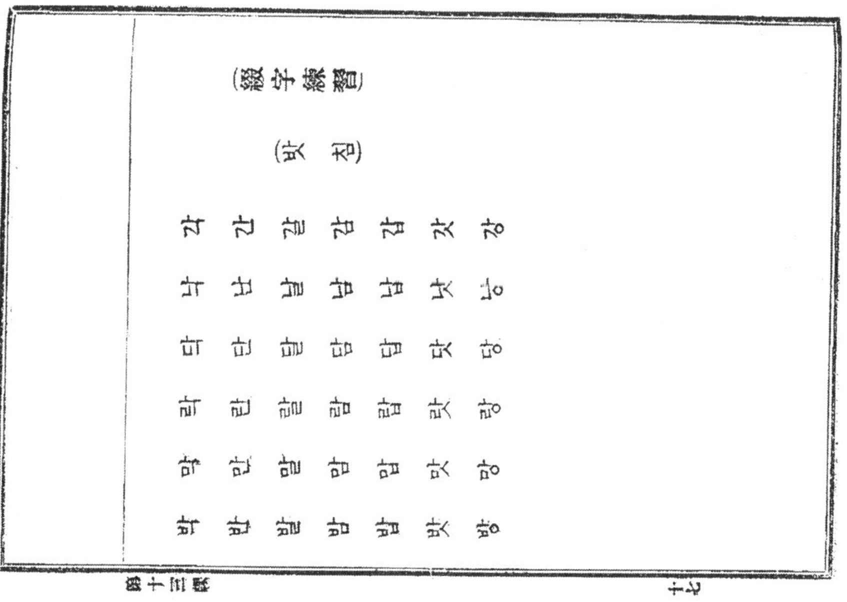

(綴字練習)

(받침)

각 간 갈 감 갑 갓 강

낙 난 날 남 납 낫 낭

닥 단 달 담 답 닷 당

락 란 랄 람 랍 랏 랑

막 만 말 맘 맙 맛 망

박 반 발 밤 밥 밧 방

삭 산 살 삼 삽 삿 상
악 안 알 암 압 앗 앙
작 잔 잘 잠 잡 잣 장
착 찬 찰 참 찹 찻 창
칵 칸 칼 캄 캅 캇 캉
탁 탄 탈 탐 탑 탓 탕
팍 판 팔 팜 팝 팟 팡
학 한 할 함 합 핫 항

(重中聲)

개 게 계 괴 귀 긔 과 궈 괘 궤
내 네 녜 뇌 뉘 늬 놔 눠 놰 눼
대 데 뎨 되 뒤 듸 돠 둬 돼 뒈
래 레 례 뢰 뤼 릐 롸 뤄 뢔 뤠
매 메 몌 뫼 뮈 믜 뫄 뭐 뫠 뭬
배 베 볘 뵈 뷔 븨 봐 붜 봬 붸
새 세 셰 쇠 쉬 싀 솨 숴 쇄 쉐

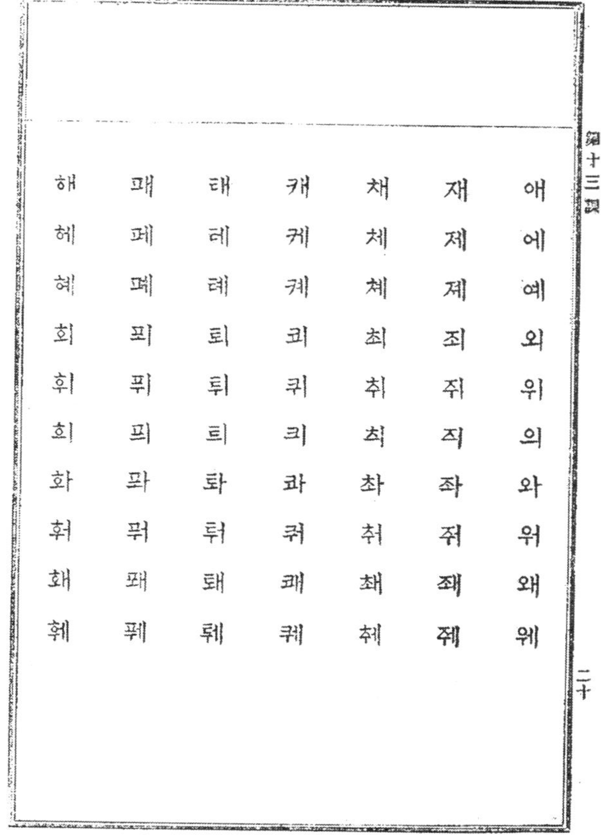

第十三課

애	재	채	캐	태	패	해
에	제	체	케	테	페	헤
예	졔	쳬	켸	톄	폐	혜
외	죄	최	쾨	퇴	푀	회
위	쥐	취	퀴	튀	퓌	휘
의	즤	츼	킈	틔	픠	희
와	좌	촤	콰	톼	퐈	화
워	줘	춰	쿼	퉈	풔	훠
왜	좨	쵀	쾌	퇘	퐤	홰
웨	줴	췌	퀘	퉤	풰	훼

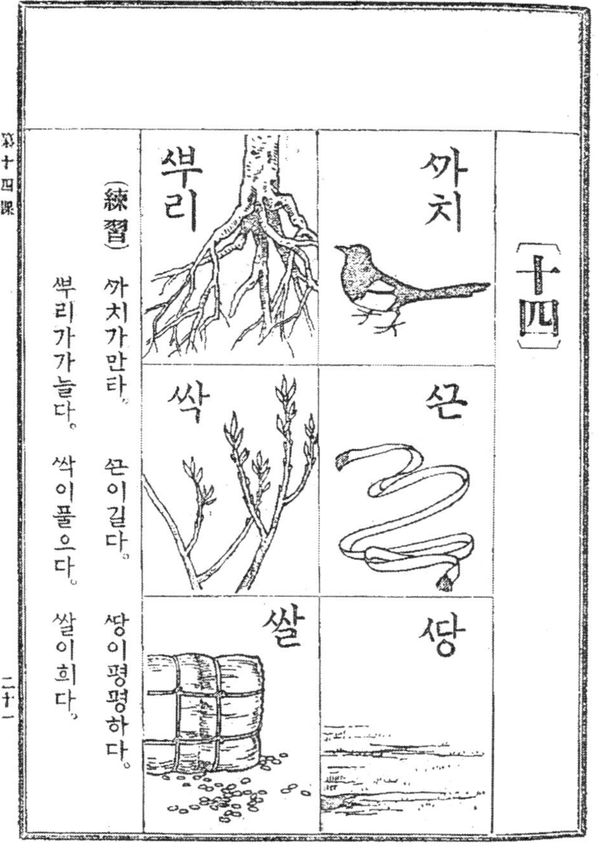

〔十四〕

(練習) ᄭᅡ치가만타。 ᄭᅳᆫ이길다。 ᄯᅡᆼ이펑펑하다。

ᄲᅮ리가가늘다。 ᄡᅡᆨ이풀으다。 ᄲᅡᆯ이희다。

〔十五〕

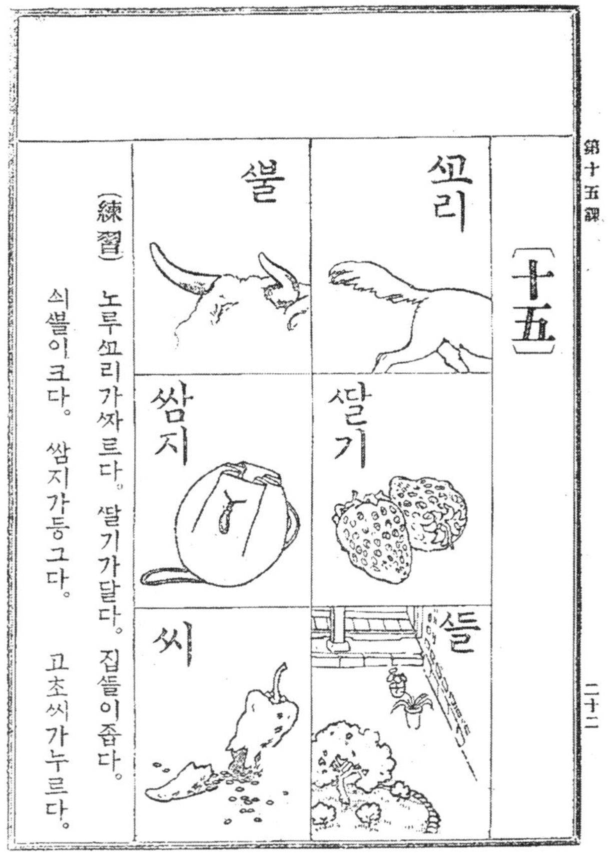

(練習) 노루ᄭᅩ리가ᄶᅡ르다。 ᄯᅡᆯ기가달다。 집ᄯᅳᆯ이좁다。

쇠ᄲᅮᆯ이크다。 쌈지가둥그다。 고초씨가누르다。

된시옷

ᄭᅡ ᄭᅣ ᄭᅥ ᄭᅧ ᄭᅩ ᄭᅭ ᄭᅮ ᄭᅲ ᄭᅳ ᄭᅵ ᄭᆞ

ᄯᅡ ᄯᅣ ᄯᅥ ᄯᅧ ᄯᅩ ᄯᅭ ᄯᅮ ᄯᅲ ᄯᅳ ᄯᅵ ᄯᆞ

ᄲᅡ ᄲᅣ ᄲᅥ ᄲᅧ ᄲᅩ ᄲᅭ ᄲᅮ ᄲᅲ ᄲᅳ ᄲᅵ ᄲᆞ

싸 쌰 써 쎠 쏘 쑈 쑤 쓔 쓰 씨 ᄊᆞ

ᄶᅡ ᄶᅣ ᄶᅥ ᄶᅧ ᄶᅩ ᄶᅭ ᄶᅮ ᄶᅲ ᄶᅳ ᄶᅵ ᄶᆞ

(練習)

가마。 거울。 고초。 교의。 구두。 나븨。

누에。 노루。 다리。 도마。 두루미。 소라。

바지。 버들。 부삽。 시계。 아해。 여호。

우물。 주먼이。 집터。

〔十六〕

쇼가간다。

말이온다。

고기가논다。

범이온다。

나븨가난다。

수리가안는다。

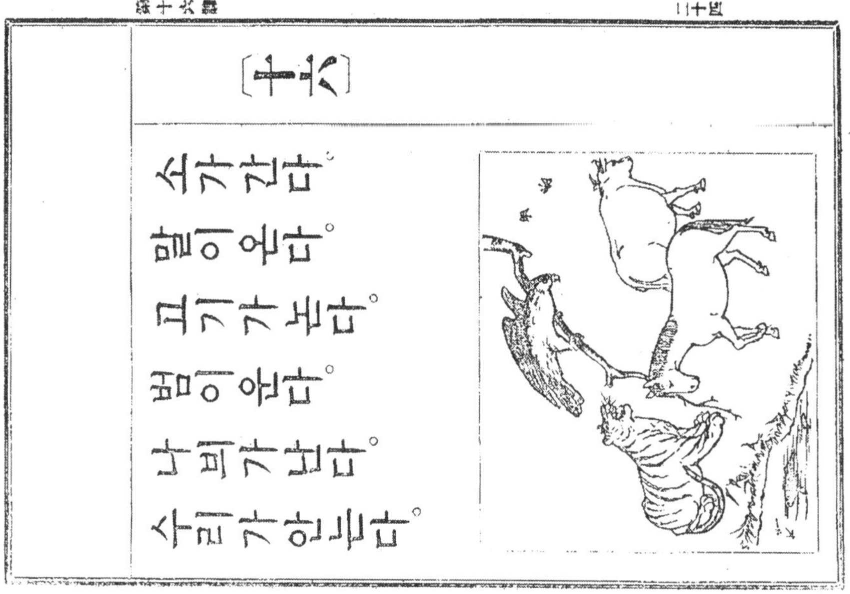

〔十七〕

찬바람이분다。

젹은개가달어난다。

어린아해가웃는다。

여러생도가모인다。

졍한물이흘는다。

고흔나븨가날너온다。

十八

복숭아쏫치픠엿다。

호랑나븨가날너왓다。

슈양버들이늘어젓다。

소낙이가긋쳣다。

둥근달이썻다。

큰호박이써러젓다。

十九

닭이흙을판다。

대나무가굵다。

조희가얇다。

보름달이밝다。

시내물이맑다。

콩을삶는다。

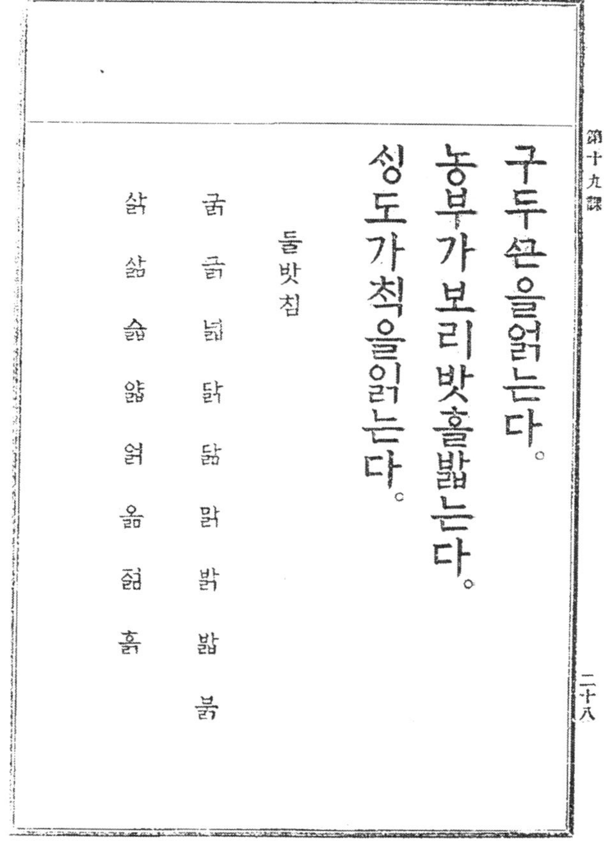

第十九課

구두ᄭᅳᆫ을얽는다。

농부가보리밧흘밟는다。

ᄉᆡᆼ도가ᄎᆡᆨ을읽는다。

둘받침

굵 긁 넓 닭 닮 맑 밝 밟 붉

삵 삶 숣 얇 얽 옮 젊 흙

二十八

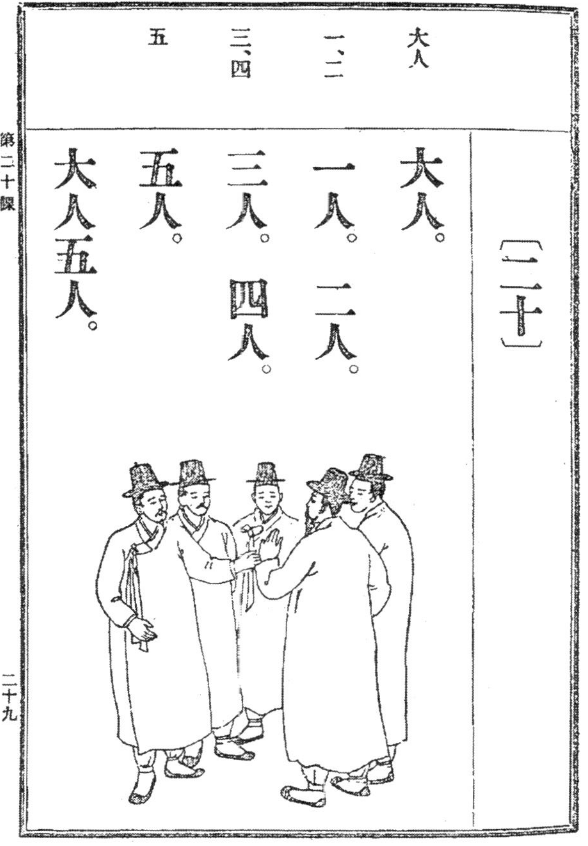

第二十課

大人

一、二

三、四

五

〔二十〕

大人。

一人。二人。

三人。四人。

五人。

大人五人。

二十九

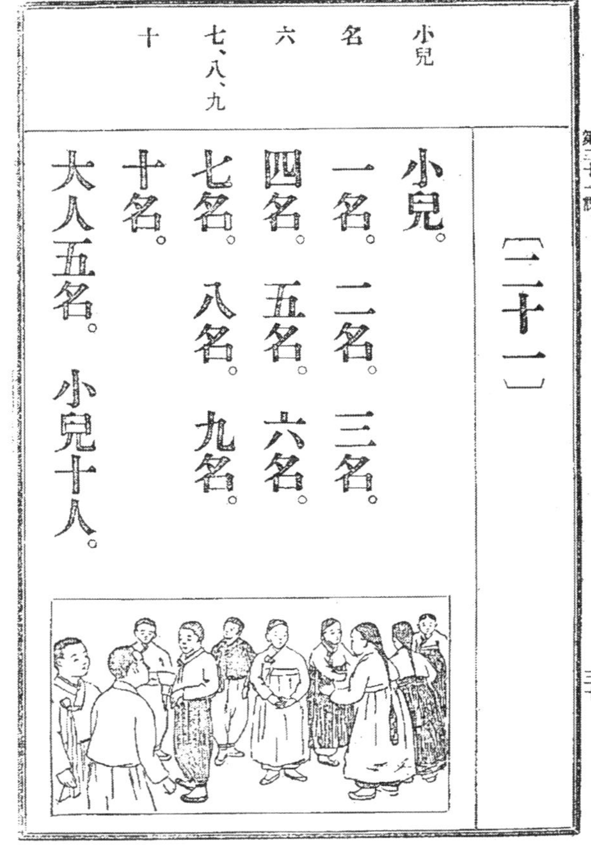

第二十一課

小兒　名　六　七、八、九　十

〔二十一〕

小兒。

一名。　二名。　三名。

四名。　五名。　六名。

七名。　八名。　九名。

十名。

大人五名。　小兒十人。

三十

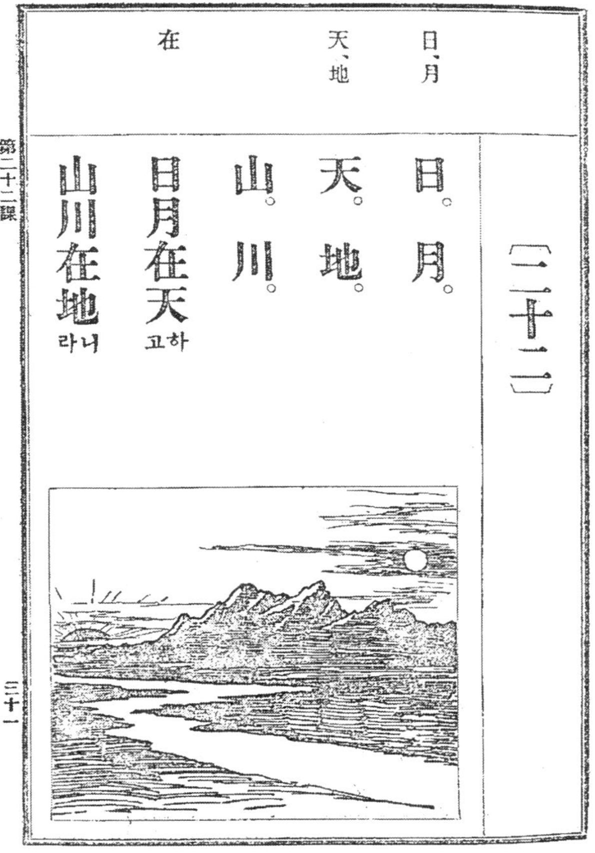

第二十二課

日、月　天、地　在

〔二十二〕

日。　月。

天。　地。

山。　川。

日月在天하고

山川在地니라

三十一

〔二十三〕

샹학죵친다。

교쟝에들어가자。

션싱님이들어오신다。

학도가경례한다。

션싱님이가르치신다。

학도가배운다。

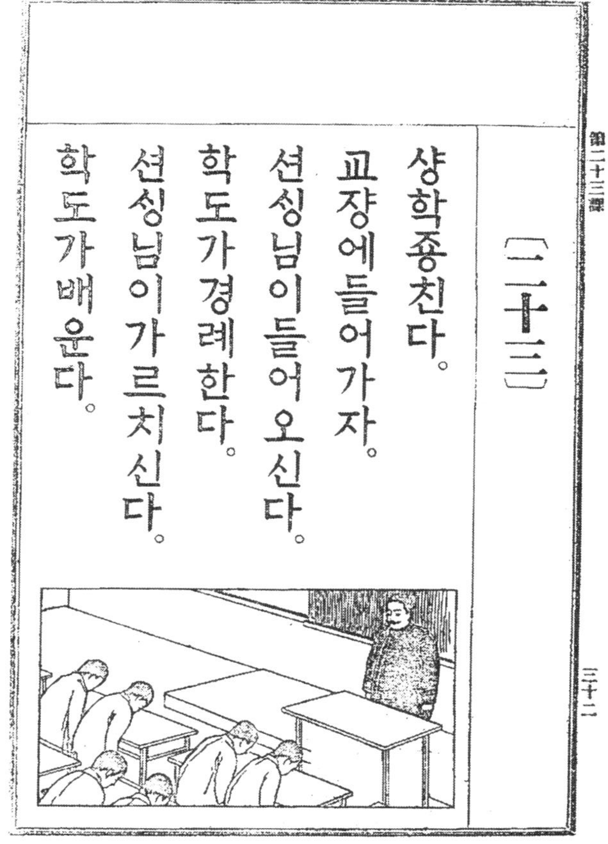

(練習)

一、아버지가방에들어오신다。

二、션싱님이교쟝에들어오셧다。

三、어머니가칙을보신다。

四、형님이벌서칙을보셧다。

五、누님이바느질을가르치신다。

六、할아버지가글을가르치셧다。

七、한다。 하얏다。 하신다。 하셧다。

第二十四課

〔二十四〕

父母。兩親。
父子。母子。
祖父。祖母。
父母之父母는
祖父母也ㅣ니라

父母 兩親　子　祖　之　也

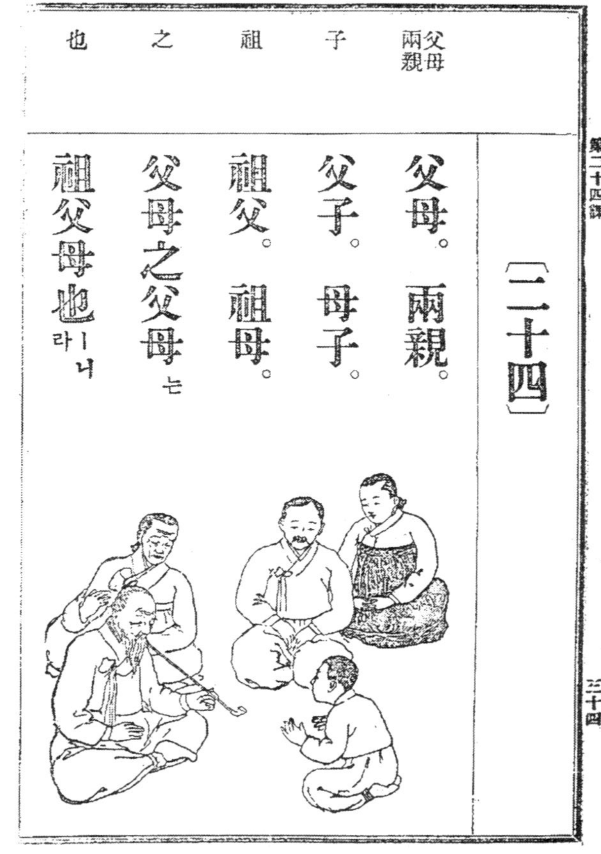

三十四

第二十五課

〔二十五〕

男兒。女兒。
兄弟。姊妹。
兄姊大하고
弟妹小ㅣ니라

（練習）

兄大。弟小。姊大。妹小。

男、女　兄弟 姊妹

三十五

〔二十六〕

하학종친다。
노는시간되엿다。
나아가운동하자。
너는목마를타라。
나는그네뛰마。
슈남아오너라。 갓치놀자。

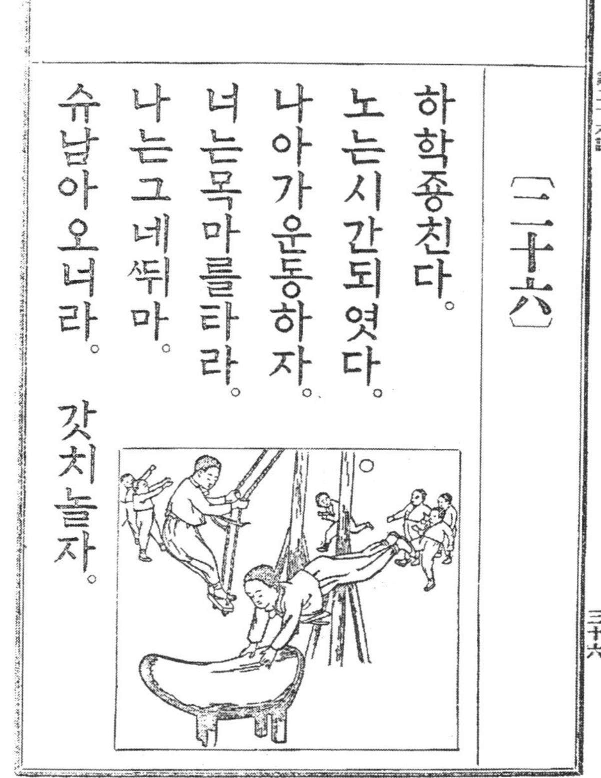

(練習)

一、복동아이칙을보아라。
二、옥희야어서이리오너라。
三、슈남아잘운동하야라。
四、금동아이공을바더라。
五、너는그네를뛰여라。
六、어서학교에가자。
七、너몬저가거라。 나도곳가마。

耳、目、口　鼻、手　左、右　足　上　下

〔二十七〕

耳。目。口。

鼻。手。足。

左手。右手。

左足。右足。

手在上하고

足在下ㅣ니라

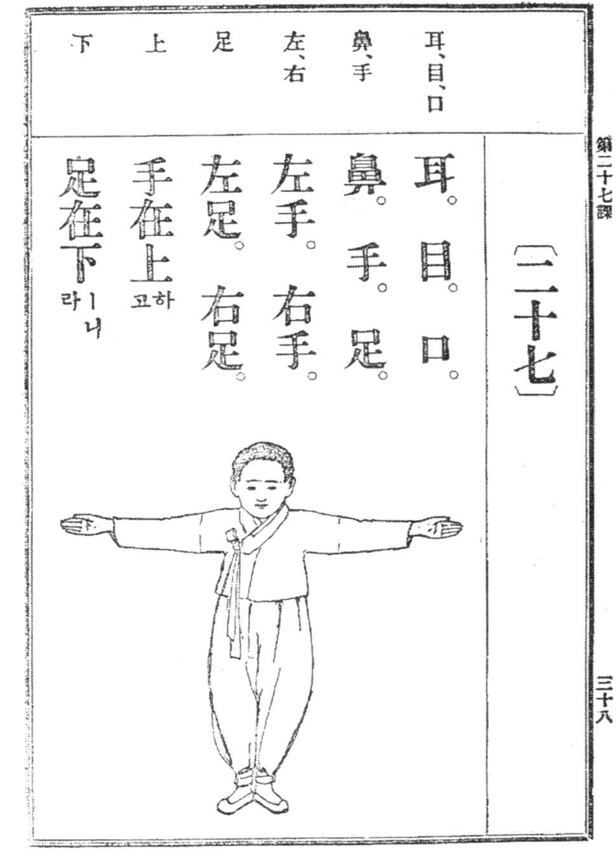

蟲、鳥　魚、貝　草　木　水中

〔二十八〕

蟲。鳥。

魚。貝。

蟲在草하고

鳥在木하고

魚貝在水中이니라

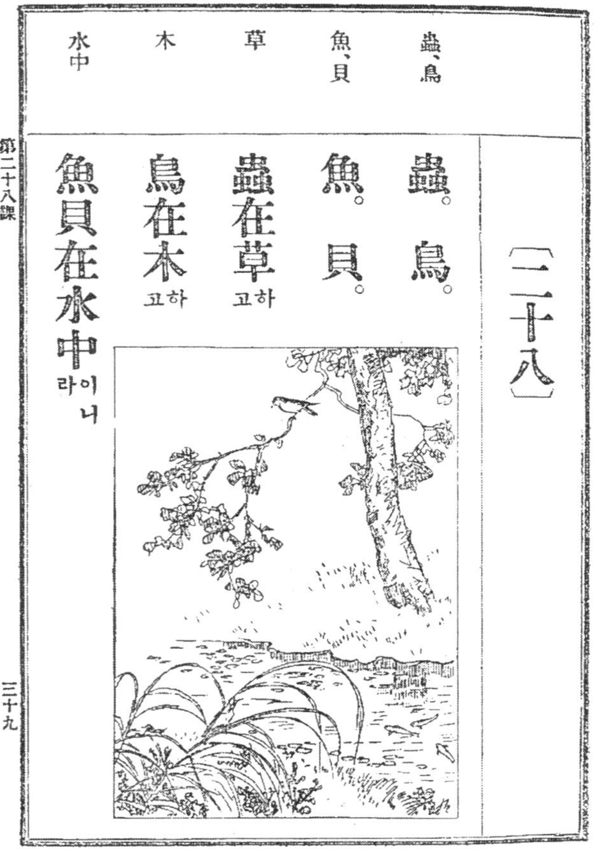

午前、後 時間 學

〔二十九〕

午前。 午後。 時間。

午前八時上學하고

午後二時下學하나니라

(練習)

午時。 上午。 下午。

一日은二十四時間이라

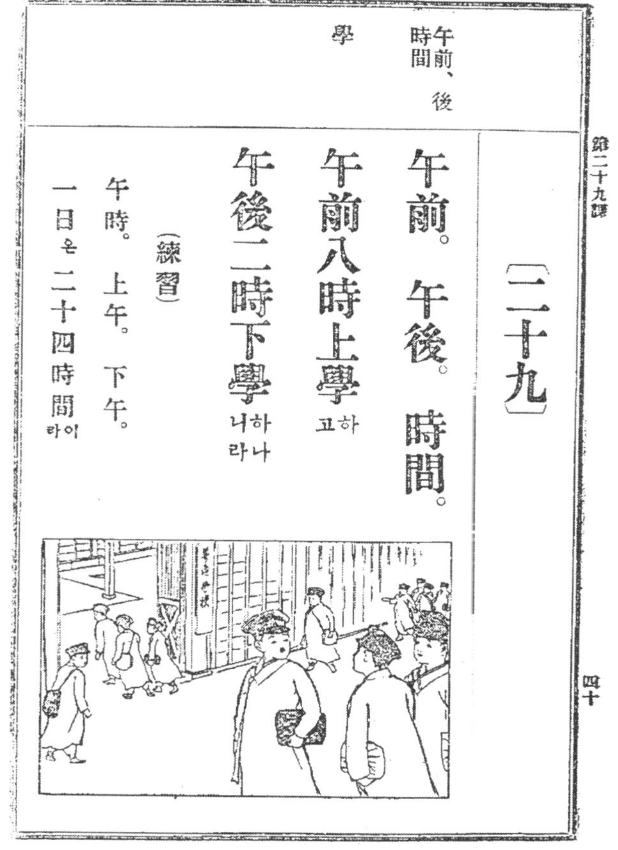

〔三十〕

오정친다。 뎜심먹자。

나아가놀자。

죵친다。 례조시간되엿다。

어서운동장에나아가자。

하학죵쳣다。

복동아슈남아갓치집에가자。

第三十一課

〔三十一〕

家、門、道

外、有

內

家。門。道。

門外有道하고

門內有家ㅣ라

(練習)

道在門外하고 家在門內하고

家中有人이라 中外。 內外。

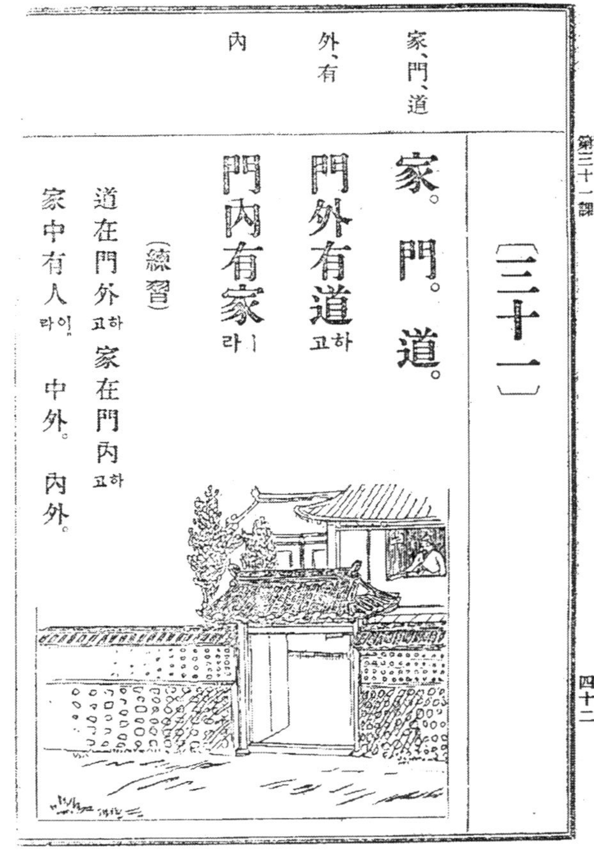

四十二

第三十二課

〔三十二〕

七月은대단히더우오。

어제오날은바람도업소。

검은구름이모여드오。

비방울이써러지오。

이비는소낙이요。

소낙이가긋치면바람이시원하오。

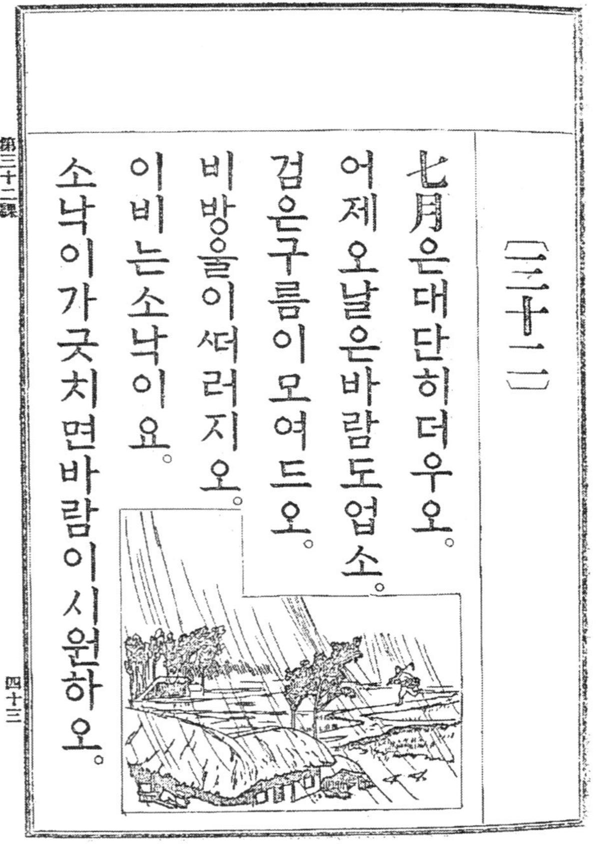

四十三

(練習)

一、이것은어적게핀쏫치요。

二、월계는다달이피는쏫치요。

三、저봉오리는래일필쏫치요。

四、그것은벌서본최이요。

五、이것은날마다보는최이요。

六、저것은인제볼최이요。

〔三十三〕

雲風起吹 雨降、出 高、河長

風吹。雲起。

雨降。水出。

山高。河長。

(練習)

山高雲起하야雨降三日하니

河水大出이라

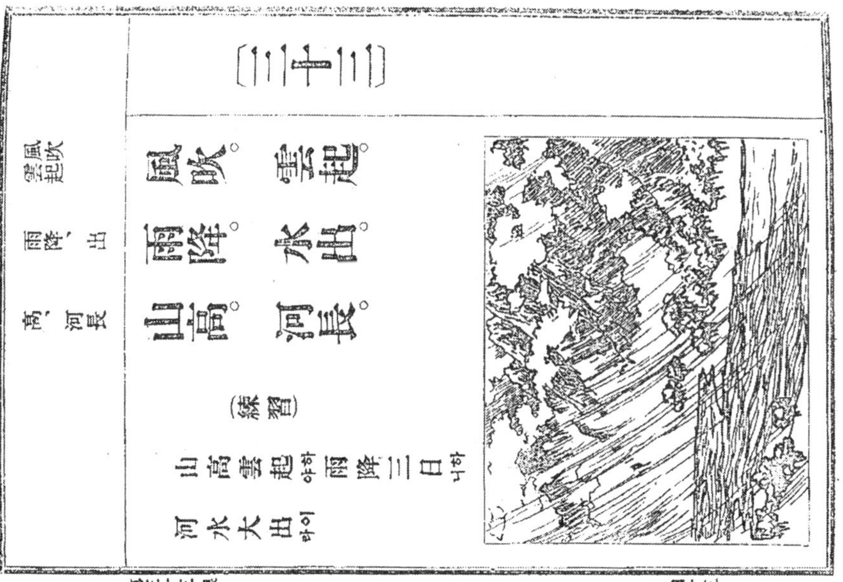

〔三十四〕

多 田 農、甚喜 夫 食

七月 雨多하야 田水ㅣ足하니 農家ㅣ甚喜하더라

(練習)

一、農夫喜田水足이라

二、食口男女五人이라

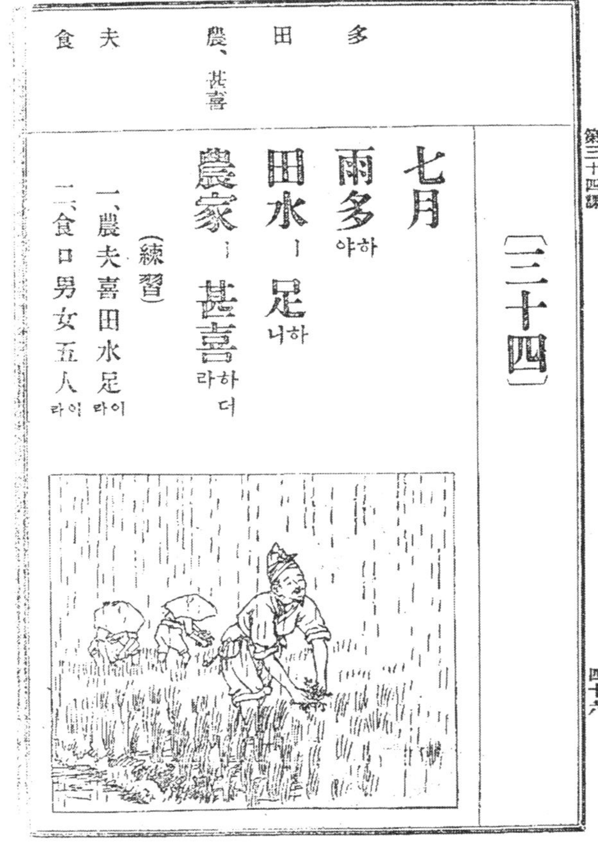

〔三十五〕

机、讀本 紙、筆、墨 硯 生徒 又、習字

机上有讀本하고 机中有紙筆墨硯이니라 生徒는 學讀本하고 又習字하나니라

(練習)

一、午前二時間은 學讀本하고 午後一時間은 習字하나니라

二、雨降又水出이라

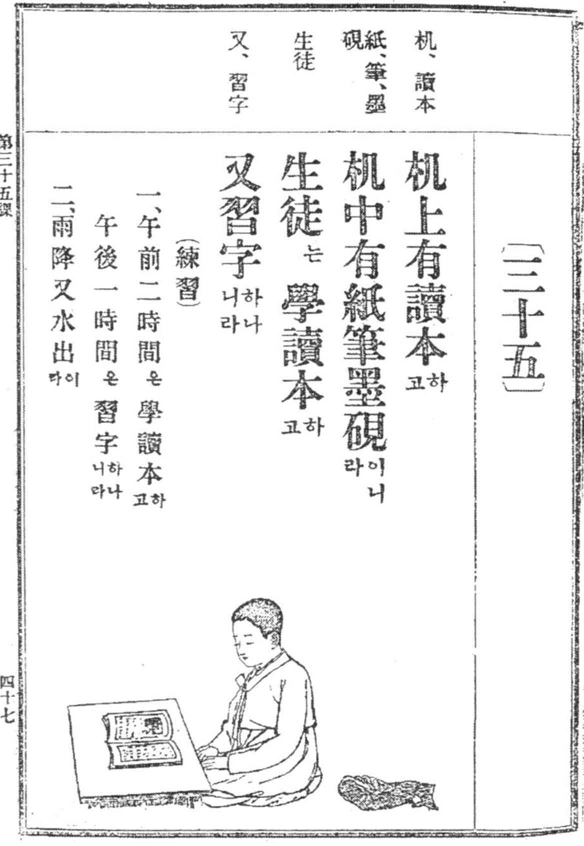

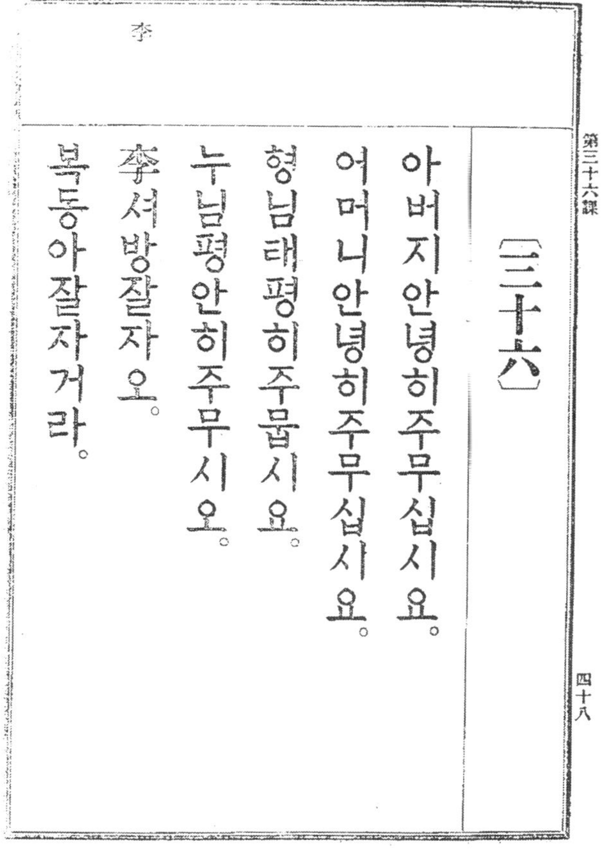

第三十六課

〔三十六〕

李

아버지안녕히주무십시요。

어머니안녕히주무십시요。

형님태평히주뭅시요。

누님평안히주무시오。

李서방잘자오。

복동아잘자거라。

四十八

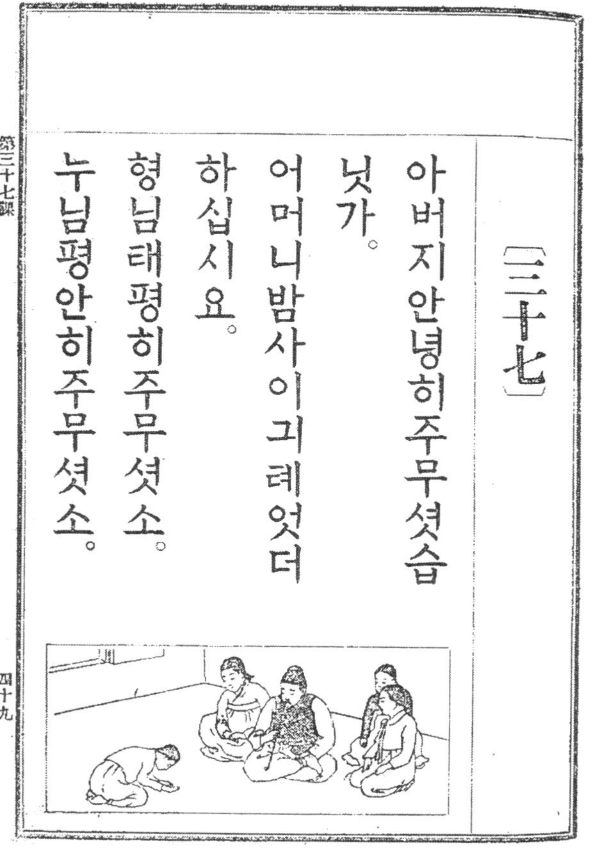

第三十七課

〔三十七〕

아버지안녕히주무셧습닛가。

어머니밤사이그례엇더하십시요。

형님태평히주무셧소。

누님평안히주무셧소。

四十九

李서방잘잣소。

복동아너잘잣느냐。

(練習)

一、아버지진지잡수십시요。

二、어머니진지잡수십시요。

三、형님진지잡숩시요。

四、누님진지잡수시요。

五、여보진지자시요。

六、여보게밥먹게。

七、슈남아밥먹어라。

皇、陛 東京 宮城、治我國 誕辰 節

〔三十八〕

天皇陛下는 在東京之宮城하사 治我國하시나니 天皇陛下之誕辰을 曰天長節也ㅣ니라

(練習)

一、宮城은 在東京하니라

二、天皇陛下는 治我國하시나니라

三、八月三十一日은 天長節也ㅣ니라

旗 祝祭 校

〔三十九〕

우리나라國旗는해를그렷소。

祝祭日이면집집이門에旗를다오。

우리學校에서는大門에큰旗를다오。

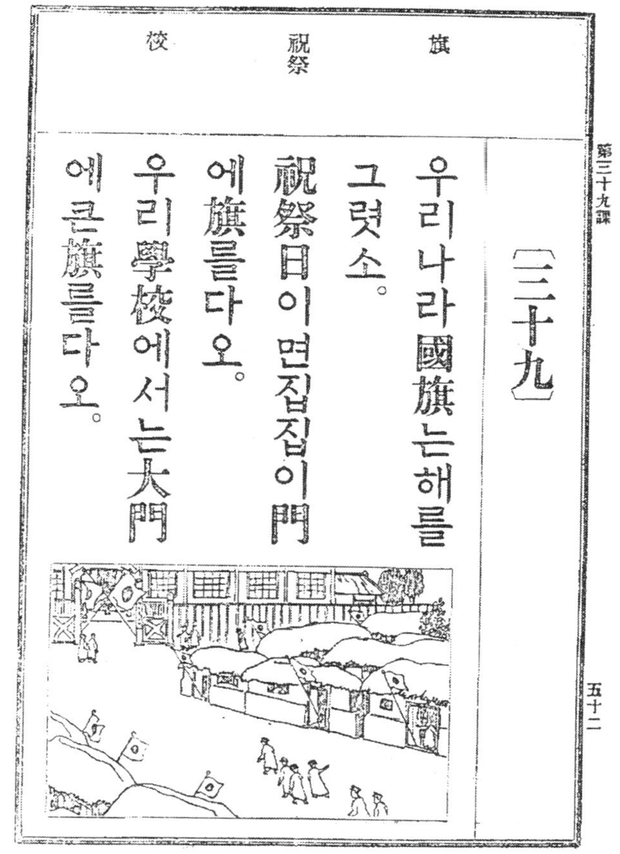

旗발이바람에펄펄날니는모양이보기좃소。

(練習)

다음에뭇는말을對答하야라。

一、國旗는무슨날에다느냐。

二、언제가天長節이냐。

三、天長節은무슨날이냐。

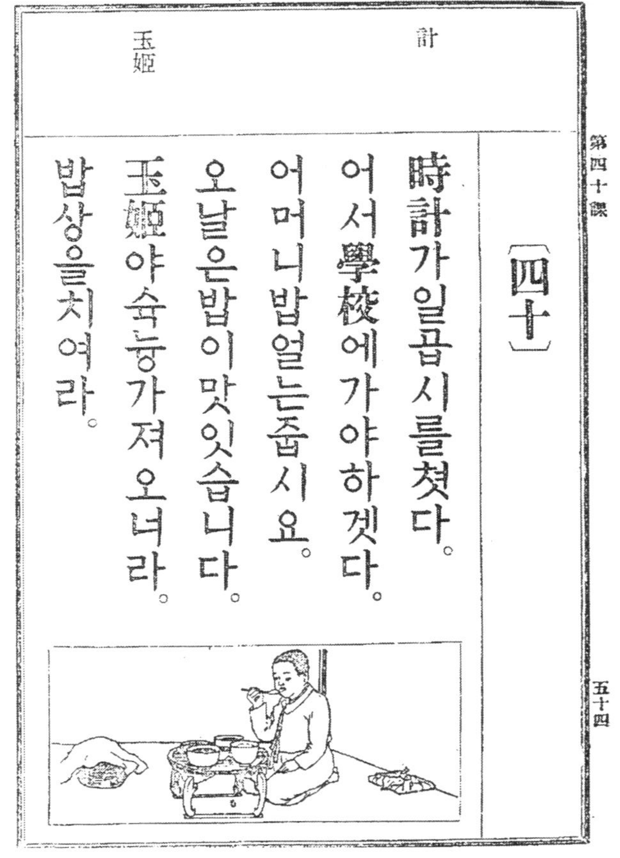

計 玉姬

〔四十〕

時計가일곱시를쳣다。

어서學校에가야하겟다。

어머니밥얼는줍시요。

오날은밥이맛잇슴니다。

玉姬야슉늉가져오너라。

밥상을치여라。

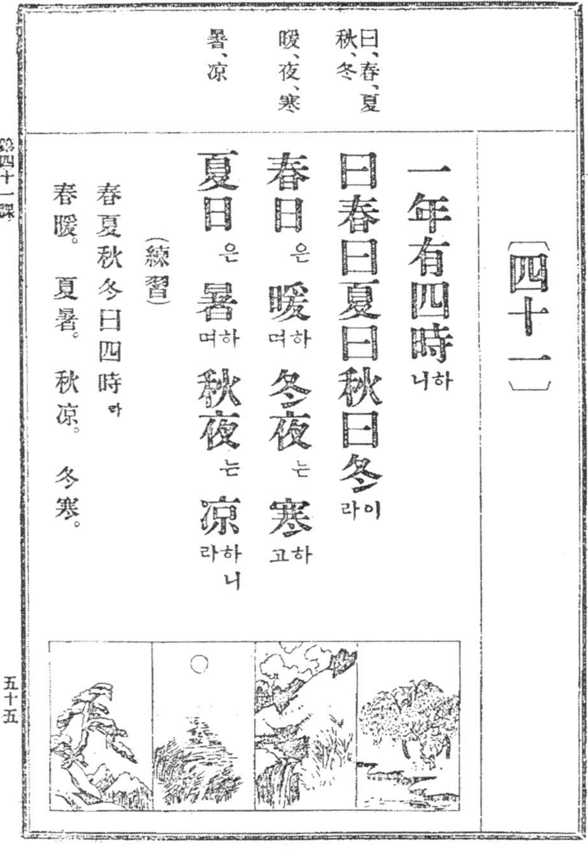

曰、春、夏 秋、冬 暖、夜、寒 暑、凉

〔四十一〕

一年有四時하니

曰春曰夏曰秋曰冬이라

春日은暖하며冬夜는寒하고

夏日은暑하며秋夜는凉하니라

(練習)

春夏秋冬曰四時라

春暖。夏暑。秋凉。冬寒。

先 愛 敬

(四十二)

先生敎하고 生徒學하나니라

先生은 愛生徒하고 生徒는 敬先生하나니라

(練習)

一、先生은 敎漢文하시고 生徒는 學讀本이라

二、父母愛兒하고 兒敬父母하나니라

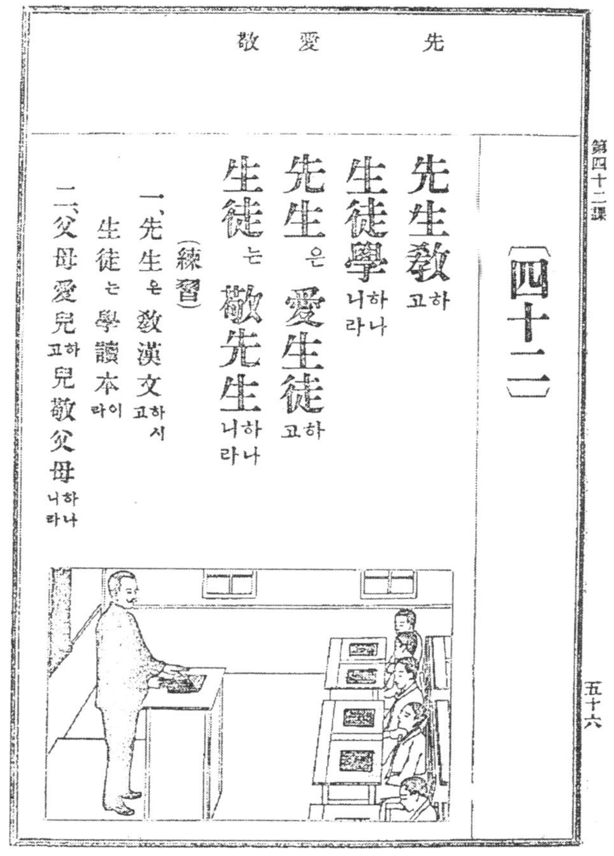

年 正 至

(四十三)

一年은열두달이오。

처음달은正月이오。

그다음달은二月이오。

열한재달은冬至달이오。

마지막달은섯달이오。

달에는큰달도잇고적은달도잇소。

週 曜 火

〔四十四〕

一週日은일해동안이요。
첫재날은日曜日이요。
둘재날은月曜日이요。
셋재날은火曜日이요。
넷재날은水曜日이요。
다섯재날은木曜日이요。

金 土 半空

여섯재날은金曜日이요。
일곱재날은土曜日이요。
土曜日을半空日이라하고日曜日을空日이라하오。

(練習)

다음□표속에말을너어라。

一, 미월□□날을초하로날이라하오。
二, 미월□□날을초잇흔날이라하오。
三, 미월□□□날은보름날이요。
四, 미월□□□날은금음날이요。

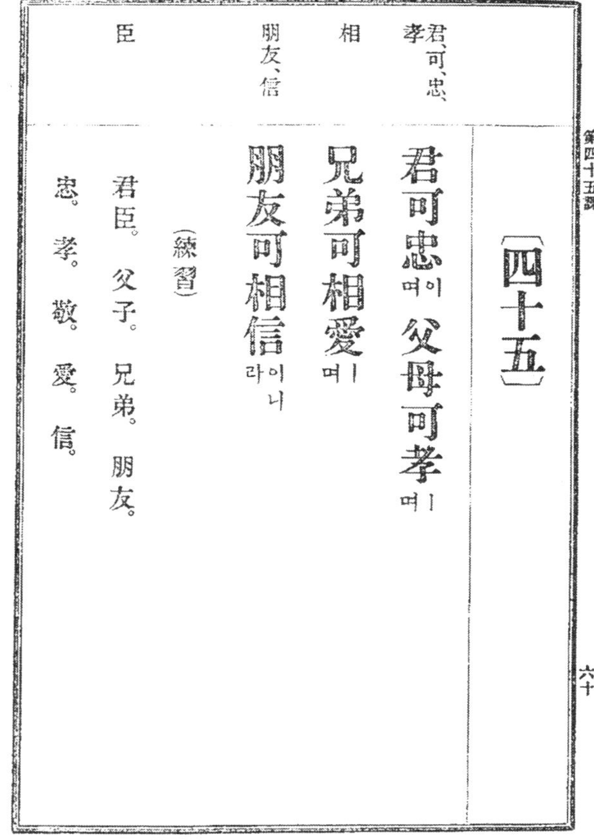

第四十五課

君、可、忠、孝 相 朋友、信 臣

〔四十五〕

君可忠이며 父母可孝ㅣ며
兄弟可相愛ㅣ며
朋友可相信이니라

(練習)

君臣。 父子。 兄弟。 朋友。

忠。 孝。 敬。 愛。 信。

六十

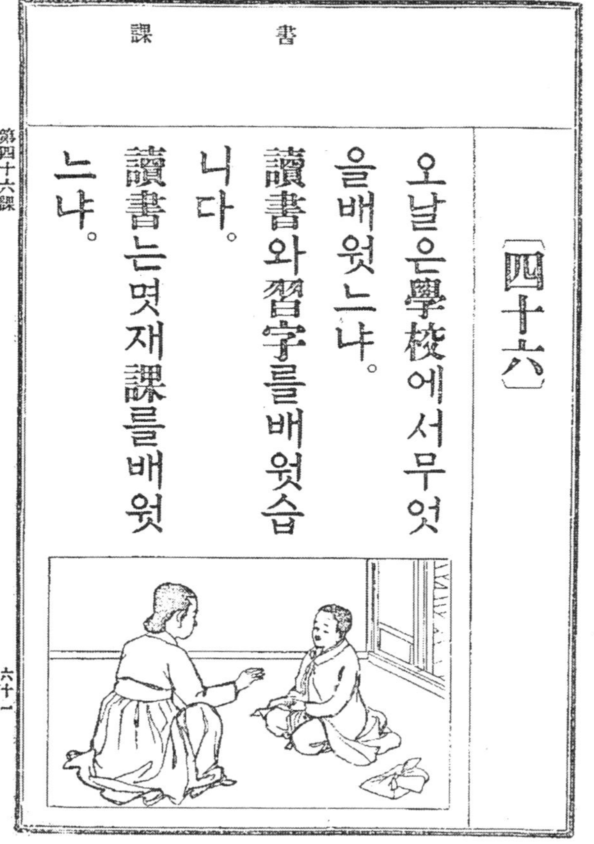

第四十六課

書 課

〔四十六〕

오날은學校에서무엇을배웟느냐。

讀書와習字를배웟습니다。

讀書는몃재課를배웟느냐。

六十一

第 工

第四十課를배웟습니다。

習字는몃장이나썻느냐。

두장썻습니다。

날마다배운것을잘工夫하야라。

(練習)

다음에뭇는말을對答하야라。

一、너의학교에서무슨학과를가르치느냐。

二、날마다몃시간식가르치느냐。

〔四十七〕

作文 耕、縫衣 壽、好馬、福童、牛

兄作文하고 弟讀書하나니라

男耕田하고 女縫衣하나니라

壽男은 好馬하고 福童은 好牛하나니라

(練習)

一、壽男은好讀書하며又好作文하나니라

二、福童之家에有男三人女二人하니라

復 來

四十八

「저녁밥을다먹엇다。」

람푸에불을켜야하겟다。

오날배운것을復習하겟다。

「來日은半空日이다。」

國語、算術 體操

國語와算術과體操時間이잇다。

算術을미리보아두어야하겟다。

잘때가되엿스니그만자야하겟다。

(練習)

다음에뭇는말을對答하야라。

一、너어제어듸갓더냐。

二、로형은릐일어듸가십닛가。

三、릐일슈남이를가보시랴닛가。

四、릐일은날이좃켓습닛가。

第四十九課

園　果樹　老　紅葉如花

〔四十九〕

我家有後園하고
園中果樹多하니라
門前有一老樹하니
秋時紅葉如花ㅣ니라

（練習）

一、兒童이 愛果樹하며 又愛紅葉이라
二、夏雲如山하고 夜凉如水ㅣ라

六十六

第五十課

氣　候

〔五十〕

오날은日氣가좃타。
農夫가벼를벤다。
올은氣候가조화서
벼가잘되엿다。
조흔날안베엿다가비가오면못벤다。
벼벨때는農夫가대단히밧부니라。

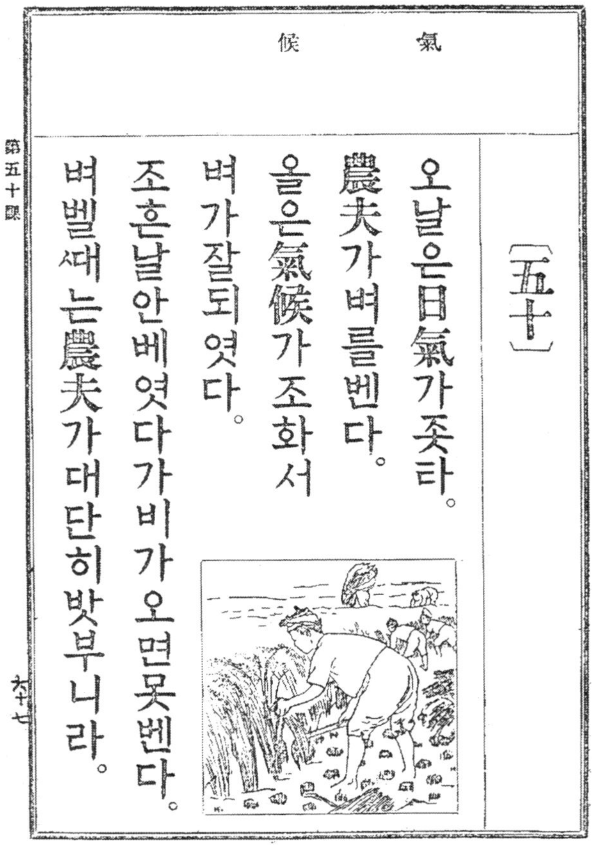

六十七

最、講 對 見、樂 擣

〔五十一〕

秋夜淸凉하야 最可講學이라

兄弟相對하야 讀書又作文하니

父母ㅣ 見之하시고 甚樂하시더라

(練習)

一、父母ㅣ 見兄弟之讀書하시고 甚喜하시더라

二、秋夜에 姉妹ㅣ 相對擣衣하더라

助力 打

〔五十二〕

우리집밧흔벌서거더들엿다。

來日은다시밧흘갈고보리를심는다。

來日은空日이니나도아버지를쌀어

가서助力하겟다。

지금ᄲᅮ리면來年봄에打作한다。

겨을에눈이만히오면더욱잘되겟다。

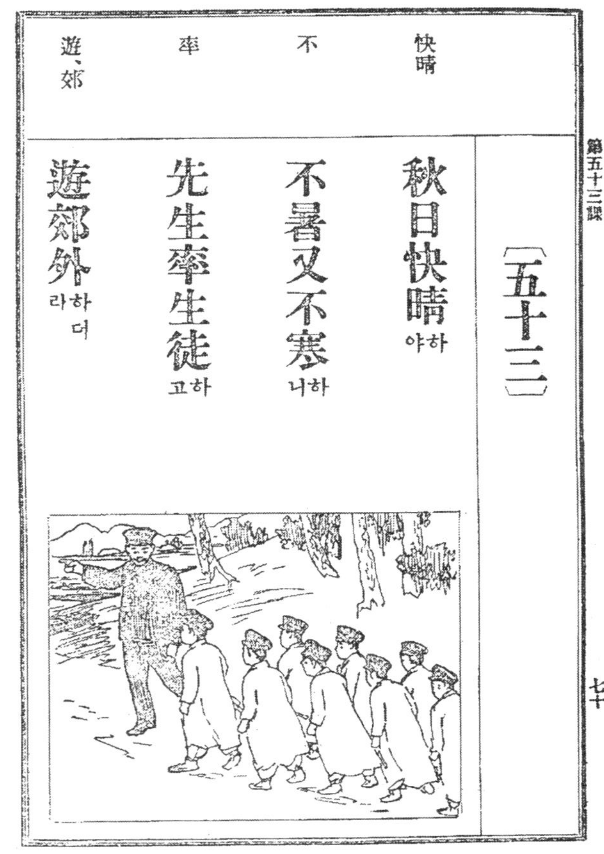

〔五十三〕

秋日快晴하야
不暑又不寒하니
先生率生徒하고
遊郊外하더라

快晴 不 率 遊、郊

〔五十四〕

앗가왓던學童이누
구냐。
제동모올시다。
무엇하러왓더냐。
칙을빌러왓습니다。
무슨칙을빌어갓느냐。

國語讀本을빌어갓습니다。

언제가져온다하더냐。

모레가져온다하얏습니다。

(練習)

다음것을너어서말을만들어라。

갓섯소。 탓섯소。 잣섯소。

섯섯소。 안젓섯소。

身、可 強健 萬事、本 知 如、盲

五十五

身體는 不可不強健이니라

身體는 萬事之本也ㅣ니라

文字를 不可不知니라

不知文字者는 如盲人이로다

(練習)

一、我父母ㅣ 身體強健하시니 最可喜로다

二、可見。 不可見。 不可不見。

實

各色

〔五十六〕

우리집동산에는實果
나무가만소。
밤나무감나무대추나
무도만히잇소。
가을이되면各色實果
가만히열니오。

집에서ᄯᅡ먹기도하고ᄯᅩ장에가지고
가서팔기도하오。
이나무는우리할아버지와아버지께
서심으신것이오。

(練習)

다음에뭇는말을對答하야라。

一、이집동산에는무슨實果나무가잇느냐。

二、열닌實果는엇더케하느냐。

三、그實果나무는누가심엇느냐。

勿、入、瓜
立、李
冠、履、戒

〔五十七〕

勿入瓜田하며
勿立李下하라
李下之冠과 瓜田之履를 君子ㅣ戒之니라

(練習)

一、君子는 不入瓜田하며 不立李下하나니라
二、父戒兒하고 先生戒弟子ㅣ라
三、不入。 勿入。 不可入。 不可不入。

穀
黑、豆、黃
靑

〔五十八〕

콩은五穀에드는것인대사람이흔히먹는것이오。봄에씨를쑤리고가을에거더들이오。종류가여러가지나黑豆黃豆靑豆세가지가第一흔하오。밥에두기도하고두부를만들어먹기도하오。

(練習)

一、그아해의일음은슈남인대매우착한싱도요。

二、저감나무는내가심은것인대매우잘열녓소。

三、오날은祝祭日이나공교히비가와서나아가지 못하겟소。

四、저물건은감도싸고픔도좃소。

爲、伯 叔 從 孫

(五十九)

親之兄은爲伯父오

親之弟는爲叔父오

伯叔父母之子는爲從兄弟오

子之子는爲孫이라

豐、收

〔六十〕

우리집논과밧흔다거더들엿소。

올은豐年이들어서뜻밧게秋收가만
히되엿소。

父母께서도매우깃버하셧소。

어제는아버지께서장에가셔서우리
들의옷감을끈어오셧소。

洞

모레는洞內사람들이모여서자미잇
게논다하오。

우리兄弟도새옷을입고구경하러가
야하겟소。

菊、其、色 或、白 性、耐 晩、霜露 百、凋落 而、獨 盛發

〔六十一〕

菊花는 其色이 或白或黃或紅고하 其性이 耐寒야하 晩秋霜露下면하 百草凋落而此花는 獨盛發라하니

(練習)

一、晩秋霜白나하 草木凋落라이

二、園花는 或春開고하 或秋開라니

三、獨發。 獨不發。 不獨發。

〔六十二〕

우리집에서는닭다섯마리를길으오。그중에한마리는숫컷이오。네마리는암컷이오。숫닭은每日새벽에울어서날이밝는

것을알니오。암탉은새새로알을낫코또병아리를싸오。

우리는아침에일즉일어나서닭에게모이를주오。모이를뿌리면닭이달음박질하야와서먹소。

槪

〔六十三〕

이것은싀골農夫의집이요。집後園에잇는樹木은大槪落葉이되엿소。다만소나무는靑靑한입사귀가그대로잇소。

第六十三課

閒暇

門前에는적은시내가흘느오。農夫는집에서집신을삼고그안해는시내에서빨내를하오。아해는새를쫏처산으로가고개는아해의뒤를딸어가오。닭은먹을것을차즈러단기고소는외양간에閒暇히누어잇소。

第六十四課

野、千 成林、材、以 造屋 器 森

〔六十四〕

木生山野하야 百千成林하니

其材ㅣ 可以造屋이오

可以造器로다

(練習)

一、百千之木이成林이라

二、大木可以造屋이오小木可以造器로다

三、十百日千이오十千日萬이니라

四、木。林。森。材。

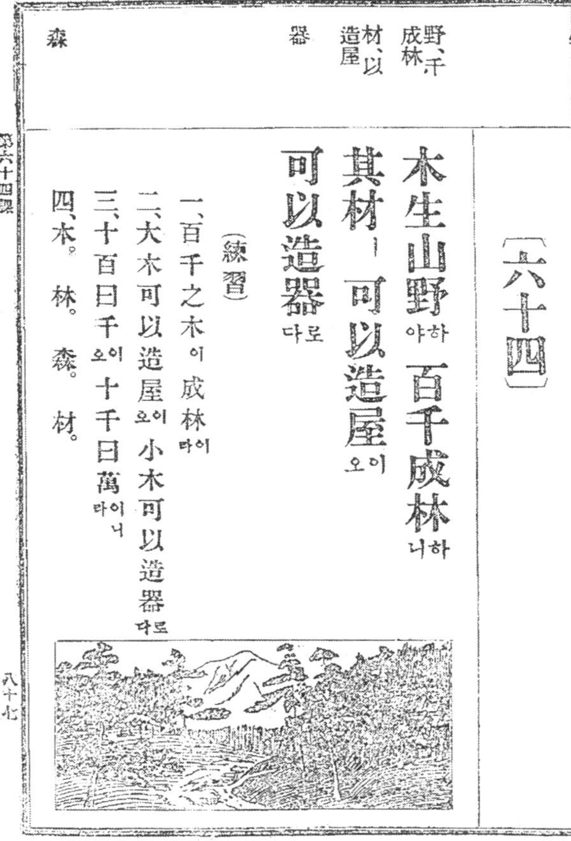

近處 畓

〔六十五〕

人家近處에살고새벽부터재재거리는새는참새요。

참새는미양벌어지를먹소。

봄과여름에田畓에

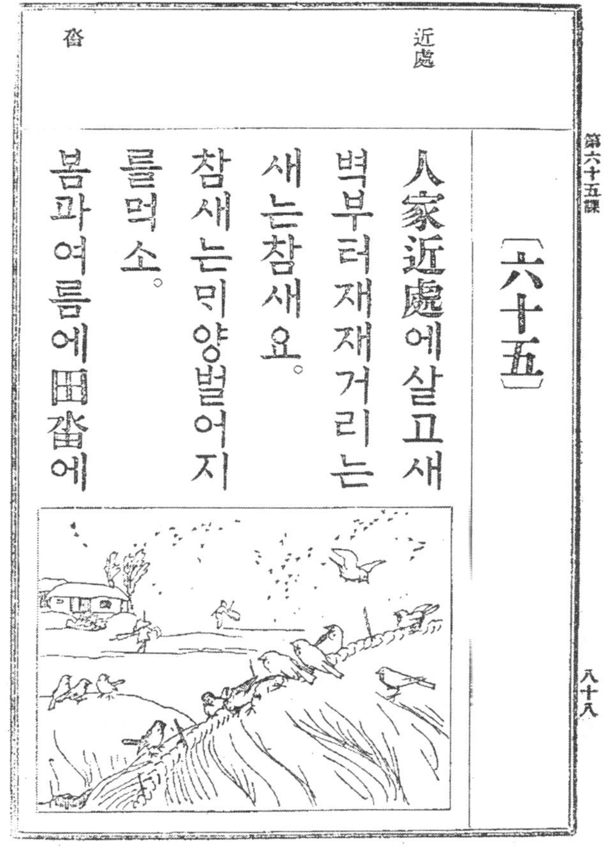

害 無數

害되는벌어지를만히잡아먹소。

참새는또곡식을매우조화하오。가을에곡식이익을때가되면논과밧헤無數히모이는것을보리다。

참새가農事에害되는일도적지아니하오。

犬、於、戶 猫、眠、室 能守 捕鼠 形似虎 主恩

〔六十六〕

犬立於戶外하고 猫眠於室內라

犬能守門하고 猫能捕鼠하나니라

猫는 其形似虎오 犬은 能知主恩이니라

(練習)

一、壽童之犬은體大又力强이라

二、犬眠於戶外하야能守門하나니라

三、猫夜不眠捕鼠하나니라

四、大。犬。天。

慾心

〔六十七〕 慾心만흔개

개한마리가고기한덩어리를물고다리를건너가오。다리아래를나려다본즉저와갓흔개한마리가고기한덩어리를물고잇소。

그개는慾心이나서그고기까지ᄲᆡ앗
을ᄉᆡᆼ각으로나려다보고지젓소。
지즐ᄯᅢ에입이벌어져서믈엇던고기
가믈에ᄯᅥ러젓소。 아래잇던개가믈
엇던고기도一時에업서젓소。
너의들은다리아래잇던개를정말달
은개로ᄉᆡᆼ각하느냐。

雪
歲將暮
光陰、矢
去、返
流

(六十八)

天寒風雪至하니
歲將暮라
光陰如矢하야
一去不復返이로다

(練習)

一、雪將降하고風將大起。
二、流水는去不復返하나니라
三、冬去春復來라

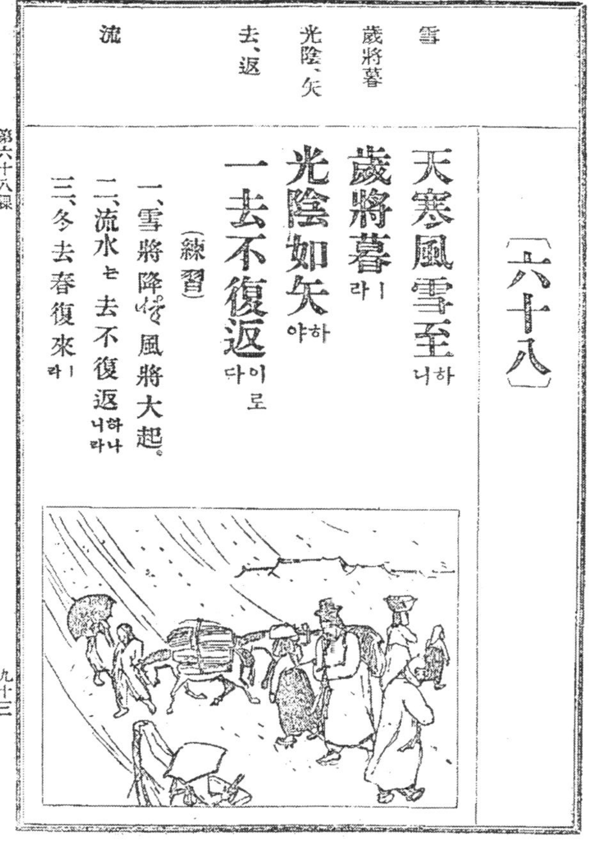

明、怠 積少

第六十九課

〔六十九〕

一年三百六十五日이니 今日學一字하고 明日又學一字하야 學而無怠하면 爲三百六十五字라 積少至多하나니 一日勿怠하라

（練習）

一、每日學一字하면 三百六十五日而爲三百六十五字니라

二、一字는 少也오 三百六十五字는 多也니라

三、一日勿怠、 一日無怠、

九十四

布 廛

第七十課

〔七十〕

福男의아버지는布木장사를하오。

福男은學校에서나오면廛일을보오。

손이오면공손히딕접하며조흔물건을내여보이오。

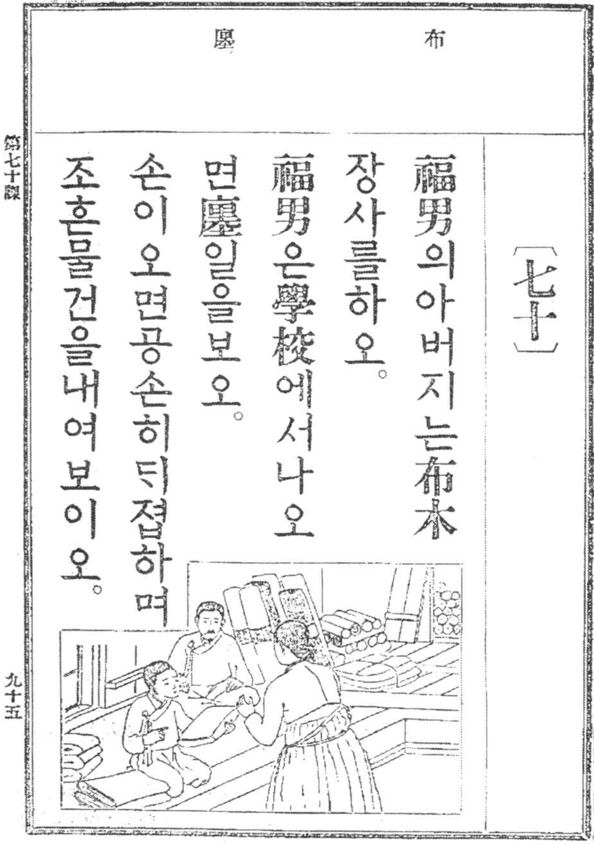

九十五

물건갑은세음을잘하야조곰도틀님
이업소。
空日은아침부터나와서塵일을보오」
이전부터단골로단기는사람도매우
칭찬하고福男의아버지도깃버하오。

(練習)

時計。 玉姬。 正月。 金曜日。 半空日。
體操。 國旗。 氣候。 打作。 各色。
樹木。 豊年。 運動場。 塵。

新 旭、飜 初陽 會集 唱歌、寧

〔七十二〕

新年第一日에
旭旗飜初陽이라
兒童이
會集於學校하야
唱歌祝我君壽寧이라

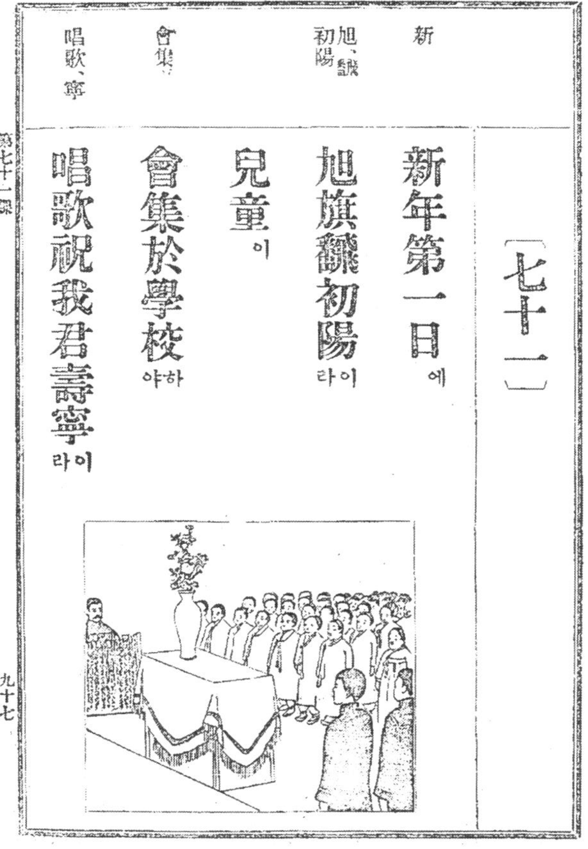

場、當

(七十二)

壽男은오날敎場을쓰는ᄎᆞ례를當하야늣도록일을하얏소。

집으로돌아가는길에어린아해하나이울고잇는것을보앗소。

해는벌서저물고바람은차고갈길은머오。

感謝

그어린아해는제이웃집아해요。

이아해는동모와갓치놀다가혼자ᄯᅥ러져서우는것이요。

壽男은울지말라고달내면서親切히그손목을붓들고집으로다리고갓소。

그아해의父母는매우깃버하며그親切함을感謝히역엿소。

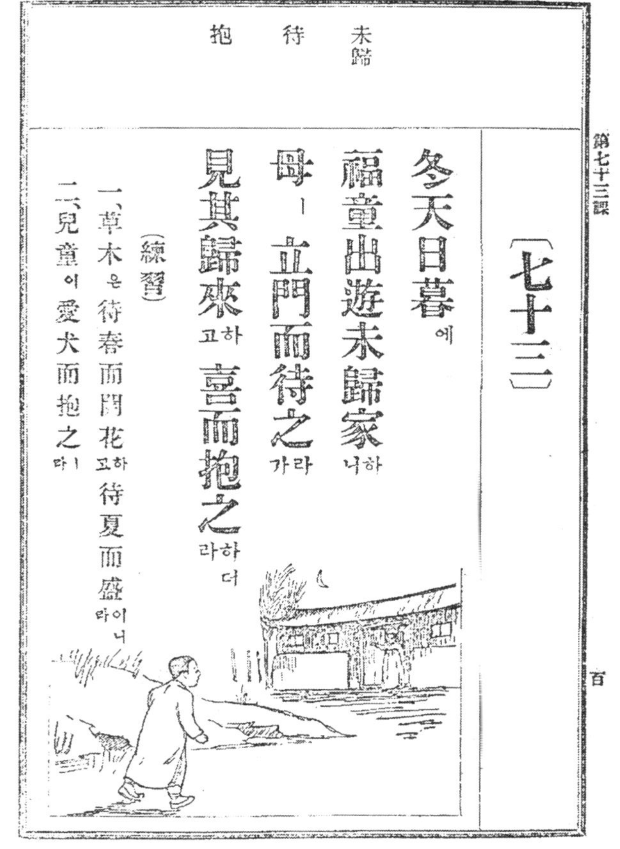
第七十三課

未歸 待 抱

〔七十三〕

冬天日暮에
福童出遊未歸家하니
母ㅣ立門而待之라가
見其歸來하고 喜而抱之하더라

（練習）

一、草木은待春而開花하고待夏而盛이니라
二、兒童이愛犬而抱之라

百

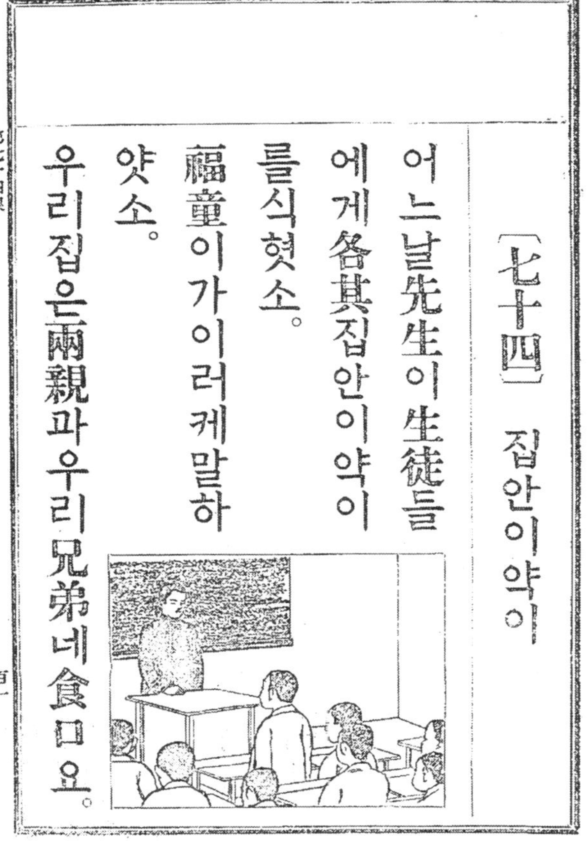
第七十四課

〔七十四〕 집안이약이

어느날先生이生徒들
에게各其집안이약이
를식혓소。
福童이가이러케말하
얏소。
우리집은兩親과우리兄弟네食口요。

百一

四

그외에소한匹과개한마리를먹입니다。

아바지는날마다아참에일즉나무도하러가시고소를몰고짐을실이러단기시기도하십니다。 비나눈이오는날은집에서집신을삼이시며삭기를꼬시고또農事를準備하십니다。

準備

어머니는집에서밥을지으시며바느질을하시며또빨내를하십니다。

우리兄弟는아참밥을먹고學校에옵니다。

소는아참죽을먹고아바지를끌어가서일을합니다。 개는아바지와우리兄弟가업는동안에집을지킵니다。

者、必告　反、面、所、方　交、良　朱、赤

〔七十五〕

爲人子者ㅣ 出必告하며 反必面하고 所遊ㅣ 必有方하며 所交ㅣ 必良友ㅣ니 近朱者는 赤하고 近墨者는 黑이니라

（練習）

一、勿不告而出하라

二、出家에 必告之父母하고 歸家에 必面父母하라

喆　偶然

〔七十六〕 두아해 （一）

여긔두길이잇는대한길은學校에가는길이요또한길은들에가는길이요。

李福童과金壽喆이가偶然히아침에여긔서맛낫소。

金、「나는學校에가기실타。 이리오
너라。 들에가자。 풀밧헤누어
서쏫치나ᄯᅡ면서놀자。」
李、「너는웨學校를조화하지안느냐。
每日새것을배우는것갓치즐거
운일이ᄯᅩ어듸잇느냐。」
金、「國語漢文算術갓흔것을배워서

問答

무엇에쓰느냐。 나는혼자들에
가서자미잇게놀겟다。」
이러케問答을하다가壽喆은들로가
고福童은學校로갓소。

服

求乞

〔七十七〕 두아해 (二)

二十年쯤지난後에두아해는다쟝셩한사람이되엿소。

어느해치운겨을에람루한衣服을입은男子하나이大家門前에서서ᄯᅥᆯ면서밥을달나고求乞하얏소。

고흔衣服을입은主人이나오더니크게놀내며乞人을ᄌᆞ세히쳐다본즉그乞人은붓그러운모양으로머리를숙이고主人을마조보지못하얏소。

너의들은이두사람이누구인줄로ᄉᆡᆼ각하느냐。

(練習)

다음에뭇는말을對答하야라。

乞人이붓그러워한것은무슨緣故냐。

與携 早朝 往 猶、稱 精勤 雖 既

〔七十八〕

雪後天甚寒일새 壽男이 與福童으로 相携하야 早朝에 往學校하니 兒童之至者ㅣ 猶甚少ㅣ라 先生이 稱其精勤이러라

(練習)

一、雖天寒이나 兒童이 相携往學校하더라

二、壽男은 精勤而一日不怠하더라

三、先生與生徒ㅣ 皆既集於學校ㅣ료다

里 普 通 級

〔七十九〕 勤實한生徒

어느洞里에넉넉히사는한農夫가잇섯소。

그農夫가아들兄弟를두엇는대다普通學校에단기오。

큰아해는三年級이요적은아해는一年級이요。

訓　病　動

두아해가다매우勤實하고先生님의
敎訓을잘직혀가오。
學校에가서는工夫를잘하고집에돌
아와서는집안일을助力하오。
하로는先生님이사람의집은정하게
하야야病이아니난다하셧소。
두아해는크게感動하야그날부터집

房　奇特、讚

안쓰는일을모도맛햇소。
아침에는일즉일어나서房과마당을
쓸며걸네질을치오。
그後는집안이매우정하야져서모든
사람이奇特한아해라고稱讚하오。

(練習)

다음말을바더쓴뒤에잘외여라。

一、先生의敎訓을잘직히는아해는착한生徒요。

二、거쳐가정하면몸에도조코마음에도상쾌하오。

第八十課

松、喬 針 常、幹

〔八十〕

松은 喬木也ㅣ라 葉似針하고 雖至寒天이나 其色이 常靑하고 幹大하야 而長하야 可以造家屋이니라

(練習)

一、松葉은 四時常靑이니

二、喬木은 幹大而長이라

三、雖葉小나ㅣ 其幹長大로다

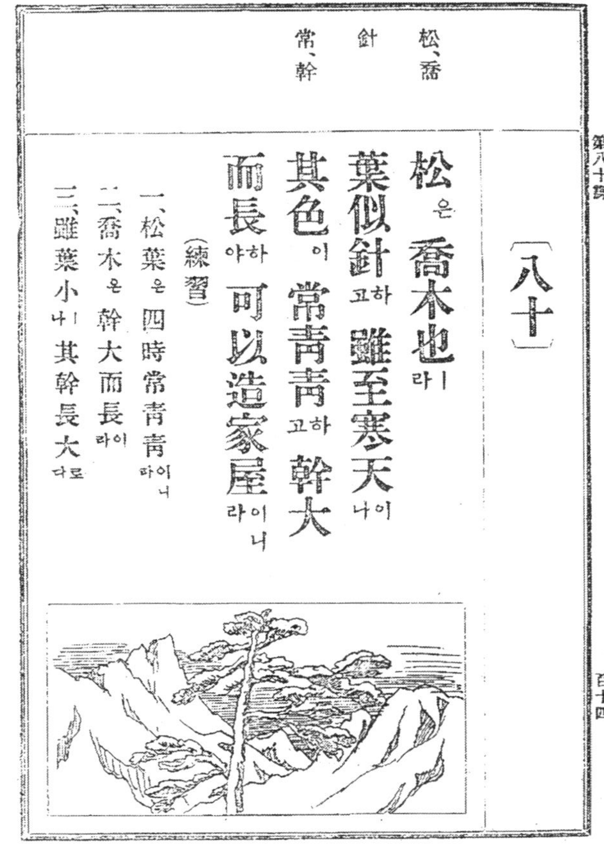

百十四

第八十一課

太

〔八十一〕 太陽

해가ᄯᅳ면四方이밝고해가지면天地가캄캄하오。 낫이밝고밤이캄캄한것은해가잇고업는ᄭᅡ닭이오。 해가빗취는곳은ᄯᅡᆺᄯᅳᆺ하고해가빗취지아니하는곳은칩소。 낫에ᄯᅡᆺᄯᅳᆺ하고밤에치운것도해가잇

百十五

世界　物　漸、溫　次、弱

고업는싸닭이오。
만일이世界에해가업게되면어둡고
치워서萬物이살지못하겟소。
봄에는漸漸太陽의溫氣가强하야지
고草木에새싹이나오。
가을에는太陽의溫氣가次次弱하야
지고草木입사귀가말너써러지오。」

勞、播種　古、粒、辛苦　思　坐、忘

〔八十二〕

農夫ㅣ耕田하되手足勤勞하야春播種하고
秋收穀하나니古語에曰粒粒皆辛苦ㅣ라하니라食
之者ㅣ不可不思其勞ㅣ니라

(練習)

一、爲生徒者는每日不可不勤學이니라
二、坐食者는勿忘農夫之勞하라

昨 等

〔八十三〕 우리學校

우리들은昨年四月에入學하얏소.

學校에서修身과國語와算術과習字等을배우오.

學校에는先生님이다섯분게시오.

先生님은우리들을사랑하시며매우잘가르쳐주시오.

運

우리들은上學종을치면敎場에들어가서工夫하고쉬는時間에는運動場에나가서즐겁게노오.

우리들은이런學校에入學한것을매우깃버하오.

(練習)

다음말에한문ᄌᆞ를달어라.

일쥬일. 복습. 산술. 농부. 오목. 형뎨.
교장. 포목. 욕심. 근실. 태양.

第八十四課

始、就
品行、端
康
業、進

〔八十四〕

金壽童은 以昨年四月로 始就學於普通學校하야 品行端正하고 身體康健하고 學業大進이러라

百二十

普通學校朝鮮語及漢文讀本 卷一 終

大正四年三月十三日印刷
大正四年三月十五日發行
大正四年八月十五日再版

定價金六錢

朝鮮總督府

總務局印刷所印刷

朝鮮總督府編纂

普通學校朝鮮語及漢文讀本

卷二

緖言

一、本書는普通學校第二學年用朝鮮語及漢文科教科書로編纂한者이라。

二、本書의各課는、生徒의能力을隨하야、練習을倂하야一二三時間에教授할者이라。

三、新出漢字는、教師의教授及生徒의學習에便利케하기爲하야、上欄에抽記하고、二字以上이結合하야、特殊한熟語가된者는、旣出한漢字라도亦抽記하니라。

四、練習問題는、必要에應하야、此를補함도可하니라。

五、本書는京城에서行用하는言語로標準을삼고、諺文의綴法은本府에서定한바를依하야、純全한朝鮮語에對하야는發音式을採用하야、자

댜를자、져·뎌를저、죠·됴를조、쥬·듀를주、챠·탸를차、쳐·텨를처、쵸·툐를초、츄·튜를추、샤를사、셔를서、쇼를소、슈를수로書하고、中聲「、」는使用치아니하며、又分明히漢字로成한語音은本來의諺文을使用하니、生徒로하야금恒常此에準據케할지니라。

六、本書中地名物名等에長音·濁音을表할必要가有한境遇에는、長音에는諺文左肩에「。」을附하고、濁音에는右肩에「〃」을附하니라。

七、本書中難解의語句는、附錄에簡單한說明을附하니라。

大正四年六月

朝鮮總督府

目錄

植 神武 邑 點

普通學校朝鮮語及漢文讀本 卷二

第一課 植木

李福童은、四月二日에學校에갓다와서、그父親에게이와갓치이약이를하얏소。

「오날先生님의말삼이、來日은神*武天皇祭인고로、邑內學校林에나무를심으러갈터이니、너의들은各各點心을싸가지고、午前九時안에學校로오너라。

抵 茂 姓

大抵朝鮮도、이왕에는、內地와갓치處處에나무가茂盛하얏더니、百姓들이나무를버히기만하고、심지는아니하얏는고로、지금은、다붉은山이되엿다。 山에다시나무가茂盛하게되지아니하면、朝鮮이

重 般、株

암만하야도、조흔土地가되기어렵다하셧습니다。 저도來日아침에일즉밥을먹고、學校에가야하겟습니다」

그父親이福童의이약이를듯고、말하기를、「그것은매우조흔일이다。 神武天皇祭는、우리나라의所重한祭日이다。 그날나무를심는것은、大端히잘싱각한일이다。 一般生徒가열株식만심게되면、十年안에、훌늉한樹木이될것이다。 나도、山에나무가

使、鬱 貴、肥 智 類

二樹則植二樹ㅣ면可以使山林鬱茂리라

山不以高爲貴ㅣ라以有樹爲貴하고人不以肥爲

貴ㅣ라以有智爲貴ㅣ라니 (原文實語敎)

練習

一、山林을茂盛케하랴면、엇더케하야야하느냐。

二、놉고도나무업는山과、얏고도나무잇는山은、엇던것이조흐냐。

三、다음말을漢字로써라。

산림。 삼림。 식슈。 귀인。

第三課 鳥類

白鷺 孔雀、鴛鴦 尙、鶴 速

새에는여러種類가잇스니、白鷺는희기가눈과갓고、가마귀는검기가먹과갓흐니라。

털이가장고흔것은孔雀과鴛鴦갓흔것이오、가장高尙한것은鶴이니라。

제비와매는날개가커서、날기를가장速히하고、닭과집오리갓흔것은날개가적어서、能히멀니날지못하나니라。

엇던새는山과들에살고、엇던새는물에살고、참새와가마귀와비닭이갓흔것은人家에갓

南洋、氷
駝鳥
熱帶、沙漠

가이살며、셧자구리갓흔것은숩속에사나니라。

벤긴은**南洋氷地**에살어서、날개가지느러미와갓흔고로、**水中**에서헤염을잘하며、**駝鳥**는**熱帶沙漠**에살어서、몸이가장크고、말보다쌜으게닷나니라。

제비는봄에와서가을에가고、기럭이는가을에와서봄에가나니라。

소리개와매는날카운주둥이와발톱으로달

은새를잡어먹는고로、달은새는소리개와매를보면、무서워서、곳숨나니라。

올뱀이와부엉이는낫에는樹林中에서졸다가、밤이되면、달은새의잠든틈을타서、잡어먹나니라」。

谷

몸이아름답고、소리가큰것은꾀꼬리니、山中에서우는소리를듯고차저보면、한줌도못되는적은새가谷中을울니며울고잇나니라。

第四課 漢文

練習

一、速히나는새와잘날지못하는새는무엇무엇이냐。

二、다음새일음을漢字로써라。

제비。 가마귀。 소리개。 참새。 집오리。 닭。

三、「....니라」를너어서、두서너마듸의짤은글을지어라。

鸚鵡、言、離、飛、猩 獸、今、禮、亦 乎 秦昭王、囚、孟嘗君、變 函谷關、法、雞鳴、客、恐、追 居、是、群、皆 遂

鸚鵡能言하나不離飛鳥하고猩猩能言하나不離禽獸하나니今人而無禮면雖能言이나不亦禽獸之心乎아 (禮記)

秦*昭王이囚孟*嘗君이러니君이變姓名하고夜半에至函*谷關하니關法에雞鳴出客이라恐追至할새居下坐者ㅣ能爲雞鳴하니於是에群雞皆鳴이어늘遂出關하니라 (事文類聚)

練習

一、다음에뭇는말을對答하야라。

(가)「不離飛鳥」라하는것은、무슨뜻이냐。

(나)「不離禽獸」라하는것은、무슨뜻이냐。

二、孟嘗君의이약이를하야보아라。

三、다음글을읽어라。

人而無禮면ㅣ卽近於禽獸라　雞群之一鶴이라

減

第五課 여러가지꼿

겨울치위가次次減하야、日氣가쌧쓧하면、山에아지랑이가끼는날도잇소。 이째에、개나리는봉우리가생겨서、四月에는、누른꼿치가지에가득히픠오。 개나리꼿치질째가되

면, 오랑캐ᄭᅩᆺ치ᄌᆞ지빗츠로곱게픠오。 그다
음에는, 진달레가, 엽사귀는나지안코, ᄭᅩᆺ만붉
게픠오。 진달레가픠면, 벌서느진봄이되여,
여러가지ᄭᅩᆺ치밧분듯이다토어픠오。 桃花,
李花, 杏花가붉고희게픠여서, 그빗치구름과
갓고, 산山과들에는, ᄭᅩᆺ방석을펴노흔것갓소。
다만이조흔ᄯᆡ에, 바람이불고, ᄯᆡᄯᆡ로비가오
는것은매우可惜하오。
芍藥과牧丹이픠면, 여름이갓가와오고, 石榴

桃 杏 惜 芍藥, 牧丹, 石榴

滿發、蓮 唐 楓

꼿은여름에픠오。 장마질때가되면、란초꼿치滿發하고、그동안에、또蓮花가픠오。

次次서늘한바람이불면、山과들에唐개나리와도라지와싸리의各色가을꼿치보기좃케픠고、벌어지도우오。 느진가을에는、꼿보담도고흔丹楓이잇고、最後에는菊花가홀로픠오。

겨울에는、나무입사귀가다떠러지고、찬바람이부오。 때때로눈이와서、나무가지에꼿치

櫻、美 和、爛、都鄉、爭

핀것갓치보이오。

練習

一、봄에는、무슨꼿치픠느냐。 그일음을漢字로써라。

二、여름과가을에는、무슨꼿치픠느냐。 그일음을漢字로써라。

三、「곱게」「붉게」의「게」를너어서、두마듸의짧은글을지어라。

第六課 漢文(櫻花及芝蘭)

櫻花之美는以我國本土로爲世界第一하나니每春四月에日暖而風和則爛發이라都鄉이爭

賞、唯 芝蘭 深 芳 修 德、窮、

賞之하고 唯曰花則知櫻花하며 或稱國花하니라

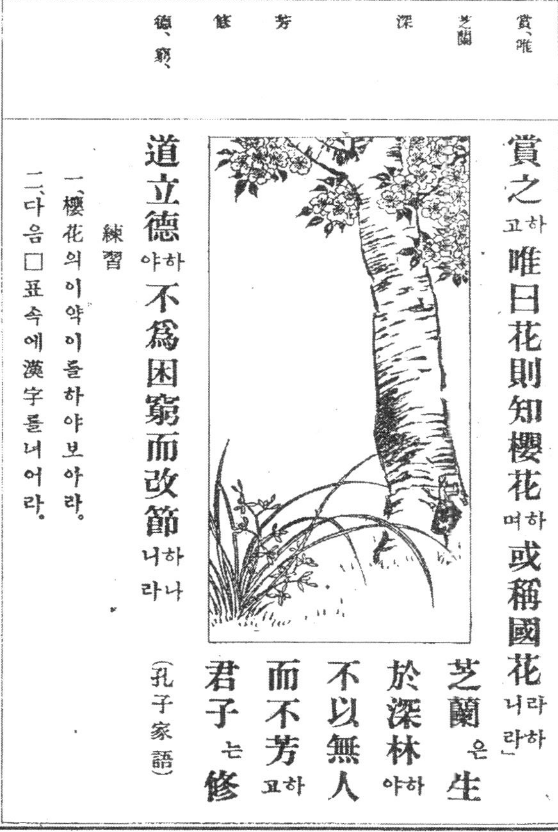

芝蘭은 生於深林하야 不以無人而不芳하고 君子는 修道立德하야 不爲困窮而改節하나니라 (孔子家語)

練習

一、櫻花의이약이를하야보아라。

二、다음□표속에漢字를너어라。

櫻花之□。 爲□□第一。 都鄕□賞□。

唯曰花□知櫻花。 芝蘭生□深林。

部分、花瓣

第七課 桃花

이그림을보오。 이것은桃花의그림이오。 桃花는每年五月에픠오。

桃花는빗치붉고、아름다운쏫치오。 그붉고고흔部分을花瓣이라하오。 花瓣은다섯조각이오。

花瓣을싸고잇는것을쏫부리라하는대、이것

保護

도、또다섯조각이잇고、風雨를막어서、花瓣을
保護하오。
花瓣은붉고、쏫쑤리는풀은고로、더욱아름답
게보이오。
六月이되면、복숭아가열
니고、八月이되면、잘익소。
큰것은주먹만하고、맛이
매우좃소。
복숭아나무는、봄에는쏫

利　融、諸、同、梨、取、　幼

출보고、여름에는열매를먹는고로、사람에게
매우利로운植物이오。

練習

一、복숭아나무는、어느달에쏫치픠고、어느달에열매가열
니고、어느달에열매가익느냐。
二、桃花各部分의일음과그빗출말하야라。

第八課 漢文

孔*融이四歲에與諸兄으로同食梨할새融이獨取
小者어늘父ㅣ問故한대融이曰兒ㅣ年幼하니當取

蹊　納、整　遊、請邀　爽

小者라하더라

桃李不言하나下自成蹊ㅣ니라 (史記)

瓜田에不納履하고李下에不整冠하라 (文選)

練習

一、孔融의이약이를하야라。

二、다음글에吐를달어읽어라。 그리하고、그것을외여라。

桃李不言下自成蹊　瓜田不納履李下不整冠

第九課　花遊에請邀

요사이日氣가ᄯᅡᄯᅳᆺ하고、마음이爽快하

伴　景、意向　煥

오이다。 草木은새싹이나며、꼿치맷쳐서、山과들에봄긔운이가득하야、매우볼만하게되엿습니다。 이갓치조흔때에、집에들어잇는것은甚히자미업는일인고로、다음空日에二三學友가作伴하야、꼿求景을가랴하오니、兄도意向이게시거든、그날午前九時에弟의집으로오시기를바랍니다。

月　日

孫正煥 再拜

吳寅泳 座下 幸 篋

吳寅泳 座下

同回答

兄의편지를바다보오니、매우반갑습니다。 오는日曜日에는、弟도또한쏫求景을가랴고하던ᄎᆞ에、이갓치몬저請邀하시니、大端히고맙습니다。 그날은多幸히아무相値되는일이업는고로、兄과作伴하랴하오니、그리아옵소서。 아무조

宅、若 覆

록時間前에兄宅으로가랴하오나、萬若晚時가되더라도、暫時기다려주시기를바랍니다。

月 日 吳寅泳 拜覆

孫正煥 座下

練習

本課를모방하야、郊遊散步에請邀하는편지와、그답장을지어라。

第十課 春雨

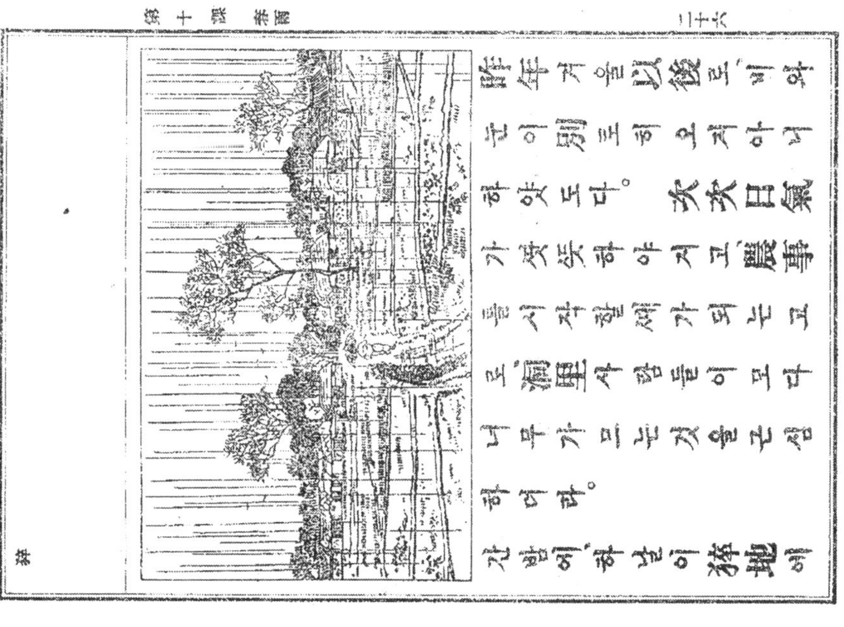

昨年가을以後로、비와눈이別로히오지아니하얏도다。 次次日氣가溫和하야지고、農事를시작할때가되는고로、洞里사람들이모다나무가므는것을근심하더라。

간밤에、하날이陰雲에흐리더니、오날은아참부터비가와붓고、조곰도긋치지안터라。 길이질어서、學校에갓다올때에、매우고생하얏도다。 그러하나、집에돌아와본즉、아버지께서大端히깃버하시며、말삼하시기를、

「어ㅣ비참온다。 아무조록만히오너라。 來日도오고、모레도오너라。 至今오는비는참조흔비다。 來日비가개이거든、내가學校에단겨온후에、우리집보리밧헤갓치가보자」。

하시더라。 아버지께서말삼하시는것을들은즉、나도또한大端히깃부더라。 문을열고、쳐다보니、하날에검은구름이덥혀서、來日도개이지아니할듯하더라。

練習

一、요사이비와눈이오지아니하는것을보고、웨洞內사람들이걱정하얏느냐。

二、비가만히오는것을보고、父親이무엇이라말삼하시더냐。

侍、爲、終　益　越、路、遭　趨、拱　退

第十一課 漢文

弟子ㅣ侍坐於先生할새先生이問焉이어시든終則答하며請業則起하고請益則起라ㅣ니 (小學)

從於先生할새不越路而與人言하며遭先生於道하야趨而進하야正立拱手하야先生이與之言則對하고不與之言則趨而退라ㅣ니 (小學)

練習

一、다음에뭇는말을對答하야라。

(가)先生님이물으실때에는、엇더케하느냐。

(나)先生님에게배올때에는、엇더케하느냐。

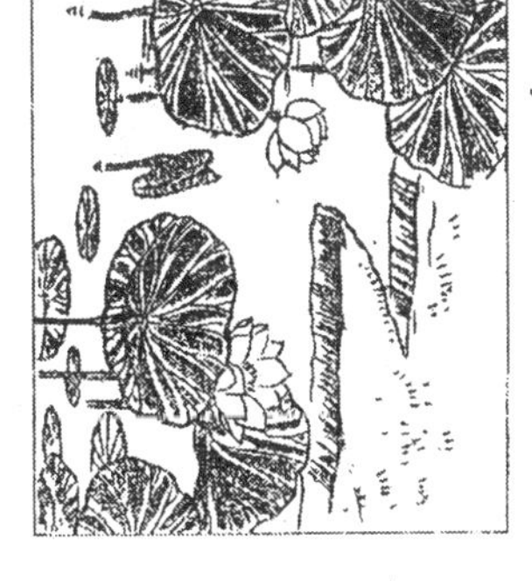

(다)先生님을쌀어갈때에는、엇더케하느냐。
(라)先生님을길에서맛날때에는、엇더케하느냐。

二、다음漢字를두字식부쳐읽어보아라。

起와坐。 進과退。 問과對。

第十二課 蓮花

느진봄이되면、련못에넓고둥근입사귀가가득하게덥힌것을보리다。 이것은蓮이라하는것인대、여름에꼿치아름답게픠오。

蓮花는흰빗과붉은빗치잇고、조흔香臭가잇소。

香臭

靑靑한입사귀에흰꼿과붉은꼿치석겨핀것은、더욱보기좃소。

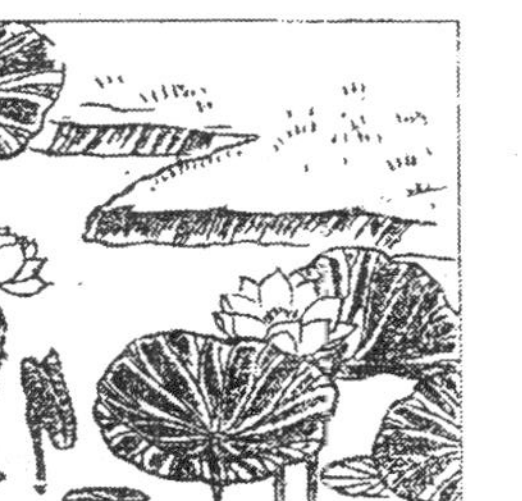

蓮花는일은아침에픠는고로、늣게일어나는사람온한참볼만한때에보지못하오。

아침바람이서늘한때에、일즉일어나서、련못가에

濁 俗談

서서보면、꼿봉우리픠는소리가들닌다하오」。
蓮은濁한물과더러운흙에서生長하나、그러나甚히아름답고高尙한고로、俗談에蓮花는花中君子라하오。

練習

一、蓮花의빗과입사귀의형상을말하야라。
二、「蓮花는花中君子」라하는俗談의뜻을말하야라。
三、「불만한때」의「ㄹ만한」을너어서、두서너마듸의짤은글을지어라。

第十三課 漢文 (孔子及孟子)

魯、卒 尊、稱、論 錄 鄒、受、于 著、述 明

孔子는魯人也ㅣ시니有弟子三千人하시고卒年이七十三이시니後世에尊稱하야聖人이라하니라
論語는錄孔子言行之書也ㅣ니라
孟子는鄒人也ㅣ시니受業于子思之門人하시고
子思는孔子之孫也ㅣ시니著書하사述孔子之意하야明聖人之道하시니라

練習

一、孔子의이약이를하야보아라。
二、孟子의이약이를하야보아라。
三、論語라하는것은엇더한칙이냐。

四、다음말을漢字로곳쳐라。

공자。 밍자。 성인。 군자。 론어。

第十四課 연과팽이의노래

올녀라연아연아 활신활신올녀라
空中에날어가는 저소리개보담도
올녀라연아연아 좀더좀더놉직히」
돌어라팽이팽이 얼는얼는돌어라
바람에팽팽도는 바람갑이보담도
돌어라팽이팽이 좀더좀더쌜으게」

貢 恕、己、欲、施 過、禹、聞 善 惡

本課를외여라。

第十五課 漢文

子貢*이 問於孔子曰有一言而可以終身行之者乎잇가 子ㅣ曰其恕乎ㄴ저 己所不欲을 勿施於人이니라 (論語)

孟子ㅣ曰子路*는 告之以有過則喜하고 禹*는 聞善言則拜러시다 (孟子)

勿以惡小而爲之하라 積小惡而爲大惡하며 勿以

俚諺

善小而不爲하라 積小善而成大善하나니라

練習

一、다음글에吐를달어읽어라。 그리하고、그것을외여라。

己所不欲勿施於人

二、다음말을읽어라。

善惡。 積善。 善言。 惡行。

第十六課 俚諺

세살의버릇이여든까지간다。

三歲之習이至于八十이라

소일코、외양간곳친다。

失、乃葺厥廐 晝、聽、聆 蔬、辨 帝 島

既失其牛하고乃葺厥廐ㅣ라

낫말은새가듯고、밤말은쥐가듯는다。

晝言雀聽하夜言鼠聆이라

될성불은나물은ㅅ옵부터알어본다。

蔬之將善은兩葉可辨이라

練習

本課俚諺의뜻을말하야라。

第十七課 大日本帝國

우리大日本帝國은、여러섬과한半島로되엿

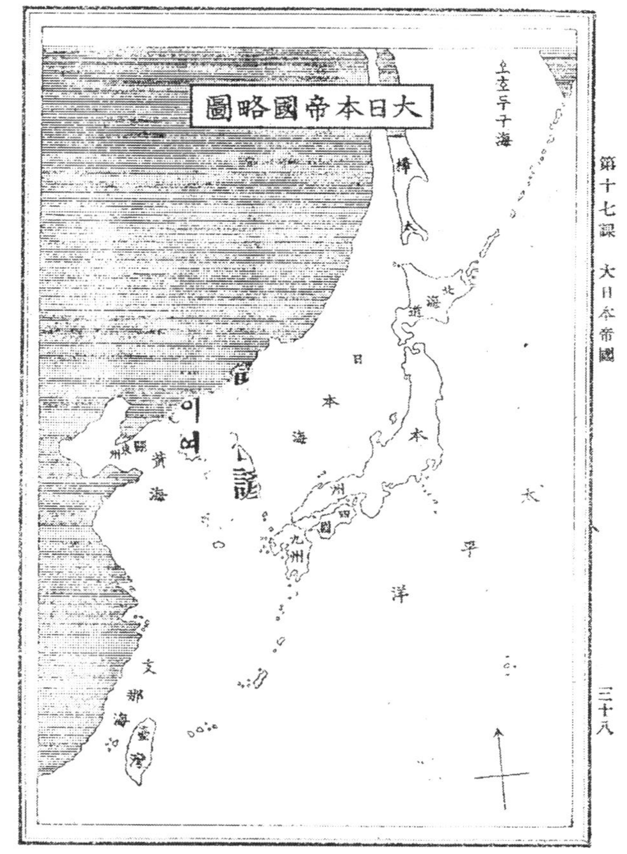

北、西 州、海、臺灣、樺太 餘 至、增加、約 餘 假量

土。 이여러섬은東北에서西南으로뻿쳐서、一千二百里사이에ᄡᅥᆯ녀잇스니、其中에큰섬은本州·北海道·九州·臺灣·四國과밋樺太의南部요、半島는곳朝鮮이오。

全國人口는年年히增加하야、至今은約七千萬이되오。 面積은四萬三千餘方里니、本州는大槪그三分의一이오、朝鮮半島는本州보다조곰적고、北海道는本州의三分의一假量이며、九州는北海道의半假量이고、臺灣과樺

遼 租借 周圍、平 支那、商 産 達

太南部는、다北海道의三分의一이고、四國은九州의半보다적소。이外에遼東半島의南部에租借*地가잇스니、關東州라하오。

우리나라의周圍에는、太平洋·日本海·黃海·오호두구海·支那海等이잇서서、모다世界通商의要路가되오。

또氣候는各地가大槪溫和하야、各種天産物이만코、産業도크게發達하며、景致의조흔곳도만소。

練習

一、우리나라는무엇이라하는섬과半島로되여잇느냐。

二、우리나라의全面積은얼마냐。또、本州·朝鮮半島·北海道·九州·臺灣·樺太南部·四國의面積은各各얼마냐。

三、關東州라하는것은어듸잇느냐。

四、우리나라의周圍에는무엇이라고하는바다가잇느냐。

五、우리나라의氣候·天産物·産業·景致는엇더하냐。

富、直 倒扇、戴

第十八課 漢文 (富士山及金剛山)

富*士山은我國第一名山也ㅣ라直立一萬三千尺이오山形이似倒扇하고四時에戴白雪하야每年

登覽、極　頂、望　剛、江原、自　勝、著　峯　寺　巖、恠、瀑、澄潭　尤、云

盛夏에 登覽者ㅣ極多하니 立山頂에 可以望十三州ㅣ라니 金剛山은 在江原道하니 自古로 以形勝著ㅣ라 世稱山有一萬二千峯하고 其最高者ㅣ可六千尺이라 山中에 多古寺하고 奇巖恠石과 飛瀑澄潭이 亦不少하며 九秋紅葉이 尤可賞이라 故로 亦云楓嶽이라니

嶽　衛

練習

一、富士山의이약이를하야보아라。

二、金剛山의이약이를하야보아라。

三、다음□표속에漢字를넛코、吐를달어라。

我國第一名□富士山也　四□戴白雪

九□紅葉尤可賞

四、「부ᄉ산」、「금강산」을漢字로써라。

第十九課 夏節衛生

여름은가장더운새인고로、달은새보다더욱

注 体 孩 消化、效驗 腹痛 泄瀉

衛生에注意함이可하니라。 너무더운때에工夫를하는것은、몸에害가되는고로、學校에서도休業을하나니라。

兒孩들은果實을매우조화하나니、잘익은果實은맛이좃코、또消化를돕는效驗이잇나니라。 그러하나、선果實속에는、사람에게害로운것이들어잇는고로、이것을먹으면、腹痛이나며、泄瀉가나고、尤甚하면、죽는일도잇나니라。 櫻桃。복송아。살구。능금。참외갓흔果實을

擇 冷、慣 別、痢疾、傳染

먹을때는、잘익은것을擇할지니라。

朝鮮사람은冷水를먹는習慣이잇서서、소나무밋과바위틈에서솟아나오는샘물과시내물을藥水라하고、한번에여러바아지를먹는사람도잇스니、이것은衛生을몰으는習慣이라。 特別히痢疾과怪疾等의傳染病이流行할때는、더욱注意할것이니라。

아침서늘할때에、山野에서運動을하는것은매우조흐니라。 그러하나、정낫에日光이直

射、度 疲困 掃除

射하는곳에서過度히勞働을하면、땀이過히나서、身體가疲困하야지는고로、도로혀害가되나니라。

이外에夏節에집의內外를더럽게하는것은더욱害로우니、아무조록注意하야、掃除를잘할지어다。 사람을잘자지못하게하는모긔・벼룩・빈대갓흔못된벌어지는、모다더러운곳에서만히생기는것이니라。

練習

一、果實을먹을때에는、웨익은것을먹어야하느냐。
二、웨집의內外를掃除하야야하느냐。
三、다음말을달은말로밧구어라。
果實。 過度히。 疲困。 內外。

節 晏、睡、飽 飮、死、蓋 矣

第二十課 漢文

古語에曰體欲常勞하고食欲常節이라하니라此語ㅣ最切要於夏時ㅣ라每日晏起且午睡而飽食過飮者ㅣ不知衛生者也ㅣ니其不病死者는蓋幸矣ㅣ니라

放、廢、但、避、炎、
宜、揀、稍

夏雖放學이나不可全然廢工이니但避午間炎熱하고宜揀朝夕稍凉時하야溫習前課라야無忘其所知하고又有知新之益也ㅣ리라

練習

一、다음□표속에漢字를넣코、吐를달어라。

體□常勞　食□常節

夏□、放學　不□全然廢工

二、엇더한일을하면、衛生에害로우냐。

三、夏期放學中에는、엇더케하야야하느냐。

四、다음말을읽어라。

最切要。 死生。 溫習。

驟
陣、狂

知新之益。 溫故知新。

第二十一課 驟雨의歌

난데업는一陣狂風 검은구름몰아다
먹장갈아쎄언진듯 왼하날을덥더니
번개불이번적번적 우뢰소리우루루루。
주먹갓흔큰비방울 여긔저긔듯다가
함박으로퍼붓는듯 평평쏴쏴쏘다져
나무입이너푼너푼 락슈물이주루루루。

漲

彩、架設

뢰셩번개련해나며
바람소리비소리
上天下地뒤놋는듯
슌식간에漲水나
시내물이출넝출넝
모래언덕우수수」
적은듯이비가긋쳐
구름것고해날제
彩色다리架設한듯

무지개가생겻네
各色草木너훌너훌
듯는이슬후두두」

練習

一、다음글을너어서、한마듸식되는글을지어라。

나무입이너푼너푼。
시내물이출넝출넝。
各色草木너훌너훌。

二、다음말을漢字로써라。

구름。 바람。 모래。
다리。 이슬。 무지개。

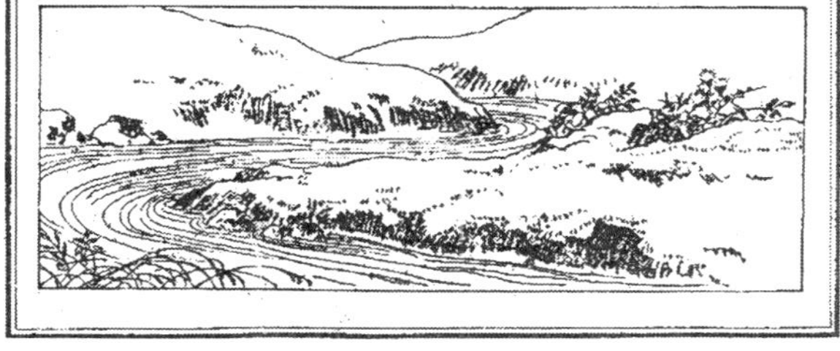

慰 缺席 患 期

第二十二課 病者慰問

日前부터學校에缺席하시는고로、무슨
까닭인지아지못하야、오날先生님宅에
가서、엿주어본즉、感患으로缺席하신다
하시니、듯기에매우놀납습니다。宅으
로가서뵈오랴하오나、겨를이업서서가
지못하고、書字로慰問합니다。
先生님의말삼을들은즉、近日은感氣가
돌어단기는時期라하시니、아무조록잘

調攝 韓永洙 姜載鎬

調攝하셔서、速히學校에出席하시기를
바랍니다。

月 日 韓永洙 再拜

姜載鎬 座下

問病回謝

이와갓치慰問하야주시니、매우感謝합
니다。 지난月曜日에들에서비를맛고
歸家한後로、惡寒이甚하야、食事도못하

卽 差 念慮

고、卽時잣더니、그날밤부터身熱이나서、苦痛을하얏스나、至今은差度가잇는고로、來日까지는、집에서調攝하고、모레는學校에가랴하오니、過히念慮마십시오、

月 日

姜載鎬 拜覆

韓永洙 座下

練習

本課를모방하야、친구의어루신네에게問病하는편지와、그답장을지어라。

曾、髮膚 敢毁傷 遺 提、及

第二十三課 漢文

孔子ㅣ謂曾*子曰身體髮膚는受之父母ㅣ라不敢毁傷이孝之始也ㅣ니라 (小學)

曾子ㅣ曰身也者는父母之遺體也ㅣ니行父母之遺體호대敢不敬乎아 (小學)

孟子ㅣ曰孩提之童이無不知愛其親하고及其長也하야無不知敬其兄也ㅣ니라 (小學)

練習

一、다음글에吐를달어라。 그리하고、그것을외여라。

身體髮膚受之父母不敢毀傷孝之始也

二、다음글을漢文으로곳쳐라。

兩親을사랑한다。 兄을공경한다。

몸은父母의遺體니라。 孝는百行의根本이라。

村

第二十四課 혹잇는老人(一)

옛날어느山村에한老人이잇섯는대、그목에큰혹이달녓섯소。

하로는、그老人이나무를하러山에갓다가、저물어서、집에돌아오지못하고、길가에잇는뷘

寂寞 淸

집으로들어가서、자랴고하얏소。

밤은漸漸깁허지고、四方이寂寞하야、잠이오지아니하는고로、다시일어안저서、淸淸한목소리로조미잇는노래를불으고잇섯소。

그近處에잇는독갑이들이、이소리를듯고、모여왓소。

老人은여러독갑이가몰녀오는것을보고、조곰도무서워하는氣色이업시、노래를불넛소。

독갑이는그노래에大端히感動되여、極히고

音聲

요하게듯고잇섯소。
독갑이들이한참듯더니、그中피슈되는독갑
이가老人을對하야뭇되、
「老人은、어듸서그런조흔音聲이나옵닛가。」
하얏소。
老人의對答이、
「이목에달녀잇는혹속에서나온다。」
하얏소。
피슈독갑이는이말을듯고、

寶貝

「그러면、그혹을나를주시오。」
하면서、여러가지寶貝를내여주고、그혹을떼
여갓소。

練習

一、老人은、왜山中뷘집에들어갓느냐。
二、老人은、왜홀로노래를불으고잇섯느냐。
三、독갑이들은、엇더케하고老人의노래를듯고잇섯느냐。
四 피슈독갑이와老人은무슨問答을하얏느냐。
五、「독갑이들」의「들」을너어서、두마듸의짧은글을지어라。

老人은恒常貴치안케역이던혹이셰러지고、또貴重한寶貝가만히생긴것을깃버하면서、그잇흔날아침에일즉집으로돌아왓소。

그老人사는洞里에、목에큰혹달닌老人하나이또잇는대、그혹이업서진緣由를듯고、일부러前老人이자던집으로가서、밤이들기를기다려、노래를불으고잇섯

緣由

소。 밤중이되매、果然독갑이들이몰녀와서、노래를즈미잇게듯고잇다가、괴슈독갑이가그老人에게조흔音聲이어듸서나오느냐고물은즉、老人이역시혹에서나온다고對答하얏소。 독갑이들이그말을듯고、日前에도엇던老人에게속엇다하면서、떼여두엇던혹을그老人의한편

목에붓쳐주고,우스면서,몰녀가버렷소。

이러함으로,俗談에혹떼러갓다가,혹붓쳣다하는말이생긴것이오。

練習

一、목에큰혹잇는老人이,혹떼前老人의이약이를듯고,엇더케하얏느냐。

二、혹잇는老人은독갑이와問答한後에,엇더한욕을보앗느냐。

三、「혹떼러갓다가,혹붓쳣다」하는俗談의뜻을말하야보아라。

四、「貴치안소」의「치」를너어서,두마듸의짤은글을지어라。

慈　縫、密、忙、謂、輩　裂、爾、裳　悔

第二十六課 漢文 (秋冷)

凉秋九月에白露既降하고草蟲이鳴于戶하니慈母縫衣於燈下할새運針密而忙하야謂兒輩曰秋風起天漸冷하니不速製爾輩衣裳이면一朝霜雪에將悔不及矣라하시더라

練習

一、다음□표속에漢字를너어서,吐를달어라。

草蟲鳴□戶　縫衣□燈下　將悔□□矣

二、다음말을읽어라。

凉秋。白露。慈母。衣裳。霜雪。

郞 隔墻 比 尋 競走

第二十七課 太郞과奇男

太郞과奇男은、한洞里에隔墻하야사오。

이두兒孩는、나히도比等하고、킈도비슷하오。

이두兒孩는、매우의가좃케지내오。

太郞은그洞內尋常小學校에단기고、奇男은普通學校에단기오

每日學校에갓다오면、서로차저단기며、갓치노오。

競走도하고、씨름도하면서노는대、或太郞이

이기기도하고、或奇男이이기기도하오。

空日이나祭日에는、點心을싸가지고、山이나들로갓치놀러가오。

처음에는、서로말을몰으더니、相從한지가오래고로、至今은能히言語를通하게되엿소。

그父母끼리도、漸漸親近하야져서、서로조화지내오。

練習

一、太郞과奇男은무슨學校에단기느냐。

二、太郞과奇男은、學校에갓다오면、무엇을하고노느냐。

三、空日이나祭日에는、두兒孩가무엇을하고노느냐。

四、太郞과奇男의父母는、엇더케지내느냐。

第二十八課 漢文

孟子ㅣ曰責善은朋友之道也ㅣ라니 (孟子)

子貢이問友대한孔子ㅣ曰忠告而善道之호대不可則止하야毋自辱焉이라니 (論語)

子ㅣ曰益者ㅣ三友오損者ㅣ三友니友直하며友諒하며友多聞이면益矣오友便辟하며友善柔하며友便佞이면損矣라니 (論語)

貢 辱 損 諒、便辟、柔 佞

練習

一、다음에뭇는글을對答하야라。

(가)벗에게는엇더케하야야하느냐。

(나)엇더한사람을벗으로하야야하느냐。

(다)엇더한사람을벗으로하야서는못쓰느냐。

二、「近墨者黑」이라하는말의뜻을말하야라。

三、다음漢字를比較하야、달은것을말하야라。

毋、母。 止、正。 目、自。

門、問。 中、忠。 色、邑。

第二十九課 運動會

愉、合 隊、活潑、象 到着 賓、覽

오날은우리學校의運動會라。 昨夜에는日氣가호려서、비가올가念慮하얏더니、오날아침에일즉일어나본즉、하날에구름이一點도업고、日氣가清明하더라。

우리들은、愉快한마음으로學校에集合하야、여러學友와作隊하야、活潑한氣象으로校門을나서서、運動場으로가는도다。

運動場에到着하야본즉、青·黃·赤·白·黑의彩色旗가바람에펄펄날니고、場內에는賓客과觀

豫、刻 聯 稱 脚 列

覽者가가득하더라。

豫定한時刻이되매、卽時運動을시작하얏도다。 最初에、各級聯合體操를하는대、觀覽者들이各各그活潑한氣象을稱讚하는고로、우리들은、더욱奮發할마음이생기더라。

各種運動中에、第一活潑하고爽快한것은、競走오。 가장滋味잇고우수운것은、兩人三脚파一人一脚이라。 競走할사람들이、出發하는곳에整列하얏다가、先生님이出發하라는

軍號

軍號로鐘을치시니、모다一心精力으로달어나는대、그氣象이매우活潑하더라。그中에或은너머지는者도잇고、或은압섯던者가뒤써러지며、뒤써러젓던者가압서는者도잇고、或

急 卑劣 途 瞥眼

은압선者의衣服을붓들어서、急히가지못하게하고、自己가압흘서서、一等되는者는잇는대、先生님이이갓치不正한行爲를하는者에게는賞品을주시지안코、觀覽者도、그卑劣함을미워하더라。 또最後에온生徒라도、中途에긋치지안코、힘을다하야달어온者를先生님이稱讚하시더라。

兩人三脚에는、第一압섯던者가瞥眼間에뒤써러지는者도잇고、或은달녀가다가너머지

盡 巧

더니、卽時다시일어나서、쫏처가다가압서는者도잇고、또압섯던者中에、다리에매엿던끈이풀어저서、行步를中止하야、뒤써러지는者도잇더라。

一人一脚에는、長大한者가손과머리를흔들면서、急히달녀가랴하나、氣盡하야、잘가지못하는者도잇고、體小한者가개고리갓치工巧하게섞여들어가서、一等賞을밧는者도잇는고로、觀覽者의우숨소리가場內에가득하더라。

障碍、投、引繩 項 解散

그外에旗取競爭·障碍物競爭·投球競爭·引繩等의各項運動을豫定대로맛친後에、校長先生님의訓示하시는말삼을듯고、卽席에서解散하얏는대、집에돌아와본즉、午後五時假量이되엿더라。

練習

一、運動會날의日氣는엇더하얏느냐。

二、觀覽者는各級聯合體操를보고、엇더하다고하얏느냐。

三、運動의種類에는、무엇무엇이잇섯느냐。

源
涸、指
蒼、泉

四、예잇는兒孩를對하야、先生님이엇더케하셧느냐。

五、兩人三脚과一人一脚을할때에는、무슨자미잇는것이잇섯느냐。

第三十課 漢文

初秋天晴이라老父ㅣ携兒遊邑外할새有一小川이發源於西山하야淸流如玉이어늘兒ㅣ問曰此川不涸는何乎잇가老父ㅣ指西山謂曰四方之山에獨西山이林木鬱蒼하고有茂林則淸泉出하니所以此川이四時不絶流也ㅣ니라

易、窓、閉
汚、釀、沐浴
戲
禁

空氣濁則易致病이니故로窓戶를不可常閉오身體汚則易釀病이니故로沐浴을不可不勤이오人宜常運動其身體니故로體操를不可不習이오人宜常快樂其心思니故로遊戲를亦所勿禁이니라

練習

一、시내에물이늘잇는것은、무슨까닭이냐。

二、窓을늘닷쳐두면、웨害로우냐。

三、웨沐浴을하야야하느냐。

四、다음□표속에漢字를너어라。

發源□西山。 此川不□何乎。 易□病。

沐浴□可□勤。 □可□運動。 人□常勞其身。

第三十一課 빨내

소나무가茂盛한저山中에서、흘너오는시내물은玉갓치맑소。 여긔저긔서、洞里녀편네들이衣服과옷감을밧부게쌔오。 終日토록、빨내방망이로、두드리다가해이며、해이다가두드리오。 시내에는물이만허서、빨내하기가매우조흘듯하오。 그러하나、日氣는차고、

바람은몹시부는대、일은아침부터물에손을담그고잇는것이、매우치울듯하오。

너의들의입은衣服은、다너의들의母親이나妹氏가이와갓치애를써서、정하게빨어다가、다시다듬어서、곱게바누질을하야、지은것이니라。 그런고로、너의들은衣服을씻지말고、또더러히지안토록、恒常注意할것이오、運動場에나가서、여러가지運動을할때에는、반다시두루막이를벗어야한다。 두루막이를입

旁、池

고運動하는生徒도혹잇스나、이와갓흔生徒는運動도活潑히하지못할뿐아니라、또衣服을씻고더러힐念慮가잇나니라。

練習

一、洞內녀편네가、시내에서빨내하는貌樣을말하야라。
二、웨너의들의입은옷을더러혀서는못쓰느냐。
三、「조흘듯하오」「치울듯하오」의「ㄹ듯하」를너어서、두마듸의짤은글을지어라。

第三十二課 漢文

路旁小池에中有淸泉하야春時水深하고冬時水

淺、婦、畔、洗菜　陸、豬　湖、闊、巨舟　蝦、菱藕、灌、濱　穫

淺하니鄕間婦女ㅣ常來池畔하야水中洗菜하고石上擣衣하더라

四面陸地에水豬其中하니小者曰池오大者曰湖ㅣ라湖水深闊하야巨舟可以往來하고水中에產魚蝦하며多菱藕하며而灌田이又便이라故로湖濱之田은收穫이恒豐하니라

練習

一、四時라하는것은、무엇무엇이냐。 그것을漢字로써라。
二、다음글에吐를달어라。

春夏秋冬曰四時　東西南北曰四方

前後左右曰四面

三、「□旁」「□畔」「□濱」의□표속에漢字를너어라。

四、다음말을읽어라。

石山。 水中。 燈下。 深淺。

往來。 開閉。 出入。

第三十三課 朝鮮地方의地勢

朝鮮은半島이니、東西가쌀으고、南北이기오。其面積은本州보다조곰적고、東쪽에는日本海가잇고、西쪽에는黃海가잇고、南쪽에는朝鮮海가잇고、北쪽만陸에連하얏소。

境 綠 漢 洛、錦 脈 頭

朝鮮北쪽地境에큰江이둘이잇스니、하나는 鴨綠江이고、하나는豆滿江이오。 鴨綠江은 日本에第一큰江이니、기리가一百八十里나 되나、水利가만치안소。 이外에大同江·漢江· 洛東江·錦江도다큰江이오。

鴨綠江과豆滿江은長白山脈에서發源하고、 그山脈中에白頭山이라하는놉흔山이잇소。 白頭山에서갈닌큰山脈은半島를南北으로 쐐엿는대、其中에金剛山·五臺山·太白山의有

妙 異 岸 港、元 釜

名한山이空中에소사잇고、支脈中에妙香山· 智異山이잇소。 이山脈은半島의東쪽에잇 는고로、山脈의東쪽은쌍이좁고、큰江도업고、 平地도적으나、西쪽에는큰江도잇고、平野도 만소。

또海岸도東쪽과西쪽·南쪽이大端히달으니、 東쪽海岸은出入한곳이적고、조흔港口는元 山쑨이나、西쪽과南쪽海岸은出入한곳이만 코、섬이만허서、自然히조흔港口가만소。 釜

山·馬山·木浦·群山·仁川·鎭南浦는다 조흔港口요。

濟州島는南쪽에잇서서、朝鮮地方에第一큰섬이오、島中에漢拏山이소사잇소。

練習

一、朝鮮地方의周圍에는、무슨바다가잇느냐。

二、朝鮮地方의北쪽地境은엇더케되여잇느냐。

三、朝鮮地方에는무슨큰江이잇느냐。

四、朝鮮地方의山脈은엇더케되여잇느냐。 또、其中에有名한山은무엇무엇이냐。

五、朝鮮地方의海岸은엇더케되여잇느냐。 또、거긔잇는有名한港口는무엇무엇이냐。

六、濟州島의이약이를하야라。

第三十四課 我鄕

우리시골은田畓과山林이만코、ᄯᅡᆼ이매우기름지오。

邑內는民家가一千餘戶인데、瓦家와草家가相半하오。

그中에第一큰집은郡廳과學校와警察署와郵便局이오。

官吏 勸勉 建築 巡査 仔細 賊、災 奔

郡廳에는各官吏가잇스니、郡守는자조學校에오셔서、우리들이工夫하는것을보시기도하며、조흔말로勸勉도하야주시오。

學校는우리가每日단기는곳인대、昨年에새로建築하얏고、邑內에서第一가는집이오。

警察署에는署長과巡査가잇서서、每日四面으로巡行하야、仔細히삷히는고로、近來에는賊患과火災의所聞을듯지못하얏소。

郵便局에는、出入하는사람이만코、매우奔走

貌樣、貯 朔 隣 養蠶、紬 賣買

한貌樣인대、貯金을하는사람도적지안소。

邑內에는每朔여섯번식場에서는대、本邑所産은勿論이오、隣邑에서도各色物産이모여드오。

우리고을에서는、養蠶을만히하는고로、明紬의賣買가가장만히되오。

練習

一、다음말을漢字로바더써라。

군청。 경찰셔。 우편국。 군슈。 셔장。 국장。

二、이邑內에、무슨官廳이잇느냐。

三、다음말을漢字로바더쓰고、그뜻을말하야라。
우편져금。

徐 才、優 倍 肩隨

第三十五課 漢文

孟子ㅣ曰徐行後長者를謂之弟ㅣ오疾行先長者를謂之不弟라하시니不弟之者는才學雖優나其人은不足觀也ㅣ니라

年長以倍則父事之하고十年以長則兄事之하고五年以長則肩隨之ㅣ니라 (小學)

練習

他 罰

一、「弟」、「不弟」라하는것은、무슨뜻이냐。

二、「父事」、「兄事」、「肩隨」라하는것은、무슨뜻이냐。

三、웃사람特히老人을對하야서는、엇더케하야야하느냐。

四、다음□표속에漢字를너어라。

謂□弟。 不弟□者。 父事□。

五、다음말을읽어라。

徐行。 疾行。 進行。 先行。

後行。 年長。 長者。

第三十六課 他人의惡事

어느날、先生님이生徒들에게말삼하시기를、「工夫하는時間에、한눈을파는者는罰을주

달은사람의行動을注目할餘暇가업는것이오。

練習

一、應善은、엇더케하랴고、每日良明의動靜을注意하야살혓느냐。

二、應善은웨良明의한눈판것을보고、先生님에、게告하얏느냐。

三、先生님은、應善의말을듯고、應善에게무엇이라고하셧느냐。

四、本課의이약이를對하야、感動한것을말하야라。

五、「先生님에게告하랴고」의「랴」를니어서、세마듸의짤은글을지어라。

看、視 更、仰

第三十七課 漢文

看書之時에는不可視他所오講書之時에는不可聽他言이니라

子ㅣ曰君子는成人之美하고不成人之惡하나니小人은反是ㅣ니라 (論語)

子貢이曰君子之過也는如日月之食焉이라過也에人皆見之하고更也에人皆仰之니라 (論語)

子ㅣ曰過而不改ㅣ是謂過矣ㅣ니라 (論語)

練習

「不足함이아니라, 計算이잘못되여, 더바든
것을도로들이러왓슴니다」。
하고, 돈얼마를도로주고가더라。
그商賈는그正直함에感動되여, 혼자싱각하
기를,
「世上에는, 사람을속여서나즌物件을갑을
만히밧고파는商賈도잇거늘, 그商廛은實
로正直하도다」。
하고, 맛나는사람에게마다, 이말을하고稱讚

遝

하더라。 이까닭으로, 아모商廛은正直하다
는所聞이自然히傳播되엿더라。
商廛의信用이날로더함을쌀어서, 物件을사
러오는사람이每日遝至하야, 맛참내大商이
되엿더라。

練習

一、「夜深後에, 웨엇더한廛人이旅館에잇는시골商賈를차
저왓느냐。
二、두商賈사이에, 엇더한일이생겻느냐。
三、正直한商廛은, 웨繁盛하게되엿느냐。
四、正直한商賈는, 그後에, 엇더한사람이되엿느냐。

五、「傳」字갓치人偏의漢字를아는대로써보아라。

士、位、闢 殖、財、鬻、貨 授、陳力 敖、曠 畝、桑

第三十九課 漢文

士農工商에四民有業하니學以居位曰士오闢土殖穀曰農이오作巧成器曰工이오通財鬻貨曰商이니聖王이量能授事하시니四民이陳力受職하나니故로朝無廢官하고邑無敖民하고地無曠土라하니라(漢書)

孟子曰五畝之宅에樹墻下以桑하야匹婦ㅣ蠶之則老者ㅣ足以衣帛矣며五母雞와二母彘를無失其時면老者ㅣ足以無失肉矣며百畝之田을匹夫ㅣ耕之면八口之家ㅣ可以無飢矣리라(孟子)

帛、彘 肉 飢

練習

一、四民이라하는것은、무엇무엇이냐。 또、그漢字를써라。

二、다음말을읽어라。

五畝之宅。 百畝之田。 八口之家。

三、다음漢字를比較하야보아라。

工、土。 王、玉。 士、土。 直、植、殖。

隻、帆 烟、吐 漁船、汽 蔭、隱蔽 停 釣 搭

第四十課 海濱

兒孩三人이海濱에서노는도다。

海上에는배三隻이잇스니、두隻은布帆을달고、한隻은黑烟을吐하는도다。布帆을단것은漁船이오、黑烟을吐하는것은汽船이니라。汽船은暫時間에島蔭에隱蔽하얏고、漁船은조곰도動함이업는지라。漁父는배를停留하고、釣魚하더라。

汽船은多數한사람과物貨를搭載하고、먼地

波浪 逃

方에行하는도다。波浪이海岸에打來하야、兒孩의발에부대치매、兒孩들은波浪을逃避하야、沙場으로走去하다가、다시波浪을좃차물에들어가며、兒孩가적은발로沙場에서자옥

埋沒、坦 狀 滌 舊滓 駛

을내면、물결은곳그것을埋沒하야、다시平坦
케하는도다。
海濱에는白沙도잇고、小石도잇고、조개도잇
도다。
조개와小石에는靑·赤·黑·白이잇고、그形狀이
또한여러種類가잇도다。 물결은、晝夜分別
이업시、이것을恒常洗滌하는고로、맑고아름
다운지라。 물결은舊滓를滌去하고、淸水를
駛來하는고로、恒常새로운것을보는도다。

蚌鷸 邊

練習

一、그림을보면서、漁船과汽船의이약이를하야라。
二、兒孩가海岸에서무엇을하느냐。
三、물결은恒常무슨일을하느냐。
四、다음말을바더써라。
어션。 긔션。 어부。 히빈。 파랑。 사쟝。

第四十一課 蚌鷸之爭

어느쌋뜻한날、조개가海邊陽地에나와서、쩝
질을버리고閑暇히놀고잇섯소。
그새에、황새한마리가날너와서、여긔머을것

限死

決斷

이잇고나하고、긴주둥

이로쏘앗소。

조개는크게놀나서、곳

셥질을닷쳣소。

황새는죽을힘을다하야、쎄라하고、조개는限死하고、단단히오무렷소。

황새는속마음으로、決斷코먹지아니할터이니、노호라고말을하랴하나、주둥이를물녀서、말을할수가업고、조개는셥질을열면、쏘아먹힐가두려워하야、조곰도놋치아니하얏소。 이리할저음에、漁父가와서、둘을다채롱에집어너어가지고갓소」。

이럼으로、두사람이서로다토어서、달은사람의利益이되게하는것을(蚌鷸之爭이라하오。

練習

一、어느쌋뜻한날에、조개는海邊에서、무엇을하고잇섯느냐。

二、그때에、황새가와서、엇더케하얏느냐。

三、조개와황새의사이에、엇더한일이생겻느냐。

四、둘이다토고잇슬때에、漁父가와서、엇더케하얏느냐。

五、「蚌鷸之爭」이라는말은、무슨뜻이냐。

第四十二課 漢文 (筆及墨)

削竹、漆、寫　管、毛、毫　較、紫、羊　性

古時之筆은削竹木爲之하야染漆以寫之러니至於後世하야以竹爲管하고以獸毛爲毫하고染墨以寫之하니較古時爲便矣오且有紫毫羊毫之分하니紫毫는性健하고羊毫는性柔하야隨人之所宜

鉛　焚、桐、枝、炱、膠質、範、模型、　曝、乾、爛、磨　謂

而用之也ㅣ니라 今則又有鉛筆與石筆而所用이尤便矣라 焚松桐之枝而取其炱하야和以膠質하고範以模型하고曝而乾之하니是之謂墨이라 以墨蘸水而磨之於硯則爛然成墨水하나니 可以濡筆而寫字ㅣ니라

練習

一、다음말을읽어라。
毛筆。 鉛筆。 石筆。 全然。 爛然。

二、다음□표속에漢字를너어라。

探 緊、壞 付託 怱

以竹□管。以獸毛□毫。爛然□墨水。

和□膠質。□墨蘸水。可□濡筆而寫字。

第四十三課 有事探問

緊急한볼일이잇서서、再明日에平壤에나려갓다가、그믐날쯤올너올터이오니、或付託하실일이잇삽거든、무슨일이던지、奇別하시기를바랍니다。 宅으로가서、뵈랴하오나、怱忙하야가지못하고、書字로말삼합니다。

月 日

李裕澤 拜上

金百濟 座下

稀 辭

同回答

이와갓치편지를하야주시니、매우感謝합니다。 奇別하신辭意는仔細히알엇습니다。 들은즉、平壤은元來景致가조흔곳이라하니、그近方景致를박은葉書를멧벌이던지、사다주시기를바랍니다。

錢

돈五十錢을보내니、바드시고、萬一不足이되거든、얼마던지先當하야주시면、단겨오신뒤에、곳세음하야들이겟습니다。아모조록平安히단겨오시기를바랍니다。

月 日 金百濟 拜覆

李裕澤 座下

練習

本課를모방하야、달은有事探問의편지와、그답장을지어라。

斯 賢 愚

第四十四課 漢文

孔子ㅣ曰生而知之者는上也오ㅣ學而知之者는次也오ㅣ困而學之ㅣ又其次也니ㅣ困而不學이면民斯爲下矣ㅣ니라 (論語)

上品之人은不教而善하고中品之人은教而後善하고下品之人은教亦不善하나니不教而善이非聖而何ㅣ며教而後善이非賢而何ㅣ며教亦不善이非愚而何오 (小學)

練習

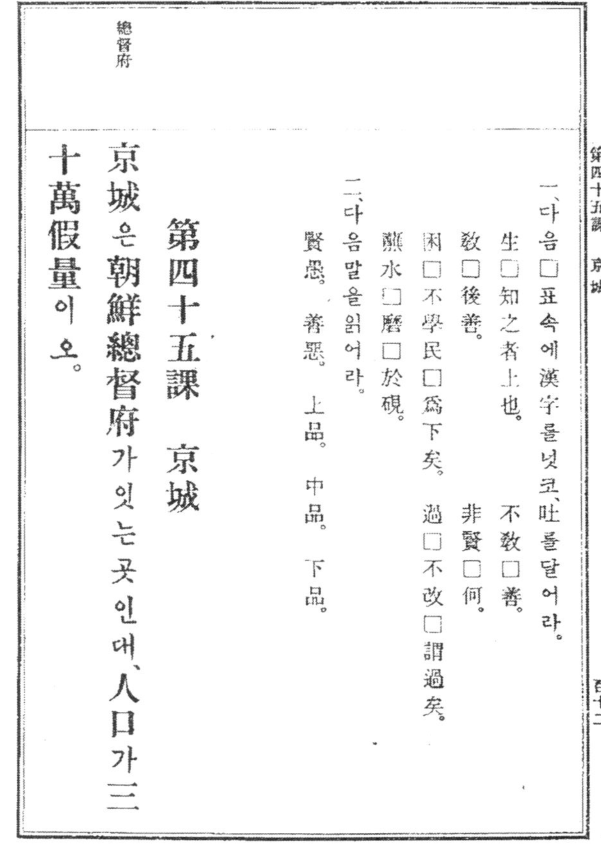

總督府

一、다음□표속에漢字를넛코、吐를달어라。

生□知之者上也。 不敎□善。

敎□後善。 非賢□何。

困□不學民□爲下矣。 過□不改□謂過矣。

瀕水□磨□於硯。

二、다음말을읽어라。

賢愚。 善惡。 上品。 中品。 下品。

第四十五課 京城

京城은朝鮮總督府가잇는곳인대、人口가三十萬假量이오。

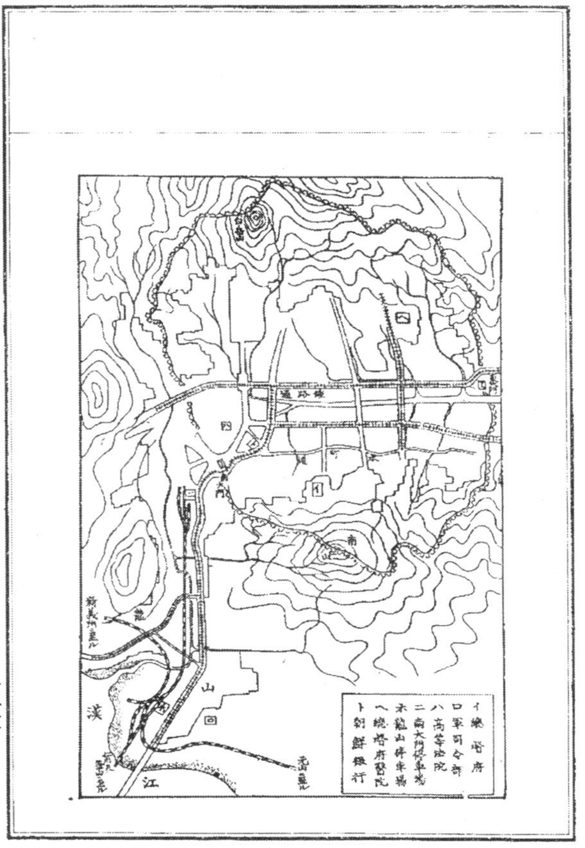

郭

京城城郭은그周圍가約四里오、그사이에城門이여덟이잇섯소。그中에至今까지남어잇고、第一큰것은南大門과東大門이오。

鐘路는京城中央인대、길이넓고、큰廛이만소。

本町通은內地人이만

繁華 院 電 話、車 龍 司令 義、鐵

히살고、大端히繁華하오。

市內에는、朝鮮總督府와各官署·學校·病院·銀行·會社의큰집이잇소。 또電燈·瓦斯燈·水道도잇고、電信·電話도잇소。 道路에는電車가단기오。

龍山은漢江北쪽에잇는대、京城의한部分이오、이곳에朝鮮軍司令部가잇소。

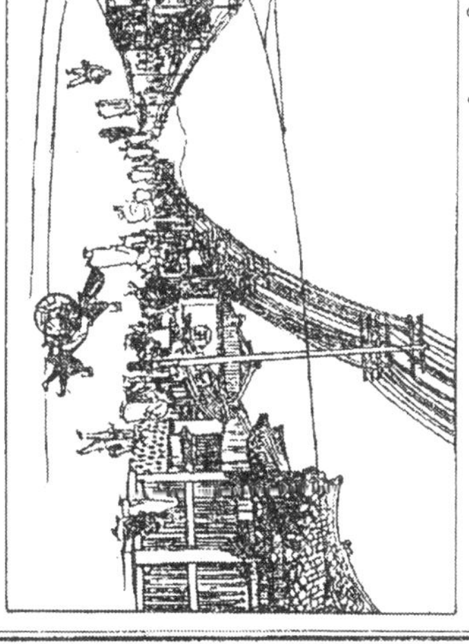

京城은釜山서新義州에가는鐵道中間에잇고、西에는仁川에가는鐵道가잇스며、또東에

는、元山에가는鐵道가잇소。 그런고로、京城은交通이便하야、南大門停車場과龍山停車場에는올으고나리려는사람과실고푸는짐이만소。

練習

一、京城의人口는얼마가되느냐。

二、京城의交通은엇더하냐。 그것을글로지어라。

三、다음말을漢字로바더써라。

관셔。 학교。 병원。 은힝。

회샤。 면등。 와ᄉᆞ등。 슈도。

飯

第四十六課 我家(一)

우리집食口는兩親과우리四男妹뿐이오。그外에는下人도업고、다만소한匹과닭세마리가잇소。

아버지께서는、每日아침에일즉일어나셔서、집近處로돌아단기시면서、논과밧흘보삷히시는것으로樂을삼으시오。

어머니께서는、그사이에朝飯을지으시고、弟는房을쓸고、나는소에게풀을주며、

裁

모이를주오。萬一내가좀늣게가면、/
이먹을것을달나는것갓치소리를질으며
가워하오。
아버지께서들에나가신後에、나는學校에오
고、어머니는妹弟를다리시고、裁縫을하시고、
두아우는집에서ᄌᆞ미잇게노오。

練習

一、이兒孩의집에는、엇더한사람과엇더한즘생들이잇느냐。

二、아버지는아침마다무엇을하시느냐。

三、어머니와妹弟와이兒孩는、아침마다、무엇을하느냐。

四、이兒孩가學校에간後에、어머니는무엇을하시느냐。

五、「아버지께서」의「께서」를너어서세마듸의짧은글을지어라。

第四十七課 我家(二)

내가學校에서돌아가면、妹弟와두아우가매
우깃버하오。우리가한참ᄌᆞ미잇게놀때에、
아버지께서는들에서돌아오시고、어머니께
서는저녁밥을지으시오。저녁밥을먹을때

艱難

는、第一즐겁소。兩親과우리四男妹가함씌안저서食事를하는대、아버지께서는種種조흔이약이를하시오。

아버지말삼이、우리집은비록艱難하나、勤實히農事를지으면、衣食에窘塞치아니할것이오、또집안사람들도、다몸이康健한고로、이와갓치몃해만지내면、富者가되리라하셧소。

窘塞

練習

一、집안사람들이、함씌안저서저녁밥을먹을때의貌樣을말하야라。

二、아버지께서、그때에、무슨이약이를하셧느냐。

三、「食事를하는대」의「대」를너어서두마듸의짧은글을지어라。

第四十八課 漢文

征、奠、僊、酉、 開、代 承 奉 祚 紀

我皇祖가初在九州하사治此國이러시니後에神武天皇이東征하사奠都大和*橿原하시고以辛酉歲로卽位하시니國大開民始安이라是爲第一代天皇하니라爾後列聖이相承하사至今二千五百七十餘年에君視民如子하시고民奉君如親하니所以寶*祚與天壤無窮也ㅣ니라神武天皇卽位之年은卽我國紀*元元年也ㅣ니라

練習

一、紀元節은언제냐。 또、무슨祭日이냐。

二、神武天皇의이약이를하야라。

畜

第四十九課 我家의家畜

우리집에서는、마소各한匹과、개한마리를길으오。

소는내가出生하기前부터잇섯고、말은三年前에삿소。 개는前부터잇던것이昨年봄에

三、다음□표속에漢字를넛코、吐를달어라。

君視民□子民奉君□親

四、다음말을읽어라。

皇祖。 天皇。 寶祚。 紀元。 君民。 親子。

죽고、다시이웃집에서강아지를어더다길넛소。 처음에는、적던강아지가漸漸자라서、至今은나보다도잘먹고、달음박질도잘하오。우리兄弟는개를다리고노는것을가장즐거워하오。

말은每日짐을실고、邑內에往來하오。 집안사람이혹어듸를갈쌔에도타고가오。 秋收할쌔가되면、소와合力하야、논과밧헤서곡식을실고、하로도몃번식往來하오。 집안사람

이어두운밤中이라도、마구간으로갓가이가면、곳알어보고、반가워하는듯이소리를질으오。

소는第一有益한動物인대、農事에는하로도업지못할것이오。 봄에田畓을갈고、또秋收한後에도、가을보리밧흘가는것이、모다소의힘이요。 그런고로、이쌔에는、아침부터저녁까지、소의勤勞가大端하오。 우리집에서도、매우소를緊重히역여서、每日우리가食事하

粥 勵

기 前에, 粥을 먹이고, 풀을 먹여서, 잘 길으오.」
父母가 恒常 말삼하시기를,
「우리집소가, 지금은 늙엇스나, 前에는 힘이 세여서, 달은집소보다 갑절이나 勞勵을 하얏스니, 우리집에 對하야 勤勞를 다한 者이오, 우리집 財産도, 저소로부터 어든것이 적지아니하다」。
하시오。

練習

庭、寸、團 張、頃 消釋

一、이집에는, 엇더한 즘생을 몃마리식 먹이느냐。
二、이집의 소·말께는, 언제부터 먹엿느냐。
三、이집의 말과 소는, 무슨일을 하느냐。
四、父母는, 이집의 소이약이를, 늘 무엇이라고 말하시느냐。
五、「갓가이가면, 곳알어보고」의 「곳」을 너어서, 두마듸의 쌀은 글을 지어라。

第五十課 漢文

昨夜大雪이 庭中積數寸이라 早朝群兒ㅣ團雪作雪人하니 目張口開如巨人坐ㅣ라가 有頃日出雪解하니 雪人이 消釋하야 不復有人形이러라

曉、啼、披、床、推、 已、升、霞 幾

天將曉에鳥啼樹間이어늘披衣下床하야推窓一望하니東方이已白하고紅日이上升하야流霞成彩라未幾霞散에日光이射入室中하고鳥聲이漸少러라

練習

一、다음글을漢文으로써라。

(가)어제밤에、눈이만히왓소。

(나)눈을뭉쳐서설인을만드오。

(다)새가나무사이에서우오。

(라)동쪽이벌서회여서、홍일이올너왓소。

二、다음말을읽어라。

式

昨夜。 昨夕。 昨日。 昨年。 早朝。

早曉。 早起。 披衣。 擣衣。 縫衣。

昨夜擣衣。 昨日縫衣。 早起披衣。

第五十一課 禁酒

어느곳에、한木手가잇는대、그才操는매우놀나우나、술을過히먹어서、休業하는날이만터니、그안해가甚히근심하야、술먹지말기를勸하며、自己가몬저담배를끈코、每日담배갑一錢式을、그날부터郵便局에貯金하더라。

周 旋、貸 安

그後一年만에、木手가연장을사기爲하야、돈三圓을求하는대、百方으로周旋하나、取貸할길이萬無하야、甚히근심하는지라。그안해가男便의근심함을보고、心中에未安하야、暫間기다리라하고、밧그로나가더니、한時間도못

驚、處 塵、泰

되여、돈三圓을가지고와서、男便을주거늘、木手가大驚하야、그돈의出處를물은대、그안해가對答하야갈오대、

「이것은내가已往에쓴혼담배갑을郵便局에貯金하야두엇던것인대、每日열마아니되는것도、塵合泰山으로、이갓치큰돈이되여、邊利까지붓게되엿소」。

하더라。

木手가그돈을手中에바더들고、안해의마음

醉 酒醒

에크게感動되여、말하되、「하로一錢의담배갑도、一年동안에三圓이넘어서、오날갓치急한대쓰이는줄은、至今에야비로소깨달엇노라。 오날까지술먹기를過度히한것은、나의큰허믈이로다。醉後에는、休業할뿐아니라、往往달은사람에게酒醒을하얏스니、從今以後로는、술을아니먹기로決心하고、每日술세홉갑을郵便局에貯蓄하리라」。

涯、用 附 表

하더라。

그後는、生涯를힘쓰며、또節用하야貯金하얏더니、次次달은사람에게信用을엇고、安樂하게世上을살게되엿더라。

적은돈도、貯金하야두면、나종에는、큰돈이되는줄을알지니라。 附錄郵*便貯金利*子積算表를見하라。

練習

一、木手의안해가、그男便에게禁酒를勸하던이약이를하야라。

趙、充 兵、隃、臣、願、馳、圖 略

二、男便이돈三圓의出處를물을때에안해가무엇이라고對答하얏느냐。

三、「壓合泰山」이라하는것은、무슨뜻이냐。

四、禁酒한後에、木手는엇더케되엿느냐。

五、다음말을바더써라。

저축。 저금。 절용。 변리。

第五十二課 漢文

百聞不如一見。 漢趙充國이曰百聞이不如一見이라兵難隃度이니臣願馳至金城하야圖上方略하노이다 (漢書)

賜 螢、晉、胤、恭、博 貧、得、油、練囊 照、繼 介 映、御史

聞一知十。 孔子ㅣ曰回也는聞一以知十하고賜也는聞一以知二니라 (論語)

螢雪功。 晉車胤의字는武子ㅣ니幼恭勤博覽할새貧不常得油하야夏月에以練囊으로盛數十螢火하야照書讀之하야以夜繼日이러니後에官至尙書郞하니라 (晉書)

晉孫康이少淸介하야交遊不雜하고家貧無油하야嘗映雪讀書러니後에官至御史大夫하니라 (晉書)

練習

一、다음글에吐를달어라。 또、그것을외여라。

百聞不如一見 聞一以知十

二、車胤의이야기를하야라。

三、孫康의이야기를하야라。

第五十三課 俚諺

誦經、何、諦

潦、聚、硬

쇠귀에경읽기。

牛耳誦經에何能諦聽이리요

단단한땅에물이괴이느니。

行潦之聚가亦又硬土ㅣ니라

竈、苟、燃、埃、豈

舐、識

아니쌔인굴뚝에연긔날가。

竈苟不燃하면埃豈生烟가

수박것할기로。

西瓜外舐하면不識內美ㅣ니라

練習

本課의뜻을말하야보아라。

第五十四課 漢文

言其所善하며行其所善하며思其所善이면如此而不爲君子ㅣ未之有也오言其不善하며行其不

善하며思其不善이면如此而不爲小人이未之有也ㅣ니라 (小學)

子貢이問君子한대子ㅣ曰先行其言이오而後從之니라 (論語)

練習

一、다음□표속에漢字를넣코、吐를달어라。

(가)□此而□爲君子□之有也

(나)□行其言而□從之

二、다음글을읽어라。

如此。 如斯。 視民如子。

百聞不如一見。 不如學。

憐、題 揭 悲 僅 教育

第五十五課 玉姬의慈善

어느날新聞紙에「可憐한母子」라하는題目下에、左記한事實을揭載하얏더라。

「白洞에사는李如源은今年十二歲되는童子라。 五歲時에、그父親이죽으매、其母가悲痛中에每日낫에는菜蔬를行賣하고、밤에는他人의衣裳을裁縫하야、僅僅히歲月을보내엿더라。

그러나、그아들如源을教育코저하야、八歲

焦 悶 導 克

時에普通學校에入學케하얏더니、如源이비록年幼하나、그母親의苦勞함을焦悶하야、學校에在하야는先生의訓導를克從하고、自家에在하야는母親을誠心으로섬기더라。

臥、憂 薪炭 劑 供、湯

三年을經過하매、如源이第四年生이된지라。然이나그母親이積年苦勞한所以인지、猝然히臥病하거늘、如源이크게憂慮하야、學業을廢止하고、薪炭과菜蔬를行賣하야、어든돈으로써藥劑를사서、母親에게進供하고、밤에는母側에서至誠으로侍湯하는대、그母親은自己아들의可憐한形容을보고、心中에헤아리되、

「저吾子가오작히學校에가고십호랴」。

涕泣 沈

하고、因하야涕泣하더라。

母親의病勢가더욱沈重하매、如源은心中에焦悶하야、門外에도出去치안코、侍湯하기를至誠으로하더라。

슯호다、如源이自今으로엇더케돈을어드며、엇더케藥을살수잇스리오。 그母子의身勢가참可憐하도다」

玉姬라하는女兒의母親이、그新聞을읽을새、玉姬가듯고、크게感心하야、平日에貯蓄한돈

捐 翌 悅、激 懇 惠

六十錢을如源에게捐助하겟다하매、그母親도玉姬의慈善心에感動되여、나도衣服을주겟다하고、翌日에玉姬와그母親이如源의집을차저가서、돈과衣服을捐助하니、如源이喜悅한마음과感激한情을이기지못하야、無數히拜謝하고、如源의母親도病床에서懇切히그恩惠를일캇더라。

練習

一、如源이學校에入學한後에、學校와집에서엇더케하얏느냐。

二、母親이病이든後에、如源이엇더케하얏느냐。

三、玉姬가、그이약이를듯고、그母親에게무엇이라고하얏느냐。

四、玉姬와그母親이、如源의집을차저가서、엇더케하얏느냐。

五、다음글을쉬운말로곳쳐라。

(가)每日낫에는菜蔬를行賣하고、밤에는他人의衣裳을裁縫한다。

(나)母親이積年苦勞한所以인지、猝然히臥病하얏다。

第五十六課 漢文 (孝)

凡、凊、昏、晨省

凡爲人子之禮는冬温而夏凊하며昏定而晨省하며出必告하며反必面하며所遊를必有常하며所習을必有業하며恒言에不稱老ㅣ니라 (小學)

孝子之有深愛者는必有和氣하고有和氣者는必有愉色하고有愉色者는必有婉容이니라 (小學)

婉容

練習

一、「爲人之禮」를말하야보아라。

二、「深愛」「和氣」「愉色」「婉容」이라하는것은、무슨뜻이냐。

三、다음漢字를比較하야보아라。

反、友。 心、必。 知、智。 性、姓。 黑、墨。

第五十七課 海

底 均 嶼 棲息 首、鰒

海面은거울과갓치平濶하나、海底에는山과갓치놉흔곳도잇고、골과갓치깁흔곳도잇스며、原野갓치平坦한곳도잇서서、高低가均一치아니하니라。島嶼라하는것은、곳海底에잇는山이海面에소사잇는것이니라。陸地上에各種植物이生長하며、各種動物이棲息함과갓치、海中에도、또한植物도잇스며、動物도잇나니라。

動物에는道味·明太·石首魚等의魚類와全鰒·

牡蠣、蟹 游 鯨 昆、甘藿、苔

牡蠣·蟹·蝦等의介類가잇고、
또陸地에棲息하는獸類와
갓치四足과毛가잇서서、海
水를잘游泳하는것도잇스
며、特히鯨은足과毛가업스
나、獸類中에最大한것이니、
큰것은百尺假量이나되고、
적은것은二十尺假量이되나니라。
植物에는、昆布·海衣·甘藿·靑苔等의풀과갓흔

夥 迴、懼 麗

것도잇고、가지가잇서樹木과갓흔것도잇스
니、그種類가夥多하니라。萬一사람이幾日
間을海中으로泳迴하면、奇異한것과恐懼한
것과美麗한것을多數히볼지니라。

練習

一、海中에는、무슨動物이잇느냐。
二、海中에는、무슨植物이잇느냐。
三、다음말을漢字로써라。
　거울。 꼴。 풀。 가지。
四、다음漢字를말로써라。
　海。 島嶼。 動物。 牡蠣。 蟹。 鯨。 海衣。

記 考究、故 務、須

棲息。 游泳。

第五十八課 漢文 (記誦)

記誦은是讀書第一法이니不多讀則不能記하고不記則無由考究義理라故로記誦은誠是學者之要務이나然이나記誦은必須於幼少之時니苟到壯年之時면雖强記誦이나然이나易忘失하야徒勞力而已ㅣ니라 (原文貝原益軒愼思錄)

練習

拾 配

一、「讀書百徧이면其義自見이니라」하는글의뜻을말하야라。

二、다음漢字를比較하야보아라。

己、已。 徒、從。 至、到、倒。 老、孝、考。

第五十九課 遺失物의拾得

어느곳에、무슨조흔物件하나이ᄯᅥ러젓는대、맛침兒孩셋이지나가다가、이것을보고、한兒孩가말하되、

「조흔物件을어덧스니、집어서、우리셋이分配하자。」

하더라。 또한兒孩는挽留하며、하는말이、

「쎠러진物件을집어가져서는못쓴다。 萬一집어가지면、달은사람들이우리가몰내훔친것이라하기쉬

우니、이대로여긔내여버려두고가자。 그리하면、物件임쟈가와서、차저갈는지도몰으니、우리들은손도대지말고가자。」

하더라。 또한兒孩가말하기를、

「너의들의意思는、모다나와달으고나。 길에쎠러진物件을집어서、自己의所有를만들면、달은사람의것을훔친것과달음이업다。 그러나、警察署에갓다두랴고집으면、아모도훔쳣다고는말하지아니할것이다。

萬一이대로여긔내여버려두고가면、이다음에지나가는사람이보고、집어갈는지도알수업다。 또는物件임쟈가멀니가서、싱각이나더라도、찻지못할줄로斷念하고、다시오지아니하는일도잇다。 나는이것을집어다가、警察署에두겟다」。

하더라。

너의들은、이세兒孩中에엇던兒孩의意思가올흔줄로싱각하나뇨。 無論셋재번에말하

中 帳簿

던兒孩의말이가장올타하리로다。 路上에서달은사람이遺失한物件을어든때는、반다시이것을집어다가、警察署에둘지니라。 그리하면、警察署에서는、그物件의일음과어든곳과年月日과、어든사람의일음等을仔細히帳簿에記入하고、또物件일음을警察署압헤揭示하나니라。

또自己物件을일허버린때는、그事由를即時警察署에申告하야둘지니、萬一그物件을正

遇

直한사람이어든때에는、다시自己手中으로
들어오나니라。
學校안에서써러진物件을어든境遇에도、또
한이와갓치卽時先生님에게갓다들일지니
라。 비록鉛筆한자루、칼한개갓흔적은物件
이라도、이것을내여버려두거나、或은自己의
物件을만드는것은、正直한生徒들이敢히行
할바이아니니라。 또自己物件을遺失한때
에도、卽時그事由를先生님에게告할지니라。

弊

그러하나、各其自己의物件은恒常잘整頓하
야、이저버리거나、或은遺失하는弊端이업게
하며、特別히무슨일에怱忙할때에는、더욱注
意할지니라。

練習。

一、遺失物을보고、세兒孩는무엇이라고말하얏느냐。
二、어느兒孩의意思가第一조흔줄로싱각하느냐。
三、제가物件을일허버린때에는、엇더케하야야하느냐。
四、學校에서遺失物을어들때에는、엇더케하야야하느냐。
五、「훔친것이라하기쉬우니」의「쉬우니」를너어서、두마듸의
짧은글을지어라。

藤 師、薰、薰 若、舍、茗肆 置、閣、俟 歷、坌、包 竟

第六十課 漢文 (中江藤樹)

中*江藤樹는 近*江人也ㅣ니 學識德行이 爲一世師表하야 有近江聖人之稱이라 鄕黨이 皆薰其德하야 雖在商賈ㅣ나 見得思義하고 若旅舍茗肆에 有客所遺物則必置之閣上하야 以俟遺者之復來하야 歷年之後에 塵土坌滿하되 雖煙管煙包類ㅣ라도 竟不收用하더라 (原文 先哲叢談)

練習

一、近江聖人이라하는사람은누구냐。

二、웨藤樹를近江聖人이라하느냐。

三、다음글에吐를달어라。

學識德行爲一世師表有近江聖人之稱

四、다음말을읽어라。

閣上。 殿上。 池中。 林中。 樹下。 月下。

普通學校朝鮮語及漢文讀本 卷二終

附錄

第一課 植木

神武天皇祭 神武天皇쎄옵서崩御하옵신日은四月三日이니、每年此日에는親祭를行하옵시고、此를神武天皇祭라하나니라。 此日은我國大祭日中의하나이니、맛침植木하기에조흔時節인故로、朝鮮에서는、一般히植栽日로定하얏나니라。

第四課 漢文

秦昭王 卽今부터二千二百餘年前에、支那에잇던秦나라임금。 昭王은、또昭襄王이라고도하나니라。

孟嘗君 秦昭王때에、秦나라밧게、齊라하는나라가잇섯나니、孟嘗君은

그나라임금의겨레로、姓은田이요、名은文이라하는사람이니라。

函谷關　秦나라東쪽地境에잇는關門이니라。

第八課　漢文

孔融　孔子의二十世孫이니、支那後漢때곳卽今부터一千八百餘年前사람이니라。

第十五課　漢文

子貢　孔子의弟子요、端木賜라하는사람이니、子貢은그字이니라。

子路　孔子의弟子요、仲由라하는사람이니、子路는그字이니라。

禹　옛적、支那에大洪水가잇섯슬때에、그것을다사린사람이요、夏라하는나라의임금이되엿나니、孔子보다도、훨적옛사람이니라。

第十七課　大日本帝國

租借地　한나라가他國으로부터빌어서어느期限동안다사리는土地를租借地라하나니라。

第十八課　漢文

富士山　內地의本州에잇나니、臺灣에잇는、新高山(니이다가야마)을除하면、我國에第一놉흔山이니라。

第二十三課　漢文

曾子　曾은姓이요、名은參이요、字는子輿니、孔子의弟子로、孝行으로有名한사람이니、曾子라함은그尊稱이니라。

第四十八課　漢文

大和橿原　大和는곳奈良縣이고、橿原이라하는땅은同縣의高市郡에잇나니橿原神宮이잇는곳이니라。

寶祚 天皇의御位를寶祚라하나니라。

紀元節 神武天皇께옵서卽位하옵신日은二月十一日이니、此日은紀元節이라하야、我國三大節中의하나이니라。

第五十一課 禁酒

郵便貯金利子積算表

年次	每月十錢式맛기면	每月五十錢式맛기면	每月一圓式맛기면	每月二圓式맛기면	每月三圓式맛기면
初年末	一円二三〇	六円一三〇	一二円二七〇	二四円五五〇	三六円八三〇
五年末	六七四〇	三三九〇〇	六七八六〇	一三五七四〇	二〇三六五〇
十年末	一五三七〇	七七二七〇	一五四六二〇	三〇九三二〇	四六四〇五〇
十五年末	二六三九〇	一三二七一〇	二六五五六〇	五三一二九〇	七九七〇三〇
二十年末	四〇五一〇	二〇三六二〇	四〇七四二〇	八一五一一〇	一、二二二八二〇
二十五年末	五八五五〇	二九四二九〇	五八八四〇〇	一、一七八〇四〇	一、七六七二九〇
三十年末	八一六二〇	四一〇三二〇	八二〇八二〇	一、六四二一一〇	二、四六三五〇〇

（朝鮮總督府遞信局調査）

大正四年三月十三日印刷
大正四年三月十五日發行
（大正十一年三月十五日發行）

定價金十八錢

著作兼發行者 朝鮮總督府

印刷者 東京市下谷區二長町一番地 凸版印刷株式會社代表者 井上源之丞

印刷所 東京市下谷區二長町一番地 凸版印刷株式會社

朝鮮總督府編纂

普通學校朝鮮語及漢文讀本

卷三

緖言

一、本書는普通學校第三學年用朝鮮語及漢文科敎科書로編纂한者이라。

二、本書의各課는生徒의能力을隨하야、練習을倂하야一二三時間에敎授할者이라。

三、新出漢字는、敎師의敎授及生徒의學習에便利케하기爲하야、上欄에抽記하고、二字以上이結合하야、特殊한熟語가된者는既出한漢字라도亦抽記하니라。

四、練習問題는、必要에應하야、此를補함도可하니라。

五、本書는京城에서行用하는言語로標準을삼고、諺文의綴法은本府에서定한바를依하야、純全한朝鮮語에對하야는發音式을採用하야、자

댜를자、져·뎌를저、죠·됴를조、쥬·듀를주、챠·탸를차、쳐·텨를처、쵸·툐를초、츄·
튜를추、샤를사、셔를서、쇼를소、슈를수로書하고、中聲「、」는使用치아니
하며、又分明히漢字로成한語音은本來의諺文을使用하니、生徒로하
야금恒常此에準據케할지니라。

六、本書中地名物名等에長音·濁音을表할必要가有한境遇에는、長音에
는諺文左肩에「•」을附하고、濁音에는右肩에「〃」을附하니라。

七、本書中難解의語句는附錄에簡單한說明을附하니라。

大正六年一月

朝鮮總督府

目錄

普通學校朝鮮語及漢文讀本 卷三

第一課　今上天皇陛下와皇后陛下

今上天皇陛下께옵서는明治天皇의皇子이옵시니、神武天皇으로부터第百二十二代의天皇이옵시니라。　明治十二年八月三十一日에誕降하옵시고、大正元年七月三十日寶齡三十四에踐祚하옵셧나니라。

陛下께옵서는孝心이至極하사、明治天皇과

憲、崩、哀慟 葬、惱 罔 澤、遠 額、錢、頒、罪 赦

昭*憲皇太后의崩御하옵신時에、深히哀慟하옵시고、御大葬時에도凡事에極히惱神하옵셧나니라。

此兩度御大葬日에、罔極하심을不勝하사、惠澤을遠近에普及케하옵시기爲하야、內地·朝鮮·臺灣·樺太와關東州의貧困한人民에게多額의金錢을頒賜하옵시고、또多數한罪人에게恩赦의令을下하옵신故로、一般人民이感泣치아니한者가無하얏나니라。

渡、臨、況 奬 奢、嗜 惶

明治四十年皇太子로在하옵셧슬時에、朝鮮에도渡臨하옵셔서、土地·人民等의狀況을親覽하옵시고、學校에도金錢을下賜하사、敎育을勸奬하옵셧나니라。

皇后陛下셰옵서는、幼時로부터甚히仁慈하옵시며、少毫도奢侈를嗜好치아니하옵시고、또每年에親히養蠶하옵셔서、國富增進의道를一般人民에게示하옵시나니라。

我等日本國民은、恒常兩陛下의聖恩을惶感

竭

히思하며、君國을爲하야、盡忠竭力할지니라。

練習

一、今上天皇陛下재옵서는、第幾代의天皇이시냐。

二、今上天皇陛下재옵서는、明治天皇及昭憲皇太后의御大葬日을當하야、人民에게如何한恩澤을下하시고、또人民은이일에對하야、如何히感心하얏느냐。

三、今上天皇陛下재옵서朝鮮에渡臨하옵신일에對하야、이약이를하야보아라、

四、皇后陛下의御性質과밋國事를싱각하시는大御心의一斑을이약이하야보아라、

五、다음語句中에○를附한部分에注意하야라。

(가)天皇陛下재。옵。서。 父母께。서。 兄弟가。

(나)하。옵。시。니。라。 하시。니。라。 하니。라。

要、喪 怨 止

第二課 漢文

孝子之事親에 居則致其敬하고 養則致其樂하고 病則致其憂하고 喪則致其哀하고 祭則致其嚴이니 五者ㅣ備矣然後에야 能事親이니라 (小學)

父母ㅣ愛之어시든 喜而不忘하고 父母ㅣ惡之어시든 勞而不怨이니라 (孟子)

樹欲靜而風不止하고 子欲養而親不待로다 (韓詩外傳)

練習

一、다음□표속에漢字를넣고、그것을읽어라。

井蛙

居則致其□하고 養則致其□하고
病則致其□하고 喪則致其□하고
祭則致其□이니라

二、다음漢字를比較하야、달은것을말하야라。
受、愛。 亡、忘。 嚴、巖。 能、態。

三、다음글을외여라。
樹欲靜而風不止하고子欲養而親不待로다

第三課 井蛙의所見

한개구리가잇는대、우물속에서生長하야、우물밧게나와본일이업섯소。 우물속에서만

任 異

하날을처다보는故로、하날이넓은것을아지못하고、우물안을世界의全部로알어서、그우물속에잇는적은벌어지를任意로잡어먹으며、世界에나갓치强한者는다시업스리라고싱각하얏소。

하로는별안간世界가문어지는듯한큰소리가나며、우물이뒤집혀서、한참동안은아모것도보이지아니하얏소。 조곰잇다가、四方이고요한故로、左右를돌아본즉、한怪異한돌조

怯 鬪 突 歎

각갓흔物件이自己겻헤쑥구리고안저서、두
눈을불읍쓰고、흘겨보앗소。 개구리가처음
에는驚怯하야、한참썰다가、다시싱각하되、이
世界에나보다强한者는업다하고、決鬪를하
랴한즉、그物件이冷笑하며、한손으로개구리
를눌느고、

「唐突한놈이로다。」

하니、개구리는그힘이强함을歎服하야、

蛙 「너는엇더한者이며、어듸서왓느냐。」

龜

하고물은즉、그것이對答하되、

「나는거북이라하는것인대、바다에서왓다。」

하얏소。

蛙 「바다는어듸잇느냐。」

龜 「우물밧게잇다。」

蛙 「대단히넓으냐。」

龜 「至極히넓다。」

蛙 「이우물과大小가엇더하냐。」

거북이크게웃으며、

狹窄、較

龜 「이갓치狹窄한곳과比較할수업다。너갓흔것은여러달을헤염하야가도、이편가에서저편가싸지갈수업스리라」。

蛙 「이世界밧게、네말과갓치넓은곳이잇는줄은아지못하얏다」。

龜 「바다밧게는또넓은陸地라하는곳이잇는대、네가사는우물은陸地에관한적은구멍이다」。

蛙 「그러면바다와陸地에는너보다強한

者도또잇느냐」。

거북이또크게웃으며、

龜 「바다와陸地에는나보다數百倍나큰것이잇서서、나갓흔것도한번에삼킨다。너는이갓치좁은곳에서자라서、弱한적은별어지만보고、自己보다強한者는업는줄로생각하얏슬터이다。 그러나우물밧게넓은世界에서는、너갓흔者가가장弱하고적다」。

佞 斟

개구리는비로소自己의所見이좁아서、強하다自處하던것이妄佞됨을깨달앗소。

이것은남의엇더한것을듯고보지도못하고、自己의知覺과才能이出衆한줄로自處하는者를警戒한古談이오。 그런故로이런所見을가진者를우물안개구리라하오。

練習

一、우물속의개구리는、처음에自己를엇더한者로싱각하고잇섯느냐。

二、우물속의개구리는、엇지하야거북을맛낫느냐。

呂氏、蒙 久、貫穿 浹洽 堅固 渙、怡、順、非

三、개구리와거북의問答한것을대강이약이하야라。

四、「우물안개구리」라하는俗談은무슨뜻이냐。

五、「업스리라」의「리라」를너어서、두마듸의짤은글을지어라。

第四課 漢文

呂氏童蒙訓에曰今日에記一事하고明日에記一事하면久則自然貫穿하며今日에辨一理하고明日에辨一理하면久則自然浹洽하며今日에行一難事하고明日에行一難事하면久則自然堅固하니渙然冰釋하며怡然理順은久自得之니非偶然

輕

塘、夢、階、梧

也라ㅣ니 (小學)

少年易老學難成하니 一寸光陰不可輕이라

未覺池塘春草夢하야 階前梧葉已秋聲이라 (朱熹)

練習

一、다음漢字를比較하야、달은것을말하야라。

然、燃。 貫、實。 辨、瓣。 偶、隅。

二、다음글을읽어라。

欣然而喜。 怫然而怒。

慘然而泣。 哄然而笑。

三、本課의詩를외여라。

四、다음말을漢字로써라。

쇼년。 청년。 셩년。 로년。

卓

籍、著

英

演劇

第五課 新井白石(아라이하구세기)

新井白石는지금부터大約二百五十年前사람인대、博覽强記하고、識見이卓越하야、有益한各種書籍을著述하야、國家에有助한일을만히한사람이오。

白石는어렷슬새부터、非常한英才로七歲時에어룬을쌀어、演劇을구경갓다와서、그본것

울하나도틀님이업시집안사람에게이야이
하얏소。 八歲時로부터는習字를始作하야、
낫에는行草三千字와밤에는一千字를日課
로定하야工夫하얏는대、겨울이되여、해가짤
너서、낫에할工夫를맛치기前에해가지랴고
하는때에는、밝은데를차저、册床을퇴마루로
가지고가서工夫하고、또밤에졸녀서工夫하
기어려운때에는、옷을벗고、미리準備하야두
엇던冷水한동으로沐浴하고、또조곰잇다가

續 侯、札 篇 忍

졸음이오면、역시前과갓치물로沐浴하고工
夫를繼續하얏소。
白石는이러케熱心으로工夫한고로、未久에
能히父親의편지를代書하게되고、十三歲時
에는君侯의書札도代書하게되엿소。 十七
歲부터는小學·四書의類를읽어엇는대、다玉篇
만가지고獨習하얏소。 白石의天才는이러
한忍耐와工夫로因하야漸漸빗치나서、二十
六歲時에는朝鮮에서온세學士가白石의漢

詩、幕、政、參、接、儀、際、職、專、稟

詩를보고、그詩才의非凡함을驚歎하얏다하는말도잇소。

그後幕*府의重要한地位에任用되여、政事에도參與하고、朝鮮使臣의應接에關한儀式을定하야、兩方交際에盡力한일이적지아니하오。

六十歲時에辭職한後、專혀著述에潛心하다가、六十九歲에別世하얏소。

白石는天稟의特才를가젓스나、이와갓치장한사람이된것은、한편으로는힘써工夫한까닭이오。世上에天才잇는者가、或自己의才操만밋고、學業을게을니하야、도로혀凡人만못하게되는實例가적지안소。 여러분은、白石의일을銘心하야、조곰도懈怠치말고工夫하야야하오。

銘、懈

練習

一、新井白石는、무슨일을하야、國家를利益케하얏느냐。

二、白石가習字를배울때의貌樣을이약이하야라。

三、白石가十歲때부터二十歲때까지일으는사이에엇더

케學問上의進步를하얏느냐。

四、白石는政事上무슨일에關하야朝鮮과相關이잇섯느냐。

五、너의들은、白石의이약이를듯고、엇더케感動하느냐。

六、다음말을漢字로곳쳐라。

박람강긔。 쇼학。 ᄉ셔、 옥편。

의식。 응졉。 져술、

第六課 漢文

玉不琢이면不成器오人不學이면不知道ㅣ니라(禮記)

不積蹞步ㅣ면無以致千里오不積小流ㅣ면無以成江海ㅣ니라(荀子)

青은出於藍而青於藍하고氷은水爲之而寒於水ㅣ니라(荀子)

蓬生麻中에不扶而直하고白沙在涅에與之俱黑이니라(荀子)

練習

一、다음漢字를各其너어서、두字식의말을지어라。

學。 道。 寒。 直。

二、다음漢字의색음과音을말하야라。

燦

扶。助。佐。祐。

三、다음글을바더써라。

靑於藍。寒於水。高於山。

深於海。紅於花。

四、다음글을외여라。

玉不琢이면不成器오人不學이면不知道니라

第七課 金剛石

金剛石이라도갈지안으면、
燦爛한光彩는날수업도다。
사람도學問을닥근後에야、

眞 秒

眞實한德性이나타나리라。

時計의바늘이間斷이업시
돌아감과갓치、一分一秒의
光陰을앗기여誠勤히하면、
무슨事業인들成功못할가。

練習

本課를외여라。

第八課 蠶

누에는처음에알에서까나니、그것을幼蟲이

灰

透、粘液

라하오。 幼蟲은몸이甚히적고、처음에는빗치검고、가는털이몸에입혓스나、漸漸자라면、셥질을벗고、灰白色으로變하오。

幼蟲이다자란後에는、입으로부터실을吐하오。 그실이몸속에잇슬때는、透明한粘液이나、입에서나와서、바람을쏘이면、곳구더서、가는실이되는것이오。 이런가는실로몸을여러겹싸서지은것을곳치라하오。 곳치한개의실길이가三里되는것이잇소。

蛾 圖

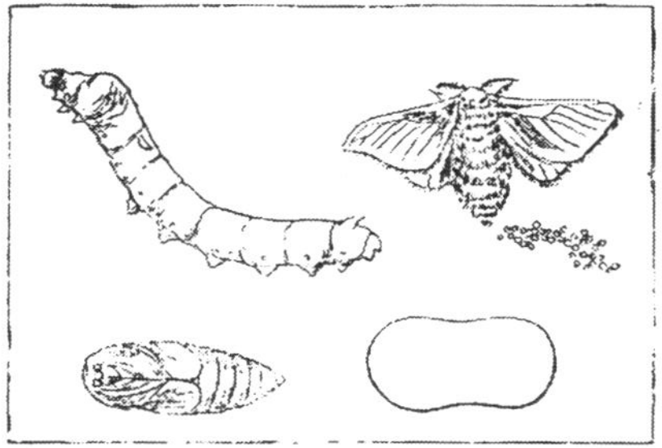

幼蟲이곳치속에잇슨지數日이되면、變하야번덕이가되오。 번덕이는빗치검붉고、그形狀이대초씨와갓소。 번덕이가또열흘쯤지나면、두날개가나서、곳치를뚤으고나오오。 이것을蛾라하오。 蛾는幼蟲과갓지아니하야、머리와가슴과배의區別이分明하오。

卵

蛾는곳치속에서나와서、無數한알을낫코、未久에스스로죽소。 둣거운조희에알을바더두엇다가、이듬해봄에싸면、다시幼蟲이되오。 이조희를蠶卵紙라하오。 朝鮮에서는水原의原蠶種製造所에서原原蠶種을製造하야、各道에잇는原蠶種의製造所에配布하고、거긔서는、그原原蠶種으로다시原蠶種을製造하야、各蠶種製造者에게配布하고、蠶種製造者는그것으로蠶卵種을製造하야、이것을養

販 詔 朕 織

蠶者에게販賣하는故로、至今은엇더한싀골에서던지조흔蠶種을容易히엇게되엿소。

練習

一、누에가알로부터번덕이되기싸지의이약이를하야라。

二、번덕이가蛾가되야、蠶卵紙를엇기싸지의이약이를하야라。

三、조흔蠶卵紙는엇더케하야만드느냐。

第九課 漢文 (詔勸農蠶)

繼*體天皇元年春三月에詔曰朕聞一夫ㅣ不耕이면則天下ㅣ或受其飢하고一婦ㅣ不織이면則

躬　妃　蠶、棄、績

天下ㅣ或受其寒이라하니是故로帝王이躬耕하야以勸農業하고后妃ㅣ親蠶하야以勸女功하나니況在群寮百姓하야其可廢棄農績乎아有司는普告天下하야令識朕意하라 (大日本史)

練習

一、다음말을漢字로써라。

천황폐하。 황후폐하。 군신。 빅셩。

二、다음漢字를比較하야달은것을말하야라。

勸觀。 群郡。 識織職。

三、다음글을색여서諺文으로바더써라。

賤

一夫ㅣ不耕이면則天下ㅣ或受其飢하고一婦ㅣ不織이면則天下ㅣ或受其寒이니라

第十課 勞働

사람의職業에는여러가지가잇는대、다各各自己의일을하오。 일을하지아니하면、食物도살수업고、衣服도만들수업소。 남만부리고、自己는아모일도아니하고잇는것을貴한줄로역이고、手足을놀니는것을賤한줄로아는것은、진실로理致에맛지아니하는일이오。

아모것도아니하고노는것이、매우편한것갓
치보이나、이러한사람은大槪몸에病이만흐
며、命도짧으고、부즈런히勞働하는사람은病
도업고、長壽하는일이만소。
世上에는、父祖의德澤으로平生을安樂케지
낼수잇는사람도만흐나、이러한사람도、恒常
手足을놀니지아니하면못쓰오。 또勞働에
從事할때에는、무슨일이던지、熱心으로하야
야하오。 비나눈이좀온다고일을中止하며、

挾、超

일을하면서술이나담배를먹는것은、가장좃
치못한習慣이니、이러한일은다곳쳐야하오。

練習

一、勞働하는것은決코賤한일이아닌것을說明하야라。
二、勞働과健康이무슨關係가잇느냐。
三、勞働에從事할때에、우리가特別히注意하야야할일을
이약이하야라。

第十一課 漢文

挾泰山*하야以超北海를語人曰我不能이라하면是

折 譬、簣 伊、纔、就 蕩、檢束、規矩

는誠不能也ㅣ어니와爲長者折枝를語人曰我不能이라하면是는不爲也ㅣ언정非不能也ㅣ니라(孟子)

子ㅣ曰譬如爲山에未成一簣하야止도吾止也ㅣ며譬如平地에雖覆一簣나進도吾往也ㅣ니라(論語)

伊川先生이曰蓋常人之情이纔放肆則日就曠蕩하고自檢束則日就規矩ㅣ니라(小學)

練習

一、다음□표속에漢字를너어라。

放□。檢□。規□。

淸潔 因

二、다음글을읽고、그뜻을말하야라。

未爲一事。未成一簣。

三、다음漢字를比較하야、닮은것을말하야라。

超、起。語、話。

四、다음漢字를各其너어서、두字식의말을지어라。

山。海。進。往。

第十二課 淸潔

大抵病은飮食을注意하지안코、運動을不足히하는데서나는일이만흐나、不潔함을因하야나는일도적지안소。그런故로身體와飮

屋 皿

食과衣服과家屋을다清潔케하야야하오。그中에더욱飮食과器皿을清潔케하는것이第一必要한일이오。

身體를清潔케함에는、每日아침에낫을씻고、이를닥고、양치질하고、또새새로머리를씻어야하오。 手足도恒常정하게하되、特히便所에갓다온뒤에는、꼭손을씻어야하오。 코물을衣服이나가동에씻으며、또아모데나함부로침을밧는것은、體面上으로보던지、衛生上

巾

으로보던지、嚴禁할일이오。 또새새로찬물에적신手巾으로몸을씻으며、더운물에沐浴하는것이衛生에必要한일이오。

衣服은華麗한것을입을必要가업소。 잘쌜어서、恒常정한것을입는것이조소。 더러운옷을입고잇스면、衛生에도害가될뿐아니라、달은사람에게對하야서도、또한無禮한일이오。

방안은每日쓸고、정하게걸네질을쳐서、恒常

寢具

清潔케하야야하오。요강을방안에두는것은、衛生에害가되오。또방안은空氣가잘流通하고、日光이잘들어오도록하며、寢具갓흔것도새새로日光에쪼여서、恒常정하게하야두는것이좃소。學校도또한自己가恒常居處하는곳인즉、自己집과갓치清潔케하기에注意하야야하오。

練習

一、우리는、웨身體와衣服을清潔케하야야하느냐。

贏　志

二、華美와清潔의달은理由를이약이하야라。

三、방안의衛生에對하야、注意할일을이약이하야라。

四、「日光이잘들어오도록하며」의「도록」을너어서、두서너마디의짤은글을지어라。

第十三課 漢文 (早起之益)

每朝六點鐘起者로比八點鐘起者ㅣ면則積四十年이면贏得二萬九千二百時辰이니卽三年一百二十一日十六時辰也ㅣ라此數ㅣ與每日八箇時辰이積至十年者로正相同하니人苟有志

於修養心性하며 講究學術인댄 豈不可贏得二三時辰하야 以充其用乎아 (中村正直)

練習

一、다음漢字를比較하야、달은것을말하야라。

績。積。債。漬。

二、다음□표속에漢字를너어라。

修□心性。講□學術。

三、다음글의뜻을말하야라。

正相同。贏得二三時辰。

第十四課 雨露

呼吸 蒸

거울을向하야呼吸하면、곳흐려져서、사람의얼골이分明히보이지아니하나니、이것은사람의吐한水蒸氣가찬거울에부듸침으로卽時식어서、적은물방울을이루는까닭이니라。

中天에구름이가득하야、太陽을가리는일이잇나니、이것은空氣中에잇는水蒸氣가찬바람에식어서적은물방울이되는것이니라。구름은地上에서쳐다보면、山도갓고、퓐솜도갓고、큰물결도갓하서、그形狀이千萬가지나、그러나다만無數한물방울이엉김에지나지아니하나니라。
그적은물방울이漸漸식을수록、合하야큰물방울이되여、能히空中에서떠단기지못하고、地上으로떠러지나니、이것을비라稱하나니라。 비는海水河水等이水蒸氣가되여、空中에올너갓던것이다시地上으로돌아오는것이니라。 地上에떠러지는비는、草木을적신후에、다시땅속으로흘너들어가서、시내와내가되여、河海로흘너들어갓다가、다시日光을바더서、水蒸氣가되여、空氣中으로날너흣터지나니라。 물은이갓치恒常空中과地上을循環하나니라。

循環

水蒸氣는空氣中에싸엿다가、찬물건을맛나면、忽然히엉긔여서、적은물방울이되나니、이것을이슬이라하나니라。 일은아침에草木의가지쯧과집웅의기와가이슬에저진것을보리로다。 이것은水蒸氣가밤사이에찬草

木파기와等에부듸쳐서、엉긔는것이니라。구름·안개·노을等은、다水蒸氣가엉긘적은물방울이니라。

練習

一、水蒸氣라하는것은무엇인가。簡單한例로써說明하야라。

二、구름은엇지하야생기는것이냐。

三、비는엇지하야생기는것이냐。

四、地上에써러지는비는엇더케되겟느냐。

第十五課 雨

비야비야오는비야、

어듸로서나려왓노。하날로서나려왓네、

空中에서나려왓네。

그前에는어듸잇섯노。

河川에도잇섯고、池塘에도잇섯고、

湖海에도잇섯네。

엇지하야올너갓노。

쓰거운볏헤쪼여、水蒸氣가되여서、

뭉게뭉게올너갓네。

只今어듸로가려노。

溪川으로가려하네、池塘으로가려하네、

河海로가려하네。

練習

本課를외여라。

第十六課 漢文 (三)

魏、董、季、謹 釆、耜

魏董遇의字는季直이니性謹直好學하야與兄季中으로釆耜耕作할새常挾經書하야有間習讀하더니

背、遍

明帝時에官至大司農이라或人이請就學한대遇ㅣ不肯曰必當先讀百遍이니라言讀書百遍而義自見이라對曰苦無日이로라曰當以三餘ㅣ니라問其意한대曰冬者는歲之餘오夜者는日之餘오陰雨者는時之餘也ㅣ니라 (魏略)

練習

一、다음漢字를比較하야、달은것을말하야라。

挾、狹。 遍、篇。

二、다음漢字를各其너어서、두字식의말을지어라。

謹。 經。 意。 餘。

砂糖 菓

三、다음글을읽어라。

(가)讀書百遍而義自見이라 또뜻을말하야라。

(나)冬者는歲之餘오夜者는日之餘오陰雨者는時之餘也ㅣ니라

四、董遇의이약이를듯고、感動된일을말하야라。

第十七課 소곰과砂糖

소곰과砂糖은사람에게重要한食物이라。우리들이每日먹는魚肉·菜蔬·菓子等의맛을좃케하는것은소곰이나、砂糖을넛는緣故이니라。

恰 汁

소곰과砂糖은다빗치흰故로、暫間보면恰似하야分辨키어려우나、그맛이하나는달고、하나는싸서、全然히달으니라。

砂糖은植物의汁으로製造하나니라。 능금·배·감갓흔것이天然으로甘味잇는것은糖分을가진緣故이오、또풀색리에도甘味잇는것이만흐니、이것은다糖

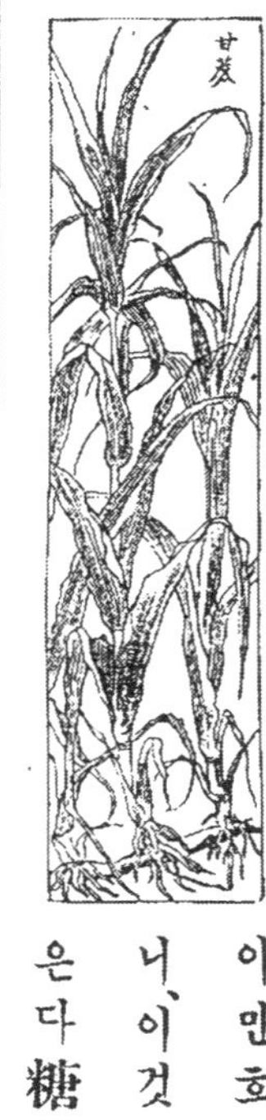

蔗

分을가진싸닭이니라」。 糖分을가장만히가지고、맛이가장단것은甘蔗이라。 그런故로砂糖은흔히甘蔗로製造하나니라。 甘蔗는가늘고긴줄기에마듸가잇고、그입사귀도亦是가늘고길어서、수수와

熟、黍 鹽

恰似하니라。 甘蔗는봄에심고、줄기가잘成熟하기를기다려버히나니、이것을砂糖黍라하나니라。

砂糖黍의汁을짜서、오래살여서、水分을업시하야、砂糖을製造하나니라。

소곰은바다물을살여서製造하는것이普通으로行하는法이라。 바다가넓고평평한싸당에鹽田을만들고、바다물을대인후에日光을쏘인즉、水分은蒸發하고、鹽分만남아서、地面

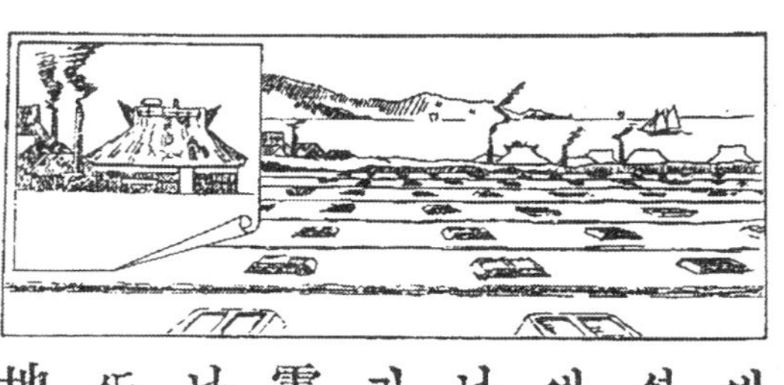

에덥히나니、거죽에흙과함씌석긴것을긁어모아、진한鹽水에풀어서、큰가마에넛코살이나니라。 이러케하면、물은불긔운으로因하야날너가고、白雪과갓흔소곰만가마속에남나니라。

또朝鮮과갓치비가만치안은地方에서는、바다물을살여서

製造하는法外에、해빗츨쓰여서製造하는法도잇나니라。

巖鹽이라하는바위갓흔소곰덩어리가山中에서나는일이잇나니、이것을파서製造하면、至極히潔白한소곰이되나니라。 海鹽은到處에잇스나、巖鹽의産地는稀少하니라。

소곰은이갓치사람의食用으로無치못할것이나、其外에工業用으로쓰이는일도甚多하니라。

劒、礪 旨、嘉殽

練習

一、砂糖은무엇으로만드느냐。

二、甘蔗의이약이를하야라。

三、소곰을製造하는法을이약이하야라。

四、巖鹽의이약이를하야라。

五、소곰은食用以外에무엇에쓰느냐。

六、「全然히달으니라」의「히」를너어서、두서너마듸의짤은글을지어라。

第十八課 漢文

劒雖利나不礪면不斷이오材雖美나不學이면不高오雖有旨酒嘉殽나不嘗이면不知其味오雖有善道나不學이면不達其功이니라 (韓詩外傳)

心不在焉이면視而不見하며聽而不聞하며食而不知其味니라 (大學)

子ㅣ曰士ㅣ志於道而恥惡衣惡食者는未足與議也ㅣ니라 (論語)

恥 議

練習

一、다음글을읽어라。

言雖美나不行이면不可오人雖賢이나不學이면不知니라

그리하고、그뜻을말하야라。

二、다음글구의可否를보고「聽」字와「聞」字의달은것을말하야라。

彼

可 否 可 否
謹聽。 謹聞。 見聞。 見聽。

三、다음글을읽어라。 그리하고、그뜻을말하야라。
粗衣粗食。 嘉言善行。

四、本課中第二及第三의格言을외여라。

第十九課 鐵의談話(一)

해가더되고더되여、기동우에걸닌時計가겨우子正을치고、집안이젹막한대、어듸서말하는소리가낫소。

「오날은多幸히집안이고요하니、彼此來歷

岩

을이약이하는것이엇더하냐」。

한즉、

「그것참조흔말이다」。

하는對答소리가四面에서나더니、조곰잇다가、

「내가몬저말하겟다」。

하고、나오는것을본즉솟이오。 솟이말하기를、

「나는本來岩石속에서겨서數千年前부터

鑛 鎔

엇던鑛山에잇다가、十餘年前에엇던사람에게파낸바이되여、製鐵所로가서、岩石과서로갈닌후에、鑄鐵이되엿더니、밍렬한불귀운에녹고、겹흐집으로들어가서、맛참내이몸이되엿다。 우리同類中에여러가지그릇이된것이許多하나、至今은消息을몰은다。」

하얏소。 그다음에기동우에잇는못이말하기를、

鍛 鍊 箸 板、線

「나도本來鐵鑛으로鑛山에잇더니、사람에게파낸바이되여、製鐵所로들어가서、鍛鐵이되엿고、그後에다시대장의手中으로들어가서、불에달귀지고、물에담근바이되여、無限한鍛鍊을바더서、이몸이되엿는대、鍛鐵로製造된것中에는、우리外에火箸와쇠몽둥이된것도잇고、호믜·광이等이된것도잇고、또無數히쳐늘인바이되여、鐵板·鐵線이된것도잇다。」

根 鋼

하얏소。

練習

一、깁흔밤、집안에무슨일이일어낫느냐。
二、솟이처음에무엇이라고하얏느냐。
三、그다음에못이무엇이라고하얏느냐。
四、鍛鐵로製造한것에는무슨것이잇느냐。

第二十課 鐵의談話(二)

그새에칙상우에잇던참칼이또말하기를、「나도根本鐵鑛이더니、製鐵所로들어가서、鋼鐵이되여、불에달궈지고、물에담근바이

軌、屬、彈、械

되여、百般辛苦를격근후에、이몸이되엿다。모든쇠中에가장堅剛한故로、옛적부터칼・끌・줄・톱・낫의類와陸海軍의兵器와汽車나電車의軌道等屬을製造하는所用이되고、또우리는彈力이强한故로、여러가지器械의고동이된다。」

하얏소。참칼의말이밋처맛치지못하야、기동우에걸닌時計속에서소리가나기를、「果然그러타。果然그러타。」

胎、連

하는것은時計의胎葉이오。 連하야말하기
를
「나도本是鋼鐵이다。 참칼과갓치艱難辛苦를지내엿다。 艱難을격근싸닭으로、오날와서義務의一部分을다한다。 그러나 갓혼쇠中에도、부러운것은너의들의身上이다。 너의들은時時로쉴새가잇스나、나는暫間도쉴겨를이업다」。
기동우에잇는못이위로하야하는말이、

「나는너의들의勞働하는것을부러워한다。 나와갓치活動치안는者는漸漸록이나서、壽가減한다。 恒常勤勞하는너의들의身上이참부럽다」。
하니、座中이다그말을올케역엿소。

練習

一、칙상우에잇는참칼은무엇이라고하얏느냐。
二、참칼의말을듯고、時計의胎葉이무엇이라고하얏느냐。
三、胎葉의말을듯고、못은무슨말로써위로하얏느냐。
四、鋼鐵로製造한것에는、무슨것이잇느냐。

末

五、鐵의三種類를말하야라。

六、다음말을漢字로곳쳐라。

철광。 쥬철。 단철。 강철。 제철소。

병긔。 긔챠。 궤도。 긔계。

第二十一課 漢文

子ㅣ曰吾嘗終日不食하며終夜不寢하야以思호니無益이라不如學也ㅣ로다 (論語)

物有本末하고事有終始하니知所先後ㅣ면則近道矣리라 (大學)

邇 逢 嫗、杵、鍼 還

君子之道는譬如行遠必自邇하며譬如登高必自卑라니 (中庸)

唐李白이少年에學業未成하고棄歸할새道逢一嫗ㅣ磨鐵杵하야白이問之한대嫗ㅣ曰欲作鍼이라하니白이感其言하야遂還卒業하니라 (唐書)

練習

一、다음漢字의새음과音을말하야라。

歸、還。 礪、磨。 往、行。 寢、寐。 遠、遐。 近、邇。

二、다음글을바더써라。 그리하고、그뜻을말로하야라。

本末。 終始。 先後。 遠近。 往還。

三、다음漢字를各其너어서글을지어라。

日。夜。益。業。

四、李白의일을이약이하야라。

贈　啓、苗、某　結

第二十二課　梨를贈與하는書札

敬啓者弟가此地*種苗場에在勤하는某氏의指導를因하야、數年前에梨木의接木을試驗하얏더니、其後에發育이甚히잘되여、今年에처음으로結實이되엿삽는대、蟲害도업고、貌樣이크고、맛이조흔

籠　培　層　閔

故로、一籠을보내여드리오니、情으로바더맛보시옵소서。明春에는培養法에一層힘을더하야、더욱조흔結果를엇고자하옵나이다。

月　日

李嘉永 拜手

閔博義 仁兄 座下

同答書

敬復者稀貴한梨를이갓치만히보내여

주시니、무슨말삼으로써謝禮할는지몰으옵는中、老母께서는大端히깃뻐하시며、이갓치맛조흔梨는至今처음본다하시옵나이다。 弟도兄의盡力하심을본바더、期於히栽培하랴하오니、接木하는方法을자세히가르쳐주시옵소서。 忽忽하야數字로厚情을謝禮하옵나이다。

月 日 閔博義 拜復

李嘉永 仁兄 座下

練習

本課를모방하야、甜瓜를贈與하는편지와그답장을지어라。

第二十三課 漢文 (甘藷先生)

青木昆陽(아오기곤요)가嘗嘆曰凡有罪非死刑者를遠放之嶋嶼는要在使其終天年耳라然이나諸嶋에少五穀일새常以海產木實로給食하가다是以로往往不能免餓死하나豈不亦痛哉아卽雖種藝之地나遇歲歉하면則民이不能無菜色하나나意

莫、蕃藷　薩摩、苑　衍　鏤版、倂　遑　墓、碑

者百穀之外에可以當穀者ㅣ莫如蕃藷也ㅣ라하고乃陳官하야求種子于薩摩하야試種之官藥苑中하니則極蕃衍이라於是에著蕃藷考一卷하야而演其培植之法하니官이鏤版倂種子하야行下諸嶋及諸州러니未數年에無處不種이라至今上下ㅣ便之하야雖歲不登이나民不遑餓者는實昆陽之惠也ㅣ로다題其墓門之碑曰甘藷先生之墓ㅣ라하니有以哉ㄴ저

(先哲叢談)

練習

一、다음漢字를比較하야、그뜻을말하야라。

　穀、殼。

二、다음글을읽어서「令」字와「使」字의쓰는法을알어라。

　有司는普告天下하야令識朕意하라

　要在使其終天年耳니라

三、다음漢字의새음과音을말하야라。

　飢、餓。　種、植。　年、歲。　苑、圃。　蕃、繁。　逢、遇。

四、靑木昆陽는엇더한일을하얏느냐。

洲、領、沿

第二十四課　北部朝鮮(一)

北部朝鮮은、北은滿洲와露領沿海州、東은日本海、西는黃海、南은黃海道와江原道에抱圍

第二十四課 北部朝鮮(一)

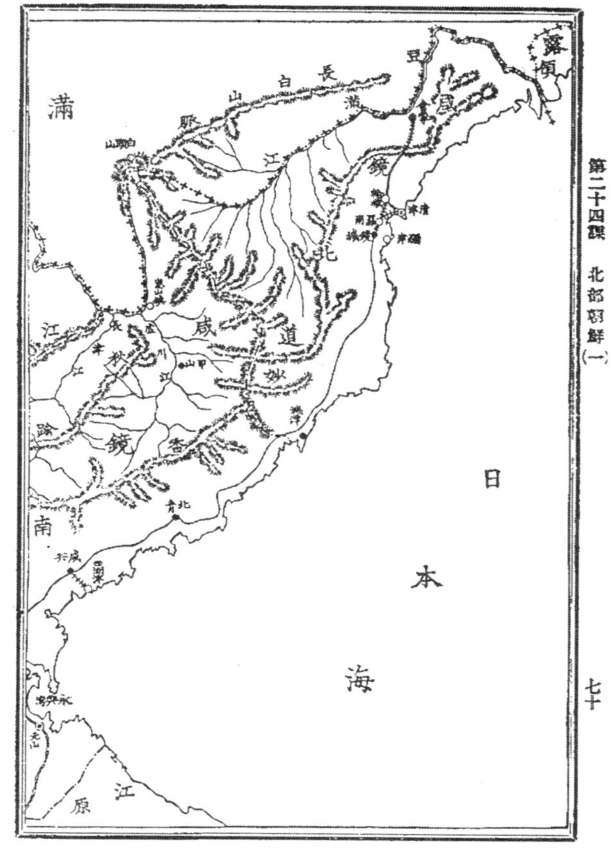

七十

第二十四課 北部朝鮮(一)

七十一

咸鏡 狄踰 竝 橫 狼 聳 嶺

된地方을總稱한것이니、平安北道·平安南道·咸鏡南道·咸鏡北道의四道로成하니라。

平安北道에는江南·狄踰·妙香의諸山脈이西에서東으로竝走하니、其中에妙香山脈이最長하야、咸鏡南道를橫斷하야、咸鏡北道의東北端에達하고、妙香山·狼林山等의高峯이有하니라。 又咸鏡南道의北境에聳立한有名한白頭山은、長白山脈의主峯이니、其支脈의一은咸鏡南道와平安南北兩道間의分水嶺

延、脊梁 亙 虛、津、渾 鑁

이되여、南延하야、半島의脊梁山脈이되니라。

此等大山脈以外에平安南道에는二三小山脈이東西로連亙하니라。

此地方에는大江이多하니、鴨綠江은白頭山에서發源하야、國境을西流하야、黃海에注入하니라。 延長이百八十里니、我國에第一되는長流이오、其支流에虛川江·長津江(咸鏡南道)·渾江·鑁河(滿洲)等이有하니라。 豆滿江도、또한白頭山에서發源하야、東流하야、國境이되고、日

楫、漑　沃、米　旺

本海에入하니라。 大同江은狼林山에서出하야、平安南道를東北에서西南으로貫流하야、黃海에入하니、舟楫과灌漑의利가最多하니라。

此地方은大概山地가多하고、平野가稀한故로、森林·鑛山이多하며、田畓은少하나、河流의沿岸에는沃野가處處에關하야、米穀의産出이不少하며、咸鏡南北道의沿海地方에는、明太漁業이가장盛旺하니라。

橋　寄航

鐵道는西部에는京*義線이有한대、鴨綠江鐵橋로安*奉線과接續하고、支線에平*南線이有하며、東南部에는京*元線이有하며、又東方의咸*鏡線은漸次로工事를進行하야、旣히一部의開通됨을見함에至하니라。 道路는年年히改修되여、已往보다大端히便利하게되엿스나、오히려交通이困難한處가不少하니라。海上에는大小汽船이往來하야、各港에寄航하는故로、陸上보다便利가多하니라。

營、廠

練習

一、我國과滿洲及露領沿海州의境界를이약이하야라。
二、北部朝鮮에잇는道는무엇무엇이냐。
三、北部朝鮮에잇는山脈과山岳의이약이를하야라。
四、北部朝鮮에잇는江河의이약이를하야라。
五、北部朝鮮의産業에關하야이약이를하야라。
六、北部朝鮮의交通에關하야이약이를하야라。

第二十五課 北部朝鮮(二)

京義線의終點新義州府는鴨綠江南岸에在한開港場이니、總*督府營林廠이在하고、對岸

縣 乘、宣 峽

의安東縣과는鐵橋로往來하나니라。此地로부터四里쯤上流에在한義州에는平安北道廳이在하고、又約六里쯤下流되는處에는龍岩浦라稱하는港口가有하니라。新義州에서汽車를乘하고、宣川·定州等을過하야南으로往하면、淸川江을渡하나니、其上流에寧邊이有하고、其北方의雲山郡에는有名한金鑛이有하며、更히東北山峽으로往하면、江界라하는古來名邑이有하니라。

屈 濶 廣

汽車로淸川江을渡하야、大同江北岸에到하면、平壤府가有하니、平安南道廳의所在地이니라。 北部朝鮮에屈指하는大都會이니、四方이廣濶하고、名勝古跡이多하며、又其附近에無烟炭을産하나니라。 平壤에서鐵道平南線을乘하면、二時間以內에鎭南浦府에到하나니、此地는大同江口에在한開港場인대、큰製鍊所가有하고、又其近地에廣梁灣의鹽田이有하니라。 平壤의北에在한順安에는

殷 价 亢羅 興

砂金을産하고、其東北의殷山에는金을産하며、其北方의价川에는鐵을産하며、价川의西南에在한安州는亢羅의名産地이오、新安州와价川間에는輕便鐵道가有하며、平壤東北의成川은古來로明紬와烟草로著名하니라。

咸鏡南道永興灣에는元山府가有하니、有名한開港場이고、海陸交通의便이多하야、東海岸에第一되는良港이라稱하나니라。 其北岸에는永興의海軍要港이有하며、元山에서

鐵道咸鏡線을乘하고北으로往하면、明紬의名産地되는永興에到하고、其東北에在한咸興은道廳의所在地이니라。 咸興에서輕便鐵道로東南으로向하면、西湖津이有하고、此로부터遙히北方의惠山鎭에는總督府營林支廠이有하고、其東南에在한甲山郡은古來로銅山으로著名한處이니라。

咸興으로부터北靑을經하야、咸鏡北道에入하면、開港場城津이有하고、更히北行하면、道

廳이在한鏡城에達하며、其東南獨津은海路로鏡城에至하는要津이니라。 鏡城으로부터는、輕便鐵道로、羅南을經하야、輸城과淸津府에至하나니、羅南에는第十九師團의兵營이有하고、淸津은東海岸에서元山의次되는開港場이니라。 淸津으로부터國境에近한會寧에行코자하면、鐵道의便이有하니라。

練習

一、北部朝鮮에잇는各道의道廳所在地의일음을말하야

라。

二、北部朝鮮에잇는府廳所在地의일음을말하고、또그쌍에對하야아는일을말하야라。

三、北部朝鮮에잇는開港場파有名한港口의일음을말하야라。

四、左記한쌍은어느道에잇스며、무엇으로有名하냐。

雲山。 慶梁灘。 順安。 殷山。 价川。 安州。

成川。 永興。 惠山鎭。 甲山。 羅南。

五、前項外에、또有名한고을이잇거든、그일음을말하야라。

第二十六課 漢文 (乃木[노기]大將及東鄕[도고]大將)

戰役、訪

日*露戰役에旅順*이旣降이라或이訪*乃木大將하야賀戰捷하고且弔其二子戰歿한대大將이泣然曰七月以來로我喪幾萬愛兒矣라如吾二兒는守平生訓言耳니何足深悲리오하더라 嗚呼ㅣ라此一語는可以泣神人矣로다

露*國波羅的艦隊ㅣ來侵我國거늘我東*鄕大將이率聯*合艦隊하야將邀擊之할새揭信號旗令曰皇國興廢ㅣ在此一擧하니各員은奮勵努力하라하니於是에士氣大振하야奮戰兩日에遂殲滅之하니라 (新定漢文讀本)

賀、捷、弔、泣 嗚 的、艦、侵 擊 奧、員、勵、努 振、殲滅

肢

練習

一、乃木大將은무엇이라고말하얏느냐。

二、東鄕大將은엇더한命令을나렷느냐。

三、다음□표속에漢字를너어라。 그리하고、그것을읽어라。

旅順□降。 可□泣神人矣。

□邀擊之。 □殲滅之。

四、다음글中、잘못된漢字를곳쳐라。

貨戰勝。 幾萬受兒。 皇國與廢。

土氣大振。

第二十七課 牛

소는몸이크고、四肢가쌀으고、힘이만소。 머리에는뿔둘이잇고、눈이커서、보기에는사나운듯하나、사람에게길녀서、至極히柔順하오。

房

소의굽은말의굽과달녀서、두쪽이오。 압니는아래턱에만잇고、웃턱에는업서서、잘씹지못하나、어금니는甚히오목하고뾰족하야、서로合하는故로、食物을씹기에便利하오。

소의비위는四房으로되엿소。 最初에는食物을잘씹지아니하고、第一房으로삼켜서、第二房에達하면、다시입으로吐하야、徐徐히씹

芻 搬

소。 이것을反芻라하오。
소가걸을새나쉴새나、恒
常두럭을움죽이는것은
反芻를하는것이오。 그
다음에第三房·第四房으
로나려가서、次次消化되
는것이오。 소는田畓을
갈고、物件을運搬하는데
必要할뿐아니라、고기와

臟、料 移

젓은사람의몸에가장有助한滋養品이오、ᄲᅧ
와ᄲᅳᆯ은단초와빗等物을製造하는데쓰고、털
은요속으로쓰고、피와內臟은肥料가되오。소
는全體中에、엇던部分이던지、버릴것이업시、
다緊用되오。

朝鮮의소는그種類가甚히좃소。 그中에咸
鏡南北道와平安南北道에서나는것은、몸이
肥大하야、한匹갑이百圓以上되는것이적지
안소。 소와牛皮는朝鮮輸移出品中에重要

蔘、威 違

한것인대、每年內地로移出되고海蔘威로輸出되는것이、一百數十萬圓에達하오。

練習

一、소의몸外形의이약이를하야라。
二、소의굽파이의이약이를하야라。
三、反芻라하는것은무엇이냐。
四、소의效用을말하야라。
五、朝鮮의소에對하야이약이를하야라。

第二十八課 漢文

曾子ㅣ曰孝子之養老也는樂其心하며不違其志하며樂其耳目하며安其寢處하며以其飲食으로忠養之니라是故로父母之所愛를亦愛之하며父母之所敬을亦敬之니至於犬馬하야도盡然이온而況於人乎아 (小學)

子游ㅣ問孝한대子ㅣ曰今之孝者는是謂能養이니至於犬馬하야도皆能有養이니不敬이면何以別乎ㅣ리오 (論語)

練習

一、다음漢字를各其너어서、二字식의글을지어라。

咫

孝。耳。養。處。

二、다음글을바더써서、그뜻을말하야라。

(가)孝子之養老也는樂其心이니라

(나)不敬이면何以別乎오

三、本課第二외글을諺文으로바더써라。

第二十九課 燈火

낫에는太陽이잇서서、萬物이분명히보이나、밤에는太陽이업는故로、咫尺도분변할수업소。

滿月이되면、밤이밝기가낫갓소。 그러나물건은잘보이지아니하는故로、우리들은太陽의代身으로燈火를쓰오。

稱

옛적에는、소나무에불을다려서燈火로썻고、그後에삼·棉花·白荼等의種子로기름짜는法이發明되엿소。 이기름을種油라稱하오。 種油로불을켜는것이、소나무에불을다려燈火로쓰는

燭

櫨、蠟

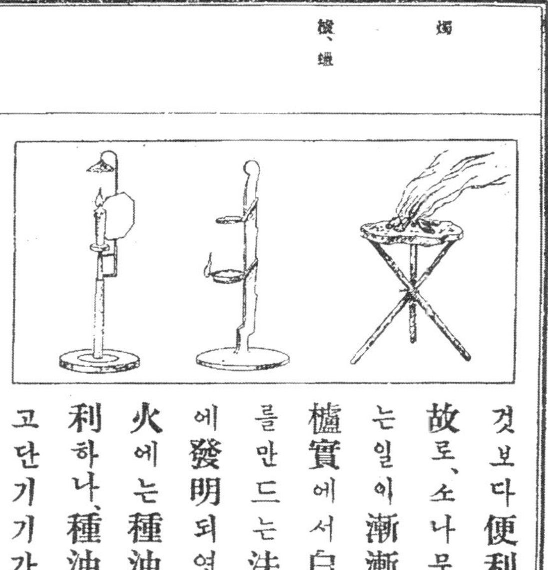

것보다便利하고、또安全한
故로、소나무울로燈燭을삼
는일이漸漸드물어젓소。또
櫨實에서白蠟을取하야、초
를만드는法도種油와一時
에發明되엿소。 방안의燈
火에는種油를쓰는것이便
利하나、種油의燈火는、가지
고단기기가甚히不便하오。

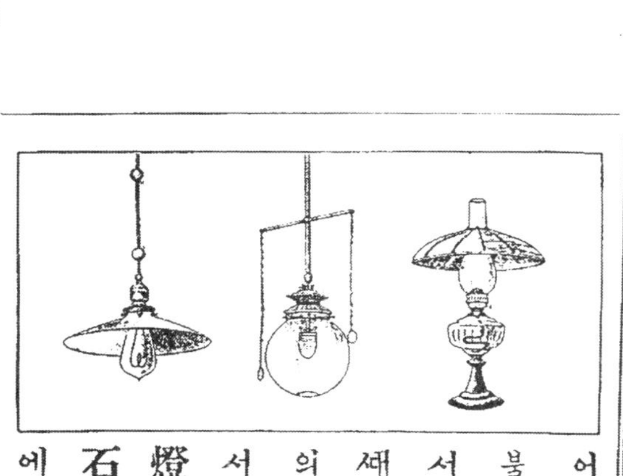

어두운밤에出入할때는、초
불이가장便利하고、방안에
서불을가지고무엇을차즐
때에도초불이좃소。 사람
의지식이漸漸열님을쌀어
서、또石油가發見되엿소。洋
燈은即石油를쓰는燈이오、
石油는새암물과갓치地中
에서솟아나오는것인대、갑

浮費

이甚히헐할ᄲᅮᆫ아니라、밝기가倍나더한故로、지금와서는種油를쓰는일도極히적어졋소。

近年에는、洋燈보다倍나밝은瓦斯燈電氣燈이發明되엿스나、瓦斯燈·電氣燈을쓰랴면、浮費가너무만히드는故로、大都會處에만잇고、싀골촌에는업소。 都會處라도、가난한사람의집에서는쓰지못하오。

練習

一、옛적부터오날ᄭᆞ지、엇더한것이燈火로使用되여왓느냐。

二、種油와白蠟은무엇으로만드느냐。

三、石油는어듸서엇느냐。

四、너의ᄃᆞᆯ은瓦斯燈과電氣燈을본일이잇느냐。 본者는그것에對하야이약이를하야라。

五、다음말을漢字로곳쳐라。

면화。 ᄇᆡᆨᄎᆡ。 죵ᄌᆞ。 등화。

양등。 와ᄉᆞ등。 젼긔등。 도희。

硒、斗

第三十課 俚諺

되로주고、말로밧는다。

始用升授하고硒以斗受라

鷃、鶴、裂、胯　攀、泅、溺　殀、胡、齒

뱁새가황새를쌀어가면、다리가찌여진다。

鷃效鶴步하던 載裂厥胯라

나무에잘올으는놈써러지고、헤염잘치는놈빠져죽는다。

善攀者落하고 善泅者溺이라

죽은자식나세여보기。

既殀之子를 胡算其齒오

練習

一、本課의뜻을말하야라。

喩　逆

第三十一課 漢文

君子는憂道오不憂貧이니라 (論語)

子ㅣ曰君子는喩於義하고小人은喩於利니라 (論語)

子ㅣ曰君子는和而不同하고小人은同而不和니라 (論語)

子ㅣ曰巧言令色이鮮矣仁이니라 (論語)

孔子ㅣ曰良藥이苦於口나而利於病하고忠言이逆於耳나而利於行이니라 (孔子家語)

畿

練習

一、다음漢字를比較하야、달은것을말하야라。

憂、愛。 貪、貧。 巧、功。 令、今。

二、다음글을외여서、그것을써라。

良藥은苦於口하고忠言은逆於耳ㅣ니라

三、다음글의뜻을말하고、그惡한일인줄을생각하야라。

巧言令色。 附和雷同。

第三十二課 中部朝鮮(一)

中部朝鮮은黃海·京畿·江原의三道를合한地方의總稱이니、北은平安南道와咸鏡南道에

慶 系 蜿蜒 條

連하고、南은忠淸南北兩道와慶尙北道에接하며、東은日本海에濱하고、西는黃海에臨하니라。

江原道의東部에는太白山系의主脈이南北으로連亙하야、半嶋의脊梁이되고、其一脈은本道의北端에서起하야、京畿道에入하야、多數한小支脈이其間에蜿蜒하니라。 黃海道에는四條의山脈이東西와南北으로馳走하니、太白山系中에는金剛山·五臺山·太白山等

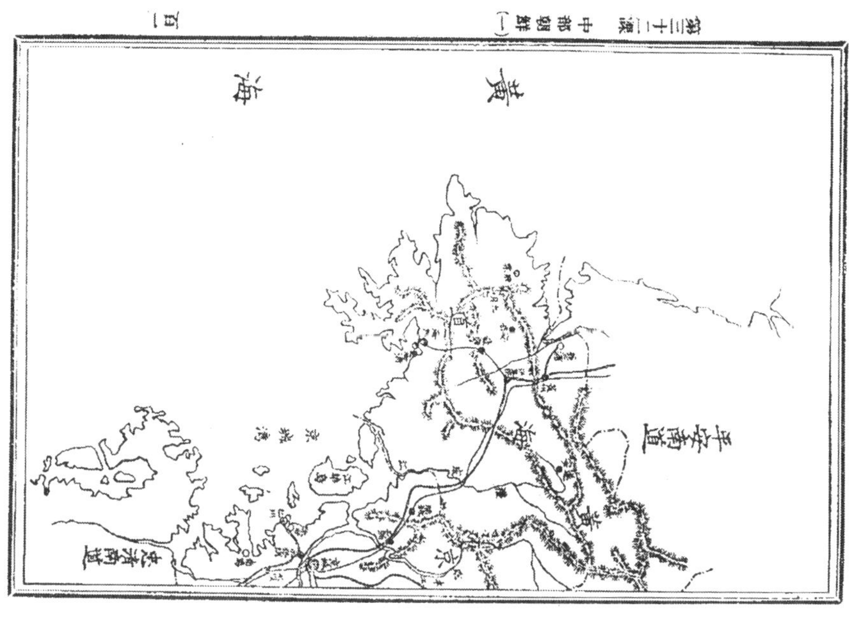
第三十二課 中部朝鮮(一)
黃海
平安南道
京城
忠淸南道

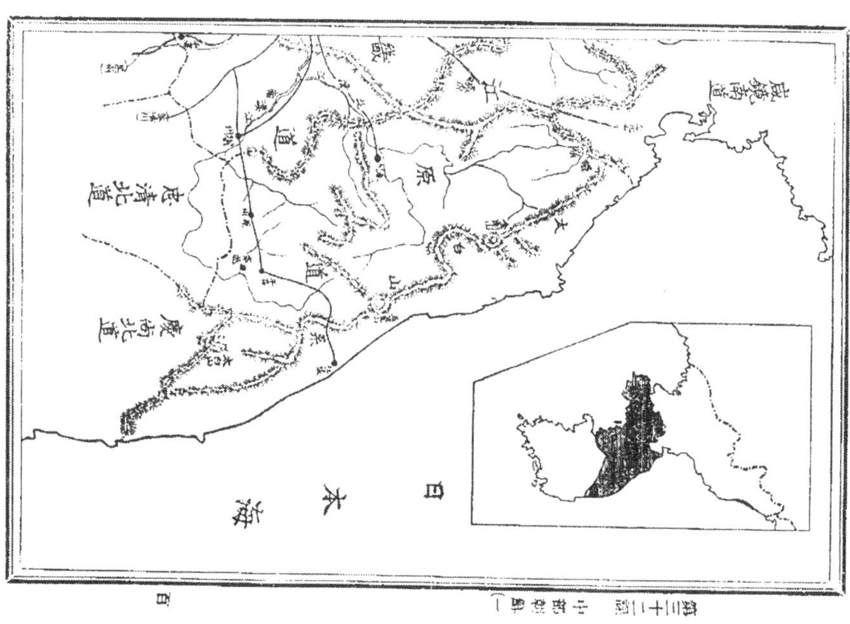
咸鏡南道
江原道
忠淸北道
慶尙北道
日本海

의名山이有하고、黃海道에는九月山이有하니라。 江河는漢江이最大하니、南北兩流가有하야、一은鐵嶺에서出하고、一은五臺山에서發하야、京畿道에서相合하야、京城灣에注하니、水運의便이多하며、臨津江은元山의西方에在한山에서發源하야、南流하야漢江에合하니라。

此地方의東部와北部는山脈이多한故로、地勢가自高하고、南과西으로向할수록次第로

低下하야、海에臨한處와江에沿한地에는處處에平野가有하니라。 高地에는森林과鑛山이多하고、低地에는農業이大開하고、商業의繁昌한市邑이不少하며、海岸은西部는屈曲이多하야、漁鹽의利가富하고、東部는漁業과水產製造業이旺盛하니라。

鐵道는西部에京釜·京仁·京義의三線이相連하며、又東北으로西南에亙하야、京元線이有하니라。 道路는近年에크게修築되엿스나、

共

江原道의山地는、오히려交通의不便한處가多하니라。海上은東西가共히汽船의便이有하나、西海岸이一層便利하니라。

練習

一、中部朝鮮에잇는道는무엇무엇이냐。
二、中部朝鮮에잇는山脈과山岳의이약이를하야라。
三、中部朝鮮에잇는江河의이약이를하야라。
四、中部朝鮮의産業에關하야이약이를하야라。
五、中部朝鮮의交通에關하야이약이를하야라。

第三十三課 中部朝鮮(二)

稠 輻湊、頗 湍

京城府는漢江의北岸에在하야、朝鮮總督府와京畿道廳이在한處이니、戶口가稠密하고、物貨가輻湊하며、交通이頗히便하며、又龍山에는第二十師團司令部와兵營이有하니라。京城으로부터汽車로永登浦를經하야、西行하면、一時間假量에仁川府에到하나니、此地는西海岸에第一되는開港場이오、附近의朱安에는鹽田이有하니라。京城으로부터京義線으로北行하면、大豆名産地의長湍을過

城 發

하야開城에到하나니、此地는古來의名邑으로舊跡이多하며、又人蔘의栽培가旺盛하야、總督府의紅*蔘製造所가有하니라。 開城으로부터更히北行하면、禮成江이有하니、其流域은大豆의産地이오、上流의遂安에는著名한金鑛이有하고、遂安의西方에在한黃州는兼二浦支線의分岐點이니、大豆와生牛의賣買가盛行하며、其南方의沙里院停車場에서自動車를乘하면、四時間假量에海州에達하

岳、栗 市

나니라。 海州는黃海道廳의在한處이니、其南方一里餘되는龍塘浦로부터、海路로仁川에至하는船便이有하고、海州로부터更히自動車를乘하고北行하면、載寧을過하나니、此地는有名한鐵과米의産地이니라。 其西에安岳이有하고、安岳의西에殷栗이有하니、共히鐵을産하나니라。

更히京城에서京元線汽車를乘하면、鐵原에到하나니、生牛와明紬의大市場이니라。 其

陵 驪 媚

南方春川에는江原道廳이有하고、京城과自動車가來往하며、春川으로부터南下하면、原州에到하고、此에서東行하면、平昌을過하야、江陵에出하나니、嶺東第一되는名邑이고、平昌의南에在한寧越은煙草의產出로有名한處이니라。 原州로부터西으로京畿道에入하면、驪州가有하니、此地에서自動車를乘하고、更히西行하면、水原에到하나니、總*督府勸業模範場이有하고、風光이明媚하니라。 其

南方에平澤이有하니、田野가遠히闊하고、米穀의產出이多하며其西北의海岸에南陽이有하니、古來製鹽으로著名하니라。 更히京城에서舟를乘하고漢江을下하면、江口에一大嶋가橫在함을見하리니、此는江華嶋라하는歷史上有名한處이니라。

練習

一、中部朝鮮에잇는各道의道廳과府廳所在地의일음을말하고、또그쌍에對하야、아는일을말하야라。

二、中部朝鮮에잇는開港場과有名한港口의일음을말하

楊震、伯、遷、萊 荊 謁、懷

야라。

三、左記한짱은어느道에잇스며、무엇으로有名하냐。

朱安。 長湍。 開城。 遂安。 黃州。 載寧。

安岳。 殷栗。 鐵原。 寧越。 水原。 南陽。

四、前項外에、또有名한고을이잇거든、그일음을말하야라。

第三十四課 漢文 (四知)

後漢楊震의字는伯起니遷東萊太守할새道經昌邑하니故所擧荊州茂才王密이爲昌邑令이라가謁見할새至夜에懷金十斤하야以遺震한대震이曰故人은知君하나니君不知故人은何也오密이曰暮夜에無知者니이다震이曰天知地知子知我知하니何謂無知오密이愧而退하니라 (蒙求)

愧

練習

一、다음의地名을아느냐。 또「洲」字와「州」字에對하야注意하야라。

亞細亞。 亞細亞洲。 滿洲。 關東州。

義州。 原州。 海州。

二、다음말의뜻을말하야라。

拜謁。 謁見。 知己。 朋友。

三、楊震의이약이를듯고、感動된일을말하야라。

第三十五課 朝鮮의年中行事

崇 旦 廟、茶 戚

朝鮮에는名節이라하야、京鄕이崇尙하는날이만코、또春夏秋冬의時節을딸어서行事가만소。 지금그重要한것을아래말하겟소。

正月元旦에는、사람사람이일즉일어나서、새옷을갈아입고、家廟에들어가茶禮를지낸後에、親戚과웃어룬에게歲拜를단기오。 立春에는白紙에조흔글구를써서、大門과기동에붓치는집이만소。 正月十四日에는、싀골서는줄다리기를하고、望日黃昏에는、兒孩들이

鳶 巳 鞦韆

홰불을들고、山에올너가서、달마지를하오。또正月望前에는兒孩들이紙鳶을만히날니오。二月一日은몬지쓰는날이라하야、집의안팟을정하게쓸고、寒食날에는사람마다山所에가서茶禮를지내오。 三月三日上巳는제비가江南서오는날이라고傳하야나려오고、四月八日은부처의誕日인대、절에가는사람도만코、저녁에는집집마다燈을다오。 五月五日은端午이니、處處에鞦韆을만히하오。 六

月十五日은流頭節이니、맑은시내에가서、머리를감으며、몸을씻고、또飮食을차려먹소。七月七夕에는까치가銀河에다리를놋키爲하야、다하날로올너가는故로、땅에는한마리도업다고傳하야나려오며、또이날은衣服과書籍을늬노하볏을쏘이오。八月十五日은秋夕이라하야、百穀이익는새인故로、新穀으로술과송편을만들어서、茶禮를지내고、잘노오。九月九日은重陽이니、제비가江南으로

祠堂

도로가는날이라고傳하야나려오오。十月에는各處에서時祭를行하는대、墓前에서五代以上先祖의祭를지니고、또집집에서짐장을담그오。十一月冬至날에는팟죽을쑤어먹고、茶禮를지내오。十二月이되면、歲末이되여、모든사람이次次밧뷔지고、금음날이되면、祠堂에歲拜를하고、年少한者는親戚의집으로묵은歲拜를단기오。밤은除夕이라하야、簷下와大門間과부억과뒷간等到處에불

을켜놋코、老少를勿論하고닭울때까지잠을 자지안코、즐겁게新年을맛소。

練習

一、이地方에서行하는名節을이약이하야라。

二、다음말의뜻을區別하고、各其너어서하나식글을지어라。

(가)입는다。……입힌다。　(나)붓는다。……붓친다。

(다)올은다。……올닌다。　(라)난다。……날닌다。

(마)씻는다。……씻긴다。　(바)논다。……놀닌다。

(사)운다。……울닌다。

第三十六課　漢文

子ㅣ曰人無遠慮면必有近憂ㅣ니라 (論語)

子ㅣ曰君子는病無能焉이오不病人之不己知ㅣ니라 (論語)

子ㅣ曰君子는求諸己오小人은求諸人이니라 (論語)

子ㅣ曰君子는不以言擧人하며不以人廢言이니라 (論語)

練習

一、다음□표속에漢字를너어라。

嫁、媤

遠□近□。 □子□人。
君子는 求□己라ㅣ니
君子는 不病□之不□知라ㅣ니
二、다음글에吐를달어라。 그리하고、그것을외여라。
(가)人無遠慮必有近憂。
(나)君子求諸己小人求諸人。
三、「諸」字와「病」字가 本課에쓰인것과달은뜻이잇거든、그것
을말하야라。

第三十七課 瓜生岩(우리우이와)

瓜生岩는*福島縣사람이오、 열일곱살새에
瓜生氏에게出嫁하야、男便과媤父母를至誠

婢僕 睦

으로밧들고、婢僕을잘거나리며、誠心으로家
事에盡力한故로、집안이대단히和睦하얏소。
그리하더니、설흔네살새에、그男便이病으로
作故한故로、그後에는、비록녀편네의몸일지
라도、世上에有益한일을하야보리라고、굿게
決心하얏소。

岩는慈愛하는마음이대단히만흔사람인故
로、그近村에서衣食이困窮한외로운아해와
구차한아해를모아다가養育하고、그우에學

問·手藝까지도가르처서、맛치自己子女와갓치역엿소。 그런까닭으로、十年以上이지난뒤에、혼자生活하게된者가百人以上에達하얏다하오。

岩는、그後、福*島市에養育會를設置하고、더욱慈善事業에힘을쓰더니、明治二十四年에昭憲皇太后의內命을奉承하야、東京養育院에들어가서、熱心으로그職務를보더니、三年後에、무슨事情을因하야、自己故鄕으로가게되

楚 恤 獻 協 繃

엿소。 그러한대、그이듬해에、明*治二十七八年戰役이일어나서、우리나라軍士가滿洲치위에苦楚를莫甚하게밧는다하는말을듯고、各處에서돈을모아、雪中에신는신數萬켜레를지여서、恤*兵部에獻納하얏소。 또그때에昭憲皇太后께옵서는、여러貴婦人과協力하사繃*帶를만드셧는대、그부시럭이를岩에게나리셧는故로、岩는매우惶感히ᄉᆡᆼ각하야、그것으로적은旗를만들고、그旗에昭憲皇太后

彰

께옵서、親히지으신노래를박아서、戰死한사람의家族에게난오아주엇소。

岩의善行이이갓치만핫는故로、明治二十九年에、政府에서그功勞를表彰하얏소。

練習

一、瓜生岩가出嫁한뒤로、男便의죽을ᄯᅢᄭᅡ지한일을이약이하야라。

二、岩는衣食이困窮한외로운아해와구챠한아해等에對하야、엇더한일을하얏느냐。

三、明治二十七八年戰役에當하야、岩는엇더한일을하얏느냐。

恭、寬、敏 侮

四、岩의善行에對하야、政府는엇더한일을하얏느냐。

五、다음말을漢字로곳쳐라、

지셩。 화목。 ᄌᆞ의。 곤궁。 양육。

직무。 열심。 션ᄒᆡᆼ。 표창。 비복。

第三十八課 漢文

子張이問仁於孔子한대孔子ㅣ曰能行五者於天下ㅣ면爲仁矣니라請問之한대曰恭寬信敏惠니恭則不侮하고寬則得衆하고信則人任焉하고敏則有功하고惠則足以使人이니라

(論語)

仁者는愛人하고有禮者는敬人하나니愛人者는人恒愛之하고敬人者는人恒敬之니라 (孟子)

練習

一、다음漢字를比較하야달은것을말하야라。

侮、悔、海。 功、切。 任、仕。

二、다음말을漢字로써라。

공。 관。 신。 민。 혜。

三、다음글의뜻을말로하야라。

信則人任焉이니라 愛人者는人恒愛之ㅣ니라

四、다음말의뜻을말하야라、

信用。 寬大。 恭儉。 博愛。

第三十九課 慈善

사람의貧富에는여러等分이잇는대、一平生을아모걱정업시지내가는사람도잇고、날마다그날하로生活에困窮히지내는사람도잇나니라。

困窮은大概그사람이自取하는것이나、그러나또한그러하다고만할수도업나니라。或은意外의災難을맛나서、不幸함에일은者도잇고、또는貧困하야當初부터工夫도못하며、

孤、聾啞　矜　救

무슨營業도못하는者도잇고、其外에、어려서父母를離別한孤兒나盲者나聾啞者等갓치、境遇上或身體上에普通사람과如히生活키어려운不幸한者가잇나니라。 이런者는實로可矜한身勢이라。 決코그當한사람만責할수업나니라。 이런不幸한사람을救助하는것이即慈善이니라。 衣食이足한富者等이이런不幸한者에게施惠하는것이極히조흔일이라할지니라。 朝鮮에서는明治天皇

醫　療　堪　役　依賴

쎄옵서下賜하신金으로써京城에濟生院을設置하야、孤兒를教養하야職業을엇게하고、盲者와聾啞者를教育하야生活의方途를가르치고、또各地에慈惠醫院을設置하야、貧窮한者의疾病을救療케하시는것은、眞實로惶感한일이니라。

世上에身體가健壯하야、能히勞役에堪耐할者로도自己의職業을怠慢히하고、慈善力에依賴하야生活하야가랴고싱각하는者가잇

適

나니라。 이것은非常히잘못싱각하는일이라。 이갓흔者에게는金錢이나物品을줄必要가업나니、차라리適當한職業을붓들게하야、스스로勤勞하는習慣을길너주는것이極히조흔일이니라。

練習

一、慈善이라하는것은무슨일이냐。

二、濟生院慈惠醫院은엇더케하야서設置되엿느냐。

三、濟生院은무엇을하는곳이냐。

四、慈惠醫院은무엇을하는곳이냐。

五、世上에는、身體는健壯하더라도勞役을실혀하는者가잇스니、그런사람에게對하야는、엇더케하야야하겟느냐。

訥 驕

第四十課 漢文

子ㅣ曰德不孤라 必有隣이니라 (論語)

子ㅣ曰君子는欲訥於言而敏於行이니라 (論語)

夫仁者는己欲立而立人하며己欲達而達人이니라 (論語)

子ㅣ曰貧而無怨은難하고富而無驕는易하니라 (論語)

篤

子夏ㅣ曰博學而篤志하며 切問而近思하면 仁在其中矣니라 (論語)

練習

一、다음漢字를比較하야、달은것을말하야라。

孤、狐。　隣、憐。　訥、納。

二、다음□표속에漢字를너어서、그뜻을말하고、또그것을외여라。

(가)德不□ㅣ라 必有□이니라

(나)□於言而敏於行이니라

(다)□問而近思ㅣ니라

三、다음글을읽어라。그리하고、그뜻을말하야라。

難易輕重。　海外貿易。

啖、澀　狗、畏　牽

詩·書·易·春秋·禮를 曰五經이니라

第四十一課　俚諺

啖梨之美하고 兼以濯齒니라

배먹고、이닥기。

一日之狗ㅣ不知畏虎ㅣ라

하로개아지범무서운줄몰은다。

既乘其馬하니 又思牽者ㅣ라

말타니、경마잡히고십다。

제배불으냣가、종의밥짓지안는다。

我腹既飽하니 不察奴飢라

練習
本課의뜻을말하야보아라。

第四十二課 東京·京都·大阪

東京은我國首府이니、東京灣에臨하고、廣이約五方里이니라。人口는凡二百萬이니、京城人口의約八倍가되여、東洋에第一되는大都會이니라。全市를十五區에分劃하얏스

니、其中에京橋區·日本橋區·神田區等이가장繁華한곳이니라。

市의中央에는宮城이잇고、其他諸官衙·學校·會社·工場·商店等의宏壯한建築物이處處에잇나니라。鐵道는各地에通

蜘蛛

芝、公

하고、市內에는電車가四通五達하며、電線은蜘蛛網과갓치空中을蔽하니라。又夜間에는、電燈·瓦斯燈等이到處에밝어서、낫과달음이업나니라。

上野·日比谷·淺草·芝等地에는公園이잇는대、景概가絶勝하야、四方에서來集하는人士가絡繹不絶하더라。又市內에는、世人의知識을開發하기爲하야、圖書館·博物館·動物園·植物園等을設하니라。

闕

蹟

社、佛

尠

街、基枰

縱

京都는千餘年前부터明治初까지宮闕이잇던곳이니、市의內外에는名所·舊蹟과有名한神社·佛閣이多하야、各處에서觀光하려오는사람이不尠하니라。人口는五十餘萬이니라。

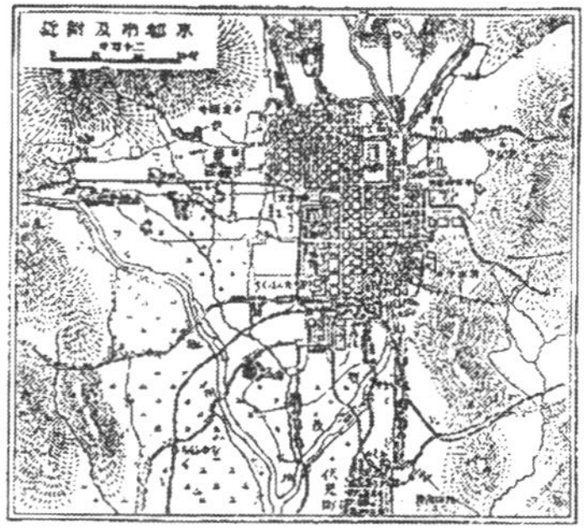

市街는道路가基枰과갓치縱橫으로通하야、甚히美麗하니라。周圍에는三面에山이包

酷 眺、佳 陶 溝渠 評

圖하야、地形이京城과酷似하고、山에는樹木이鬱蒼하야、春秋의眺望이甚佳하니라。商業은東京·大阪과갓치殷盛치못하나、精巧한織物·陶器·漆器等을産하나니라。

大阪은大阪灣에臨하고、人口는百四十萬假量이니、實로東京의次되는大都會이니라。市中에는河川과溝渠가到處에通하야、水의都會라評하는사람도有하야、水運의便利함이他都會에比키難하니라。

且港口의設備도

究 頻 奈 貿

大阪市及附近

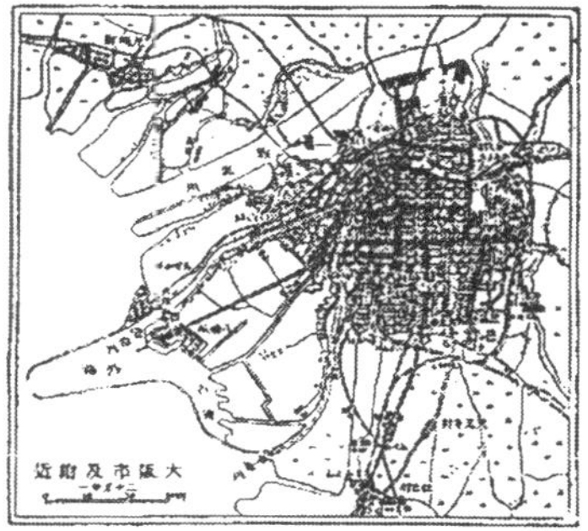

完全한故로、築港된後로부터、大船의出入이더욱頻繁하니라。 陸上의交通도甚히便利하야、電車가京都·奈良·神戶에通하니라。

大阪은如斯히水陸의交通이便利한故로、今에는我國商工業의一大中心이되고、外國의貿易도頗히盛大하니라。

以上東京京都·大阪을我國의三府라稱하나니라。

練習

一、我國의首府는무엇이냐。

二、宮城은어듸잇느냐。

三、我國의三府라하는것은무엇무엇이냐。

四、東京의位置와廣과人口에對하야이약이를하야라。

五、京都의人口와市街와周圍의地形에對하야이약이를하야라。

六、京都의產物에對하야이약이를하야라。

七、大阪의位置와人口와交通에對하야이약이를하야라。

八、다음말을漢字로곳처라。

弗 懸、冢 許、背

슈부。 궁셩。 공원。 도셔관。 박물관。 동물원。
식물원。 신샤。 상공업。 관광。 츅항。 무역。

第四十三課 漢文 (季札守信)

吳季札이嘗使北過徐*할새徐君이好札劒이나口弗敢言이어늘札이心知之나未獻이라가還至徐하니徐君이已死ㅣ라乃解其寶劒하야懸徐君冢樹하니從者ㅣ曰徐君이已死어늘尙誰與乎아札이曰不然이라始吾心이已許之어니豈以死로背吾心哉ㅣ리오 (蒙求)

練習

一、다음字를比較하야달은것을말하야라。

李、李。　過、遇。　徐、除。　背、脊。

二、다음글中에잘못된글字를곳치고、그것을읽어라。

(가)李札이當使北遇除ㅣ라

(나)乃解其寶劍하야縣徐君家樹ㅣ라

(다)豈以其死로背吾心哉ㅣ리오

三、李札의이약이를듯고、感動된일을말하야라。

第四十四課　南部朝鮮(一)

南部朝鮮은、北은京畿·江原兩道에接하고、東·西·南의三面은海로抱圍된地方의總稱이니、

騈　斜　蘆

忠淸南北道·全羅南北道·慶尙南北道의六道가有하고、此를三南이라도稱하나니라。

東部에는太白山系의主脈이南北으로走하고、又同系의諸山脈이此와騈走하며、中央에는小白山系의主脈이慶尙北道北端의小白山으로부터海南半島에亙하야、此地方을斜斷하고、同系의諸山脈이또한其左右에分出하며、西部에는小白山系의西에蘆嶺山脈이有하니、主峰을蘆嶺이라하고、其北方에車嶺

第四十四課　南部朝鮮(一)　　百四十二

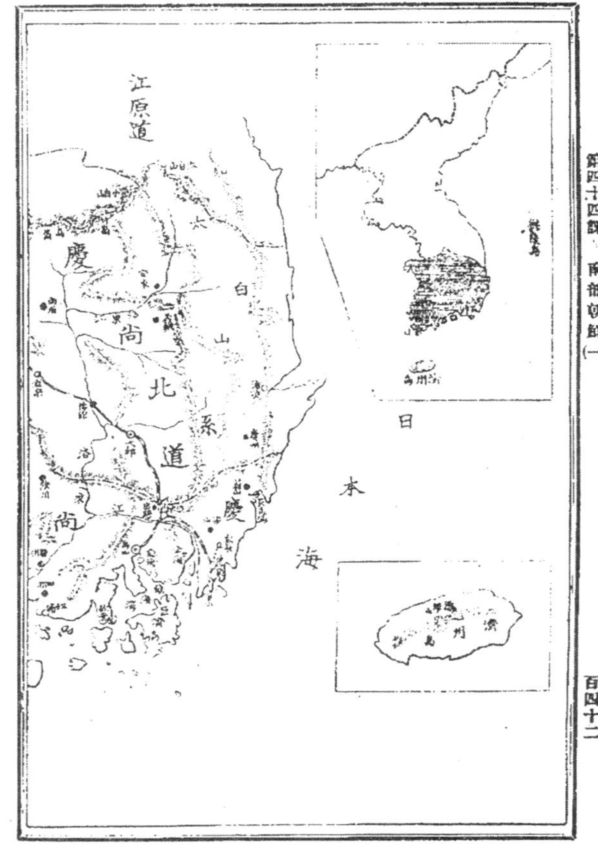

第四十四課　南部朝鮮(一)　　百四十三

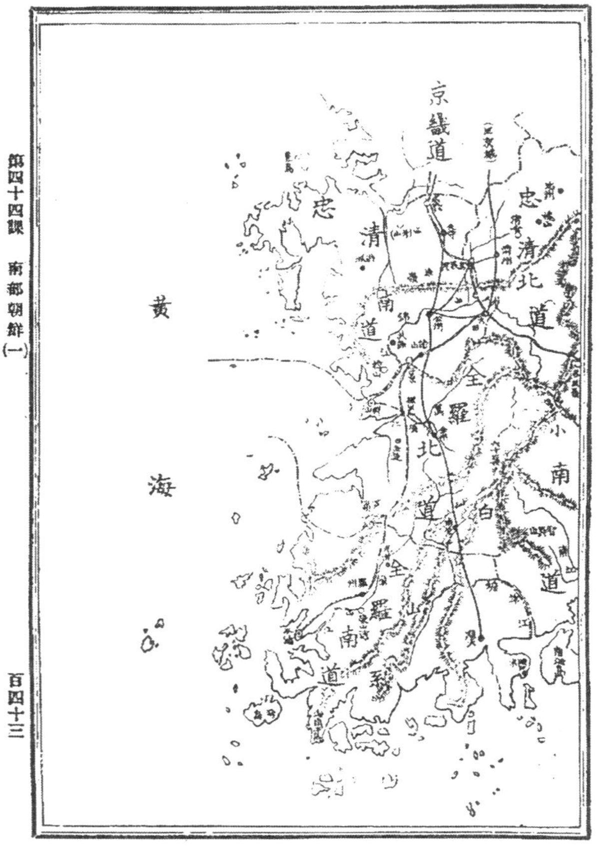

磽、伏

山脈이有하니、忠淸南北道를橫斷하니라。小白山系中에는小白山·竹嶺·鳥嶺이有하고、智異山이最히著名하니라。

前記諸山脈에서、各其無數한支脈이縱橫으로分岐하야、波濤의起伏함과恰似하고、其間을流하는江河가不少하니、洛東江이最大하니라。 洛東江은太白山에서發源하야、慶尙兩道를貫流하야、海에入하나니、流域이廣大하고、灌漑와舟運의利가最多하며、錦江은六

縈 縈 蟾、繞 膏腴

十嶺(全羅北道)에서發源하야、忠淸南北道를縈流하야、黃海에注하나니、水利는洛東江에次하고、萬頃江은其南에流하며、榮山江은全羅南道의西部를貫流하고、蟾津江은其東部를繞하니라。

此地方은山脈이全部에分布하얏스나、大小江河가其間을流하야、沃野가甚多하고、特히上記한諸江의下流는、地味가다膏腴하야、半島에屈指하는農業地이니、農業이크게發達

하고、養蠶과牧畜이또한盛旺하니라。 海岸에는岬灣·島嶼가多하야、處處에良港을成하얏스니、海陸의交通이至便하고、商業이또한繁昌하며、三面의遠近海洋에는漁業이盛行하고、鹽의産出도豐多하니라。 又山地에는有名한森林이多하고、金·銀·鐵·黑鉛·重石等이處處에서産出하나니、實로三南은半島의富源이라謂할지니라。

鐵道는西北에서東南으로京釜線이貫通하

고、西部에는湖南線·群山支線이有한대、坦坦한大路가其左右에開하야輕便鐵道·電車·自動車等의便이有하며、海上에는大小汽船이沿岸各地와嶋嶼를往來하고、內地와外國에도交通이便利하니라。

練習

一、南部朝鮮에잇는道는무엇무엇이냐。

二、南部朝鮮에잇는山脈과山岳의이약이를하야라、

三、南部朝鮮에잇는江河의이약이를하야라、

四、南部朝鮮의産業에關하야이약이를하야라。

五、南部朝鮮의交通에關하야이약이를하야라。

衝 貽 梵

第四十五課 南部朝鮮(二)

此地方에主要되는都邑은大概鐵道線路에沿在하고、京釜線의終點되는釜山府는半島의第一되는開港場으로內外交通의要衝이니、船舶이輻湊하야、貿易이盛行하고、魚類賣買의中心地가되며、其北方의釜山鎭에서東萊溫泉까지는電車의便이有하고、東萊郡梵

剎 蔚 據 野

魚寺와隣郡梁山의通度寺는共히半島의名刹이며、釜山鎭北方의三浪津과其北方의密陽과東北의蔚山은共히古來의名邑이오、蔚山附近의長生浦는鯨漁業의根據地이니라。三浪津에서汽車로一時間半假量을行하면、馬山府에到하나니、山水가佳麗한良港이며、其東方金海는洛東江下流의名邑이니라。馬山에서自動車로西往하면、晋州에達하나니、慶尙南道廳의所在地이고、南江流域의沃野

饒、陜 印 統、碇 螺鈿

에連하야、農産物이豐饒하며、北方陜川郡에
는海印寺가有하니、有名한古刹이니라。 晋
州에서自動車로南行하면、泗川을經하야三
千浦에出하나니、泗川에는鹽田이多하고、三
千浦는漁業地이니라。 三千浦에서汽船을
乘하고、東往하면、統營에到하나니、漁船의碇
泊地이고、螺鈿·漆器를産하며、進하야鎭海灣
을過하야、馬山灣에入하면、鎭海軍*港을經하
야、馬山에再到하나니、馬山에上陸치아니하

邱 項 鰊

면、其船으로釜山에到함을得하나니라。
釜山에서三浪津을經하야、汽車로北行하면、
慶尙北道廳이在한大邱府에達하나니、大邱
는四通八達의地이니、商業이殷盛하야、南部
朝鮮에第一되는都會이고、古來로令*市로써
有名하니라。 此地로부터慶州를經하야、浦
項에至하는自動車가有하니、慶州는古來名
邑으로史蹟이甚多하고、白木과紙의名産地
이며、浦項은鯨·鰊의漁業地이고、附近에鹽田

이多하니라。 大邱의西北에在한金泉은穀屬과雜貨의一大集散地이고、草席을産하고、晋州와尙州에至하는自動車가有하니、尙州는古來名邑이고、四面의山에서金을多産하나니라。 尙州의東方安東도、ᄯᅩ한名邑이고、交通의要路이니、此地에서船을乘하고、洛東江을下하면、京釜線倭館驛에出하고、又義城까지行하면、自動車로大邱에至하는便이有하니라。

練習

一、慶尙南北道에잇는道廳所在地의일음을말하고、ᄯᅩ그ᄯᅡᆼ에對하야아는일을말하야라。

二、慶尙南北道에잇는府廳所在地의일음을말하고、ᄯᅩ그ᄯᅡᆼ에對하야아는일을말하야라。

三、慶尙南北道에잇는開港場과有名한港口의일음을말하야라。

四、左記한ᄯᅡᆼ은어느道에잇스며、무엇으로有名하냐。

東萊。 長生浦。 泗川。 統營。 鎭海。

慶州。 浦項。 金泉。 尙州。

五、前項外、慶尙南北道中에、ᄯᅩ有名한고올이잇거든、그일음을말하야라。

驛 儒 槐

六、慶尙南北道에잇는有名한절일음과그所在郡名을말하야라。

第四十六課 南部朝鮮(三)

金泉에서秋風嶺을越하야、西北으로向하면、大田에着하나니、湖南線의分岐하는要驛이고、附近에儒城溫泉이有하며、更히北往하면、鳥致院이有하니、此地로부터自動車가淸州를經하야忠州에通하나니、忠州는其西南의槐山·淸安과共히烟草의主産地이고、附近의

苧

山에서는金·鐵·黑鉛·重石等을産하며、淸州는忠淸北道廳의所在地이니、附近의平野는屈指하는一大農産地이니라。 鳥致院에서自動車로西南으로向하면、公州에達하나니、忠淸南道廳의所在地이니라。 公州에서舟로錦江을下하면、扶餘에至하나니、名勝地가多하며、其下流의韓山은苧布의名産地이오、江景論山은米穀의大産地이니라。 更히鳥致院에서北行하면、天安을過하야、成歡에至하

洪　稷　牙　裡

나니、共히農産地로著名하며、天安으로부터自動車를乘하면、溫陽溫泉을經하야、洪城에至하나니、成歡의東方稷山에는金鑛이有하고、又砂金을産하나니라。　成歡은又其西南의牙山과牙山灣外의豊島와共히日*清戰役의遺跡地이니라。

公州에서大田에出하야、鐵道를利用하면、江景을過하야、裡里에到하나니、裡里는大平野의中央에在하니、汽車로群山에達하고、輕便

負　甚　場

鐵道로全州에도達하나니라。　群山府는錦江口에在한開港場이니、背後에江景、全州의二大沃野를負하고、水陸의交通이甚히便利하며、米穀의賣買가盛大할뿐더러、附近漁業의中心地이니라。　全州는全羅北道廳의所在地이니、西는全州平野에接하고、物資가豊富하야、頗히繁華한大邑이오、其東南의南原은米穀을多産하나니라。

裡里에서汽車로南下하야、金堤를過하고、蘆

汀

嶺을踰하야、松汀里驛에서自動車를乘하면、光州에到하나니、此地는全羅南道廳의所在地이며、其西南의羅州는竹工과鹽으로써著名하며、其南에榮山浦가有하니、此等地는、다榮山江流域의沃野에在하야、米穀과棉花의主產地이니라。 湖南線終點에開港場木浦府가有하니、附近의平野는農產物이豐饒하고、特히棉花栽培는我國의第一이라稱하나니라。 木浦에서汽船을乘하고、南海岸을廻

央、屹 採

하면、麗水를經하야、釜山에到하나니라。 麗水의西北에順天이有하니、京城으로부터來하는國道의終點이니라。

木浦近海는嶋嶼가頗多하고、其航路는大概木浦를中心으로하나니라。 島의最大한者는濟州島이니、木浦와釜山에通하는航路가有하고、中央에漢拏山이屹立하얏는대、氣候가溫和하고、漁業과採貝業이豐盛하니라。其次되는大島는鎭海灣의南에在한巨濟島와

珍

麗水의東에在한南海島와木浦의南에在한珍島等이니、巨濟島는漁業이最盛하니라。又日本海에在한鬱陵島는慶尙北道에屬하니、冬節에는附近에鯨의來集이多하니라。

練習

一、忠淸南北·全羅南北道의道廳所在地의일음을말하고、또그쌍에對하야아는일을말하야라。

二、忠淸南北·全羅南北道의府廳所在地의일음을말하고、또그쌍에對하야아는일을말하야라。

三、左記한쌍은어느道에잇스며、무엇으로有名하냐。

大田。儒城。忠州。槐山。淸安。扶餘。

濃、耆、樵　鬻、瓠　賒　墜、顧

韓山。溫陽。稷山。成歡。牙山。豐島。

裡里。南原。羅州。榮山浦。

四、前項外、忠淸南北·全羅南北道中에、또有名한고을이잇거든、그일음을말하야라。

五、南部朝鮮에잇는島嶼의이약이를하야라。

第四十七課 漢文 (養老醴泉)

美*濃當耆郡에有樵夫하야事父至孝하니家極貧하야鬻薪以養父할새父ㅣ嗜酒라樵夫ㅣ常提瓠하야過市하야賒酒以進하더니一日에往山薪樵라가誤하야墜巖谷之際하니覺有酒氣라心怪之하야回顧其

側、湧、烈 汲 駕

側하니 有泉湧出하야 其色이 似酒어늘 嘗之하니 芳烈甘美라 樵夫ㅣ 大喜하야 汲歸供父러니 事聞于朝하야 車駕ㅣ 行幸觀之하고 以爲孝感所致라하야 遂名其泉曰養老라하고 因紀*元하고 授樵夫官하니라

(皇朝史略)

練習

一、다음漢字를比較하야、달은것을말하야라。

提、堤。 列、烈、例。 咸、感、惑。

二、다음글을읽어라。 그리하고、그뜻을말하야라。

(가) 養老瀑布는今在美濃國養老郡하니라

(나) 賞孝子節婦ㅣ라

(다) 負薪鬻於市하야以養父ㅣ라

三、本課에잇는孝子의이약이를하야라。

第四十八課 興夫傳(一)

옛날、어느곳에、놀부와興夫라하는사람兄弟가잇섯소。 兄놀부는慾心이만코、못된짓을만히하야、이웃까지不安케하얏소。 아우興夫는、兄놀부와判異하야、마음이極히正直하고、山밋數間斗屋속에서、여러子息을다리고家勢가赤貧한살님을하얏소。

어느해봄에、興夫의집에제비한마리가날너와서、집을짓고、삭기를첫소。 그새큰구렁이하나가와서、삭기를다잡어먹엇는대、그中한마리가집에서써러젓소。 써러질새에、발에걸녀、두다리가불어저서、피를흘니며、쩔고잇섯소。 興夫는이것을보고、불샹히역여、손에올녀놋코、발에藥을발으고、실로매여서노하주엇소。 그리한지十餘日만에、제비는다리가나서、江南으로갓소。

報、瓢

江南王은그自初至終을듯고、興夫의恩惠를갑기爲하야、報恩瓢라하는박씨하나를내여보내엿소。 그이듬해三月三日에、제비는박씨를물고、興夫의집에와서、써러틀엿소。 興夫의內外는異常히싱각하고、쓸압담밋헤심엇소。 三四日이지나매、싹이나고、次次자라서、입히나고、쏫치피더니、큰박몃통이열녓소。 興夫內外는、無心코톱을들고한통을켯더니、쏫밧게靑衣童子가여러가지仙藥을가지고

怜悧

나왓소。 또한통을켯더니、집짓는연장과세간긔명과衣服衾枕이나왓소。 또한통을켯더니、집지위와五穀과가진寶貝와怜悧하고敏捷한男女가만히나와서、훌늉한집을눈결에지어놋코、여긔저긔먹을것이싸여서、興夫는大端히八字좃케살게되엿소。

練習

一、興夫와놀부는性質이엇더하며、엇더한生活을하얏느냐。

二、제비는興夫의집으로엇더케하야날너왓스며、또興夫는그제비에게對하야、엇더한일을하얏느냐。

三、제비는엇더케하야興夫의恩惠를갑헛느냐。

四、興夫는엇더케하야八字조흔사람이되엿느냐。

五、다음말의뜻을區別하고、各其너어서、하나식글을지어라。

(가)건다……걸닌다。 (나)훌는다……훌닌다。

(다)본다……보인다。 (라)듯는다……들닌다。

(마)난다……낸다。 (바)문다……물닌다。

(사)떠러진다……떠러틀인다。 (아)먹는다……먹인다。

第四十九課 興夫傳(二)

慾心만흔놀부놈은興夫의집에차저가서、前

보다잘사는것을보고、大端히불어워서、저도그와갓치하랴고決心하고、일부러제비집을지여놋코、제비오기를기다렷소。 그後에運數不吉한제비가와서、그속에삭기를쳣소。놀부는이것을보고、크게깃버하야、잘길으다가、불갓흔慾心이일어나서、제비삭기다리를일부러부질는후에、藥을발으고、실로매여서너어두엇소。

그리한지몃칠만에、그다리가나아서、九月九

讐

伽倻琴

日이되매、江南으로가서、王에게그지난이약이를告하얏소。 王은이말을듯고、크게노하야、報讐하기爲하야、박씨하나를내여보내엿소。 놀부는大端히조화하며、심엇더니、얼마아니되여、박열통이열녓소。 놀부는이것을켜랴고、이웃을請하고、사람을들여서켯더니、첫통에서는伽倻琴타는놈이나와서、가진짓을다하고、돈을쌔앗어갓소。 둘재통을켯더니、늙은중이나와서、念佛을하고、돈을쌔앗어

瑤

가고、셋재통속에서는喪人이나와서、애고애고울며、葬費를쌔앗어가고、넷재통속에서는무당이나와서、굿을하고、돈을쌔앗어가고、다섯재통속에서는큰상ᄌᆞ를진놈이여럿이나와서、瑤池鏡을내여보이고、돈을쌔앗어가고、여섯재통속에서는초란이탈쓴놈千餘名이나와서、가진짓을다하다가、돈을쌔앗어가고、일곱재통부터는ᄉᆞ당·거사·왈쟈·八道소경이모다나와서、놀부를ᄯᆞ리며、차며、돈을쌔앗어

갓소。 그리하야도、놀부는慾心이업서지지아니하야、집웅에올너가서、남어지박을ᄯᅡ다가켯더니、그속에서는똥이나와서、집안이다똥속에뭇쳣소。 놀부는제가잘못한것을깨닷고、뉘웃쳣스나、엇지할길이업는故로、妻子를다리고、興夫의집으로어슬넝어슬넝어더먹으러갓소。

練習

一、놀부는興夫의富者된것을보고、엇더한일을하얏느냐。

厭、揜

二、놀부는날너온제비에對하야、엇더한일을하얏느냐。

三、제비가놀부에게보낸박씨가生長하야박이열닌後에 놀부는이것을엇더케하얏느냐。

四、與夫傳을읽어서、感動된일을이약이하야라。

第五十課 漢文

能行之者ㅣ未必能言이며能言之者ㅣ未必能行이니라 (史記)

小人이閑居에爲不善호대無所不至하다가見君子而後에厭然揜其不善하고而著其善하나니人之視己ㅣ如見其肺肝然이어니則何益矣리오 (大學)

肺肝

子貢이問曰鄕人이皆好之면何如ㅣ잇고子ㅣ曰未可也ㅣ니라鄕人이皆惡之면何如ㅣ잇고子ㅣ曰未可也ㅣ니라不如鄕人之善者ㅣ好之오其不善者ㅣ惡之니라 (論語)

練習

一、다음글에吐를달어라。그리하고、그것을읽어라。

(가)人之視己如見其肺肝然則何益矣

(나)鄕人皆好之何如

二、다음글을諺文으로바더쓰고、그뜻을말하야라。

(가)能言之者는未必能行이니

(나)小人이閒居에爲不善호대無所不至니

(다)言行一致는人所最貴니

普通學校朝鮮語及漢文讀本 卷三 終

附錄

第一課 今上天皇陛下와皇后陛下

昭憲皇太后 明治天皇의皇后이시니、大正三年四月十一日御年六十三에昇遐하옵시니라。

第五課 新井白石

幕府 將軍의政廳을云함이니라。

第九課 漢文(詔勸農蠶)

繼體天皇 我國第二十六代의天皇이시니라。

第十一課 漢文

泰山 支那山東省에在한名山이니라。

第二十二課 梨를贈與하는書札

種苗場 種苗場은各道에設置되여、各各其所在道廳의管轄에屬ᄒᆞ야、農業改良上의指導를하는處이니라。

第二十三課 漢文(甘諸先生)

青木昆陽 即今부터約百五十年前의儒者이니라。

薩摩 鹿兒島(가고시마)縣에屬한國名이니라。

第二十四課 北部朝鮮(一)

京義線 京城과義州間의鐵道이니라。

安奉線 滿洲에在한安東縣과奉天을連結한鐵道이니、我南滿洲鐵道會社에係한바이니라。

平南線 平壤과鎭南浦間의鐵道이니라。

京元線 京城과元山間의鐵道이니라。

咸鏡線 元山以北咸鏡南北道에在한鐵道의總稱이니라。

第二十五課 北部朝鮮(二)

總督府營林廠 鴨綠江及豆滿江沿岸에在한森林의保護와伐採等에關한事를掌하니라。

海軍要港 軍事上에重要한處로指定된港口이니라。

第二十六課 漢文(乃木大將及東鄉大將)

日露戰役 明治三十七八年에我國과露西亞間에行한戰役이니라。

旅順 關東州에在하니、明治二十七八年以來로露國이關東州를租借하고、旅順에要塞를築하얏다가、日露戰役時에我軍에게陷落되여、爾後로我國이關東州의租借權을得하는同時에、旅順에海軍要港部를

置하게되니라。

乃木大將　日露戰役時에、旅順要塞를陷落하고、奉天會戰에戰功이有한陸軍大將乃木希典이니라。

東鄕大將　日露戰役時에、旅順을封鎖하고、露國의太平洋艦隊를破하며、日本海海戰에서、露國波羅的艦隊를殲滅한海軍大將元帥東鄕平八郞이니라。

露國波羅的艦隊　露의本國에在한艦隊이니、日露戰役時에、露國이連敗한勢를回復코자하야、此를遠히東洋에派遣하니라。

聯合艦隊　艦隊는軍艦二隻以上으로成하나니、聯合艦隊는二箇以上의艦隊를合한것을云함이니라。

第三十二課　中部朝鮮(一)

京釜線　京城과釜山間의鐵道를云함이니라。

京仁線　京城과仁川間의鐵道를云함이니라。

第三十三課　中部朝鮮(二)

紅蔘製造所　紅蔘은生人蔘으로製造한것이니、紅蔘의製造는總督府度支部에서此를經營하되、其製造所를開城에置하니라。

總督府勸業模範場　水原에在하니、朝鮮全道農業의改良發達에資하는調査及試驗을行하야、農事의模範을示하고、且實地의指導를하는處이니라。

第三十七課　瓜生岩

福島縣(후구시마)　本州東北部에在한縣이니라。

福島市　福島縣에在한都會이니라。

明治二十七八年戰役　明治二十七八年에、我國과淸國間에行한戰役이니、又日淸戰役이라고도云하나니라。

恤兵部　戰役又는事變의時를際하야、國民의同情으로軍人에게寄贈된金品을處理하는處이니라。

繃帶　傷處又는腫處等의外部에纏하는木綿의布를云함이니라。

第四十三課　漢文(季札守信)

徐　卽今支那江蘇省徐州府이니라。

第四十四課　南部朝鮮(一)

湖南線　大田부터木浦에至하는鐵道及裡里부터群山에至하는支線의總稱이니라。

第四十五課　南部朝鮮(二)

軍港　軍艦과水雷艇等을留置하는處이니、鎭守府를設置하니라。但鎭海灣에는鎭守府를設置치아니하니라。

令市　距今約二百六十年前부터大邱에서行하는市를云함이니、今日에도혼히春秋二期에行하야、甚히盛大하니라。

第四十六課　南部朝鮮(三)

日淸戰役　明治二十七八年의戰役이니라。

第四十七課　漢文(養老醴泉)

美濃當書郡(며노 다기)　美濃는本州中部岐阜縣에屬한國名이오、當耆郡은昔時의郡名이니、今의養老郡에屬하얏나니라。

紀元　紀元은年號를새로짓는것이니、第四十四代元正天皇第三年에、年號를養老라고곳치셧나니라。

大正六年三月八日印刷
大正六年三月十日發行

定價金六錢

朝鮮總督府

總務局印刷所印刷

朝鮮總督府編纂

普通學校朝鮮語及漢文讀本

卷四

緖言

一、本書는普通學校第四學年用朝鮮語及漢文科敎科書로編纂한者이라。

二、本書의各課는、生徒의能力을隨하야、練習을倂하야二三時間에敎授할者이라。

三、新出漢字는、敎師의敎授及生徒의學習에便利케하기爲하야、上欄에抽記하고、二字以上이結合하야、特殊한熟語가된者는旣出한漢字라도亦抽記하니라。

四、練習問題는、必要에應하야、此를補함도可하니라。

五、本書는京城에서行用하는言語로標準을삼고、諺文의綴法은本府에서定한바를依하야、純全한朝鮮語에對하야는發音式을採用하야、쟈.

댜를자、져·뎌를저、죠·됴를조、쥬·듀를주、챠·탸를차、쳐·텨를처、쵸·툐를초、츄·튜를추、샤를사、셔를서、쇼를소、슈를수로書하고、中聲「、」는使用치아니하며、又分明히漢字로成한語音은本來의諺文을使用하니、生徒로하야금恒常此에準據케할지니라。

六、本書中地名物名等에長音·濁音을表할必要가有한境遇에는、長音에는諺文左肩에「•」을附하고、濁音에는右肩에「〃」을附하니라。

七、本書中難解의語句는、附錄에簡單한說明을附하니라。

大正七年三月

朝鮮總督府

目錄

普通學校朝鮮語及漢文讀本 卷四

(1) 第一課 公德

公德이라함은널니社會公衆一般의利益과幸福을增進하기爲하야、사람사람이직혀야할道德이오。社會의進步는、여러사람이이公德을직힘에잇는것이오。

世上에는自己가아는사람을對하야는親切하게하나、自己가아지못하는사람에게는不

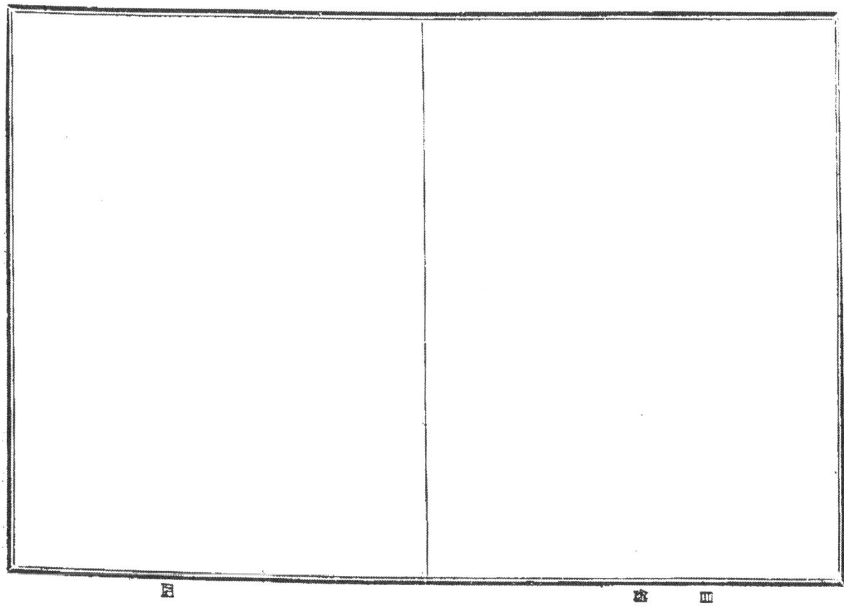

親切하게하는사람이적지아니하오。 汽車·
汽船·電車의乘降이나、또는사람이만히모여
混雜한때에、달은사람을밀치고、自己가몬저
하랴하는等事는、가장不可한일이니、모다公
德을몰으는緣故이오。
또世上에는自己의것은重히역이되、남의것
이나여러사람의共用하는것은毁損됨을조
곰도不顧하는사람이잇소。 함부로山野의
樹木을썩그며、公園의쏫출싸며、남에게서빌

壁 歡 禍

어온書籍을汚損하며、官衙·學校等의墻壁에
글시를쓰는等事는、모다公德에違反되는行
爲이오。 大抵公衆을爲하야設施한것은、누
구던지重히역여、사람사람이서로便利와歡
樂을밧도록하야야하오。 또火災의根源을
잘團束치못하며、傳染病을숨기는等事로因
하야、한洞里한地方에까지禍를끼치는일이
적지아니하오。 이것도또한自己의不注意
로因하야일어난일이니、亦是公德에違反되

는일이오。

사람사람이公德을重히역이면、世上사람이 서로便利와幸福을밧고、萬一그러치안으면、社會의平和를破하게되오。그런故로사람사람이깁히경계하야야하오。

練習

一、公德이라하는것은엇더한일을하는것이냐。

二、汽車·汽船·電車를乘降할때나、또는사람이混雜한때에는、他人에對하야엇더케하야야하느냐。

三、山野·公園의樹木과남에게서빌어온書籍과官衙·學校等에對하야서는、엇더케하야야하느냐。

四、右에말한것外에、公德으로重히역이지아니치못할일을말하야라。

五、사람사람이서로公德을重히역이며아니역임은、社會에엇더한일이밋치느냐。

醍醐 搜 脫、想、凍餒

第二課 漢文 (寒夜脫御衣)

醍醐天皇은我國第六十代天皇也ㅣ시니帝ㅣ臨御日久에勵精圖治하사哀矜百姓하야搜訪疾苦하시고至寒夜脫御衣하사以想察民間凍餒하시며嘗曰威嚴外見이면難爲盡言이라하사故로每群

奏、顔、讜
庶、堵

臣奏對에 溫顔接之하사 勉導忠讜하사 以求啓沃하시니 國家無事하고 民庶安堵하야 世ㅣ以比仁*德帝하고 後之言治者ㅣ皆稱延喜하니 延喜는 同天皇御在位中之年號也ㅣ라 (國史畧)

練習

一、醍醐天皇께옵서百姓을哀矜하옵신일을이약이하야라。

二、醍醐天皇께옵서는、群臣이奏對할時에엇더케하옵셧느냐。

三、仁德天皇께옵서하신일에對하야、아는바를말하야라。

昔、痘痕、疫
亡
醜

四、다음글의吐에注意하야라。

(一)搜訪疾苦하시고 國家無事하고

(二)勵精圖治하사 民庶安堵하야

(三)以求啓沃하시니 皆稱延喜하니

第三課 種痘

古昔에는何國에던지痘疫이流行하야、痘痕잇는者이往往잇섯스나、種痘의妙術이發明된後로는、痘疫이別無하야、早年에死亡하는者와面體의醜惡한者이稀少하게되니라。

痘、膿　尖　皮、軟　稺　殆

種痘라하는것은痘疫들난牛體의痘瘡의膿液을人體에移種함이라。 細尖한針端에膿液을附着하야、人體의皮膚柔軟한곳에移種하면、膿液의注入한곳이成瘡하나니라。 그러나流行하는痘瘡과갓치苦痛치아니하는도다。 一次種痘를바든者는天然痘의憂慮가업는지라。 近來文明國兒童은幼稺한째에種痘를밧는故로、天然痘에걸니는者이稀少하고、面上에痘痕잇는者이殆無하니라。」

味　慨　妖、欺　誹、謗、素　執、硏、說

朝鮮에도이有益한醫術을輸入한지已久하야스나、愚昧한鄕曲人民은若此한利益을아지못하고、天然痘로苦痛하는者이尙多하니、참慨歎할바이로다。

種痘의妙術은距今約一百二十年前、英國의째너라하는사람의發明한것이라。 發明한當時에는、世人은「째너는妖術로써欺人하는者이라。」誹謗하는者이잇섯스나、째너는素志를堅執하야、더욱精密히硏究한結果로、其說

을信從하는者이日加月增하야、드듸여此術이今日과如히世界에廣布되여、世人의幸福을增進케되엿나니라。 쩨너가人世에끼친바功績은實로多大하다할지로다。

練習

一、種痘의妙術이發明된後로、世上사람이엇더한恩惠를입엇느냐。
二、種痘는엇더한方法으로하느냐。
三、現今朝鮮의種痘이약이를하야라。
四、種痘를發明한사람의일음과、또그發明하기까지苦生하던것을이약이하야라。

佐、齎、惟、蛤蜊
艘、恙、餽、衆
漕
卿
飫

第四課 漢文 (野中兼山 노나가겐산)

兼山이嘗來江戶*라가及歸期也하야致書鄉人曰土佐*ㅣ無物不有하나自江戶齎歸는惟有蛤蜊一艘耳라海路幸無恙하면以歸日餽之하리라衆以爲嘗異味라하고計日待歸러니既至則命投其所漕於城下海中하고不餘一箇라衆이怪問한대兼山이笑曰此ㅣ不獨餽諸卿이라使卿子孫으로亦飫之也로라自此後로果多生蛤蜊하야遂爲名產하나衆이始服其遠慮러라

(先哲叢談)

巫卜
凶、占、掌

練習

一、土佐에서蛤蜊를多産하게된理由를말하야라。
二、다음글을漢文으로곳쳐라。
(가)土佐에잇지아니하는物件이업스나。
(나)여럿이써하되달은맛을맛본다하야。
(다)命하야그漕한바를城아래바다속에더지고。
三、다음漢字를比較하야、달은것을말하야라。
卿、鄕。 果、菓。 遂、逐。 齎、齋、齊。

第五課 愚人의迷信

巫卜을밋음은不可할뿐아니라、生年月日時를보고吉凶을占하며、手掌을보고禍福을論

惑、誣、隅、壇
祈、禱、設
瓶

하는일이無識한사람中에最多하니라。 엇던惑世誣民하는者가잇서서、家隅에神壇을設置하고、거긔祈禱하면靈驗이神奇하다하고말하는지라。 近處의無識한사람들이所願하는일이잇서、祈禱를請한즉、그祈禱者가神壇에올나가祈禱하고、少頃에神酒를담은酒瓶에細短한木枝를꼿고、갈오대「이木枝는神接한것이니、손을대지말고、스스로動함을보아라」하니、無識한사람들이이것을보고

大驚하는ᄎᆞ에、맛참壁에둘넛던屛風이넘어져서、酒甁이橫倒하니、그속에서無數한小魚가露出한지라。이예모든사람이木枝의動搖함은小魚의힘인줄을알고、크게怒하야、그祈禱者

의欺人함을責한즉、祈禱者는慙愧함을難堪하야、既往부터各種方法으로欺人함을自服하얏다하니、巫卜等이사람을迷惑케함은大槪이와갓흔것이라。足히밋지못할지니라。」

無論某事하고、理致업는일에迷惑하야信仰함을迷信이라하나니學問과知識이업는사람은迷信에싸지기쉬운지라。엇더한나라에던지、學問이發達치못한時代에는、迷信하는者이만허서、今日에는三尺童子라도밋지아니할일을밋엇스나、學問의進步를ᄶᅡᆯ어서、迷信者가漸減하나니라。孔子도「知者는不惑」이라하시니라。

練習

一、엇던惑世誣民하는祈禱者가近處의無識한사람들을모으고、엇더한일을하얏느냐。

二、사람들이그일을보고大驚할ᄯᅢ에、엇더한일이일어낫느냐。

三、사람들이最後에그祈禱者를엇더케하얏느냐。

四、「知者는不惑」이란하는말의뜻을말하야라。

五、너의들사는地方에밋지못할迷信이잇거든、그것을말하야라。

珦 喝 杖、托 怵

第六課 漢文

(安珦)

高麗忠烈王元年에安珦이出爲尙州判官하니時에有女巫三人이奉妖神惑衆하야自陜州로歷行郡縣이라所至에作人聲呼空中하야隱隱若喝하니道聞者奔走設祭하야莫敢後하고雖守令이나亦然이러니至尙州에珦이杖而械之한대巫托神言하야怵以禍福이라州人은皆懼호대珦은不爲動하니後數日에巫乞哀라乃放더니其妖ㅣ遂絶하니라

(高麗史)

第七課 友人의慈親喪을弔慰함

省禮言

練習

一、本課의大綱뜻을말하야라。

二、다음□표속에漢字를넣코、吐를달어라。

□陝州歷行郡縣

所至作人聲呼空中躍隱□喝

道聞者奔走設祭莫□後

巫托神言怵□禍福

三、다음漢字를各其너어서、두字식의말을지어라。

巫。 惑。 禍。 哀。

邵隆 遐、享 訃、遽、怛 抑 疏

先大夫人은春秋가邵隆하시나、尊執의孝養이至極함으로、百歲遐齡을安享하심으로期望하얏삽더니、千萬夢外에訃音을遽承하오니、驚怛하옵기마지못하오며、日月이不居하와成服이遽經하오니、哀痛하심이오작하오시릿가。 郎時奔慰할터이오나、相居路左하와不得如誠하오니、十分寬抑하시와、孝로써孝를傷치마옵소서。 不備謹疏

基 權、苫 稽顙 偏、薄 菽 擗踊 叩、叫

年 月 日 張永基疏上

權明德 至孝 苫前

同答狀

明德은稽顙再拜言明德이先考를早失하고、偏母가在堂하오나、家貧孝薄하와晚景菽水의供도盡誠치못하옵다가、卒然히凶禍를當하오니、攀號擗踊하오며叩地叫天하와、生全하옵기를바라지안

荒 孤 倫

삽는ᄎ에、慰問하심을밧자오니、哀感無地이옵나이다。 荒迷不次謹疏

年 月 日 孤哀子權明德疏上

張永基 大人 座下

練習

本課를모방하야、友人의아들죽은것을弔喪하는편지와그답장을지어라。

第八課 漢文 (五倫)

人之所以異於禽獸者는倫理而已니何謂倫

고 父子君臣夫婦長幼朋友五者ㅣ倫序是也ㅣ오 何謂理오 卽父子有親君臣有義夫婦有別長幼有序朋友有信此五者之天理是也ㅣ라 於倫理에 明而且盡이면 始得稱爲人之名이어니와 苟倫理一失이면 雖具人之形이나 其實은 於禽獸에 何異哉리오

(初學知要)

練習

一、五倫이라하는것은무엇무엇이냐。

二、사람이禽獸와달은바는무엇에잇느냐。

三、다음□표속에漢字를넣고、吐를달어라。 그리하고、그

것을외여라。

父子有□。 君臣有□。 夫婦有□。

長幼有□。 朋友有□。

四、다음漢字를比較하야、달은것을말하야라。

倫、論。 理、埋。 朋、明。 且、旦。 具、貝。

第九課 移秧

어제오날連하야 비가오더니

논이던지개천에 물이넘치네

볏모옴겨심기는 때가알맛다

쇼를끌어내여서 장기메이고

衢 瞬

여긔서는소몰어 어서논갈게
저긔서는벗모를 밧비심는다
康衢煙月擊壤歌 서로불으며
瞬息間에논빗즌 靑靑하얏네

練習

本課를외여라.

第十課 勤儉

一家를豐足케하며、一國을富裕케함에가장

儉 侈 訣 鈍 係

必要한것은、勤·儉두가지오。勤이라함은勞力을앗기지안코業務를힘쓰는것이고、儉이라함은自己의身分을쌀어서、節用하야奢侈치안토록하는것이오。

勤勉은事業을成功하는要訣中에가장緊要한것이오。그런故로天質이鈍한사람이라도、힘써서긋치지아니하면、相當한事業을成就할수가잇소。事業의成不成은、그사람의運數에關係도적지아니하나、千辛萬苦하야

努力한結果로、自己의運을크게한사람도만소。 儉約도또한處世上에가장必要한것이니、儉素한사람은自然히財産에餘裕가잇서서、달은사람의累가되지아니할뿐아니라、도로혀社會公衆에有益한事業을할수가잇소。 「衣食足而知禮節이라」(孟子)한옛말을보아도、儉約이風儀上에重大한關係가잇는것을알겟소」。 勤勉의反對는怠惰이오、儉約의反對는奢侈이오。 怠惰하면眞實한뜻이업고、僥倖을바

라서、아모리天才가잇는사람이라도、普通사람으로勤勉辛苦한사람만못하게되오。 또奢侈하면、柔弱하고、浮華를조화하며、여러가지誘惑에쌔져서、맛참내몸과집까지亡하게되오。

여러분은以後에엇더한職業에從事하던지、勤儉두가지를銘心하야實行하면、自己의名譽와幸福은勿論이오、自然家를興하고、國을强하게하는데에至하오。

練習

一、勤과儉이라하는것은、엇더한것이냐。
二、勤勉한사람과儉約하는사람은、나종에엇더케되느냐。
三、怠惰한사람과奢侈하는사람은、나종에엇더케되느냐。
四、사람사람이各其職業을할때에、勤儉하면一家一國은엇더케되느냐。
五、「衣食足而知禮節」이라하는것은、무슨말이냐。

第十一課 漢文

(儉約)

世俗이不知儉之與嗇之分하야往往誤認儉德爲吝嗇이로다蓋薄於俸己ㅣ是儉德也오薄於

惠人이是吝嗇也ㅣ니吝嗇則輕禮義重貨財하고且奉親菲薄하며使下慘刻하고視人之窮而不能賑하며受人之恩而不爲報하고積而不能散하며滿而不知施하나니所謂守錢之虜耳라何以能爲善乎아 (初學知要)

練習

一、儉約과吝嗇의區別을말하야라。
二、다음□표속에漢字를넣코、吐를달어라。
(가)吝嗇則輕□□重□□且奉親□□
(나)使下□□視人之窮而不能□受人之恩而不爲□

(다) 積而不能□滿而不知□

第十二課 廢物利用

紙、屑、筒 翁

休紙·絲屑·弊綿·空瓶·石油筒 갓흔 廢物은、別로 히 큰 所用이 되지 아니할 뜻하나、그러나 恒常 注意하야、이 것을 利用하면、不少한 利益이 잇는 것이 오。

어느 집에 한 老翁이 잇는대、틈틈이 休紙를 모아서、조희 노끈을 꼬아 두엇섯소。 하로는 노

끈을 쓸 일이 잇서서、집안 사람들이 四面으로 차질 새에、老翁이 이 것을 쓰라고 하면서、꼬아 두엇던 조희 노를 내여 노흔즉、사람마다 그 싱각이 周密한 것을 歎服하얏소。

또 한 집의 婦人은 恒常 실오락이를 모아서、이 것을 이여서、큰 공을 만히 만들엇소。 집안 사람들은、저 것으로 무엇을 하나 하고 怪異히 역엿더니、그 後에、그 婦人은 이것으로 필육을 싸서、집안 사람에게 보인즉、다 그 注意가 깁흔 것

을感歎하얏소。

조희는甚히만히所用되는것인대、그中에는無用된헌겁갓흔것으로만든것도잇스니、이것이卽廢物로달은物件을만든것이오。 이外에石油筒을물筒으로쓰며、또煙筒도만들고、其他여러가지器具를만드는것도、또한廢物利用이오。

大抵무슨物件이던지、利用할方法이업는것은업소。 假令今日에는所用이업는廢物이

라도明日에는利用할方法이發見될는지도알수업소。 俗談에「썩은삭기도쓸데가잇다」。하는말이잇스니、些少한廢物이라도、決斷코허루하게역이지말고、利用할길을研究하야야하오。

練習

一、廢物利用이라하는것은、엇더한일이냐。

二、休紙를모아서、조희노끈을꼬은老翁의이약이를하야라。

三、실오락이로큰공을만든婦人의이약이를하야라。

四、헌겁、石油筒等은、엇더한物件으로쓰이느냐。

五、써은삭기도쓸데가잇다하는말은、무슨뜻이냐。

第十三課 漢文

才性過人者는不足畏오惟讀書尋思推究者ㅣ爲可畏耳라 (小學)

人一能之어든己百之하며人十能之어든己千之니라 果能此道矣면雖愚ㅣ나必明하며雖柔ㅣ나必强이니라 (中庸)

一日一錢이면千日千錢이니 繩鋸木斷하고水滴石

繩、鋸、滴

穿이니라 (鶴林玉露)

孟子ㅣ曰雞鳴而起하야孶孶爲善者는舜之徒也오雞鳴而起하야孶孶爲利者는蹠之徒也니 欲知舜與蹠之分인댄無他ㅣ라利與善之間也니라 (孟子)

孶、舜、蹠

練習

一、다음漢字의새음과音을말하야라。

性。過。畏。尋。愚。柔。鳴。

二、다음□표속에漢字를넣코、또全文을말로곳쳐써라。

(가) 繩鋸木□하고水滴石□이니라

(나)人□能之어든己□之니라
(다)雞鳴而起하야□□爲□者는□之徒也ㅣ니라

徵、顯 存 埃、腐敗

第十四課 쌕데리아

쌕데리아는가장細微한植物이니、顯微鏡이라하는眼鏡이업스면、能히보지못하는도다。쌕데리아는到處에生存하나、그러나特別히塵埃와汚水와腐敗物에서多生하나니라。쌕데리아는自體의分裂로因하야繁殖하나

迅 奪

니、卽發育하야一定한體大에達하면、中央에서分裂하야二個가되는도다。如此히成長하야、또同樣으로分裂하며、그分裂하는時間이甚히迅速하야、二十分이나三十分에一次식分裂하는지라。故로一個의쌕데리아가四五日後에는不可勝數하나니라。쌕데리아는他物에寄生하야、그養分을奪取하는者인대、我等의身體中에寄生한者中에는可畏한者이잇도다。

腸、窒、剌 防

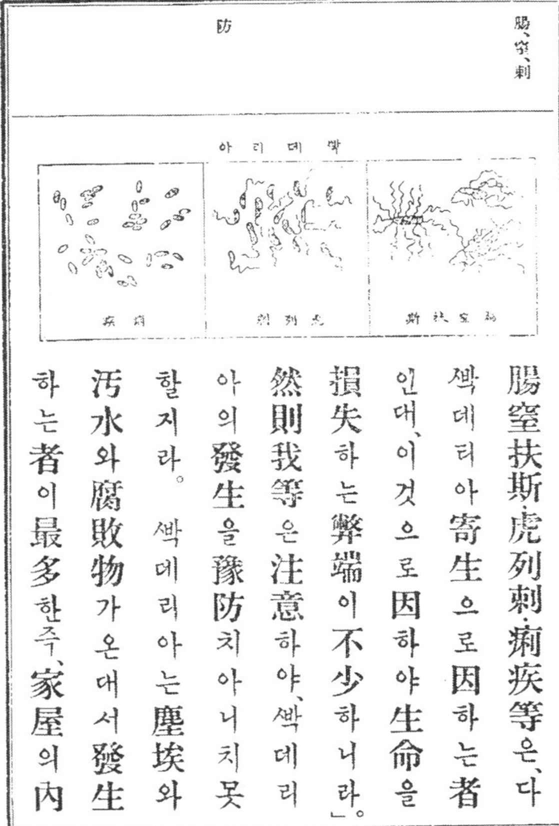

腸窒扶斯·虎列剌·痢疾等은、다쌕데리아寄生으로因하는者인대、이것으로因하야生命을損失하는弊端이不少하니라」。

然則我等은注意하야、쌕데리아의發生을豫防치아니치못할지라。쌕데리아는塵埃와汚水와腐敗物가온대서發生하는者이最多한주、家屋의內

滯、淨 煑沸 枯 過 毒

外를恒常淸潔히掃除하야、如此한不潔物이積滯케하지말고、또身體와衣服을淸淨케하며、飮食物은반다시煑沸할지니라。

且쌕데리아는、虛弱한身體에侵入하면、繁殖이甚速하나、健全한身體에는設或侵入할지라도、卽時枯死하나니、我等은平日에身體를健全케하야、그繁殖을防遏하도록注意할지로다。

쌕데리아中에는、人類에게毒害가업고、도로

醋、漿 糞

혀有益한것이잇스니、卽酒·醋·漿等의釀造됨은、無害한빡데리아의作用에因하니라。

且빡데리아의繁殖으로因하야凡物이腐敗하는것인대、我等人類에게爲害함이甚多하나、그러나我等이糞와草等을腐敗케하야肥料를得하는것도、亦是빡데리아의作用에因함이니、한便으로보면、腐敗라하는것도、甚히有益한것이니라。

練習

侃、刺、輒 甓、齋

一、빡데리아는、엇더한것이냐。

二、빡데리아는、엇더한곳에만히생기느냐。

三、빡데리아의繁殖되는次序를말하야라。

四、有害한빡데리아의發生을豫防함에는、엇더케하야야하느냐。

五、우리들몸에有害한빡데리아의侵入함을豫防함에는、엇더케하야야하느냐。

第十五課 漢文

晉陶侃이爲廣州刺史하야在州無事어든輒朝運百甓於齋外하고暮運於齋內하더니人이問其故

한대 侃이 曰大禹는 聖人이사대 乃惜寸陰하시나 至於衆人하야는 當惜分陰이니 豈可逸遊荒醉하야 生無益於時하며 死無聞於後ㅣ리오 是自棄也ㅣ니라 其勵志勤力이 如此ㅣ러라 (小學)

昔에 黃相國喜ㅣ 微時行役하야 憩于路上이라가 見田夫ㅣ 駕二牛耕者하고 問曰二牛ㅣ 何者爲勝고 田夫ㅣ 不對하고 輟耕而至하야 附耳細語曰此牛ㅣ 勝이니다 公이 怪之曰何以附耳相語오 田夫ㅣ 曰雖畜物이나 其心은 與人同也ㅣ라 此勝

則彼劣이니 使牛聞之면 寧無不平之心乎잇가 公이 大悟하야 遂不復言人長短云이라 (芝峰類說)

練習

一、陶侃의 이약이를 하야라。

二、黃相國의 이약이를 하야라。

三、陶侃의 이약이를 듯고 感動된 것을 말ㅎ야라。

四、黃相國의 이약이를 듯고 感動된 것을 말하야라。

五、다음□표속에 漢字를 넣코、吐를 달어라、 그리하고、그 뜻을 말하야라。

(가) 大禹□□乃惜□□至於□□當惜□□

(나) 此□則彼□使牛聞之寧無□□之心乎公大悟遂不復言人□□云

藏 撲 燥

第十六課 食物의貯藏

食物이腐敗함은、大槪空氣中의쌕데리아가食物中에侵入하야、作用함을因함이라。故로食物을貯藏함에는、此쌕데리아의作用을防止함이可하니、此를防止함에는、쌕데리아가侵入치못하게하며、又此를繁殖치못하도록하며、又此를撲滅함이必要하니라。左에其方法을列擧하노라。

一、乾燥하는法　쌕데리아는水氣가無한處에는生活치못하는것인故로、食物을乾燥하야、水氣를除去하면、腐敗의念慮가無하니、此法은菜蔬·穀物·魚類等을貯藏함에廣用되나니라。

浸 却

二、冷却하는法　쌕데리아는寒冷한處에서는發育치못하나니、食物을寒冷한處에置하며、水에浸하며、又肉類等을氷으로冷케하며、氷室에藏하는等事는、皆此法이니라。

三、熱하는法　食物을高溫度로長時間熱하

觸　卵、殼　壺　鑵詰

면、쌕데리아가死하는故로、腐敗함을防止함을得하나、다시冷却하고、또空氣에接觸하면、쌕데리아가再次寄生하는事도有하나니、故로此法으로는、長久히食物을保存키不能하니라。

四、空氣를絕하는法　雞卵等을灰·鹽·粗殼等中에藏置하야、外氣를絕하며、又壺等을密閉함은、皆此法에屬하니라。

五、鑵詰法　鑵詰法은食物을鑵에入하고、熱

殺　燻、豚　漬、醃、酢

을加하야、쌕데리아를殺한後에、空氣를入치못하게함이니、此法을用하면、腐敗함이無한故로、永久히貯藏함을得하나니라。

六、燻煙法　鋸屑等이燃하는煙中에魚豚肉等을燻함이니、此는其煙中에防腐性의瓦斯가有함과、肉中의水氣를除去함으로因하야、腐敗함을防止함이되나니라。

七、漬醃法　鹽·酢·砂糖等은能히食物의腐敗를防하나니、肉類에鹽을加하야貯藏하며、

菜蔬를鹽과醋에浸하며、果實等을砂糖에浸하는等事가、皆此理를應用함이니라。

練習

一、食物을乾燥하면、오래가는理由를말하야라。
二、熱하얏던食物을오래貯藏치못하는理由를말하야라。
三、鑵詰法의食物을오래保存하는理由를말하야라。
四、燻煙法의食物腐敗를防止하는理由를말하야라。
五、漬鹽法이라하는것은、엇더케하는것이냐。

第十七課 漢文

子ㅣ曰君子食無求飽하며居無求安하며敏於

愼　肱、枕　繫

事而愼於言이오就有道而正焉이면可謂好學也已ㅣ니라 (論語)

子ㅣ曰飯疏食飮水하고曲肱而枕之라도樂亦在其中矣니不義而富且貴는於我에如浮雲이니라 (論語)

愼言語하야以養其德하고節飮食하야以養其體하나니事之至近而所繫至大者ㅣ莫過於言語飮食也ㅣ니라 (程伊川)

練習

一、다음□표속에漢字를넣고、따를달어라。

(가)□無求□□無求□

(나)□於事而□於言就□□而正焉

(다)飯□□飲□□□而枕之

(라)不義而□且□□於我如□□

(마)愼□□以養□□節□□以養□□

二、다음漢字의색음과音을말하야라。

愼。謂。曲。淫。繫。

第十八課 與妹弟書

妹弟竹姬에게

夏日이極炎한대、兩堂氣力康旺하옵시고、大小宅諸節이一安하옵신消息들으니、마음에탐탐깃브다。兄은客地에잇스나、心神이快活하야、晝夜로勤工하니、이런말삼兩堂에稟達하야라。小包郵便으로보낸바周衣는、昨日에到着하얏는대、長廣이適體하고、裁縫이精密하니、針工의進步함을喜幸히역이며、夏期休學에는、丁寧히歸覲하려하는대、來週부터는試驗을始作하니、二週間後에

客

范、謙 拆 窺

는相面할뜻하다。 餘不宣

年 月 日 家兄平書

練習

本課를모방하야아우에게與하는편지를지어라。

第十九課 漢文 (座右戒)

范益謙의座右戒에曰

一은人附書信이어든不可開拆沈滯며

二는與人並坐에不可窺人私書며

三은凡入人家에不可看人文字며

壞 喫 羨、詆 犯、肖

四는凡借人物에不可損壞不還이며

五는凡喫飲食에不可揀擇去取며

六은與人同處에不可自擇便利며

七은見人富貴하고不可歎羡詆毀니

凡此數事를有犯之者ㅣ면足以見用意之不肖ㅣ니於存心修身에大有所害라因書以自警하노라

(小學)

練習

一、本課의座右戒뜻을한마듸식說明하야라。

二、다음글가온대에잘못된漢字를곳처라。

不可開折沈滯라 不可損懷不還이라
不可自澤便利라

漂

第二十課 漂衣

山谷間에흘으는 맑은물가에
저과안즌저漂母 방망이들고
이옷저옷쌀적에 하도밧부다
해는어이쌀나서 西山을넘네
물에잠가두다가 얼는헤이고
다시한번쥐여짜 너러말닐제

나무가지에걸고 풀밧헤편다
볏혼어이엷어서 더듸말으네
멀니뵈는山언덕 희기도희다
終日토록쌘옷이 다말낫스니
주섬주섬거더서 가지고간다
애는어이철업서 배곱하우네
서리오고바람찬 長長秋夜에
옷다듬는저소래 이집저집서
쟝단맛처應하니 듯기도좃타

달은어이多情히 窓에빗최네

第二十一課 老樹의談話

어느여름날에、多年길가에서잇던큰늣틔나무가、길左右에보기좃케가즈런히벌녀잇는어린보부라나무를對하야、다음과갓치이약이를하야들녓소。

「이애、보부라나무들아、너의들은아즉나히가어려서、알지못하리라마는、지금너의들이서

幅

서잇는곳에는、前부터國道가잇섯는대、지금갓치훌늉하지는못하얏다。幅이좁고、울퉁불퉁하고、돌이굴너단기고、바위가쑥내여밀고、그뿐아니라、구불구불하야、사람이지금이면하로에갈길을、以前에는三四日이나되여야단겻다。 하물며바위만잇는고개길을올으나리는짐군을볼새마다、엇지가여운지몰으겟더라。 수레갓흔것이通치못함은말할것도업고、牛馬가艱辛히조고마한짐을싯고

단것다。
단기는길만困難할뿐아니라、내도또한困難
이莫甚하얏다。 저긔보이는저내에도、已往
에는징검다리만잇섯고、지금갓흔堅固한다
리가업섯다。 그런故로조곰만큰물이가면、
곳交通이막혀서、내를건너랴하는사람이암
만애를써도、물이빠지기까지、몃칠식이아래
洞里에서기다릴수밧게업섯다。
前에比較하면、지금道路는엇더하냐。 넓고

平坦하고、또곳게나지
아니하얏느냐。 지금
은사람이通行하기에
便利할뿐아니라、짐실
은수레가連絡不絕하
게단기며、自轉車도단
기며、쌔쌔로自動車가
큰소리를내면서瞬息
間에지나가니、참曾往

과는霄壤之判이다。
本來나는二三百年前부터이언덕우에서서
잇섯는故로、近處에親舊가만히잇더니、次次
늙어죽기도하고、或은사람이버히기도하야、
지금은나혼자만남어잇다。 已往에는내그
늘에서쉬는사람이만치아니하더니、지금와
서는길이조화져서、사람과牛馬의通行이繁
多한故로、每日멧十名式쉬여가는지몰은다。
또길이다시난까닭으로、너의들갓흔靑年이

만히생겨서、봄의綠陰과가을의黃葉이길단
기는사람의눈을깃브게하고、요새갓흔더운
날에는、사람과牛馬가다너의들의그늘로지
나가서、얼마쯤有助한지몰은다。 그러나얏
가暫時본즉、어느衣冠한사람이쓸데업시너
의들의손을꺽거가고、또지게진사람이너의
들의가죽을벗겨간모양이니、참이런사람의
心術은알수업더라。 우리들은사람과牛馬
에게그늘을만들어줄뿐아니라、길이傷하지

안토록保護하야주는대、그것을생각지안코몹시구는사람은、道路의恩惠와樹木의重要함을아지못하는사람이다。

大體길을좃케만드는것은、다만사람이단기기에便케할뿐아니라、物貨를運輸하기에便케함이다。 物貨의運輸가便利하게되면、自然히產業이興旺하고、產業이興旺하면地方이繁盛하야、漸漸文明의恩澤을만히밧게되는것이다。 그런故로道路는不可不所重히알어야한다。 日前에이아래洞里사람들이、비가와서道路가조곰破損된것을곳곳치니、그것은매우올흔일이다。 나는以前의일을아는故로、이길을볼쌔마다、지금世上의고마운恩惠가더깁히생각난다」。

늣틔나무는여긔까지이약이를하고긋쳣는대、보부라나무들은이것을듯고、다當然한말로알엇소。

練習

一、늣틔나무는、엣적길과지금길의달은것을엇더케말하얏느냐。
二、늣틔나무는、압헤보이는내와다리를보면서、엇더한말을하얏느냐。
三、늣틔나무는길가나무가來往하는사람에게利益되게하는일을엇더케말하얏느냐。
四、衣冠한사람이나무가지를꺽거가는것을보고、늣틔나무는무엇이라고흉보앗느냐。
五、길이좃케되면、그地方이繁昌하는理由를말하야라。

第二十二課 漢文

(雨森芳洲 아메노모리)

芳洲ㅣ通諸方之語하야 其每與韓人相說話에 不假譯者하나 韓人이 嘗戲謂曰 君은 善操諸邦音이나 而殊熟日本이라하더라 年八十一에 始將學和*歌하야 而意謂詩則有時作之하나 雖無可稱者나 得不謬平仄하고 至和歌하야는 一不解其法하니 하고 先莫如熟讀古歌라 自今讀古*今集者一千遍하고 而後自賦者ㅣ 一萬首ㅣ면 其或有所少通焉이라하야 乃經二年에 千遍畢하고 又三年而萬首就하니라 (先哲叢談)

譯、邦 殊 仄 賦 畢

練習

一、雨森芳洲는、엇더케朝鮮語에能通하얏느냐。

二、雨森芳洲는、엇더케熱心으로和歌를배왓스며、또그이약이를듯고感動된것을말하야라。

三、다음漢字를比較하야、달은것을말하야라。

譯、澤、擇。 熟、熱。 或、惑。

顎、頸 獲嚙 銳、爪

第二十三課 猫와虎

여러분中에는、猫를不知하는者가업겟소。猫는顎이短하고、頸이大한故로、强力을發하야、他物을獲嚙함에適當하오。足掌에는柔한肉이잇고、足端에는銳한爪가잇서서、靜步로

捉 咬 鱗、骨、脂 組 章

潛行하야、鼠類를捕捉함을能히하고、上下顎에는左右에大牙一箇식이잇스니、그牙齒는甚히銳할뿐아니라、內曲하야動物의皮肉을咬裂함에便利하고、또舌端에는針形갓흔細尖物이鱗着하야、骨上에附在한脂肉을할터먹기에適宜하오。

虎는猫와大小가不同하나、形體의組織이少毫도달음이업소。 다만猫는毛色이여러가지잇스나、虎의毛色은大概黃質에黑章이橫

鋪氈 價 鹿 恰

成하얏소。故로虎皮는華麗한鋪氈이되며、價額이甚高하오。

虎는豚·犬·鹿·羊等의大獸를捕食하오。그捕食하는貌樣도亦是猫의捕鼠함과恰似하야、樹下에나巖後에隱伏하야、此等獸類의過去

暗、躍 膂 驍猛 像、畵、魔鬼 禦 豪傑

함을暗待하다가、不意에躍出하야、그頸部를咬裂하오。그膂力이甚强하야、牛馬갓치巨大한것이라도口에물고疾走하며、鹿·羊의類는、前足으로한번擊하면即死하오。

虎는驍猛한獸인故로、朝鮮에서는家의大門間에其形像을畵하야붓쳐서、魔鬼의侵入을防禦한다하는迷信이잇소。又古語에「虎를畵하다가成치못하고、도로혀猫와갓다」하는말이잇소。이것은豪傑을學하다가、放蕩하게됨을일음이오。

練習

一、猫의形體를말하야라。

二、虎의形體를말하야라。

三、虎가달은짐생을捕食할때의擧動을말하야라。

四、「虎를畫하다가成치못하고、도로혀猫와갓다」하는말은、무슨말이냐。

(2) 第二十四課 漢文

親老ㅣ시어든 出不易方하며 復不過時하나니라 (小學)

子ㅣ曰父母之年은 不可不知也ㅣ니 一則以喜오 一則以懼ㅣ니라 (論語)

懼 諾 貽 羞辱

孝子之事親也에 有三道焉하니 生則養하고 沒則喪하고 喪畢則祭ㅣ니라 (禮記)

父ㅣ命呼ㅣ시어든 唯而不諾하야 手執業則投之하며 食在口則吐之하고 走而不趨ㅣ니라 (禮記)

將爲善에 思貽父母令名하야 必果하며 將爲不善에 思貽父母羞辱하야 必不果ㅣ니라 (禮記)

練習

一、本課各글귀의뜻을말하야라。

轄

二、다음□표속에漢字를너코、吐를달어라。

(가) 親老出不□方復不□時

(나) 生則□沒則□喪畢則□

(다) 手執□則□之食在□則□之

(라) 將爲□思貽父母□□必□

(마) 將爲□□思貽父母□□必□□

第二十五課 朝鮮의行政官廳

朝鮮은大日本帝國의一部이니、朝鮮總督이天皇의命을奉하야此를管轄하며朝鮮總督府及所屬官署를置하야、諸般政治를行하나

監 輔

니라。總督의下에는政務總監이잇서서、總督을輔佐하야、事務를監督하나니라。

總督府는總督官房及內務部度支部農商工部司法部의四部로成하니、各部에長官을置하며、又官房及各部를局課에分하야、各各事務를分掌하나니라。

朝鮮은十三道로分하고、各道에長官을置하니、各道長官은朝鮮總督의命을受하야、管內의行政을管理하며、道事務는更히長官官房

第一部·第二部의各部에서此를分掌하나니라。

各道의名稱及道廳의所在地는左와如하니라。

道	所在地	道	所在地
京畿道	京城	忠淸北道	淸州
忠淸南道	公州	全羅北道	全州
全羅南道	光州	慶尙北道	大邱
慶尙南道	晋州	黃海道	海州
平安南道	平壤	平安北道	義州
江原道	春川	咸鏡南道	咸興
咸鏡北道	鏡城		

道는府·郡·島에分하고、府에는府尹、郡에는郡守、島에는島司를置하야、各其管內의行政事務를掌理케하나니라。 府는十二이니、京城·仁川·群山·木浦·大邱·釜山·馬山·平壤·鎭南浦·新義州·元山·淸津이며、郡은二百十八이고、島司를置한島는濟州·鬱陵의二이니、各郡·島에는面을置하고、面에는面長이잇나니라。

諮 道 秩

各道에參與官을置하고、又道·府·郡·島에參事를置하나니라。 參與官은道長官의諮問에應하며、又道事務를보며、參事는道·府·郡·島內에住居하고、學識名望이잇는者로써任하야、道長官·府尹·郡守·島司의諮問에應케하나니라。

各道에警務部와憲兵隊가잇고 又必要한地에는警察署·憲兵分隊又는憲兵分遣所가잇서서、其地方의安寧秩序를保하며、衛生의事務를行하나니、此等官署는警務總監部及憲

診

兵隊司令部의管轄에屬하니라。

又各道에慈惠醫院을附置하야、疾病의診療를掌하며、兼하야助産婦·看護婦를養成하나니라。

練習

一、朝鮮十三道名과、그道廳所在地名을말하야라。
二、道事務는、무슨部무슨部로分掌되엿느냐。
三、府名과島司를置한島名을일너라。 또郡數는몃치냐。
四、參與官과參事라하는것은、엇더한것이냐。
五、警務總監部와憲兵隊司令部의管轄에屬한官署에는、엇더한것이잇느냐。

嶺 碧

第二十六課 漢文

朝鮮之地는以十三道分區라然이나諸地에有由來俗稱하니忠淸南北·全羅南北·慶尙南北六道는皆在南方이라故로稱以三南하고在鳥嶺以南之慶尙南北道는謂之嶺南하고指碧*骨池·訥堤·黃登堤之南之全羅南北道하야曰湖南이오之西之忠淸南北道는曰湖西오稱大關嶺以東之江原道하야爲關東하며又嶺東이라하고嶺以西를爲嶺西하고咸鏡南北道는在北이라故로曰北關

瀕

이오平安南北道는在西라故로曰西關이오黃海道는瀕於海而在西라故로以海西呼之하니合平安南北道면則爲兩西니라

練習

一、三南·嶺南·湖南·湖西는、어느地方을일은것이냐。

二、關東·嶺東·嶺西·北關·西關은、어느地方을일은것이냐。

三、海西·兩西는、어느地方을일은것이냐。

第二十七課 職業

사람이이世上에生活을經營함에는、반다시

一定한職業이잇서야하오。 놀기만하고、貧窮에빠져서、달은사람에게累를씻치는者는、大槪自己職業에힘쓰지아니하는사람이오。비록財産이잇서서、窘塞함이업시生活하야가는사람이라도、아무일도하지안코、便한것만取하는것은、참큰羞恥라할것이오。 一定한職業에從事하야、그業에勉勵하는것이、卽사람이사람된道를다하는것이오。

사람사람이그業을힘쓰는것은、그社會·國家

의繁榮을增進케하는것이오。 만일한사람이라도、그職業에게을너서、달은사람에게폐를씻치는일이잇스면、그것은그한사람의羞恥가될섇아니라、實로社會·國家의進步發達을妨害하는것이오。 그러한즉、老幼나不具者갓흔사람은할수업거니와、身體가健康한사람은、不可不一定한職業에從事하야야하오。

職業에는精神을쓰는것도잇고、身體를勞働

하는것도잇고、特別한技能을要하는것도잇서서、그種類가여러가지나、不正한職業이아니면、엇던것이던지世上에必要치아니한것이업소。 사람사람이各其才能이달으고、嗜好도달은고로、各其適當한바를쌀어서、職業을힘써야비로소完全한社會를組織할수가잇소。 正當한職業에誠實히勉勵하는일이가장貴重한것이오。 自己가自己의職業을賤히역여서、그業務를게을니하고、또함부로

騫、娶

그業을變更하는等事는、가장경계할일이오。

練習

一、財産이잇고、아모窮塞도업는사람은、自己職業을게을니하야도關係치아니하냐。

二、사람사람이各其職業을勉勵하고아니함에、社會國家에엇더한일이잇치느냐。

三、自己職業을賤히역이고、그業務를게을니함은왜、올치아니하냐。

第二十八課 漢文

(閔損衣單、伯瑜泣杖)

史記에閔損의字는子騫이니早喪母하고父娶後

絮 靷 悔 瑜、笞

妻하야 生二子라 損이 孝心不怠하니 母ㅣ疾之하야 所生子는 衣綿絮하고 損은 以蘆花絮라 父ㅣ冬日에 令損으로 御車할새 體寒失靷하니 父ㅣ責之호대 損이 不自理라 父ㅣ察知之하고 欲遣後母한대 損이 啓父曰母在一子寒하고 母去三子單이니이다 父ㅣ善之而止하니 母亦悔改하야 後待三子均平하야 遂成慈母也ㅣ러라 (蒙求)

韓詩外傳에 伯瑜ㅣ有過하야 其母ㅣ笞之한대 母ㅣ曰他日杖에 汝ㅣ未嘗泣이러니 今泣은何

也오 對曰他日에 得杖常痛이러니 今母老無力하야 不能痛이라 是以泣이니이다 (蒙求)

練習

一、閔損의이약이를하야라。
二、伯瑜의이약이를하야라。
三、다음漢字를各其너어서두字식의말을지어라。
喪。 綿。 寒。 悔。 慈。 過。 痛。
四、다음漢字를比較하야달은것을말하야라。
絮、恕、怒。 失、矢。 欲、慾。 泣、位。

第二十九課 朝鮮의產業(一)

粟 逐

農業 現今朝鮮의耕作地는約其三分의一이畓이오、三分의二가田이니、畓은京城以南에多하고、田은其以北에多한故로、南方에는米가多産하고、北方에는粟等이多産하나니라。畓에는灌漑의設備가最히必要한故로、各道에서다此에盡力하나니라。

農産物中重要한者는米이니、收穫이逐年增加하야、全朝鮮의一個年産額이一千二百餘萬石인대、其中內地에移出되는額도不少하

麥 甜

니라。 其次에重要한者는麥과粟이니라。又朝鮮의南方은地味와氣候가棉花를栽培함에適當한故로、近來에陸地棉이라稱하는種類를栽培하는대、其成績이頗히良好하니라。

養蠶業은朝鮮全土에適當하니、近來奬勵한結果로、顯著히發達됨에至하니라。 牛는種類가甚히優良한故로、生牛와牛皮의輸移出額이甚多하야、朝鮮貿易의重要한地位를占하니라。 *甜菜로砂糖을製造하는業도平安

南道와黃海道地方에서經營하게되니라」。

漁業 朝鮮은三面에海가有하야、海岸線이八千餘海里에亘하고、地勢·氣候와潮流의關係가各各異한故로、海產物도地方을隨하야各異하니、東海岸에는비웃·明太魚·고등어等이多하고、南海岸에는도미가多하고、西海岸에는조긔等이多하니라 又東海岸과南海岸에서는、고래를捕獲함이不少하니라。 其他海藻·貝類等을養殖하는處도有하니라。

練習

一、朝鮮의田畓分布를말하야라。
二、朝鮮米에아는일을말하야라。
三、朝鮮棉花의이약이를하야라。
四、朝鮮의養蠶業·牛·砂糖業의이약이를하야라。
五、朝鮮漁業의이약이를하야라。

第三十課 朝鮮의產業(二)

鑛業 朝鮮에는鑛物이甚히豐富하니라。其中金의產額이頗多하니、雲山(平安北道)·遂安(黃海道)·稷山(忠清南道)等地의金鑛이有名하니라。 鐵鑛

幡　掘

은各道到處에有하나、其中黃海道의鐵鑛이
特히著名하니、九州八幡(야와다)製鐵所에供給하는
分量이頗多하며、其他製鐵業에緊重한重石
의産地도近來에不少히發見되니라。 石炭
은內地의産出에는不及하나、平壤地方에서
産出하는無煙炭은、分量도頗多하고、品質도
甚佳하며、平壤鑛業所에서는我國海軍에屬
한軍艦에서使用하는無煙炭을掘出하나니、
其炭田은自今數百年間을掘出하야도盡치

衰

아니한다하나니라。
如斯히朝鮮地中의寶는甚히多하나、從來로
鑛業이幼稚하야、其産額이少하더니、近來內
地大鑛業家로此事業에着手하는者가多한
故로、自今은其産額도顯著히增加됨에至하
리라。
工業　朝鮮의美術·工藝等은、昔時에는頗히
興旺하얏스나、近來에는甚히衰退되니라。然
이나、最近에大規模의各種工業이漸漸興旺

機 礎

하니、可喜한事이니라。

貿易 朝鮮의輸移出品中重要한者는米·大豆·牛皮·棉花等이오、輸移入品의大部分은木織·綿絲·其他織物·石油·紙物·砂糖·機械類이니、即朝鮮에는工業이興旺치못한故로、如此히製造品의輸移入이多하니라。

產業은富國强兵의基礎인故로、國民된者는上下를勿論하고、此에努力함이可하니라。

練習

謀

一、朝鮮의有名한金鑛·鐵鑛의이약이를하야라。

二、朝鮮의石炭이약이를하야라。

三、朝鮮의工業이약이를하야라。

四、朝鮮의輸移出品·輸移入品中에、重要한物品을말하야라。

第三十一課 漢文

司馬溫公이嘗言吾無過人者어니와但平生所爲ㅣ未嘗有不可對人言者耳로다 (小學)

曾子ㅣ曰吾ㅣ日三省吾身하노니爲人謀而不

暴

忠乎아 與朋友交而不信乎아 傳不習乎아ㅣ니라 (論語)

孟子ㅣ 曰自暴者는 不可與有言也ㅣ오 自棄者는 不可與有爲也ㅣ니 言非禮義를 謂之自暴也ㅣ오 吾身不能居仁由義를 謂之自棄也ㅣ니라 (孟子)

吉人은 爲善호대 惟日不足이어든 凶人은 爲不善호대 惟日不足이니라 (書經)

練習

一、다음글에吐를달고、全文뜻을諺文을석거서곳쳐써라。

(가)吾日三省吾身爲人謀而不忠乎
(나)吉人爲善惟日不足

二、다음말을漢字로곳쳐써라。

과인。 삼셩。 봉우。 조포。
조기。 례의。 길인。 흉인。

第三十二課 人蔘과煙草

人蔘은內地·支那·米國等地에도産出하나、朝鮮이第一著名한中、特히開城附近에서産出하는것이가장有名하오。 人蔘의줄기와입사귀는、겨울이되면말으나、그뿌리는年年히

큼어져서、적어도六七年을지난後에、비로소藥用으로收穫하는것이오。 人蔘은그製法을쌀어서、紅蔘과白蔘의二種이잇소。 紅蔘은水蔘을쪄서、日光과火熱로乾燥케하야만든것이고、白蔘은水蔘을다만日光에말녀서만든것이오。 紅蔘은갑시빗싸고、白蔘은比較的싸나、모다形體가크고具備한것이조흔것이오。 紅蔘의製造는總督府에專屬하고、大概支那에輸出되오。 支那에서는古來로

距 蔓 勃

上下一般이人蔘은萬病에特效가잇는神草라하야愛用하오。

人蔘은옛적부터朝鮮에産出하야、外國에까지有名하더니、距今十餘年前에人蔘에一種의病毒이蔓延되여、一時其業이荒廢될地境에이르럿더니、그後에朝鮮總督府에서여러가지硏究를하야、病害의豫防法을實行하고、또栽培의改善을圖謀한結果로、近來다시勃興되여、大正五年中紅蔘製造額이六萬餘斤

筍

이고、그價額이二百六十餘萬圓에達하얏소」。

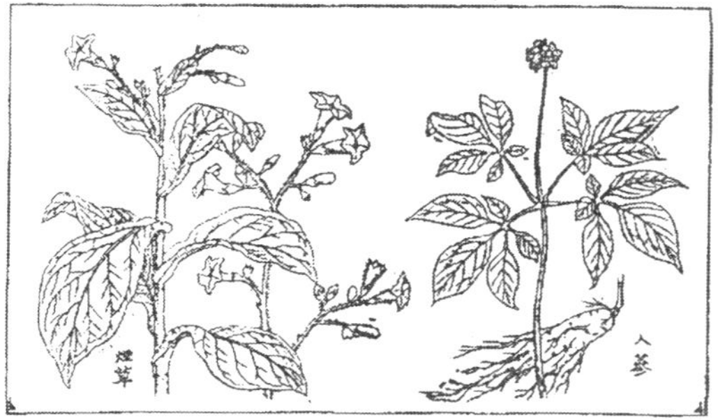

煙草는高가五六尺에達하는풀인대、입사귀가크고、느진여름에쏫치픠오。 쏫치픠기前에筍을싸서、입사귀를잘자라게하오。 입사귀는밋헤서부터ᄎᆞ례

舍

로올나싸고、이것을말녀서煙草를만드오。말니기를잘못하면、조흔煙草가되지못하오。煙草는사람의精神을興奮케하는作用이잇스나、너무만히먹으면、그속에包含된니고진이라하는一種의毒性으로、身體에害毒을밋치게하는일이잇소。 特히年少한者에게는、그害毒이尤甚하니、喫煙하는일을삼가지아니하면아니되오。

煙草는朝鮮重要物産의하나인대、朝鮮到處

稅 擔

에栽培치아니하는곳이업스나、京畿道廣州·平安南道成川·江原道寧越所産이古來로가장有名하오。

朝鮮에서는、煙草를栽培하는者는、植한株數를쌀어서耕作稅를納하고、煙草를製造하는者는、製造稅를納하오。 煙草를吸하는者는、卽此等의稅金을負擔하는것이오。

煙草는廣히世界各地에栽培되여、名産地도만흐나、元來는米國熱帶地方의原産이더니、

距今約四百年前에西洋에傳하야、그後漸漸廣布되여、今日과갓치盛하게되엿소。 朝鮮에서는、煙草를南草라하오。

練習

一、紅蔘과白蔘은、各各엇더케製造하는것이냐。

二、煙草의입사귀는、엇더한次序로收穫하는것이가장適當하냐。

三、年少者가煙草를喫하는것이不可한理由를말하야라。

四、朝鮮의煙草名産地를말하야라。

五、煙草가今日과갓치世界에廣布된來歷을말하야라。

綿、麻、繭　織　蠶

第三十三課 漢文

(文益漸襲取棉種)

朝鮮은舊無木綿하야只用麻苧繭絲爲布러니高麗末에晉州人文益漸이嘗使支那라가取木棉種하야潛貯囊中하고並製取子車繅絲車而來라人人이競傳其法하니未百年에流布中外하야上下所服이大抵皆是오轉貨居積이盛行於世하야比麻布倍蓰하야其利益於人이未有如此物者하니後에官이賞益漸之功하야錄用其子孫이라云(謏聞瑣錄)

梟　瞳

練習

一、朝鮮에木棉種이들어온來歷을말하야라。

二、다음漢字의색음과音을말하야라。

綿。 麻。 苧。 布。 服。

三、다음漢字를比較하야、달은것을말하야라。

末、末。 晋、普。 抵、底。 比、此。 漸、斬。

第三十四課 梟眼

人類와犬馬等의眼孔을보면、白色眼球中에黑色圓形의小球가잇고、또小球中에黑色圓形의最小球가잇스니、이것을瞳孔이라하오。

眩

日光은이瞳孔으로透入하나니、瞳孔이強한光線에向하면적어지고、弱한光線을對하면커지오。 이것은強한光線이一時에來射한즉、眩暗하야視力이減하는고로、自然히적어져서、光線의強射함을防禦함이오。 日光이極히強한즉、瞳孔이아모리적게되여도、日光이透入하는고로、我等은不知中에眼을細케하야、日光의透入함을受치안코저하오。 이와相反하야、室內暗黑한處에서는、日光의射

暫

力이甚히弱한고로、아무조록瞳孔을크게하야、強大한光線을受코저하오。
日光의射力이強한時에、卒然히室內에入하면、暫時間은能히物을見치못함은、적어젓던瞳孔이急히커지지못하는緣故이오、少後에如前히明見함은、瞳孔이漸大하야져서弱한光線을聚集함에適當한所以이오。 또暗室에서急히出外하는時에、眼孔이自眩하야、能히物을見치못함은、瞳孔이過度히커서、強大

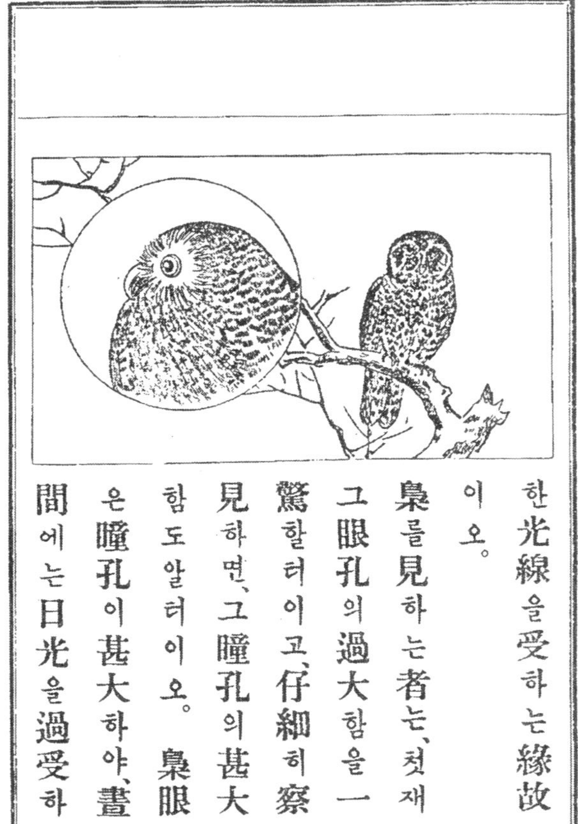

한光線을受하는緣故이오。

梟를見하는者는、첫재그眼孔의過大함을一驚할터이고、仔細히察見하면、그瞳孔의甚大함도알터이오。 梟眼은瞳孔이甚大하야、晝間에는日光을過受하는고로、能히物을見치못하고、夜間에人類와犬馬等과其他鳥類의能히物을見치못하는時는弱한光線을多受하야、비로소物을見하오。

練習

一、强한光線이來射하면、瞳孔이적어지는理由를말하야라。

二、弱한光線이來射하면、瞳孔이커지는理由를말하야라。

三、日光이强한곳에서急히室內에들면、暫時間은能히物을見치못하는理由를말하야라。

四、暗室에서急히出外하면、暫時間은能히物을見치못하

는理由를말하야라。

五、梟가夜間에能히物을見하는理由를말하야라。

惻 讓

第三十五課 漢文 (四端)

無惻隱之心이면非人也ㅣ며無羞惡之心이면非人也ㅣ며無辭讓之心이면非人也ㅣ며無是非之心이면非人也ㅣ니라 惻隱之心은仁之端也ㅣ오羞惡之心은義之端也ㅣ오辭讓之心은禮之端也ㅣ오是非之心은智之端也ㅣ니라 人之有是四端也ㅣ猶其有四體也ㅣ니有是四端而自謂不能者는

自賊者也ㅣ니라 (孟子)

練習

一、다음□표속에漢字를너어라

(가)□□之心仁之端也ㅣ니라

(나)□□之心義之端也ㅣ니라

(다)□□之心禮之端也ㅣ니라

(라)□□之心智之端也ㅣ니라

二、다음말을漢字로곳치고、그뜻을말하야라。

인 의 례 지

第三十六課 誠實

僞　裏　疚

誠實이라함은、虛僞가無한心으로善한事를行하는것이니、卽自己正心의命令을隨하야、他人을欺치아니하며、又自己를欺치아니하는것을謂함이니라。

誠實한人은其行動에表裏가無하며、明과暗을隨하야行動을二로하는事이無하며、안으로省하야少毫도疚한바이無한故로、心이恒常和平하니라。 又誠實로써人을交際하면、人을感動케하며、誠實로써業務에從事하면、

飾

自然히人에게信用을得하야、家業이興旺하나니라。 此와反對로誠實한心이無한者는、如何히外樣을飾하며、言을巧히하더라도、모다虛禮僞善이되고、맛참내는世上信用을失하야、家業의繁榮을圖謀키不能케되리라」。

如斯히誠實은各種善行의根本이되는것이니、君에게忠하며、親에게孝하며、兄弟에게友하며、朋友에게信하고、又廣히公衆의利益을圖謀하는等事는、모다此美德으로부터出하는것이니라。 汝等은自己가行하야야할事는、如何한細小한事이던지、誠實한心으로行하도록注意하야야할지니라。

練習

一、誠實이라하는것은、엇더한것이냐。

二、誠實한사람은、왜心이恒常和平하냐。

三、誠實한마음이업는사람은、왜世上信用을失하야、家業의繁榮을圖謀키不能하냐。

四、君親兄弟朋友에對하야誠實한것을、달은말로써하랴면、各各무엇이라고하겟느냐。

宋、罕

第三十七課 漢文

誠者는天之道也ㅣ오誠之者는人之道也ㅣ니誠者는不勉而中하며不思而得하야從容中道하나니聖人也ㅣ오誠之者는擇善而固執之者也ㅣ니라

(中庸)

誠者는天之道也ㅣ오思誠者는人之道也ㅣ니라至誠而不動者ㅣ未之有也ㅣ니不誠이면未有能動者也ㅣ니라 (孟子)

左傳에宋人이得玉獻司城子罕한대子罕이弗

貪

受어늘 獻者ㅣ 曰玉은 人以爲貴故로 獻이니이다 子罕이 曰我以不貪爲寶하고 爾以玉爲寶하니 若以與我ㅣ면 皆喪寶라 不若人各有其寶也ㅣ니라

(蒙求)

練習

一、子罕의 이약이를 하야라。

二、다음 □표 속에 漢字를 넣코、吐를 달어라。

(가) 誠者不□而中不□而得從容中□

(나) □□而不動者未之有也

(다) 不誠未有□□者也

三、다음 漢字를 各其 너어서 두 字식의 말을 지어라。

誠。 道。 玉。 寶。

驅 砲

第三十八課 軍艦

戰爭에 쓰는 船隻을 軍艦이라 稱하나니、古代의 軍艦은 木製에 지나지 못하얏스나、今世의 軍艦은 鋼鐵로 製造하나니라。

軍艦에는 *戰鬪艦·巡洋戰艦·巡洋艦·驅逐艦等의 種類가 잇나니、大砲를 多數히 備置하니라。大砲의 最大한 者는 長이 六十餘尺이나 되나니、如斯한 大砲의 發射하는 彈丸은 周圍가 四尺이오、重量은 一千五百餘斤이 넘나니라。其

中戰鬪艦은外部의
厚가一尺으로부터
一尺四五寸되는甲
鐵로被覆하는故로、
普通의彈丸으로써
攻擊할지라도、容易
히貫通치안는지라。
「軍艦은海上의城」이
라하는말이잇스나、

壘 破 銃 泊

今世의軍艦은昔時의城壘보다堅固하도다」。
昔時의城壘는、今世의軍艦의大砲로써射擊
하면、猝地에破壞될지오。昔時의城壘에서
放射하는小銃의彈丸은、今世의軍艦에雨下
할지라도、足히顧慮할바이아니니라。
그뿐아니라、城壘는他處로運移할수업스나、
軍艦은自由로廻轉하야、所用을任意로하는
도다。
巨大한軍艦이港口에碇泊함을望見하면、山

兀　鷹鷲　抗敵　艇

岳이나嶋嶼가兀立함과恰似하도다。雖然이나、汽笛一聲에黑烟을吐出하며疾走할새는、鷹鷲의飛去함과갓치風潮를不畏하는도다。然則昔時의軍艦은비록千百隻이잇슬지라도、能히今世의軍艦一隻을抗敵치못할지라。그러나今世의軍艦一隻의價額은、昔時의軍艦千百隻보다倍蓰하니라。

以上에述한者外에도、近來는潛*水艇等이잇서서、더욱軍事上의發達이되니라。

埳　耒、耜

練習

一、古代軍艦과今世軍艦의달은것을말하야라。
二、軍艦에는엇더한種類가잇느냐。
三、軍艦의大砲와그彈丸의이약이를하야라、
四、다음말을漢字로곳처써라。

강철、　젼두함、　슌양젼함、　슌양함。
구축함。　슈뢰뎡。　잠슈뎡。　단환。
셩류。　뎡박。

第三十九課　漢文 (中江藤樹 나가에도쥬)

某州一士人이經過藤樹之故里라가欲弔其墳墓하야問路農夫한대農夫ㅣ卽舍耒耜하고徑趨入

跟 訝 欽、余、闔 忿 煦

屋하야 更著潔服出이어늘 士ㅣ跟之行하야 旣而至墓所에 農夫ㅣ拜掃甚恭이라 士ㅣ甚訝之하야 因問曰爾于藤樹에 有何親故而敬禮乃爾오 農夫ㅣ曰欽仰藤樹先生이 豈惟余哉리오 闔邑이 皆然하야 父老ㅣ每語其子弟曰吾里ㅣ父子有禮하고 兄弟有恩하고 室無忿疾之聲하고 而有和煦之色者는 職由藤樹先生之遺敎也라하니 此所以無一人不戴其恩也ㅣ니이다 於是에 士ㅣ變容曰世稱爲近*江聖人이러니 吾乃今而知其非

虛讚也ㅣ라하야 卽敬拜其墓하고 厚謝農夫去하니라

(先哲叢談)

練習

一、農夫가한선비를藤樹의墓에引導할때의이약이를하야라.

二、農夫가藤樹의墓前에拜禮하고,그선비가「너는藤樹와무슨關係가잇느냐」물을때에,農夫는무엇이라고對答하얏느냐.

三、本課의이약이를듯고,感動된것을말하야라.

四、다음漢字를各其너어서,두字식의말을지어라.

里。潔。恭。禮。敎。恩。

五、다음□포속에漢字를넣코,吐를달어라.

吾里父子有□兄弟有□室無□□之聲面有□□之色

者職由藤樹先生之□□也

制

第四十課 面

面制(*大正六年六月*制令第一號)

第一條 面은*法令에依ᄒᆞ야面에屬ᄒᆞ게ᄒᆞᆫ事務를處理홈

第二條 面의事務는面長이此를擔任홈

第三條 面에는朝鮮總督이定ᄒᆞᄂᆞᆫ바에依ᄒᆞ야有給又는無給의面吏員을置홈을得홈

面吏員은郡守又는*島司가此를任免홈

面吏員은面長의命을承ᄒᆞ야事務에從事홈

第四條 朝鮮總督은面을指定ᄒᆞ고面長의諮問에應케ᄒᆞ기爲ᄒᆞ야*相談役을置홈을得홈

(以下省略)

面制施行規則（大正六年六月總督府令第三十四號朝鮮）

第一條　面은別*로히規定이有ᄒᆞᆫ것外에左의事務를處理ᄒᆞᆷ을得ᄒᆞᆷ

一道路橋梁渡船、河川堤防、灌漑排水

二市場、造林、農事、養蠶、畜產其他產業의改良普及、害鳥蟲驅除

三墓地、火葬場、屠場、上水、下水、傳染病豫防、汚物의處置

四消防、水防

面은特別ᄒᆞᆫ必要가有ᄒᆞᆫ境遇에在ᄒᆞ야ᄂᆞᆫ朝鮮總督의認可를受ᄒᆞ고前項各號以外의事務를處理ᄒᆞᆷ을得ᄒᆞᆷ

第二條　面에面書記를置ᄒᆞ되其定員은道長官이此를定ᄒᆞᆷ

面書記ᄂᆞᆫ有給으로ᄒᆞᆷ

面長이事故가有ᄒᆞᆫ時ᄂᆞᆫ上席面書記가其職務를代理ᄒᆞᆷ

第三條　郡守又ᄂᆞᆫ島司ᄂᆞᆫ面書記中으로會

計員을命ᄒᆞᆷ이可ᄒᆞᆷ但特*別ᄒᆞᆫ事情이有ᄒᆞᆫ境遇에在ᄒᆞ야道長官의認可ᄅᆞᆯ受ᄒᆞᆫ時ᄂᆞᆫ此限에不在ᄒᆞᆷ

會計員은出納其他會計事務ᄅᆞᆯ掌ᄒᆞᆷ

第一項但書의境遇에在ᄒᆞ야ᄂᆞᆫ本令中會計員에關ᄒᆞᆫ規定은面長에게此ᄅᆞᆯ準用ᄒᆞᆷ

第四條　町洞里에區長을置ᄒᆞᆷ

特*別ᄒᆞᆫ事情이有ᄒᆞᆫ時ᄂᆞᆫ郡守又ᄂᆞᆫ島司ᄂᆞᆫ道長官의認可ᄅᆞᆯ受ᄒᆞ고二以上의町洞里

에一區長又ᄂᆞᆫ一町洞里에二以上의區長을置ᄒᆞᆷ을得ᄒᆞᆷ

區長은無給으로ᄒᆞ며其町洞里內에住所ᄅᆞᆯ有ᄒᆞᄂᆞᆫ者中으로此ᄅᆞᆯ任ᄒᆞᆷ

區長은面의事務로셔町洞里에關ᄒᆞᆫ것을補助ᄒᆞᆷ

(以下省略)

練習

一、本課ᄂᆞᆫ法令文一班을보인것인고로「하」ᄅᆞᆯ「ᄒᆞ」라하며「는」을「ᄂᆞᆫ」이라한것과갓치、本書中用例와달은것이잇ᄉᆞ니、

그것을注意하야라。

二、面長의아래에는、무슨吏員이잇스며、무슨事務를보느냐。

三、다음말을漢字로곳쳐써라。

(가) 면장。 군슈。 도스。 상담역。
면서긔。 회계원。 구장。

(나) 교량。 도션。 뎨방。 관개비슈。 시장。
조림。 츅산。 묘디。 화장장。 도장。
젼염병예방。 쇼방。

第四十一課 漢文 (愛敬)

凡接人을以愛敬爲道니愛是不惡人이라仁之發也오敬是不慢人이라禮之實也니라無愛則刻薄하고無敬則侮慢하나니故로接人之道는溫和慈愛恭敬遜讓이須並行而不偏하고若夫愛敬之隆殺厚薄은固宜循其人之貴賤親疏나然이나雖至賤至疎라도其接之之道는不可不以愛敬이니라

(初學知要)

遜 疎

練習

一、다음漢字를比較하야、달온것을말하야라。
是、足。 薄、簿。 宜、宣。 須、頊。

二、다음□표속에漢字를넣코、吐를달어라。

(가) 愛是不□人□之發也敬是不□人□之實也
(나) 無愛則□□無敬則□□

三、다음□표속에漢字를너어라。

隆□厚□。 貴□親□。

赭、禿、矮

(3) 第四十二課 朝鮮의森林

朝鮮森林의總面積은約一千六百萬町步이니、全土의七分之一以上이라。 然이나其大部分은赭山禿峰이오、或은矮少한松樹만生한處이니라。

封 跨

然이나至今도오히려陵*·園·墓·禁山·封山等處에는少許의森林이不無하며、又其外에交通이不便한地方에는鬱蒼한天然林이有하니라。 天然林中에廣大하고良好한것은、白頭山으로부터、西로鴨綠江、東으로豆滿江의流域에在한것이니、卽咸鏡南北道及平安北道의三道에跨在한地域이라。 此地는樹木이茂盛하야、晝間에도日光을보기어려운處가有하니라。 此處의樹木은大概針葉樹이오、

杉　柏　檀

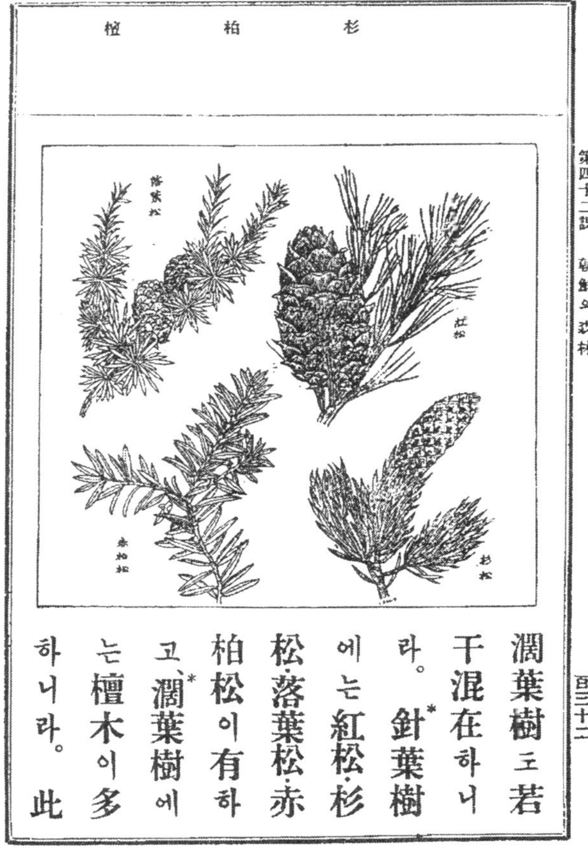

闊葉樹도若干混在하니라。針*葉樹에는紅松·杉松·落葉松·赤柏松이有하고、闊*葉樹에는檀木이多하니라。此

筏

五種은世人이鴨綠材의五木이라稱하나니、此森林에서出하는木材中에重要한것이니라。

朝鮮總督府에서는營*林廠을設하야、此森林을伐採하야、筏로써鴨綠江을下하야、新義州에서製材하야、廣히朝鮮內에供給하나니라。伐採한地에는、곳造林을하는故로、此森林은

涵 堰

永久히盡함이無할지니、實로木材의無盡藏
이라謂할지니라。
훌늉한森林은苗木을栽植하야、能히造成함
도得하나니、此를人工造林이라稱하나니라。
人工造林의훌늉한것은、慶尙南道釜山西北
約一里에在한高遠見(다가도미)의水源涵養林이니、此
處에는堤堰이有하야、釜山*水道의水源이되
니라。 此附近의山과溪도、以前에는다草生
地에不過하야、水分을吸收하며保持하는힘

涵 櫟 檜

이甚弱할쌔아니라、水分의蒸發이甚한故로、
往往히水源이涸渴하야、釜山居民의給水에
多大한困難이有하얏나니라。
然한대明治三十八年春에、水源을涵養하기
爲하야、此高遠見流域에各種苗木四萬餘株
를栽植한以來로、四箇年間造林을繼續하야、
面積이百五十町步에達하니라。 其後十年
도못되여、其地方에適當한黑松*·赤楊·櫟·山櫻·
栗·檜等이漸次繁茂하야、高遠見附近의溪間

에는往昔과顯殊하야、清水가四時에滾滾不絕하야、今에는釜山水道의多量한水를供給함에裕足하다하니、此는實로森林의效用을確證할것이니라。自今으로朝鮮에는天然造林과人工造林을盛行함이必要하니라。

練習

一、朝鮮林野의面積은、全土에對하야얼마나되느냐。
二、朝鮮의天然林의이약이를하야라。
三、鴨綠江材의五木이라하는것은、무엇무엇이냐。
四、營林廠에서는、엇더한일을하느냐。
五、高遠見의人工造林에아는것을말하야라。

第四十三課 漢文 (山林)

木材를皆取之於山林하야建家屋하고架橋梁하고作舟車하며以至日用器具薪炭이莫不皆然이오不獨此也ㅣ라其利所旁及이亦有甚大者하니森林은能平和氣候라故로入林中이면夏時常凉하고冬時常暖하며又能媒降雨養水源하나니故로樹林이繁茂則降雨順하야夏時少涸渴하고如山中無森林이면方夏時降雨에流出土砂하야洪水汎濫이라近時各地에多是害者는濫伐林樹之

所致也ㅣ니라

(重野安繹)

練習

一、다음□표속에漢字를녛코、吐를달어라。

(가)建□□架□□作□□

(나)入林中夏時□□冬時□□

(다)能媒□□養□□

二、다음말을漢字로바더써라。

긔구신탕。 긔후。 번무。 고갈。

토사。 범람。 람벌。

三、다음漢字를比較하야、달은것을말하야라。

林、材。 炭、灰。 候、侯。 媒、煤。 伐、代。

第四十四課 農家의餘業

農家에는米·麥·豆·粟等을耕作함을爲主하는者가多하나、그러나此等本業外에菜果의栽培와家禽의飼養又는牧畜等을餘業으로삼아行하는者가잇소。 餘業은本業의餘力으로써行하는것인故로、費用도多치아니하고、勞力도少하야能히할뿐아니라、多한利益을生하고、一家의經濟를助함이多한것이오。今에其種類를大略下에述하오。

棗、檎、葡萄

菜類는朝鮮의土地에適하고、其種類도多하며、栽培도容易하오。特히都會의近處에서는、菜類를만히培養하야、城市에往賣한즉、不少한利益이잇소。

果實도桃·栗·棗·梨·林檎·葡萄等의各種이잇소。그러나大半은天然的으로成熟하기를기다리고、人工을加치아니하오。만일良種을擇하야、培養하는方法이發達되면、品質도아름답고、收益도더할터이오。

糞 妨

雞는飼養하기가容易한대、新鮮한雞卵을得하며、또이것을賣하야利益을得할뿐아니라、雞糞은肥料가되오。

養蠶은朝鮮各地에適當하야、婦人의手로能히營爲하는故로、農家의正業을妨害함이업서서、餘業으로는甚히適當하오。다만養蠶하는者는、桑樹를잘栽培하야、桑葉을豐足히得함에注意하야야하오。

牛馬는農家의必要한動物인故로、飼養하는

者가甚多하니、山村의牧草가豐盛한處에서는、自家의所用外에、數三匹을飼畜할지라도、困難함이업소。 又豚과갓흔것은、엇더한곳에던지能히飼養함을得하나니、農家는아모조록餘力과空地를利用하는것이好하오。

또農夫는冬節이閑暇한故로、그새를利用하야、삭기를꼬으고、자리를매고、멱서리를만드는等事도、가장適當한一種餘業이오。

練習

一、菜類를餘業으로栽培하면、엇더한利益이잇느냐。

二、養雞를餘業으로하면、엇더한利益이잇느냐。

三、養蠶을할째에、注意치아니치못할일을말하야라。

四、牛·馬·豚等을餘業으로飼養함에는、엇더케하야야하느냐。

五、農家의冬節餘業은、엇더한것이適當하냐。

罟、洿、鼈

第四十五課 漢文

孟子ㅣ勸梁惠王曰不違農時면穀不可勝食也ㅣ며數罟를不入洿池면魚鼈을不可勝食也ㅣ며斧斤을以時入山林이면材木을不可勝用也

ㅣ니 穀與魚鼈을不可勝食하며材木을不可勝用
이던 是는使民養生喪死에無憾也ㅣ니養生喪死
에 無憾이王道之始也ㅣ니이다 (孟子)
四民은異業而同道하야其盡心焉一也ㅣ니士以
修治와農以具養과工以利器와商以通貨ㅣ
各就其資之所近과力之所及者而業焉하야以
求盡其心하야其歸要ㅣ在於有益生人之道則
一而已니라 (王陽明)

練習

一、다음□표속에漢字를넛코、吐를달어라。

(가)□□不入洿池□□不可勝食也

(나)□□以時入山林□□不可勝用也

(다)士以修□農以具□工以利□商以通□各就其□之所近□之所及者而業焉

二、다음漢字의색음과音을말하야라。

罟。池。鼈。斧。盡。修。具。力。

第四十六課 麻

「麻中之蓬은不扶而自直이라。」하얏나니、麻莖의正直함은可知할지로다。麻莖은中虛하

脆　靭　挫

고細長하야、甚히脆弱하나、그러나包莖한麻皮는가장靭强하야、能히麻莖을保護하는故로、如干風雨에는挫折치아니하

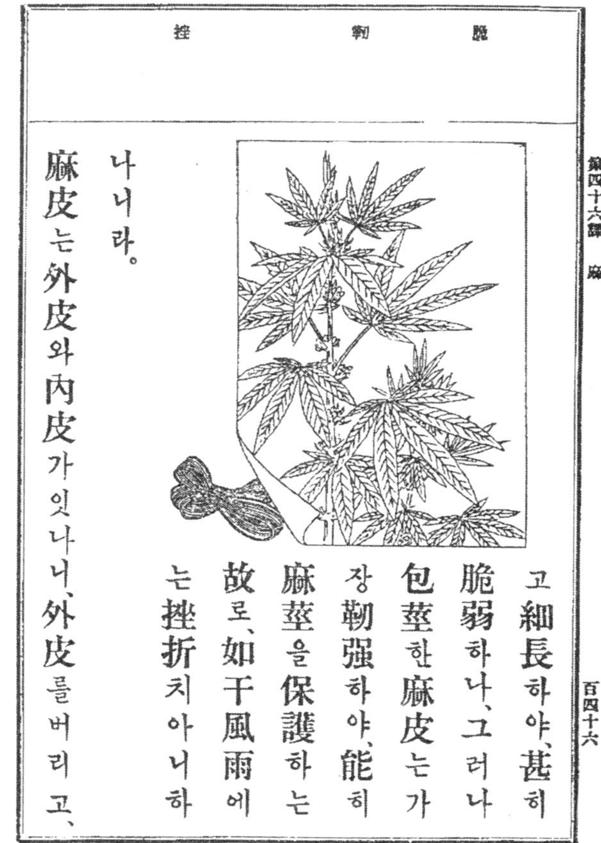

나니라。

麻皮는外皮와內皮가잇나니、外皮를버리고、

淡　剪　剝　括、曬

內皮를取하야、各般所用에供하는도다。

麻莖을收穫함은、其下部의葉이凋落하고、莖部가淡黃色을帶한때가最良하도다。 若或其時期보다早히收穫한즉、麻絲가弱하고、且其時期보다晩히收穫하면、太硬하야、共히品質이良好치못하니라。 收穫한麻莖은、葉을除去하고、莖의兩端을剪去한後에、蒸出하야、浸水하얏다가、麻皮를剝取하고、刀子로外皮를括去하야、太陽에曬乾한者를麻라稱하나

壓搾、糟 澣

니라。

我等의衣服에쓰는麻布는、麻絲로써織組한바이라。麻布는甚히輕凉한故로、夏節衣服에適當하도다。淨澣한麻衣는、보기만하야도、淸凉함을自覺하나니라。咸鏡北道吉州・明川、慶尙北道安東의麻布는古來로有名하나、近來는咸鏡南北道・江原道・慶尙南北道各地에서도、多히産出하나니라。

麻種은壓搾取油하고、其油糟는肥料에쓰며、

籬、挿

剝皮한白莖은籬를挿하고家屋을葺할쌔에쓰나니、麻의全體가다必要한物이니라。

又苧麻라稱하는것이잇나니、이것은本來麻와달은植物이나、其內皮는麻와如히用하되、

苧麻

麻보담도細美하고光澤이잇고、多히夏節衣服의

原料等이되나니、忠淸南道韓山에서産出하는苧布는、古來로有名하니라。

練習

一、麻莖의形狀의이약이를하야라。
二、麻皮의이약이를하야라。
三、麻莖을收穫하야、麻를製하기까지의이약이를하야라。
四、麻는어듸서만히나느냐。
五、苧麻의이약이를하야라。

第四十七課 漢文

兄弟者는分形連氣之人也ㅣ니方其幼也에父

挈、襟、裾、案 悖亂 恃、邪 夙、寐 翼

母ㅣ左提右挈하며前襟後裾하야食則同案하며衣則傳服하며學則連業하며遊則共方하니雖有悖亂之人이라도不能不相愛也ㅣ니라 (小學)

弟子職에曰先生施敎ㅣ어시든弟子是則하야溫恭自虛하야所受是極이니라見善從之하며聞義則服하며溫柔孝弟하야毋驕恃力이니라志毋虛邪하며行必正直하며游居有常호대必就有德이니라顔色整齊하면中心必式하나니夙興夜寐하야衣帶必飭이니라朝益暮習하야小心翼翼이니一此不懈ㅣ是謂

學則이니라 (小學)

練習

一、다음글의뜻을말하야라。

(가)兄弟는分形連氣之人也ㅣ라

(나)顏色整齊하며中心必式이니라

二、다음□표속에漢字를넣코、吐를달어라。

(가)食則□□衣則□□學則□□遊則□□

(나)見□從之聞□則服

(다)夙□夜□衣帶必□

三、다음말을漢字로바더써라。

좌뎨우셜。 전금후거。 패란지인。

온공자허。 온유효뎨。 쇼심익익。

第四十八課 勸業模範場

朝鮮은人口가約一千六百萬이니、其中農業에從事하는者가約十分之八이오、農產物이甚多하야、朝鮮總輸移出額의四分之三이되나니라。 如斯히農業은朝鮮產業中最히重要한者인故로、其進步改良을圖함은、極히緊要한事이니라。

勸業模範場은朝鮮總督府에屬하야、京畿道水原에在하니、農事에關한調査、試驗을行하

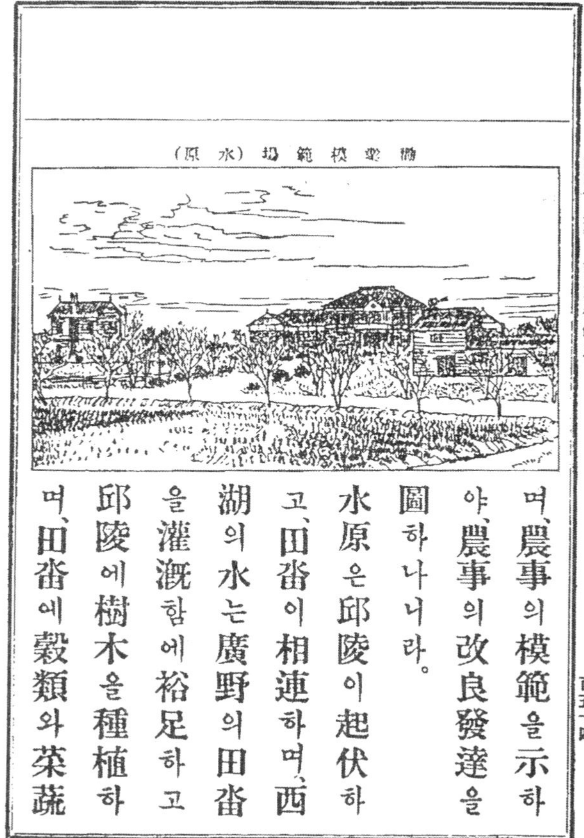
勸業模範場 (水原)

며、農事의模範을示하야、農事의改良發達을圖하나니라。

水原은邱陵이起伏하고、田畓이相連하며、西湖의水는廣野의田畓을灌漑함에裕足하고邱陵에樹木을種植하며、田畓에穀類와菜蔬

蠶

를培養함에極히適宜할뿐더러、水禽과魚族을飼養함에水가잇고、牛馬와豚羊을牧畜함에草野가잇서서、農業에最히適當하니라。此地는鐵道沿邊에在하고、또朝鮮半島의中央에在한故로、觀覽者를聚集함에便利하니라。

勸業模範場의所屬으로、水原에農林學校蠶業試驗所等에잇고、其外에木浦(全羅南道)에棉作支場을置하고、纛島(京畿道)와德源(咸鏡南道)에園藝支場을置하고、洗浦(江原道)에牧羊支場을置하

고、蘭谷(江原道)에牧馬支場을置하니라。

各道에在한種苗場은、勸業模範場과相異하야、道에서經營하는者이니、各道內農産物의改良增殖等에從事하고、又各地農業學校는、農業上에必要한知識技能을敎授하야、朝鮮農業의開發을圖하나니라。

練習

一、勸業模範場은、어듸잇스며、무슨일을하는곳이냐。

二、水原의地勢를이약이하야라。

三、勸業模範場의所屬으로、엇더한것이잇느냐。

四、種苗場이라하는것은、엇더한것이냐。

五、다음글속에、○표잇는字를漢字로곳쳐라。

구릉이긔복하다。 면답을판개한다。

곡류를비양한다。 슈금을ᄉᆞ양한다。

第四十九課 漢文

父母ㅣ有過어시든下氣怡色하야柔聲以諫이니諫若不入이어든起敬起孝하야說則復諫이니라(禮記)

凡子ㅣ受父母之命에必籍記而佩之하야時省而速行之하고事畢則返命焉이니라或所命이有

不能行者則和色柔聲하야 具是非利害而白之하야 待父母之許然後에 改之하고 若不許되라 苟於事에 無大害者어든 亦當曲從이니 若以父母之命으로 爲非而直行己志하면 雖所執이 皆是라도 猶爲不順之子ㅣ니 況未必是乎아 (小學)

練習

一、다음글에吐를달고、그뜻을말하야라。

(가)父母有過下氣怡色柔聲以諫

(나)時省而速行之事畢則返命焉

(다)苟於事無大害者亦當曲從

莽 頃

二、다음□표속에漢字를넣코、吐를달어라。

(가)凡子受父母之□必□□而佩之

(나)或所命有不能□者則和□柔□具是□利□而白之

三、다음漢字의색음과音을말하야라。

省。 白。 從。 執。

第五十課 俚諺

개꼬리삼년두어도、황모되지못한다。

狗尾三朞에 不成黃毛라

가마귀날자、배떠러진다。

烏之方飛에 有隕其梨라

蹴 豕 嚇、鼎

성내여돌부리차면、내발부리압흐다。

發怒蹴石하면我足是痛이라

뫼돗잡으러갓다가、집돗일헛다。

逐彼山豕가라並失家彘라

아는독긔에、발등찍혓다。

慣熟之斧에乃傷足背

자라보고놀난놈이、솟뚝게보고도놀난다。

嚇于鼈者ㅣ尙驚鼎蓋라

練習

晤 笥

本課의뜻을말하야라。

第五十一課 書籍을請借함

敬啓者日前拜晤에仰議하온바仁川實業學校에入學하올일은、兩親의容許함을엇사와、來四月에入學試驗을치루려하옵고、只今부터準備하옵는대、算術書가一册도업사온즉、弟의學力에適當한줄로諒察하시는册이貴笥에잇삽거든、

趾 頌 囑

一部만此趾에惠借하심을切仰切仰이
옵나이다。 順頌
日安

年 月 日 弟魚景龍拜手

張陳良 仁兄 座下

回答書

敬覆者仁川實業學校에入學하시기로
決心하심은、感祝無比이오며、敎囑하

呈 疑 仍

오신算術書는、別로히合當하온것이업
사오나、弟의手中에잇는바를收集하야
四部를送呈하오니、貴意에適合하오면
幸甚이로소이다。 以若吾兄의學力으
로合格되기는萬無疑慮이오나、凡事는
小心함이緊要하오니、十分用意하심을
切望하옵나이다。 仍頌
大安

年 月 日 弟張陳良拜復

鑑 穫

魚景龍 仁兄 回鑑

練習

本課를모방하야、簡易農業學校入學試驗準備를勸하는편지와、그답장을지어라.

第五十二課 漢文

一年之計는莫如樹穀이오十年之計는莫如樹木이오終身之計는莫如樹人이니一樹一穫者는穀也오一樹十穫者는木也오一樹百穫者는人也ㅣ니라 (管子)

芸

行其田野하야視其耕芸하며計其農事하면飢飽之國을可知也오行其山澤하야觀其桑麻하며計其六畜하면貧富之國을可知也ㅣ니라 (管子)

民非穀이면不食이오穀非地면不生이오地非民이면不動이오民非作力이면無以致財ㅣ니故로財之所生은生於用力하고用力之生은生於勞身이니라 (管子)

練習

一、다음□표속에漢字를넣고、吐를달어라.

(가) 一年之計莫如樹□十年之計莫如樹□終身之計莫

如樹□

(나)民非□不食穀非□不生地非□不動民非□□無以致□

二、다음漢字를各其너어서두字식의말을지어라。

樹。 穡。 耕。 澤。 動。 財。

三、다음말을漢字로바더써라。

죽신。 면야。 경운。 긔포。

산릭。 상마。 용력。 로신。

第五十三課 瀧鶴臺(다기가구다이)의妻

瀧鶴臺는只今부터約一百五十年前의有名

한儒者인대、그妻는容貌가自幼로醜하야、長成하도록장가드는사람이업섯소。父母는甚히惘罔히여여서、만일中媒가잇스면、비록貧賤한사람에게라도、싀집보내랴하얏소。그러나이女子는놉히自處하야、사람을對하야말하기를、

「나는鶴臺先生갓흔사람이아니면、싀집가지아니하겟다。」

한故로、듯는사람이다그女子의바라는것이

嘲

過分한것을嘲笑하얏소。 그러나鶴臺가이
말을듯고、
「이女子는참나를아는사람이다。 반다시
집을잘다스리리로다」。
하고、맛참내장가를들엇소。 이女子가鶴臺
에게싀집을온後로는、家長을잘섬겨서、果然
內助의功이잇섯소。
어느날、이女子가소매속에서붉은공을떠러
트렷소。 鶴臺가이것을보고、怪異히여여、물

은즉、그妻가얼골이붉어지며、말하기를、
「나는미련하야、過失이만습니다。 그런故
로、이過失을적게하랴고、붉은공과흰공을
만들어서、소매속에너어두엇다가、惡한마
음이생기면、붉은공에실을더감고、착한마
음이나면、흰공에실을더감엇습니다。 처
음에는、붉은공만漸漸커지더니、지금은두
개의크기가近似하게되엿습니다。 그러
나아즉흰공이붉은공보다커지지아니한

것을붓그러워합니다」。

하고、또흰공을鶴臺에게내여보이엿소。

鶴臺의妻와갓흔사람은、眞實로女子의本分을잘직히고、또自己가善良한習慣을養成하기에힘쓴사람이라하겟소。

練習

一、瀧鶴臺의妻의父母는、왜自己의딸을貧賤한사람에게라도식집보내랴고하얏느냐。

二、鶴臺의妻의붉은공과흰공의이약이를하야라。

三、鶴臺의妻의이약이를듯고感動된것을말하야라。

第五十四課 漢文

言行二者를比較而量之면言者常多而行者常少矣라且言之易하고行之難하니言豈可不愼乎며行豈可不勉乎아夫一言이妄發이면駟馬도難追니可不愼乎아 (初學知要)

悔者는有過失而自追咎之謂니是將趨善之機也라人이知過而有悔則可改過而遷善이라故로人苟有過則不可無悔오無悔則不能改過라然이나作事에能愼于始하야熟思審處則

庶乎寡過ㅣ니 是所以無行可悔也ㅣ라 故로 人之言行을 能愼于始則無悔於終이니라 (初學知要)

練習

一、다음□표속에漢字를넣코、全文의뜻을말하야라。

(가)言者常□而行者常□矣라

(나)夫一言이妄發이면□□難追ㅣ니라

(다)人이知過而有□則可改□而遷□이라

二、다음漢字를各其너어、서、두字식의말을지어라。

言。量。愼。馬。悔。過。終。

第五十五課 納稅

維

吾等이家를維持하며、家를興旺케함에不少한經費를要함과如히、國家가國運의隆昌을圖謀하며、國民의福利를增進케함에는、軍事·產業·教育·行政等의設備를完全히하야야하나니、其設備를完全히하랴면、莫大한經費를要하나니라。 國民이租稅를納하야、其施設에必要한經費를分擔하는것은、當然한事일뿐아니라、重大한義務라謂할지니라。世上에는、或自己一個人의利益만爲主하야、

段 遲

或은財産을隱蔽하며、或은虛僞한手段을用하야、課稅를免하랴謀計하는人도有하나、此는實로自己를欺罔하고、國家를欺罔하야、公務가何인지不知하는極히惡한行爲라謂할지니라。

又納稅期限을守치아니하야、遲滯하는것도不可한事이니라。一人의滯納者로因하야、官廳에서虛費하는時間과勞力은、實로不少한것이니라。一人으로因하야、全社會에貽

菅、宇 獵、替

憂하는것은、國民된本分을完全히守하는者이아니니라。

練習

一、國民이租稅를納하는것은、왜當然한일이며、重大한義務라하느냐。

二、課稅를免하랴하는것은、왜惡한일이냐。

三、納稅의期限을遲滯하는것은、왜惡한일이냐。

第五十六課 漢文 (菅公忠愛)

菅原道眞(수가와라미지사네)ㅣ歷事五朝나尤爲宇*多帝所親任하야帝嘗好遊獵에道眞ㅣ諫止之하고隨事獻替

匡、讒、筑 聊 捧

하야 多所匡救러니 後에 遭讒被配筑*紫하야 閉門不出하고 託文墨自遣하고 雖謫居無聊나 未嘗忘忠愛之意하야 一日에 懷往事賦詩曰

去年今夜侍清*凉러니 秋思詩篇獨斷腸이라
恩賜御衣今在此하니 捧持每日拜餘香이라

聞者ㅣ莫不感歎하더라 (皇朝史略)

練習

一、菅原道眞는、엇더케宇多帝께섬겻느냐。

二、道眞가筑紫에귀양갓슬때에、엇더케날을보냇느냐。

三、本課의詩를외여라。

現 爵 褒揚

四、다음漢字를比較하야、달은것을말하야라。

獵、臘。 紫、柴。 遣、遺。 謫、適。

忘、妄。 腸、腹。 感、憾。

第五十七課 森村市左衛門翁(모리무라이지사에몬)

森村翁은現今우리나라貿易業者中에가장有名한사람인대、實業界를爲하야盡力한功勞가實로적지아니하오。 年前에特히男爵을封하신것도、그功勞를깁히褒揚하신것이오。

翁의先親은極히謹直한사람이엿스나、家勢가甚히貧困하얏슴으로、翁은十三歲부터某商店에雇傭되엿소。 어느새에는、낫에는勞働者가되고、밤에는길가에적은가가를벌려서、物件을팔어서、每日그날을살어가는대、그새에는艱辛히粥을먹고、또飯饌도김치두어조각에지나지못하야、그情景이참可憐하얏소。

그後에、翁은熱心과誠意로여러가지職業에

從事하더니、한번海外의事情을듯고、世界의大勢를안以後로는、國家를富裕케하랴면、商業을興旺케하야야할줄로確信하고、비로소外國貿易業에뜻을두어서、千辛萬苦를격고、맛참내今日地位를엇게되엿소。

翁은처음에製鹽業과養蠶業을經營하다가、狼狽한일이잇섯스나、그일이本來私利를取하랴함이아니오、誠心誠意로社會를爲하야盡力코저한것인故로、조곰도落心치안코、또

批 扱

社會의同情을어더서、다시事業을經營함에 조곰도困難함이업섯소。 또翁의貿易事業에對하야、여러가지로批評하는사람도잇스나、翁은恒常「하날은正直하게일하는사람을決斷코버리지아니한다」고깁히自信하고、事業에從事하얏소。 翁의誠心誠意와堅忍不拔하는意志는、翁으로하야금今日과갓치成功케한두가지根本이라하겟소。

아무던지、돈을실혀하는사람이업겟지마는、

翁은自己혼자만富者가되랴고돈을貯蓄하는것이아니라、世上의利益되는事業을經營하랴고돈을조화하는것이오。 翁이已往에말하기를、

「世上에一心精力으로벌어서、子孫에게財産을모아주는사람도잇스나、그것이千年後에는、엇더케될는지알수업다。 富라하는것은、決斷코혼자차지할것이아니다。나는海外貿易으로써自己의生命을삼으니、

財産은沒數히國利民福을爲하야쓸터이
다。
하얏소。翁이普通富豪와그意思가判異한
것을보시오。森村翁갓흔사람은、진실로實
業家의한조흔模範이될만한사람이오。

練習

一、森村市左衛門翁은、무슨功勞로男爵이되엿느냐。
二、翁이어려서貧困한때에、엇더한일을하얏느냐。
三、翁이事業에狼狽한때와、世人이自己事業을批評할때
에、翁은엇더케하얏느냐。

悍

四、翁은무슨目的으로貯金하얏느냐。
五、翁은自己의財産을엇더케쓰랴고싱각하얏느냐。

第五十八課 漢文

言顧行하며行顧言이니라 (中庸)
輕諾者ㅣ必寡信이니라 (老子)
愼終如始則無敗事니라 (老子)
子ㅣ曰主忠信하며毋友不如己者ㅣ오過則勿憚
改니라 (論語)
子ㅣ曰人而無信이면不知其可也케라大車ㅣ無

輗

輗하며 小車ㅣ無軏이면 其何以行之哉리오 (論語)

有陰德이면 必有陽報하고 有隱行이면 必有昭名이니라 (淮南子)

智者는 愼行하야 以爲身福하고 愚者는 易行하야 以爲身災하나니 故로 君子는 言必可行也然後에 言之하며 行必可言也然後에 行之니라 (賈誼新書)

練習

一、다음글의뜻을말하야라。

(가) 言願行하며 行願言이니라

(나) 輕諾者ㅣ必寡信이니라

二、다음□표속에漢字를넣코,吐를달어라。 그리하고,그것을외여라。

(가) 過則勿□□

(나) 有陰□必有陽□

三、다음글을諺文을석거서말로곳쳐쓰고,그뜻을잘싱각하야라。

(가) 智者는愼行하야以爲身福하고愚者는易行하야以爲身災하나니

(나) 君子는言必可行也然後에言之하며行必可言也然後에行之니라

普通學校朝鮮語及漢文讀本 卷四 終

附錄

第二課 漢文(寒夜脫御衣)

仁德帝 第十六代天皇이시니라。 어느해에、天皇께옵서高臺에登하사、炊煙의稀少함을望見하옵시고、五穀이實치아니하야、百姓이窮乏함을洞燭하옵시고、三年間課役을免除하옵시며、又크게用度를節約하시니라。 三年後에、다시臺에登하사、炊煙의盛興함을見하옵시고、百姓의富饒하야짐을洞燭하옵서서、깃거워下敎하시기를、百姓의富함은、朕의富함이라。하시니라。 百姓들이이말삼을듯자옵고、惶感하야、調稅를納하야宮室을造營코저願한대、許치아니하시고、三年後에비로소課役하야、宮室을造營케하옵심애、庶民이子來하야、日이못

되여成하니라。

第四課　漢文(野中兼山)

江戶　東京의古名稱이니라。

土佐　內地의四國에有하니今에는高知縣에屬하니라。

第二十二課　漢文(雨森芳洲)

和歌　我國固有의歌。

古今集　卽今부터一千年前當時사람이詠하던和歌를集한書이니古今集은古今和歌集의略稱이니라。

第二十五課　朝鮮의行政官廳

所屬官署　朝鮮總督府及其所屬官署는左表와如하니라。

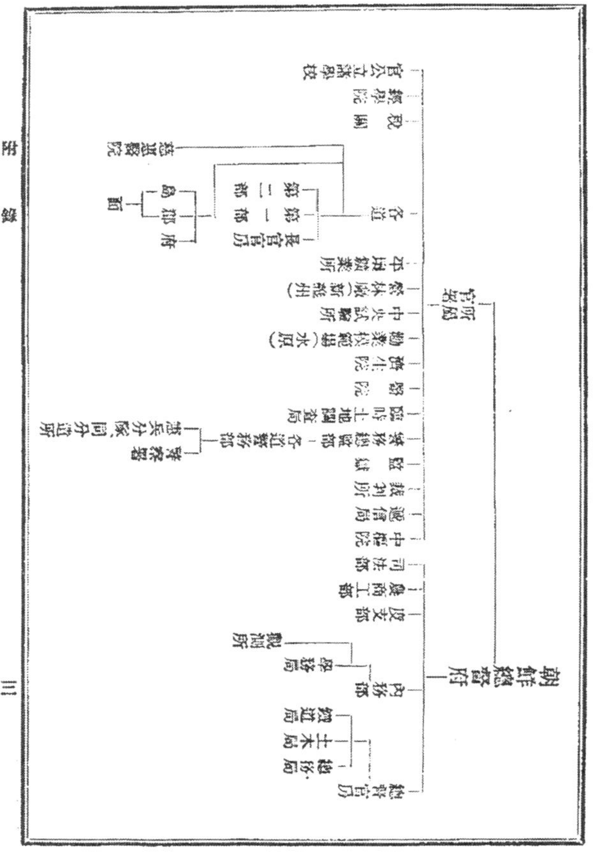

第二十六課 漢文

碧骨池 全羅北道金堤郡에在하야、現今碧骨堤라稱하는堤가有하나니、堤의長은三十町、幅은三十尺、高는十尺餘이니、處處廢絶하얏스나、堤內는全面이耕地를成하얏나니라。

訥堤 全羅北道井邑郡에在하야、現今蟹洑이라稱하나니、古阜水利組合에서使用하나니라。

黃登堤 全羅北道益山郡에在하야、其規模가頗히宏大하고、現今腰橋堤라稱하나니、此湖는周圍가八里에魚介와水禽이富多하고、臨益水利組合에서使用하나니라。

第二十九課 朝鮮의産業(一)

甜菜 形은蘿蔔과似하고、根에糖分을含하얏스니、此로부터砂糖을製

하나니라。

第三十課 朝鮮의産業(二)

九州八幡製鐵所 八幡는九州福岡縣에在하니、其製鐵所는政府의所管이오、規模의大함이東洋에第一이라。

第三十八課 軍艦

戰鬪艦 戰艦의通稱이니、敵艦을攻擊하고、又는敵艦의來襲을防禦함을爲主하는軍艦의一種이니라。

巡洋艦 敵狀의偵察과遞送船保護를目的으로하고、戰鬪는爲主치아니하는軍艦의一種이니라。

巡洋戰艦 戰鬪艦과巡洋艦의任務를兼하야行하는者이니라。

驅逐艦 水雷艇을驅逐破壞하고、또水雷로써軍艦을攻擊하는軍艦이

니라。

潛水艇　海中에潛入하야、水雷를發射하야、써敵艦을攻擊하는軍艦의一種이니、其形이最小하니라。

第三十九課　漢文(中江藤樹)

近江聖人　近江은今의滋賀縣에屬한國名이오、藤樹는同地의人이니、此를因하야、後世에藤樹를尊敬하야、近江聖人이라하나니라。

第四十課　面

制令　朝鮮總督이勅裁를奉하야、法律과同一한效力을有한命令을發하는것을制令이라하나니라。

法令에依ᄒᆞ야面에屬ᄒᆞ게ᄒᆞᆫ事務

左記한者를指함이라。

(一)國稅徵收令施行規則에依하야、面으로하야금某種類의國稅를徵收케하고、地方費賦課金徵收規則에依하야、地方費賦課金의徵收를하게하는等、又印鑑證明規則에依하야、面에서證明을하는等事。

(二)面制施行規則第一條에揭한左記事項。

一、道路橋梁渡船、河川堤防、灌漑排水。

二、市場、造林、農事養蠶畜産其他産業의改良普及、害鳥蟲驅除。

三、墓地、火葬場、屠場、上水、下水、傳染病豫防、汚物의處置。

四、消防、水防。

島司　島司는全羅南道濟州島及慶尙北道鬱陵島에置하니라。

相談役　面長의諸問한事項에對하야、參考를爲하야意見을述하는者이라。

別로히規定이有흔것 本令以外의他法令으로써面에屬하게한事務를稱하는것이니、本課附錄「法令에依ᄒ야面에屬ᄒ게흔事務」의說明中(一)에當한事務를指한것이라。

特別흔事情(第三條) 特別한事情이라는것은、會計員에適當한人物을得하기困難한境遇、又는取扱公金의額이少하야、特히會計員을置함을要치아니하고、面長이此를處理하기得하는等境遇를謂함이라。如斯한境遇에는、會計員의處理할事務는、面長이親히此를處理할者로함이라。

特別흔事情(第四條) 町洞里의區域이狹하고、戶口가少한境遇에는二以上의町洞里에一人의區長을置하고、又此와反對로、區域이廣하고、戶口가多한境遇에는、一町洞里에二人以上의區長을置함을得함이

라。

第四十二課　朝鮮의森林

陵 王及王妃의葬地를謂함이라。

園 王世子及其他의王族等의墓所를謂함이라。

禁山 樹木의伐採를禁한山林이니라。

封山 出入을禁한山林이니라。

針葉樹 松杉과如히、葉狀이針과似한樹木을謂함이라。

濶葉樹 栗·李와如히、葉幅이廣한樹木을謂함이라。

營林廠 鴨綠江及豆滿江沿岸에在한森林의保護及伐採等에關한事를掌한官署이니、本廠을新義州에置하고、支廠을咸鏡南道惠山鎭及平安北道中江鎭의二箇處에設하고、其他數處에出張所를設하니라。

水道　水의供給이不便한地에、鐵管을敷設하고、河川의上流地等으로부터水를導하는것을謂함이라。

黑松　검은솔

赤楊　오리나무

櫟　참나무

栗　밤나무

檜　젼나무

第五十六課　漢文(菅公忠愛)

宇多帝　第五十五代의天皇이시니라。

筑紫　九州의古稱이니、菅原道眞의貶謫處는今의福岡[후구오가]縣太宰府[다사이]이니라。

清凉　清凉殿의略稱이니、皇居中의宮殿의一이니라。

大正七年三月二十三日印刷
大正七年三月二十五日發行
(大正八年十二月五日增刷)

定價金六錢

朝鮮總督府

庶務部印刷所印刷

朝鮮總督府編纂

普通學校朝鮮語及漢文讀本

卷五

標 暎

普通學校朝鮮語及漢文讀本 卷五

第一課 國旗

何國이던지、其國에定한標의旗가有하니、此를國旗라稱하나니라。 日章旗는大日本帝國의國旗이니、朝日에照暎하야、威勢가特別함은、正히我國勢의盛壯함을表彰한것이니라。

國家에慶弔가有한時마다、國民은國旗를揭

閭閻 虔

하야、其情을表하나니、紀元節·天長節、其他國家의祝祭日을當하야、學校와閭閻에皆國旗를揭함은、國民이其當日을奉祝하며、又敬虔의意를致하는所以이니라。 外國에在한日本國民도、此等祝祭日에는國旗를揭하나니라。

其國을愛하는者는、其國旗를尊重히하지아니치못할지니、我等은我國을愛하는故로、日章旗를尊重히하나니라。 國民이其國旗를

尊重히함은勿論이어니와、外國의國旗에對하야도、亦敬意를不失할지니라。 外國의國旗를侮辱함은、其國을侮辱함과同하니、禮儀가有한國民의可爲할바이아니니라。

練習

一、國旗는엇더한境遇에揭하느냐。

二、自國의國旗와外國의國旗에對하야、吾人은엇더한注意를하지아니하면못쓰느냐。

第二課 漢文

廩 兮 歟

子ㅣ曰非禮勿視하며 非禮勿聽하며 非禮勿言하며 非禮勿動이니라 (論語)

非禮之禮와 非義之義는 大人이 弗爲니라 (孟子)

凡人之所以爲人者는 禮義也ㅣ니 禮義之始는 在於正容體하며 齊顔色하며 順辭令이니라 (禮記)

有田不耕이면 倉廩이 虛하고 有書不教ㅣ면 子孫이 愚하나니 倉廩虛兮여 歲月乏하고 子孫愚兮여 禮義踈로다 若惟不耕與不教ㅣ면 是乃父兄之過歟ㄴ저 (白居易)

第三課 禮儀

禮儀를직힘은人道의쩟쩟함이라。 禮儀를직히지아니하면、他人에게賤待를바들뿐아니라、他人으로하야금不快한마음을가지게

練習

一、다음□표속에漢字를넛코、吐를달어라。

(가) 禮義之始在於正□□齊□□順□□

(나) 有田不耕□□□有書不教□□□

二、다음漢字를比較하야、달은것을말하야라。

勿、忽。 禮、體。 愚、遇。 與、歟。

遜 欠伸

함이니라。 그런즉對人接物에、言語를반다시恭遜히하며、長者를對할새는、特別히敬意를다할지니라。 他人의압헤서、欠伸을하거나、耳語를하거나、轉目을함은不可하니라」。

他人에게書札을할時는、辭意를恭遜히하고、他人의書札을바든時、答書를要하거든、片時라도遲滯하지말지니라。 또他人의書信과밋一般文字를許可업시는決斷코開見함이不可하고、他人이書札等屬을쓸새에엿보는

狎

것과、他人의談話를엿듯는것과、他人의집을넘겨보는것이、非禮의가장甚한者이니라」。

禮儀는마음과外樣의두가지가잇스니、外樣으로만하고、마음에참으로恭敬하는생각이업스면、禮儀라하지못할것이오、또마음으로는恭敬함을다할지라도、外樣에보이지아니하면、禮儀에合當치못한지라。 그런즉마음과外樣두가지를다注意할지니라。

世上에親狎함으로因하야、禮儀를돌아보지

仲

아니하는者가잇스나、그것은크게不可한일이니라。假令親한사이라도、그親한것을밋고、禮儀를직히지아니하면、그사피임을永久히保全키어려우니라。*晏平仲은사람으로더브러사피임에、親할수록오래恭敬하는故로、孔子가稱讚하야갈오대「晏平仲은善與人交로다久而敬之오녀」라하시니라。

練習

一、엇더한일을하면禮儀에合當치못하냐。 그實例를들

換

어말하야라。

二、禮儀는마음과外樣이서로合하야야하는것을說明하야라。

三、晏平仲의이약이를하야라。

第四課 人事

新年

새해에氣運이엇더하시오。

新舊歲侍奉平安하시오。

모시고換歲泰平히하셧소。

除夕

萱、壽

모시고過歲平安히하시오。

隔歲顔面이올시다。

就任

卒業하신지、얼마안되여、벼슬을하시니、侍下에오작깃부시겟슴닛가。

父母還甲

春堂(萱堂)壽辰이되시니、얼마나깃부시오。

父母喪

喪事말삼은、무슨말삼을하오릿가。

襄 姪

病患이게시다는말삼은들엇스나、이처럼喪事나실줄은、千萬쑴밧기올시다。

初終凡節은엇지치르시고、襄禮는어느날로擇日이되셧슴닛가。

叔姪·兄弟喪

重制말삼은、무슨말삼을하오릿가。

父母病

湯節이게시다하더니、요사이는엇더하시오닛가。

醫師는누구를보이시며、藥은무슨藥을쓰십닛가。

身病

便치못하시다하더니、엇더하시오。

藥은날마다잡수시오。

아무조록調攝하셔서、速히快差하시오。

火災

그런놀나올데가잇슴닛가。

세간도만히태이신模樣이올시다그려。

사람은傷치아니하셧스니、可謂不幸中幸이올시다。

水災

올갓흔큰물은近來처음이올시다。 宅은過히傷한데나업습닛가。

練習

一、本課를反覆하야、練習하야라。

二、다음말을漢字로곳쳐써라。

환셰。 과셰。 츈당。 상ᄉᆞ。 초죵。

양례。 중졔。 탕졀。 됴셥。

眉 諸

第五課 漢文

白眉。稱人獨出衆者하야 謂白眉라하나니 蜀馬*良의 字는 季常이니 眉有白毫ㅣ라 兄弟五人이 竝有才名할새 時人이 語曰 馬氏五常에 白眉ㅣ最良이라하니라

難爲兄難爲弟。稱人兄弟賢하야 曰難爲兄難爲弟라하나니 世說에 漢陳*元方子長文이 有英才하야 與季方子孝先으로 各論其父功德할새 爭之不能決하야 諮於祖太邱하니 太邱ㅣ曰 元方

陌

은 難爲其兄이오 季方은 難爲其弟라하니라

練習

一、「白眉」라하는말의뜻과出處를이약이하야라。

二、「難爲兄難爲弟」라하는말의뜻과出處를이약이하야라。

三、다음漢字를내어서、두字식의말을지어라。

眉。 毫。 賢。 英。 德。

第六課 四時景

一、東園에花發하고、
南陌에草綠하니、

蜂蝶　歇　鷗　鴻雁　羈

蜂蝶의世界로다、
一時繁華는너의가몬저。
二、江天에雨歇하고、
水邊에沙白하니、
鷗鷺의生涯로다、
清流沐浴은우리와갓치。
三、風清코月白한대、
鴻雁이高飛하니、
羈窓의鄉思로다、

技　箕　雅　梅

長夜感懷는古今이일반。
四、萬戶에雪積한대、
寒梅가獨發하니、
高士의氣象이라、
千古雅操는누구가데일。

第七課　漢文 (箕子朝鮮)

箕子*ㅣ率五千人하고入朝鮮할새其詩書禮樂醫巫陰陽卜筮之流와百工技藝ㅣ皆從而往焉

이라 既至朝鮮에 言語不通이어늘 譯而知之하고 教以詩書하야 使知禮樂之制와 父子君親之道와 五常之禮하며 教以八條하야 崇信義篤儒術하야 以勿尙兵鬪하며 以德服强暴하니 隣國이 皆慕其義하야 而相親之하야 衣冠制度ㅣ 無所不備하니 故로 曰詩書禮樂之邦이오 仁義之國也ㅣ라 而箕子ㅣ 始之하니라 豈不信哉아

(東國通鑑)

練習

一、다음말을漢字로곳쳐라。

시서례악。 빅공기예。 음양복셔。

二、다음漢字를比較하야달은것을말하야라。

率、卒。 暴、慕。 技、枝。

第八課 動物과植物

動物이植物의입사귀와뿌리와열매를먹고、그것을내여노하서、植物의滋養이되는것은、여러분도仔細히알리다。 이外에사람이밋처싱각하지못하는일에、動物과植物이서로돕는일이잇소。

벌과나뷔가熱心으로
꼿츨차저서、날너단기

는것은、무슨까닭으로
싱각하시오。꼿속에

는단물이잇는대、그물은벌과나뷔가第一조화하는食物이오。벌과나뷔는이단물을쌜어먹으랴고、이꼿저꼿츠로날너단기는것이오。

이러케말하면、여러분은꼿치벌어지를爲하야픠는것으로싱각하리다。그러나、벌어지는꼿츠로맛잇는食物을밧는대신에、꼿츨爲하야要緊한일을하는것이오。벌과나뷔의머리와발에가는털이만히잇는대、熱心으로

酸

물을빨어먹고잇는동안에、쏫체잇는가루가
그털에뭇소。 벌과나븨는그가루를不知中
에달은쏫츠로가져가는것이오。 그런故로
벌어지는쏫츠로맛잇는물을밧고、쏫즌벌어
지에게가루를가져가게하야、서로돕는것이
오。

動物이空氣를들이마실새는、그中에잇는酸
素를取하고、炭酸瓦斯를吐하는것이오。 그
動物이吐한炭酸瓦斯는植物에게업지못할

것이니、植物이이것을吸收하오。 그ᄃᆡ신에、
植物이내여노흔酸素는動物에게업지못할
것이니、動物이이것을吸收하오。 그러한즉、
動物은植物에게必要한炭酸瓦斯를供給하
고、植物은動物에게必要한酸素를供給하는
것인故로、動物과植物은서로도아서、生命을
保全한다할것이오。

動物과植物은、얼는보면아모關係가업는듯
하나、仔細히觀察하면、우에말한바와갓흔作

用을하는것을알겟소。

練習

一、벌과나븨와꼿츤、엇더케하야、서로돕느냐。

二、動物이空氣를呼吸하는때에、植物과그사이에생기는關係를이약이하야라。

敖、嬰 蛇

第九課 漢文 (陰德)

孫*叔敖ㅣ爲嬰兒에出遊而還하야憂而不食이어늘其母ㅣ問其故한대泣而對曰今日에吾見兩頭蛇라恐去死無日矣일가하노이다母ㅣ曰今蛇安在오曰吾聞호니見兩頭蛇者는死라할새吾恐他人又見하야已埋之矣로소이다母ㅣ曰無憂하라汝不死하리라吾는聞之호니有陰德者는天報以福이라하더라及爲令尹에未治而國人이信之하니라

(賈誼)

練習

一、孫叔敖의이약이를하야라。

二、孫叔敖의이약이를듯고、感動된것을말하야라。

第十課 地球

崔、變

李種甲과金大植과崔元燮이라하는세아해가、世界形狀에對하야、서로自己의意見이올타고論難하오。

李種甲「나는이世界가平平하고、솟치네모진줄로안다。」

金大植「나는平平하고、그솟치둥근줄로역인다。 그러하고、그中에놉혼데도잇고、나즌데도잇는대、놉혼데는陸地이오、나즌데는바다로안다。」

崔元燮「만일너의들의말과갓치、이世界가平平하고、솟치둥글던지、네모젓다하면、사람이거긔싸지가면、써러지지안켓느냐。」

李種甲「아니다。 솟헤는東西南北이다山이잇스닛가、써러질念慮는업다。」

崔元燮「그러치마는、그山을넘어가면、써러지지아니하겟느냐。 너의들은世界의形狀이平平하고、그솟치둥글다네모지다하는말을뉘게들엇느냐。」

金大植 「아모에게도들은일은업지마는、나
혼자그러케싱각하얏다。」
李種甲 「나도아모에게도들은일이업지마
는、그러케싱각하얏다。」
崔元燮 「自己혼자만싱각한것으로는안된
다。 世界形狀에對하야는、옛적부터여러
가지로말이잇섯다。 옛적에는有識하다
는學者라도、다녀의들과갓치싱각하얏섯
다。 그러치마는、지금와서는、이世界가공

과갓치둥근것인줄을明白히알엇다。 그
래서이世界를地球라고한다。」
金大植과李種甲은世界形狀이공과갓치둥
글다하는말을듯고、깜짝놀나며、조곰도밋지
아니하얏소。
金大植 「世界形狀이공과갓홀것갓호면、世
界우에잇는물이兩쪽으로홀느겟다。」
李種甲 「그러면、地球밋헤잇는사람은、다깃
구로섯느냐。」

崔元變「아니다。 물도兩쪽으로흘느지아
니한다。 ᄯᅩ사람도것구로서지아니하야
다。 그러나、너의들이仔細히알도록、그것
을說明하랴면、여간어렵지아니하니、暫間
그러케알고잇거라。 내가지금여긔서、地
球의둥근證據를이야이하마。
너의들은海邊에서、배가왓다갓다하는것
을보앗느냐。 배가이편으로向하야올ᄯᅢ
에는、돗대ᄭᅳᆺ부터보이기始作하다가、漸漸

갓가워질수록、돗과배
가보이지아니하더냐。
ᄯᅩ배가저편으로갈ᄯᅢ
에는、漸漸보이지아니
하야、나종에는、돗과돗
대ᄭᅡ지지업서지지아니
하더냐。 이것은地球
의表面이平平하지아
니한證據다。 만일地

球의表面이平平할것갓흐면、배와돗과돗대가、보일때에도갓치보이고、보이지아니할때에도、一時에보이지아니할것이다」。또우리가여긔서떠나서、假令西쪽으로만똑바로작고가면、다시여긔로돌아오게될터이다。 이것도地球가둥근證據다。 만일地球가너의들의싱각하는바와갓치平平한것이면、어느쪽으로던지、똑바로작고가면、나종에는끗츠로떠러지고말것이다」。

李種甲과金大植은崔元燮의이약이를듯고서야、果然地球가둥근줄을알엇소。

練習

一、地球의둥근證據를이약이하야라。

二、「明白히」「仔細히」의「히」字를너어서、달은말을지어라。

第十一課 漢文 (自虛)

自虛는卽謙也니謙은不止於接人이라又平日守身之要也라故로既見之修身類하니라且接人之間에常以自虛下人으로爲先이면則聞過受

謙하야而進善得益이不少하나니凡與交朋으로議論之際에不須必要伸己而屈人也ㅣ니라苟要伸己而屈人이면則非徒無益于己라又取怨謗之道也ㅣ니라 (初學知要)

練習

一、다음□표속에漢字를넣코、吐를달어라。

(가)以□□下人 (나)□過□謙

(다)伸□而屈□

二、다음글을漢文으로곳쳐라。

겸손은사람을접하는데긋칠뿐아니라、또평일몸을직히는요이라。

第十二課 나이진쎄ㅣ루

나이진쎄ㅣ루는英國大地主의짤인대、距今約百年前사람이오。 어려서부터人情이만허서、개나고양이가알는다던지、닷친새에는、藥으로治療하야주고、또恒常貧寒한집을慰問하야、不幸한사람을救助함으로한樂을삼엇소。

나이진쎄ㅣ루가三十四歲되엿슬새에、구리*미야戰爭이라하는큰戰爭이낫섯소。 戰爭

熾 援

이激烈하고、또怪疾과赤痢가大熾하야、病兵과負傷兵이만히생겻섯는대、醫員과病救援할사람이적어서、大端히困難하얏소。 나이진쌔ㅣ루가이말을듯고、비록게집의몸일지언정나라를爲하야盡力할때가이때라하고、同志의婦人三十四名을다리고、戰地로가서、病救援에盡力하얏소。

戰爭이씃난後에本國으로돌아와서、英國女王으로부터褒賞을밧고、또여러사람도그博

瑞

愛心이만흠을歎服하얏소。

其後瑞*西國人쭈난이、[illegible]人[illegible] 必要함을알고、赤*十字社[illegible]設[illegible]하[illegible] 은、나[illegible]진쌔ㅣ루[illegible]動에 [illegible]動된[illegible] [illegible]이오。

習

一、나이진쌔ㅣ[illegible]려서부[illegible]ㄷ한일을하기로써樂을삼엇느냐。

二、나이진쌔ㅣ루는、구리미아戰爭때에엇더한일을하얏느냐。

三、赤十字社는엇지하야設置되엿느냐。

第十三課 漢文 (金蓋仁之憐狗)

金蓋仁은居*寧縣人也ㅣ니畜一狗甚憐이러니嘗一日出行할새狗亦隨之라가蓋仁이醉臥道周而睡할새野燒將及이어늘狗乃濡身于傍川하야來往環繞하야以潤著草茅하야令絕火道라가氣盡乃斃라蓋仁이旣醒에見狗迹하고悲感하야作歌寫哀하고起墳以葬하고植杖ㅣ誌之러니杖에成樹ㅣ라因名其地爲獒樹라하니 (補閑集)

燒、傍　潤、茅、斃　醒、迹　誌　獒

練習

第十四課 書簡文의作法

一 封書

一、用紙 平常往復의書狀에는、白色의周紙를用하나니라。野紙·半紙·洋紙等을用하

野　簡

練習

一、本課의大綱뜻을이약、 다。

二、다음漢字의새음과뜻을말하라。

狗。犬。獒。野

三、다음□표속에漢字를넣고、그것을다시말로곳처라。

野燒□及。□絕火道。

는것은略式이니、實用을爲主하는境遇又
는公用文等에만用하나니라。

二、餘白・ 文의始終과上下와行間은、適當한
間隔을置할지니라。

三、出書日・ 出書日은年號・月日을明記함이
正式이나、略式의境遇에는、月日만書함도
無妨하니라。

四、署名・ 自己의姓名・稱呼를月日下에書함
이普通이나、受書人을隨하야、各種의書式

이有하니라。 爲先親族間에는、大概

祖 孫名上書 (祖孫間)
從祖 從孫名上書 (從祖孫間)
父 子名上書 (父子間)
伯父 從子名上書 (叔姪間)
仲父 從子名上書 (叔姪間)
舍叔 從子名上書 (叔姪間)
兄 舍弟名上書 (兄弟間)
從兄頓 從弟名上書 (從兄弟間)

甥、舅
翁、婿
姨

表叔頓　甥姪姓名上書（舅甥間）

婦翁頓　外甥姓名上書（翁婿間）

內從字頓　外從弟姓名再拜（內外從間）

姨從字頓　姨弟姓名再拜（姨從兄弟間）

族從名拜　族弟(族姪)名再拜（族兄弟叔姪間）

戚從姓名拜戚弟(戚姪)姓名再拜（戚兄弟叔姪間）

와如히書하고、親族以外의尊長에게는「侍生姓名再拜」十五歲以上의年長者에게는「記下姓名再拜」十歲以上年長者에게는「少

乂

弟姓名二拜」同輩에게는「弟*姓名拜」親密치아니한人에게는「生姓名拜」라書하나니라。

又姓名稱呼下에附하는「頓」·「再拜」等語에는、上述한外에、各各境遇를隨하야「拜手」·「拜呈」·「拜啓」·「拜白」·「頓拜」·「頓首」·「頓白」·「謹拜」·「謹頓」·「謹白」·「乂手」等語가有하고、特히答書에는「拜復」·「拜謝」·「謝上」·「頓復」·「頓謝」·「謹復」等의語를用함이有하니라。

五、受書人名　親族間의受書人名은、自來習

慣으로말하면、文의初頭에記하나니、其中尊長에게는名을書함이無하고、

祖父主前上書* 從祖父主前上書*

父主前上書* 伯父主前上書

仲父主前上書 叔父主前上書

兄主前上書 從兄主前上書

라書하고、祖父·父가孫子에對하야는「名見」이라「見」字를書하나니라。又他人에對하야는、近來에는文의終結月日·署名의次에、

殿

又는、「名」과爵職의尊稱을記함이多하나니。

(例) 姓 名 上

李男爵閣下

(例) 金鍾[illegible] 殿

六、尊稱· 親族의尊長에對하야「主」의語를用함은前述한바와如하나、「[illegible]」을月日·署名의一人에「[illegible]하는境遇에는「殿」用「[illegible]고、學校·官廳·銀行·會社·商店等의團體에對하야

는「御中」을用하나니라。

七、附書· 月日·署名의次에書한「殿」의側에는、「侍史」·「執事」等의語를用함이有하나니라。

八、封套·

(가)無紋白色의것을用함이禮이니라。

(나)受信人의住所·姓名은、楷書或은半草書

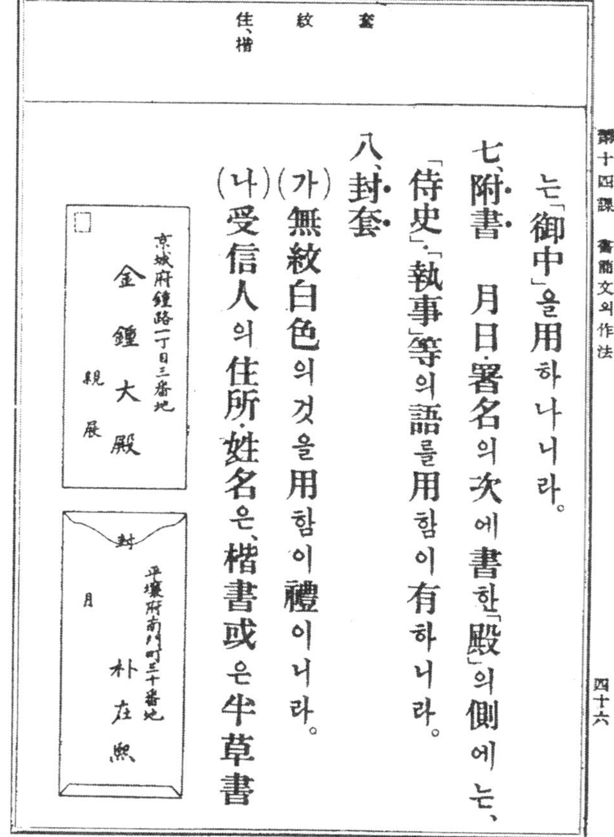

로써明瞭히書하고、「親展」·「至急」等의附書는尊稱의左邊에書할지니라。 又郵票는上部左肩에貼附함이可하니라。

(다)後面의文字도前面과同樣으로明瞭히書함은無論이어니와、出書日을書하는境遇에는、姓名의左邊上部에附記하나니라。 又封緘辭는普通「謹封」·「謹」·「封」·「緘」等의字를書하고、公用의書狀에는印章을捺함이常例이니라。

繪畫

二、葉書

葉書에는普通葉書·往復葉書·封緘葉書及繪畫葉書等의種類가有하니라。 凡葉書는略式으로用하는것인故로、身分이高한人에게나、又는謹嚴한書信에는使用치아니하나니라。 特히繪畫葉書는訃音·弔狀等에는用치못하나니라。 其他葉書를書함에는、左記事項에注意함이可하니라。

一、普通葉書에在하야는、表面에는住所·姓

簡單 末尾

名만記할지니라。

二、記事는아모조록簡單히하고、字形은大히도말고、小히도말고、適宜히書할지니라。 又出書日은本文의末尾에書함이普通이니라。

三、一般에關한注意

一、用筆은毛筆로써正式을삼고、葉書에는境遇를隨하야、或鐵筆을用함도無妨하니라。鉛筆로書함은、他人에게禮를缺할뿐아니

라、配達夫에게苦惱를貽하는事이多한故
로、아모조록此를避함이可하니라。

二、總히書體는解키易하도록精히書하고、受
書人의姓名等은尤히注意를加할지니라。

三、受書人을指하는辭、又「貴」「尊」「令」「賢」等의
敬語는、一二字間隔을置하거나、或別行에
書함도、又「不備禮」·「不備上」·「不備謝」等의語
는、行頭에書함이不好하니라。

四、受書人及自己의稱呼*는、親疎의關係를因

複格

且祝

하야、甚히複雜한지라。 嚴正格別한用法
이有한즉、又此를十分注意함이可하니라。

第十五課　水害中問候

叔父主前　上書

伏不審요사이潦炎에　氣體候康旺하
옵시고、大小諸節이一安하옵신지、伏慕
且祝이오며、從子는渾家無頉하오나、多
幸이옵나이다。 어제新聞을보온즉、今

憧

番雨水가南中에尤甚하와、田畓의農物이全혀狼狽되옵고、家屋과人畜이沈沒漂流되와、慘酷한光景이數三十年以來에처음잇는일이라하오니、놀납사오며、그곳은他處보다地形이高燥하옵고、또溪川이隔遠하오니、이러한酷患은업슬듯하오나、多少의損害는不無하올듯하와、亦是下情에끔끔憧憧하옵나이다。不備上白

月　日

從子 寅承上書

練習

本課를모방하야「旱災中間候」편지를지어라。

朴、諱、赫　鳳、丙　干

第十六課　漢文 (朴赫居世)

新羅始祖의姓은朴氏오諱는赫居世니前*漢孝宣帝五鳳元年甲子四月丙辰에卽位하야號는居*西干이라하니時年이十三이라國號를徐那伐이라하다先是에民이分居山谷之間하야爲六*村하니

墟、蘇　麓、蘿、跪、嘶　只、剖　岐嶷

是爲辰韓六部라ㅣ高墟村長蘇伐公이望*楊山麓蘿井傍林間에有馬ㅣ跪而嘶하고則往觀之하니忽不見馬하고只有大卵이어늘剖之하니有嬰兒ㅣ出焉이라則收而養之러니及年十餘歲에岐嶷然夙成이라六部人이以其生神異로推尊之하야至是에立爲君焉하니辰人이謂瓠爲朴일새以初大卵如瓠ㅣ라故로以朴爲姓하니라　(三國史記)

練習

一、本課의大綱뜻을이약이하야라。

翫　侵蝕

二、다음漢字를比較하야、달은것을말하야라。

楊、陽、揚。　危、跪。　斯、嘶。　推、堆。

第十七課　害蟲及益蟲

蝶蛾等이原野草花間에飛去飛來함을보면、그美麗함이足히愛翫할만하나、그變生하기前의幼蟲은、形容도醜惡하고、農作物에莫大한害를씻치는者이만흐니라。一切穀物·菜蔬·果樹等을侵蝕하야、그發育을害하는蟲類를害蟲이라하나니、害蟲中에는、그體形이甚

摘

히微小한者도잇스나、그러나一時에만히發生할새는農作物을遍害하야、荒年이되는일도잇나니라。害蟲은그種類가가장만흐니、次에그尤甚한者를摘記

褐、稻 萎 刈

하노라。

螟蟲은體形이甚小하고、背上에褐色線이잇나니라。稻莖의內部에蝕入하나니、稻莖의萎黃함은螟蟲의害이니라。此害가最甚할쌔는、十의七八이減損하나니라。螟蟲은五月頃에淡褐色의蛾가되여、秧葉에産卵하나니라。故로秧田에飛集하는蛾를捕捉하고、蛾卵을除去하야、그害를豫防할지니라。또螟蟲의害를바든稻莖은、根上에서부터刈取

盗 嫩 溝洫

하야、燒火함이可하니라。

夜盜蟲은初에는綠色이오、後에는褐色으로變하나니、晝間은根底에潛伏하얏다가、日暮後에出來하야、嫩葉을蝕盡하나니라。 此蟲이多數히發生한즉、數日間에農作物이綠色을全失하나니、夜盜蟲이生한田畓에는、深一尺廣五寸의溝洫을掘開하고、蟲을그中에搖落하야沒死케함이조흐니라。

黑金龜子는黑色의甲蟲이라。 晝間은土中

拂

에隱伏하얏다가、夜中에出來하야、農作物을蝕盡하나니、一夜間에梨·栗等의樹葉을盡蝕하야、一葉의餘存도업는일이잇나니、此를除去하랴면、樹下에受蟲器를置하고、薄暮에蟲이來集하거든、樹枝를拂搖하야、落下케할지니라。

菜螟蛉은綠色이오、背上에短毛가掩蔽하얏나니라。 菜葉을剝蝕하고、葉柄만남기나니、菜田에此蟲이生하거든、除蟲菊의씃츠로써

만든驅蟲藥을和水하야、注灑함이最良法이니라。

蚜蟲은果樹·菜蔬等의穉葉을剝蝕하나니、그害가莫甚하니라。 蚜蟲을除코저하면、驅蟲藥과洗濯石鹼을和水하야注灑할지니라」。

上述한蟲類는害蟲에關한것이나、蟲類中에는害蟲을殺하야、農作物의受害를減하야、我等에게利益이되게하는者도잇나니、此等의蟲類를益蟲이라하나니라。

益蟲에는害蟲을捕食하는者도잇고、또害蟲의卵上에다시産卵하야、害蟲의卵을消滅케하는者도잇나니라。益蟲中에가장害蟲을多殺하는者는、斑蝥·瓢蟲·草蜻蛉·寄生蜂等이니라

徘徊

斑蝥의幼蟲은、土中에穿穴棲息하야、各種의蟲類를捕捉하야、穴中에서食하고、成蟲이되면、敏捷히諸蟲을捕獲하나니、夏日에道路에徘徊하다가、사람을보면、前面으로數尺식飛去하는美麗한蟲이곳斑蝥이니라。

瓢蟲은半球狀으로된美麗한小蟲이라。 全體黃色에黑點이잇는者도잇고、黑色에赤點이잇는者도잇나니、蚜蟲을捕食함으로써爲主하나니라。

蝨 羽 割

草蜻蛉은蜻蛉의一種이라。 體形은小하고、體色은綠하며、光澤이잇나니라。 能히蚜蟲所集處에產卵하나니、幼蟲은蝨과갓흐나、稍大하고、蚜蟲을捕하야、그津液을盡吸하나니라。

寄生蜂은大概螟蛉類에寄生하야、그肉을食하고、羽化하면小蜂이되나니라。

此等益蟲은害蟲의七割五分을殺하나니、萬若益蟲이업스면、害蟲은더욱繁殖하야、每年에農作物에加害함이莫大할지라。 然則我

等은害蟲과益蟲을區別하야、益蟲을保護하고、害蟲을除滅함이可하니라。

練習

一、害蟲이라하는것은、무슨짓을하는蟲이냐。

二、螟蟲·夜盜蟲·黑金龜子·桑螟蛉·蚜蟲에對하야이약이하야라。

三、益蟲이라하는것은、무슨짓을하는蟲이냐。

四、斑蝥·瓢蟲·草蜻蛉·寄生蜂에對하야이약이하야라。

第十八課 漢文 (水利)

利莫大於水利니하 生民之命은懸於衣食하고 衣食은繫乎水旱이라 天之所爲는民不能奈何ㅣ나 其在人力은猶有可致之道ㅣ라 夫有雨澤之水하며 有井泉之水하며 有川溪之水하니 雨澤時溢을恨不能儲以待也ㅣ며 井泉恒瀦를恨不能挈而上也ㅣ며 川澤流下를恨不能決而分也ㅣ로다 苟使無用之物로歸之有用이면 斯民이豈有飢寒之患哉리오 國初에築堤儲水하야 今遺址ㅣ處處皆有ㅣ나 而淤塞廢壞하야 不復修治하야 悉爲豪民墾畝하고 如*金堤之碧骨堤는刱自新羅訖解王

旱 猶 溢 恨、儲 址 淤 墾、刱、訖

柳、磻、磬

時하야 後에 重修之하야 分爲五渠하야 漑田萬頃하니 柳*磻溪馨遠이 云若堅修碧骨等數三堤면 則蘆*嶺以外는 無凶歉矣리라하더니 今時則都廢而不擧하니 國貧民竭이 不亦宜乎아 (星湖僿說)

練習

一、다음□표속에漢字를넣코、吐를달어라。

(가)生民之命懸於□□衣食繫乎□□

(나)苟使□□之物歸之□□斯民豈有□□之患哉

二、다음말을漢字로곳치고、그뜻을말하야라。

슈리。 슈한。 우뎍。

閃 響

정쳔。 기한。 흉겸。

三、碧骨堤는、後世에는本文과갓치荒廢하얏스나、至今은修治되여、水利의便함이多大하니、너의들사는地方에도、그와갓흔堤堰이잇느냐。

第十九課 光과音

雷聲이나기조곰前에空中에서閃閃한光을發함을見하나니、此光을電이라稱하나니라。雷聲은電光과一時에나는것이나、其音響이電光보다後에들님은、音의速度가光의速度

緩 銃

보다 遲緩한 故이니라。

또 사람이 銃을 放함을 遠處에서 見하면, 煙氣가 몬저 보이고, 한참 지난 後에야 音響이 들니나니, 이도 또한 電光을 見한 後에 雷聲을 聽함과 同一한 理由에 基因함이니라。

電光이 보임과 雷聲이 들니는 사이가 長하면, 音響이 弱小하고, 그 사이가 短하면, 音響이 强大하나니, 그 强大함은 雷聲이 近한 處에서 나는 故이니라。 雷聲이 近한 處에서 나면, 音響이 귀에 到達하는 時間도 短한 故로, 音과 光이 거의 同時가 되나니라。 또 雷聲을 듯고도 電光을 見치 못하며 電光을 보고도 雷聲을 듯지 못하는 일이 잇나니, 이는 다만 그 光이 雲霧에 遮隔되나, 距離가 遠隔하야 音響이 人의 귀에 到達 아니함이니라

習

一、電光이 보인 後에 雷聲이 들님은 무슨 理致이냐。

二、電光 보인 後 雷聲 들니기까지의 그 時間이 長하고 短함

울딸어서、音響이엇더케變하느냐。

二、[illegible]

은들니지아니함은무슨理致이냐。

第二十課 漢文

子ㅣ曰我非生而知之者ㅣ라 好古敏以求之者也ㅣ로라 (論語)

子夏ㅣ曰賢賢호대 易色하며 事父母호대 能竭其力하며 事君호대 能致其身하며 與朋友交호대 言而有信이면 雖曰未學이라도 吾必謂之學矣라하리라 (論語)

孔子ㅣ曰君子ㅣ有九思하니 視思明하며 聽思聰하며 色思溫하며 貌思恭하며 言思忠하며 事思敬하며 疑思問하며 忿思難하며 見得思義니라 (論語)

練習

一、다음□표속에漢字를넣고、吐를달어라。

(가) 事□□能竭□□事□能致□□與□□交言而有□

(나) 視思□聽思□色思□貌思□言思□事思□疑思□忿思□見得思□

二、다음漢字를너어서、두字식의말을지어라。

敏。賢。信。聽。恭。

血、勇　鬪、廉　憤

第二十一課　眞正한勇者

爭鬪를嗜好함은血氣之勇이니、君子의貴히녁이는바이아니라　諸子는*藺相如와廉*頗의事蹟을아는가。　廉頗가藺相如의下位에居함을憤怒하야、機會를어드면、辱하고저하니、藺相如가그말을듯고、相逢하기를不肯하니라。　藺相如가廉頗를畏忌함이아니라。藺相如의싱각에는、當時에趙는弱小한나라이오、秦은强大한나라이되、秦이敢히趙國을來

攻　瞋

攻치못함은、나와廉頗가잇슴이라。　이제우리二人이相爭하야、서로反目하면、趙國은滅亡하리라함이러라。　廉頗의無禮한擧動을보고、藺相如인들엇지마음에快히역엿스리오마는、國家를爲하야、一己의私憤을抑制함이러라　廉頗도이말을듯고、크게붓그러워하야、藺相如를訪問하고、謝罪하얏다하니、藺相如와갓흔사람은、眞正한勇者이로다。

世間에往往히膂力의過人함을밋고、瞋目揚

臂、罵詈 豺狼 憑

臂하며、高聲大語로他人을罵詈하야、勇者로
自居하는者이잇스나、이는田夫野人의行動
이오士君子의行할바이아니니라
江河를건너는대는、船隻이아니면不可하고、
豺狼을잡는대는、銃彈이아니면不可하나니、
그러나나는勇者이라、船隻을焉用이며銃彈
을何要오하는者이잇스면、이는勇者이아니
오、愚者이라할지로다。 孔子도「暴虎憑河하야
死而無悔者는吾不與也라」하시니라。 무슨

일이던지、順序와方法이必有하리니、일에臨
하거든、深思遠慮하야、最善한方法을擇하야、
成功하기를期必하는사람을眞正한勇者이
라하나니라。

練習

一、藺相如와廉頗의事蹟을이약이하야라。

二、藺相如와廉頗의이약이를듯고、感動된것을말하야라。

三、暴虎憑河라는것은엇더한뜻이냐。

第二十二課 漢文

君子之交는 淡若水하고 小人之交는 甘若醴하니 君子는 淡以親하고 小人은 甘以絕이니라 (莊子)

君子는 交絕에 不出惡聲이니라 (史記)

程伊川이 曰 近世淺薄하야 以相歡狎으로 爲相與하며 以無圭角으로 爲相歡愛하나 如此者ㅣ 安能久리오 若要久ㄴ댄 須是恭敬이니라 (小學)

君子는 不盡人之歡하며 不竭人之忠하야 以全交也ㅣ니라 (禮記)

練習

一、다음□표속에漢字를넣코、吐를달어라。

(가) 君子之交淡若□小人之交甘若□

(나) 君子不盡人之□不竭人之□以全□也

二、다음漢字를比較하야、달은것을말하야라。

淡、談。若、苦。淺、錢。狎、押。

三、다음말을漢字로곳치고、그뜻을말하야라。

천박。환압。규각。환인。

第二十三課 婢僕

貞童의 집에 女婢二人과 男僕一人이 잇는대、貞童의 父母는 極히 慈愛心이 만흔 사람인 故

主婢僕三人을慈愛하야、子息과갓치역이는지라。 婢僕도또한忠誠으로主人을爲하야、主人의집을自己의집과갓치싱각하더라」。其中에年長한女僕貞童이나기前부터집에잇서서、自少로貞童을愛護하야、自己의所生과갓치하더라。

婢僕의게 衣服은、다貞童의母親이숀것이다。 貞童의父親은學問이잇는까닭이니、밤이면、時時로婢僕을모아、文字를教授하고、또

時時로有益한言語로訓導하더라。 婢僕도熱心으로배우는故로、孝經·修身書等도能히通達하는지라。 貞童이學校에入學함으로부터、三人의婢僕은貞童이工夫를잘하야、敎師에게稱讚바듬을깃버하야、學校에갓다오면、반다시무엇을學習하셧나뇨하고、뭇더라」。

大概婢僕은貧賤한집에서生長하야、學問도工夫치못하며、또財產이업合으로써、獨立하야農商等을經營치못하는도다。 이런사람

穩

도富饒한집에生長하야、幼穉한새로부터學校에가서、學問을工夫하얏더면、能히優等될사람도잇슬지로다。

우리들도、財産이업고、學問이업스면、사람의婢僕이될일도잇스리로다。 이것을싱각하면、婢僕이賤한것이아니라、可憐한者이로다。이것을싱각하지아니하고、婢僕을賤待함은、가장穩當치아니한일이니라。

練習

娠　阿、婆

一、貞童의母親은、婢僕에對하야、엇더한일을하얏느냐。

二、貞童의父親은、婢僕에對하야、엇더한일을하얏느냐。

三、婢僕等은、貞童을엇더케愛護하얏느냐。

四、무릇婢僕은、엇더케待遇함이可하냐。

第二十四課 漢文 (昔脫解)

新羅脫解*尼師今이立하니時年이六十二라姓은昔이오妃는阿孝夫人이니脫解는本多*婆那國所生也라其國이在倭國東北一千里하니初에其國王이娶女國王女爲妻하야有娠七年에乃生大

祥 裹、櫝

卵하니 王曰人而生卵은不祥也ㅣ라 宜棄之라하니
女ㅣ不忍하야 以帛裹卵하고 並寶物置於櫝中하야
浮於海하야 任其所往이러니 初至金*官國海邊하니
金官人이 怪之不取하고 又至辰*韓阿珍浦口하니
是는 始祖赫居世在位三十九年也ㅣ라 時에 海
邊老母ㅣ以繩으로 引繫海岸하고 開櫝見之하니 有
一小兒ㅣ在焉이라 其母ㅣ取養之러니 及壯에 身
長이 九尺이오 風神이 秀朗하고 智識이 過人이어늘
或이 曰此兒는 不知姓氏라 初櫝來時에 有一

鵲 韞 庸

鵲이 飛鳴而隨之하니 宜省鵲字하야 以昔爲氏하고
又解韞櫝而出하니 宜名脫解라하다 脫解ㅣ始以
漁釣爲業하야 供養其母하고 專精學問이러니 至南*
解王五年에 聞其賢하고 以其女妻之라가 至七年
에 登庸爲大輔하야 委以政事러니 儒*理王死後에
爲新羅王하니라

(三國史記)

練習

一、本課의 大綱뜻을 이약이하야라。
二、다음 漢字의 새음과 音을 말하야라。
卵。櫝。繩。鵲。引。隨。

屢

三、本課外에、內地와朝鮮間에關係잇는歷史上이약이를 알거든、그것을이약이하야라。

第二十五課 會社

良明이街路를往來하다가、某某會社라하는懸板을屢次보앗더라。 一夜에그父親을侍坐하야、談話하다가

良明 「處處에某某會社라懸板이잇는큰商店갓흔것이잇스니、會社라하는것은、엇더한것이오닛가」。

醵 些 鳩

父 「會社라하는것은、衆人이資本을醵出하야、商業을經營하는한團體이니라」。

良明 「사람사람이各各商業을經營치안코、衆人이資本을醵合함은、무슨싸닭이오닛가」。

父 「些少한資本으로될만한商業은、一人의獨力으로足히經營할수잇스나、多額의資本金이잇서야할쌔에는獨力으로行치못하는일이만흐니라。 如此한쌔에는、衆人이合力하야、多數한資本金을鳩聚하나니

辦

라。 故로會社가經營하는商業은、반다시큰商業이니라。 多大한財産을가진商人은、一人으로도會社보담큰商業을經營하는者이不少하니라。

良明「그러면會社에서엇는利益은、엇더한方法으로分配하나닛가。」

父「그것은最初에辦出한資本金額을쌀어서配當하나니、假令四人이合力하야十萬圓의資本金으로會社를刱設하얏다가、一

堦

萬圓의利益을어든境遇에、만일四人이二萬五千圓식各出하얏스면、各各二千五百圓의配當을바들것이오、만일甲이四萬圓、乙이三萬圓、丙이二萬圓、丁이一萬圓을各出하얏스면、그配當이四千圓·三千圓·二千圓·一千圓의堦等이잇나니라。

練習

一、衆人이資本을醵合하야商業을經營함은무슨까닭이냐。

二、會社에서어든利益은엇더한方法으로分配하느냐。

顚沛

三、다음말을漢字로바더써라。

회샤。 ᄌᆞ본。 갹출。 경영。

구취。 지산。 판출。 창셜。

第二十六課　漢文

子ㅣ曰富與貴ㅣ是人之所欲也ㅣ나不以其道로得之어든不處也하며貧與賤이是人之所惡也ㅣ나不以其道로得之라도不去也ㅣ니라君子ㅣ去仁이면惡乎成名이리오君子ㅣ無終食之間을違仁이니造次에必於是하며顚沛에必於是니라 (論語)

諂

子貢이曰貧而無諂하며富而無驕하면何如하니잇고子ㅣ曰可也ㅣ나未若貧而樂하며富而好禮者也ㅣ니라 (論語)

練習

一、다음□표속에漢字를넣코、吐를달어라。

(가)富與貴是人之所□也　(나)貧與賤是人之所□也

(다)貧而無□富而無□

二、다음글을漢文으로곳쳐라。

(가)군ᄌᆞㅣ인을버리면、엇지일음을일우리오。

(나)가난하고질거우며、부ᄌᆞ롭고례를조화하는ᄌᆞ만갓지못하니라。

第二十七課 物의價

安昌植 「鐵과銅은大端히要緊한것인대、갑시싸고、金과銀은그러케要緊치아니한대、갑시비싼것은、무슨까닭이오。」

朴世陽 「鐵과銅은만히잇고、金과銀은만치아니한까닭이오。 쌀과나무갓흔것은、鐵과銅보다도더要緊한대、더싼것은、鐵과銅보다도만히잇는까닭이오。

이世上에空氣와물처럼要緊한것이업소。

만일空氣와물이업게되면、우리들은살어잇슬수업소。 特히空氣가업게되면、半時間도못지내여서、죽겟소。 그러나、아모도돈을내여서、空氣를사는사람은업소。 그런故로、암만要緊하더라도、만히잇서서、사지아니하야도關係치아니한것은、모다갑시업는것을알겟소。 물도任意로어들수잇는데서는、살必要가업스나、아조업는데서와적은데서는、갑시잇소。 假令말하면、

사람이만히사는洞里와山上갓흔데는、돈을내여물을사는일도잇슬터이오。」

安昌植 「그러면、비단갓흔것은、每尺에三四圓하는것도잇고、또五六拾錢밧게아니하는것이잇스니、이것은무슨緣故이오。」

朴世陽 「비싼物件은만들새에수고가만히들엇고、싼物件은수고가조곰든것이오。무엇이던지、수고가만히드는것은만히만들지못하는故로비싸고、수고가적게드는것은、만히만들수잇는故로갑시싼것이오。」

練習

一、웨金과銀의갑시鐵과銅의갑보다비싸뇨

二、空氣는人生에가장緊要한것이나、갑시업슴은무슨싸닭이냐。

三、물은엇더한境遇에갑시업고、엇더한境遇에갑시잇느냐。

四、한種類의비단갓흔것도、싼것이잇고、비싼것이잇슴은、무슨싸닭이냐。

第二十八課 漢文

(忠益說)

把耒 胖 浩

把耒而耕者는農夫之忠益於邦國也ㅣ오製造貨物者는工人之忠益於邦國也ㅣ오運物行遠者는商賈之忠益於邦國也ㅣ오操練備非常者는步卒之忠益於邦國也ㅣ오至公無私하야興利除害者는居官者之忠益於邦國也ㅣ라蓋人은不問貴賤하고苟能勉强其職事ㅣ면則心廣體胖하야浩然之氣ㅣ生矣라而其利益이必及於他人하며加於邦國하나니不獨能安一家而已也어니와若夫煖衣飽食하야無所事事ㅣ면則終日昏昏

耗、疋 懶

하야嗜欲橫生하나니不獨不能忠益於他人이라一生之間에徒耗損他人所力作之粒米布疋也ㅣ니故로懶惰之人은成何用乎리오

(中村正直)

練習

一、다음말을漢字로곳치고、그뜻을말하야라。
지공무ᄉᆞ。심광톄반。난의포식。

二、다음글을漢文으로곳쳐라。
홀로능히타인에게충익하지못할뿐아니라、일싱사이에한갓타인의력작한바립미와포필을모손합지라。

三、다음漢字의새음과音을말하야라。

廣。浩。暖。昏。

晬 劬 舞

第二十九課 晬辰을賀하는書

敬覆者 晬辰에屬敎를밧자오니、感謝不已이오며、大抵身體가康健하와、此日을累逢함은、人間의第一幸福이온대、하믈며吾兄은兩親이俱慶이시고、兄弟가無故하와、如此한劬勞의日을當하야、能히斑爛의舞를供하시오니、이것은實로사람사람의健羨할바이옵나이다。 雜魚一級과軟雞五首를奉上하와、爲先祝意를表하옵고、明日에躬進하와、擧盃面賀코저하옵나이다。 不備謝上

月 日

弟 李源國 拜

盃

練習

本課를모방하야、「還甲을賀하는書」를지어라。

第三十課 漢文

(金閼智)

掛 偉 閼

新羅脫解王九年春三月에王이夜聞金*城西
始林樹間에有雞鳴聲하고遲明遣瓠*公視之하니
有金色小櫝이掛樹枝하고白雞ㅣ鳴於其下어늘
瓠公이還告하니王이使人으로取瓢開之한대有小
男兒ㅣ在其中하야姿容이奇偉어늘上이喜謂左
右曰此豈非天이遺我以令胤乎아乃收養之
러니及長에聰明多智略이라乃名閼智하고以其出
於金櫝으로姓金氏하고改始林名雞林이라가因以
爲國號하니라

(三國史記)

練習

一、本課의大綱뜻을이약이하야라。

二、다음漢字를比較하야、그달은것을말하야라。

脫、說。 嗚、鳴。 聽、總。

第三十一課 一家和睦

家內가和睦하면、他人도快樂하게아나니、萬一그러치안코、家內가不和不睦하면、듯는사람도不快한싱각이잇나니라。

예로부터不和한家族은昌盛한일이업고、和

睦한家族은衰한일이업도다。家內에는父母도잇스며、兄弟도잇스며、姉妹도잇나니、父母는子息을사랑하며、子息은父母를尊敬함이사람의道理이오、姉兄은妹弟를사랑하며、妹弟는姉兄을恭敬함이또한사람의道理이니라。父母가되여、子息을사랑치아니하며、子息이되여、父母를尊敬치아니하고、姉兄이되여、妹弟를사랑치아니하며、妹弟가되여、姉兄을恭敬치아니함은、禽獸만갓지못하니라」。

喧

各各自己의마음대로하랴하는데서、不和한일이생겨서、드대여서로反目하게되나니、自己의뜻대로하랴하는마음을抑制하야、서로容恕하면、家內가恒常和睦하야、반다시不和한일이생기지아니할지니라。

옛적에어느사람이家內에百人의家族이同居하는대、한번도喧爭한일이업고、집이漸漸興旺하야、和氣가滿室함애、이웃사람들이模倣하야、一郡이다和睦하게되엿다하니、이는

可히본바들만한일이로다。

練習

一、家內에잇서서、父子兄弟姉妹間의道理를엇더케하야야쓰느냐。

二、自己의마음대로만하면、家內는엇더케되여가느냐。

三、다음말을漢字로바더써라。

화목。 쾌락。 현정。 창셩。

존경。 용셔。 흥왕。

孰

第三十二課 漢文

事孰爲大오事親이爲大하니라守孰爲大오守身이爲大하니라不失其身而能事其親者를吾聞之矣오失其身而能事其親者를吾未之聞也ㅣ로라(孟子)

曾*子ㅣ養曾*晳하실새必有酒肉하더시니將徹할새必請所與하며問有餘어든必曰有ㅣ라하더시다曾晳이死커늘曾*元이養曾子할새必有酒肉하더니將徹할새不請所與하며問有餘어시든曰亡矣라하니將以復進하ㅣ라此는所謂養口體者也ㅣ니若曾子則可謂養志也ㅣ니라事親이若曾子者ㅣ可也ㅣ니라(孟子)

晳、徹

練習

一、本課에잇는曾子의이약이를하야라。

二、다음□표속에漢字를넛코、吐를달어라。

(가)□其身而能□其親者吾未之□也

(나)此所謂養□□者也若曾子則可謂養□也

三、다음말을너어서두字식의말을지어라。

事。守。養。

第三十三課 戒喩談

一 狼과鶴

狼이목에큰뼈가걸녀서、애를쓰며、달은즘생

의얼굴만보면、厚히謝禮를할터이니、빼여달나고、이리저리로울면서請하러단겻소。鶴이그謝禮에慾心이나서、말하기를、

「謝禮만할것갓호면、빼여주마。」

하고、단단히言約을한뒤에、주둥이로그뼈를빼여주고、이제謝禮를하라고재촉한즉、狼은猝地에淩蔑하는態度로말하기를、

「못생긴소리말어라。 네가그갓치남의恩惠를몰올줄은몰낫다。 네가내입에목을

淩蔑

들여밀엇슬쌔에、내가ᄲᅡᆨ물엇더면、엇지할번하얏느냐。 그러한것을容恕하야준것온、너에게큰萬幸이다。 그러한대、네가謝禮이니무엇이니하는것은、너무ᄲᅢᆫᄲᅢᆫ한놈의짓이다。」

하며、威脅하는故로、鶴은엇지할수업시、쓸데업는수고만하고가버렷소。

二 老婆와家婢

어느老婆가게집下人몃츨부리는대、每日첫

닭이울면、어서일어나라고、야단을하는故로게집下人이內心에싱각하기를、엇지하면아침에늣도록잘수가잇슬가하고、여러가지로相議한끗헤、畢竟닭이잇는까닭으로우리가일즉일어나게되는것인즉、닭만죽여버리면、쌔우지아니하리라하고、몰내닭을죽여버렷소。 其後에老婆는쌔를몰으게된까닭으로、아즉첫닭울쌔가되기前부터、어서일어나라고쌔우는故로、前보다더괴로움을바덧다하

猿

오。(伊蘇普物語)

練習

一、猿과鶴의이약이를하야라。

二、猿과鶴의이약이속에는、엇더한戒喩가包含되엿느냐。

三、老婆와家婢의이약이를하야라。

四、老婆와家婢의이약이속에는、엇더한戒喩가包含되엿느냐。

第三十四課 漢文

(猿說)

猿之演劇也에衣冠焉하야而爲士大夫하며裾帶焉하야而爲婦女하며且立且坐하며且周旋且進退

儼、擲 曳、匍匐 嗤

하야擧古忠臣烈婦之情狀하야一一依倣할새視之에儼然人也라가而或이擲一菓于其前이면則飜然自失하고故態頓發하야側衣冠하며曳裾帶하야匍匐往食之호대雖觀者ㅣ嗤笑하나弗自知也하나니嗚呼ㅣ라猿이自飾而爲人이라가見菓而爲猿하니唯一菓에而人猿이判焉이로다然이나今學君子于聲音笑貌라가而其節이變于斗升之利者는是亦斗升而君子小人이判焉이니與猿何異리오

(齋藤謦)

練習

一、다음□표속에漢字를넛코、吐를달어라。

(가)或擲□□于其前則黝然□□故態□□

(나)嗚呼猿□□而爲人見□而爲猿唯一菓而□□判焉

二、다음글을漢文으로곳쳐라。

(가)비록보는자ㅣ치쇼하나、스스로아지못하나니라。

(나)원숭이로더부러무엇이달으리오。

第三十五課 손의動作

붓잡고、줍고、쥐고、가지고、던지고하는것이다손이하는일이오。만일손이업게되면、얼마

나不便하겟소。숫가락도잡을수업고、허리띄도맬수업겟소。또가려운데를긁을수도업고、압흔데를만질수도업겟소。木手가집을짓는것과、미장이가壁을발으는것과、사공이배를젓는것과、農夫가田畓을가는것이、다손으로하는것이오。各色機械가잇서도、그것을놀니는것은、亦是손이오。

무슨일을하던지、손이根本이오。밧분새에손이不足하다하는것은、일하는사람이적다

하는말이오。
집이던지、나라던지、손을잘놀니는사람이만홀수록더興하고、팔장만끼고잇는사람이만홀수록더衰하오。
붓한자루로아름다운그림을그리고、솔한개로보기조흔彫刻을하야、사람의稱讚을밧는것도、손의動作이오。 암만조흔樂器가잇더라도、손이업게되면、ᄌᆞ미잇는소리를낼수가업슬것이오。

원숭이는손과갓치일을하는것이네개가잇지마는、사람과갓치여러가지物件을만들지못하는것은、知識이업는ᄯᅡ닭이오。 손을놀녀도、知識이업스면、아모데도쓸데업소。

練習

一、만일손이업스면、吾人은엇더한不便이잇겟느냐。
二、손을놀니는사람의만코적음을인하야、집파나라는엇더케되여가느냐。
三、다음글中에、——를그은곳에、適當한말을너어라。
(가)木手가집을——。

(나) 미장이가 壁을 ——。
(다) 사공이 배를 ——。
(라) 農夫가 田畓을 ——。

倉 爕

第三十六課 漢文 (*다카쿠라 高倉天皇)

帝性이 仁孝하니 受學淸原賴業(*기요하라요리나리)하고 才藻英發하니라

初에 帝幼時에 有獻楓樹者하니 帝極愛之하야 命藤原(후지와라)信成(노부나리)守之러니 一日에 仕丁이 將飮酒할새 剪枝爲薪하야 以爕酒어늘 信成가 見而大驚하야 收仕丁하야 將寘之罪할새 會에 帝使信成로 上其樹하니 信成가 具奏其狀하고 叩頭請罪한대 帝ㅣ從容曰 唐詩에 有云林間爕酒燒紅葉이라하니 誰敎仕丁作此風流오하고 無復所問하니라 (皇朝史略)

練習

一、本課의 大綱뜻을 이약이하야라。

二、다음ㄱ표속에 漢字를 채어라。

(가) 才藻□□

(나) 林間爕酒□□□

三、다음말을 漢字로 곳쳐라。

풍슈。 ᄉᆞ뎡。 고두 풍류。

第三十七課 節制

身體의健康은萬事의根本이라。身體가健康치못하면、아모리知德이잇슬지라도、事業을成功치못할지라。身體의健康을保全코저하면飮食을節制함이가장緊要하도다。口腹의慾心을制御하고、飮食을節操잇게함을節制라云하나니라。뿌랑구린은十二德中에節制를第一로여엿스며、節制다음의切要한것은運動이니라

옛적에한富人이잇는대、每日아모일도하지안코、珍羞盛饌으로縱慾飽食하더니、身體가漸漸肥胖하야、畢也에苦痛을不堪하게되엿더라。醫師가節食運動함을忠告하나、一向聽從치아니하더라。千里遠方에良醫잇슴을듯고、書札을보내여、治療를請하얏더니、醫師는그사람의書札을보고、節食과運動의不足함을알고、卽時答書하되、「이는腹中에怔惡한蟲이發生함이니、親히와서、治療를바드라。

馬車를타면、病勢가漸重하리니、반다시徒步로오라」하얏더라。

그사람이醫師의말을信聽하고、發程하얏스나、처음날에는겨우二三十里를行하야、旅館에投宿하얏더니、日數가더하는대로、身體의肥胖함이漸減하고、精神이爽快하야、醫師의집에到達한때에는、病勢가거진快差하더라。醫師가이것을보고、웃으며갈오대、「貴下의腹中에잇는惡蟲이、旅行中에節食과運動을因

하야、다죽엇도다。」하니、그사람이비로소醫師의말을깨닷고、醫師의忠告를聽從하야、飮食을節制하고、每日運動을不怠하얏더니、身體가至極히健康하야、八十享壽를하얏다하더라。

이말을들을진대、節食과運動이如何히必要한줄을알지로다。 다만室內에서起臥하야、運動도하지안코、飮食만貪하는者는、自己身體의所重함을아지못하는사람이라。 口腹

의欲心을抑制치못함은、甚히卑賤할뿐아니
라、身體의健康을害하야、人臣人子人弟人婦
의本分을能히다하지못하면、不德의罪를免
치못할지니라。

練習

一、節制라함은、엇더케하는것이냐。
二、醫師가肥胖하야苦痛을不堪하는富人에게對하야、무
슨緣故로반다시徒步로오라。고하얏느냐。
三、이富人의身體는、醫師의忠告를들은後에、엇더케變하
얏느냐。

稼　革　窖　歿、鋤犁

四、口腹의慾心을抑制치못하는사람은、엇더케되여가겟
느냐。

第三十八課　漢文 (食力無已時)

西國에有一農夫하니平生에力耕稼하더라自云
累萬金호대不示其所藏也러니疾革에諸子ㅣ環
跪乞言한대農이曰余嘗窖於田畝하니深廣이各
數千尺이라我死矣어든兒輩ㅣ取之하야勿爲他人
有也하라하고言終에歿커늘諸子ㅣ爭往하야鋤犁交
遍하니千畝之地를發掘而盡호대遂不知其所在

耘、穡

라 而耕耘有效하야 稼穡繁茂하야 其收穫이 過乎日하니 諸子ㅣ 乃悟曰 田畝之藏이 果是矣라하니 語에 曰 可自食其力이어니와 不可坐食其金이로다 食力은 無已時하고 食金은 當有盡이라하니라 (譚海)

練習

一、本課의 大綱뜻을 이약이하야라。

二、本課의 이약이를 듯고、感動된것을 이약이하야라。

三、다음 漢字를 比較하야、달은것을 말하야라。

稼、嫁。 沒、歿。 穡、墻。

第三十九課 他人의 名譽

한 少年이 至今 久居하던 故鄕을 써나랴 하는도다。 그사람이 무슨 緣故로 故鄕을 써나지 아니치 못하게 되엿나뇨。

그사람의 祖先이 代代로 이마을에 居住하고、그사람도 또한 이마

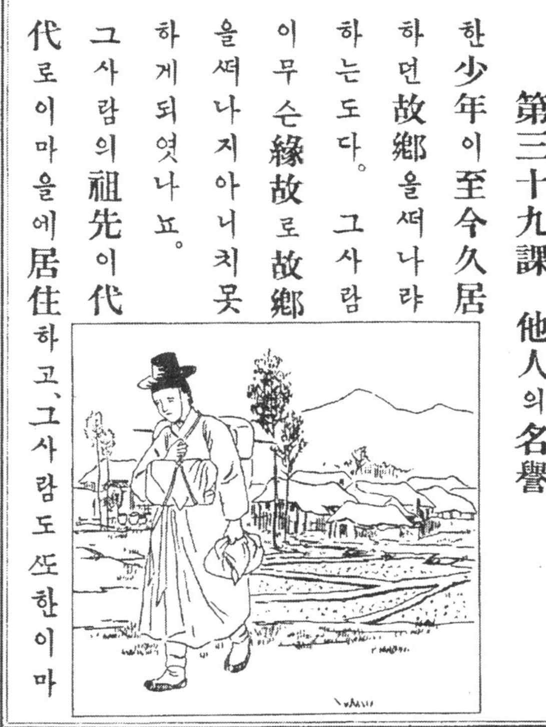

秤 錘

을에서生長하얏스나、幼時로부터남을誹謗하며、사람의過失을摘發하야、名譽를損傷케함을조화하는故로、一洞이모다뮈워하더라」。

隣近에李應善이라하는商業家가잇는대、爲人이正直하야、一人도毁言하는사람이업더라。 그러나應善의祖父가旣往에不正한秤錘로써銀을賣買한일로、罰을當한일이잇섯더니、그少年이恒常이일을들어말하야、應善을辱하더라。

債、勘　做

또同里에張九容이라하는農夫가잇는대、不幸히中年에他債를勘報치못한까닭으로、一時破産을當하얏스나、그後에商業에勤勉하야、다시家産이富饒함으로、以前의負債를다淸帳하니、사람마다九容을稱讚치아니하는사람이업스되、그少年은至今도오히려破産하던때의일을말하야、九容을嘲笑하더라」。

또虛無한말을做出하야、사람의名譽를傷케

하는일이만흐니、누가그사람과交遊하기를
즐겨하리오。人心을크게일허、이마을에서
살수업게된故로、드대여故鄕을써나게되엿
더라。

他人의일을좃치안케말하면、畢竟은남에게
뮈움을밧고、自己도亦是좃치아니한말을듯
나니라。

사람의名譽는生命財產보담도所重한지라。
名譽를爲하야、生命을앗기지아니하는사람

도잇나니、自己의名譽를重히역임과갓치남
의名譽도重히역여、決斷코損傷치말지니라。
내가남의名譽를重히역이면、남이또한내名
譽를重히역이고、내가남의名譽를헐면、남이
또한내名譽를헐나니、「出乎爾者ㅣ反乎爾」라。
하는옛말을銘心할지니라。

練習

一、이少年은엇지하야、李應春을辱하얏느냐。
二、이少年은엇지하야、張九容을嘲笑하얏느냐。

喋　騰、舌　辜　僉

三、이少年은、엇지하야、남에게뮈움을밧고、自己의故鄕을 떠나가게되엿느냐。

四、「出乎爾者ㅣ反乎爾라」함은、엇더한뜻이냐。

第四十課　漢文 (異次頓)

新羅法*興王이欲興佛教할새群臣이不信하야喋喋騰口舌하니王이難之러니近臣異次頓이奏曰請斬小臣하야以定衆議하소서王曰本欲興道어니而殺不辜는非也ㅣ라答曰若道之得行이면臣雖死나無憾이니이다王이於是에召群臣問之한대僉

淵　牢　誅

曰今見僧徒ㅣ童頭異服으로議論奇詭하니而非常道ㅣ라今若縱之면恐有後悔일가하노니臣等이雖即重罪나不敢奉詔ㅣ니이다異次頓이獨曰今群臣之言이非也ㅣ라夫有非常之人然後에有非常之事하나니今聞佛教淵奧하니恐不可不信이라하노이다王曰衆人之言이牢不可破어늘汝獨異言하니不能兩從이로다하고遂下吏將誅之할새異次頓이臨死曰我는爲法就刑하노니佛若有神이면吾死에必有異事하리라及斬之에血從斷處湧

乳

하야色白如乳하니衆이恠之하야不復非毁佛事하더라

(三國史記)

練習

一、本課의大綱뜻을이약이하야라。

二、다음□표속에漢字를넣코、吐를달어라。

(가)喋喋騰□□　(나)殺□□非也

(나)議論□□而非常道

다음글을漢文으로곳쳐라。

이제만일노흐면、두리건대、후회가잇슬가하노이다。

第四十一課 寒中探節

瞻

拜啓요사이猝寒은可謂近年에初有이오매、每樣如是한새에、사람들이失攝을因하야、受病하는者이多하오니、伏惟兄體가萬護하오시고、宅內諸節이一安하오시니잇가。季氏兄은旅館에서이寒節을當하야、凡百이더욱困難하실듯하오니、竝切區區瞻祝이옵나이다。弟는省率이如前이오나、寒威를畏하와、敢히出門치못하옵고、다만날마다二三同

擁爐 討

志로더부러擁爐竝坐하야、前日에讀習
한册子를討論하오니、亦是古人의일운
바三餘工夫의一助가될가하옵나이다。
畧探寒中安節不備上。

月 日

弟金光洙拜

練習

一、本課를모방하야「畧中探節」의편지를지어라。

第四十二課 紙幣와爲替

幣

昔時에는貨幣가업섯슴으로、사람이무엇을
사고저할새에는、달은物品을가지고가서、自己
의要求하는物品과相換하얏소。 假令甲은
소곰을만히가지고、乙은쌀을만히가지고잇
스면、甲은乙에게소곰을가지고가서、쌀과相
換하얏소。

萬若쌀과소곰의時價가相同할것갓흐면、쌀
한되와소곰한되와交換하오。 然이나쌀의
時價가소곰의二倍가되면、쌀한되와소곰두

되의比例로交換하게되오。 이와갓치物品과物品을交換하얏는故로、무슨物品을사고저하면、그物品을만히가진사람을搜探하야야하오。 또搜探하더라도、이편에서販賣코저하는物品이저편에不必要하면、交換하지못하오。

然故로昔時에는甚히不便하얏스나、貨幣가난後에는、매우便利케되엿소。 그것은物品을交換하지아니하고、곳貨幣로사는까닭이

오。

然이나貨幣는무거워서、가지고단기기에는매우不便하더니、其後에紙幣가생겨서、가지고단기기에도甚히便利케되엿소。

貨幣와紙幣는便利하나、遠處에가지고가겨나附送함에는、中路에서被奪하거나閪失하는일이잇소。 또紙幣는가벼우나、만히잇스면、또한큰짐이되오。

이不便함을免하기爲하야、爲替라하는것이

생겻스니、爲替로하면、現金을다루지아니하고、만흔돈을어듸로던지보낼수가잇소。 이와갓치萬事가漸漸便利하야가오。

練習

一、옛적에貨幣가업슬때에는、엇더케하야、物品을삿느냐。

二、物品파物品으로交換하던때에는、엇더한不便이잇섯느냐。

三、貨幣가난때에、엇더한사닭으로、그것이便利한줄을알엇느냐。

四、爲替는、엇더한데에、貨幣又는紙幣보담도便利하냐。

矩

第四十三課 漢文

子ㅣ曰知之者ㅣ不如好之者오好之者ㅣ不如樂之者ㅣ니라 (論語)

子ㅣ曰古之學者는爲己러니今之學者는爲人이로다 (論語)

子ㅣ曰吾ㅣ十有五而志于學하고三十而立하고四十而不惑하고五十而知天命하고六十而耳順하고七十而從心所欲하야不踰矩호라 (論語)

練習

一、다음□표속에漢字를녀코、吐를달어라。

(가) 知之者不如□之者好之者不如□之者

(나) 從□所欲不踰□

二、다음말의뜻을말하야라。

志學年。 立年。 不惑年。

知命年。 耳順年。

第四十四課 師의恩

一、철업고어린東西不辨우리들、힘써가르치신우리의先生님、이즐소냐、그恩惠、아침이나、저녁이나。

二、知識넓히고、才能道德닥기는누구힘인지、同侔들아、아느냐、올타、우리先生님、口傳心授、이아닌가。

三、이몸낫키는、父母님의恩惠오、이몸닥기는、先生님의恩惠라、이즐소냐、先生님、父母님과一般이라。

侔

薨、嗣 曼

四、놉고또깁흔先生님의큰恩惠、
엇지이즈며、어느새나갑흘가、
우리몸을세우고、
우리일음날녀서。

第四十五課 漢文 (德曼)

新羅眞平王*이薨하고無嗣하니國人이以長女德曼이寬仁明敏으로立爲主하다初에唐帝ㅣ賜牧丹花圖幷花子하니眞平王이以示德曼한대德曼

艶

이曰此花는必無香氣로다王이笑曰爾ㅣ何以知之오對曰此花ㅣ絕艶하고而畵無蜂蝶하니是必無香이니이다種其子하니果如其言이라其先識이如此하더라 (東國通鑑)

練習

一、本課의大綱뜻을이약이하야라。

二、다음말을漢字로곳쳐써라。
관인。 명민。 목단。 향긔。 봉접。

三、다음漢字의색음과音을말하야라。
立。 賜。 示。 笑。 絕。

鹹 陷

第四十六課 淡水와鹹水

孝順 「河水와井水等은淡하고、海水만鹹함은、무슨까닭이오닛가」。

父 「河水와井水等은鹽分이업고、海水는鹽分이잇는까닭이니라」。

孝順 「何故로河水와井水等은鹽分이업고、海水만鹽分이잇사오며、또海水에잇는鹽分은어듸서생긴것이오닛가」。

父 「大海는陸地의低陷한곳에물이고인것

丘

이라。萬一물이업스면、海中도또한우리의住居하는陸地와달음이업다。그最高處는山과丘陵이오、稍低한곳은原野이라。海水에잇는鹽分은、元是海中의山과陸地의山에잇섯스나、許久한歲月에、물에溶解된것이니라」。

孝順 「海中의山에잇던鹽分이海水에溶解됨은解得하얏습니다。그러나陸地의山에잇던鹽分은、엇지하야海水로들어갑닛

가」。

父 「비가올새에山谷에서流下하는물이溪水도되고、河水도되여、大海로들어가는대、그동안에鹽分을조곰식溶解하야、大海로보내나니라。 이와갓치幾千萬年間에海水는至今과갓치鹽分이만히잇서서、그맛이鹹하게되엿나니라」。

孝順 「그러면河水에도鹽分이잇슴닛가」。

父 「그러하다。 鹽分잇는山에서流出하는

河水에는、鹽分이잇나니라」。

孝順 「河水에도鹽分이잇슬것갓호면、亦是鹹한맛이잇슬터인대、淡함은무슨까닭이오닛가」。

父 「河水에잇는鹽分은、分量이極히적은까닭으로、사람이能히맛을아지못하는것이니라」。

練習

一、海水에잇는鹽分은、어듸서생기느냐。

二、陸地의山에잇는鹽分은、엇더케하야、海水中으로들어 가느냐。

三、河水에도鹽分이잇스나、淡함은무슨까닭이냐。

第四十七課 漢文

殃 螻蟻 睫

積善之家에必有餘慶하고積不善之家에必有餘殃이니라 (易經)

千丈之堤ㅣ以螻蟻之穴而潰니라 (韓非子)

智는如目也ㅣ能見百步之外호대而不能自見其睫하니故로知之難은不在見人이오在自見이라

寡

故로曰自見之謂明이니라 (韓非子)

事未有不始於微而成於著하니聖人之慮는遠故로能謹其微而治之하고衆人之識은近故로必待其著而後에救之하나니治其微하면則用力寡而功多하고救其著하면則竭力而不能及也ㅣ니라 (司馬溫公)

練習

一、다음□표속에漢字를넣코、吐를달어라。

(가) 積善之家必有□□積不善之家必有□□

選

(나) 治其微則□□寡而□多救其著則□□而不能及也

二、다음글을漢文으로곳쳐라。

(가) 일이적은데시작하고、나타난데일우지아니함이잇지아니하니라。

(나) 중인의아는것은、갓가운고로、그나타남을기다린후에구하나니라。

第四十八課　種子의選擇

大抵植物은、그種子의好否를因하야、發育이懸殊하니라。 土地를深耕하고、肥料를多施할지라도、種子가不好하면、結實이良好치못

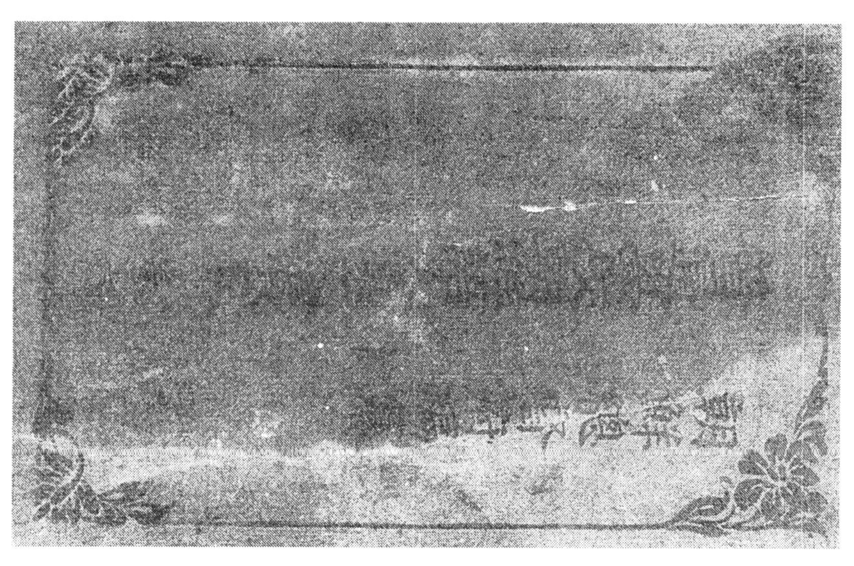

1차 교육령기 보통학교 조선어급한문독본 권6

이 책은 기존의 연구(박붕배 2003, 허재영 2009)에서 언급되지 않았던 자료로 새로 발견된 것이다. 제1차 교육령기의 보통학교 학제가 6년제로 개편되면서 추가 개발된 교과서이다. 모두 65과와 부록으로 구성되었다. 현재 발굴된 자료는 표지의 일부와 '서두', '목차'의 한 장이 낙장이며, 제1과까지는 학습자가 붓글씨 연습장으로 사용한 상태여서 판독이 어렵다. 제4과와 제5과는 일부 낙장이며, 제28과의 한 장, 제29과, 제30과의 한 장, 제39과가 낙장이다. 원문을 참고하여 목차를 정리하면 다음과 같다.

目次

第一課 孔子와 孟子

1쪽: 東洋의 大聖人 孔子의 名은 丘 이오, 字는 仲尼이니, 距今 二千四百七十餘年前에 魯國 昌平이라 하는 쌍에 誕生하시다. 魯는 朝鮮 黃海道와 相對한 山東省의 一部分에 位置하얏던 國名이니라. 孔子는 幼時로부터 聰明하사, 學問을 조하하시고, 三十歲에는, 學問과 道德

2쪽: 이 一世에 卓越하신지라. 그 高名을 듯고, 四方으로부터 와서, 弟子된 者ㅣ 三千人에 達하니라. 孔子는 修身 齊家 治國 平天下의 道를 다 仁의 一字로 本領을 삼으셧나니라. 壯年에 天下에 周遊하사, 諸侯를 教導코저 하셧스나, 그 道를 行하는 者ㅣ 업슴으로, 맛참내 魯國에 還歸하사, 專에 弟子를 敎育하시며, 仁義道德을 論述하사, 天下萬世에 垂敎하시다. 孔子는 七十二歲에 沒하시다. 沒하신 後에,

3쪽: 門 弟子가 그 立言하신 바를 編纂하사, 一書를 作하얏스니, 我等의 誦讀하는 바 論語가 곳 이 것이라.

孔子가 沒하신 지 百年 後에, 大賢 孟子가 나시다. 孟子의 名은 軻이오, 字는 子輿이니, 魯國의 南隣되는 鄒라 하는 小國에 誕生하시다. 幼時로부터 賢母의 敎養을 바더, 學識이 大進하시니라.

孟子는 孔子의 道統을 傳承하사, 世敎의 衰頹…

(띄어쓰기 현대어 고침)

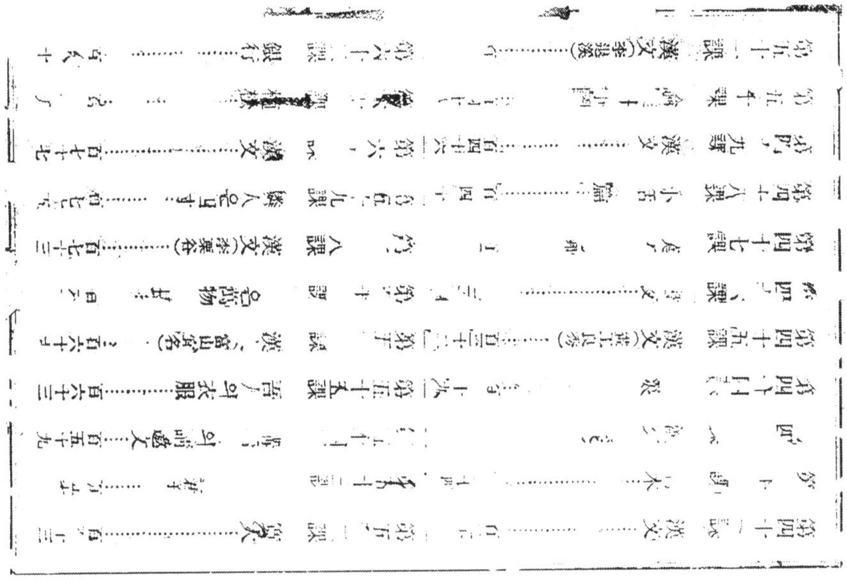

普通學校朝鮮語 漢文讀本 卷六

第一課 孔子와 孟子

東洋의 大聖人 孔子의 [illegible] 丘ㅣ오, 字는 仲尼이 距今二千四百七十餘年前에 魯國昌平[illegible]이라 하는 생에 誕生하[illegible]다 [illegible] 朝[illegible] [illegible]와 [illegible]힌 [illegible] 一[illegible] [illegible]하[illegible] 國名이니라 孔子는 幼時로부터 聰明하사, 學問을 조화하ㅣ고, 三十歲에는 學問과 道德

이一世에卓越하신지라。 그高名을듯고、四
方으로브터와서、弟子된者ㅣ三千人에達하
니 子ㅣ修 [illegible] 의道를
다 그이一字도本明을잡 [illegible] 각。
仕官에天下에周遊하사、諸侯를敎導코저하
셧스나、그道를行하는者ㅣ이슴으로、맛참내
魯國에還歸하사、弟子를敎하며、仁
義道德을論하며。 下에 [illegible] 에 [illegible] 敎하시니。
孔子는七十三歲에沒하ㅣ니。 [illegible] 하신 [illegible]
門弟子가그立言하심을編纂하ㅣ一書를
作하얏스니、今의論語라하는바論語ㅣ그
ㅣ이라
孔子가沒하신뒤百年ㅣ後에大賢孟子가나시
다 孟子의名은軻이오、字는子輿ㅣ니、鄒國
의 [illegible] 하는 [illegible] 誕生하시 [illegible]
時로부터賢母의敎養을바더學業이大進하
시니라。
[illegible]

함을扶植하시다。 孟子도또한孔子와갓치諸國에周遊하셧스나、그道를行치못하시고、退歸하야弟子로더부러難議問答하야、一書를著作하시니、後世에其書를孟子라稱하야、論語와갓치永遠히東洋에道德의模範이되다。 孔子·孟子의教를儒教라하나니라。

練習

一、孔子의事跡을簡單히이약이하야라。
二、論語는엇더한것인지말하야라。
三、孟子의事跡을簡單히이약이하야라。

芋
煨、炙烹、餅

第二課 漢文 (甘藷取種)

對馬島中에有草根可食者하니名曰甘藷ㅣ라或謂孝子麻ㅣ라하니島之方音에爲古貴爲麻ㅣ라其形이或如山藥하며或如菁根하며如瓜如芋하야不一其狀하니其味ㅣ比山藥而堅有眞氣하고或似半煨栗味하야生可食하며炙烹에亦可食하며作餅和飯에而無不可하니可謂救荒之好材料也ㅣ라此物이自南京으로流入日本하야陸地諸島에多有之하고而對馬島에尤盛云이라昨年에初到此

島하야 求得數斗하야 出送釜山鎭하야 使之取種하고
今於回路에 又此求得하야 將授於萊州校吏輩
할새 行中諸人이 亦有得去者하니 果能皆生하야 廣
布於我國하야 與*文綿之爲면 則豈不大助於東
民耶아 (趙*曮海遊日記)

練習

一、本課의大綱뜻을이약이하야라。
二、다음말을漢字로곳처써라。
감저。 산약。 청근。

第三課 敬師

上杉(우에수기)鷹山은 距今約百年前의人이니、賢明한
名譽가出衆하니라。 일주 細井(호소이)平洲를師事
하야、學을受하고、政治上事도恒常議論하더
라。
某年에平洲가鷹山의招聘을受하야 *米澤(요네자와)에
往하니라。 此時에鷹山이親히城外一里許
에出迎하더니、平洲의來함을見하고、大喜하
야「先生님安寧하십시오。」하고、恭遜히敬禮한

坂 蹎蹉 欸

後에、休憩하기爲하야、近處山寺에往할새、三町餘의坂路를登함에、平洲보다一步도先行함이無하고、且平洲가或蹎蹉할가念慮하야、極盡扶護하야本堂에到着한後에、自己가階上에先登하야、恭遜히平洲를引導하야、定座케하고、欸曲히接待하니라。

鷹山은位高한人이나、師弟의禮를守함이如斯한지라。平洲도自己를恭敬함이甚厚함에感激하야、其意를書簡에記하야、人에게示

하얏다하더라。大凡禮儀를守함은、何人을對하야던지必要한事이나、特히師에게는더욱言語와擧動을審愼하야、敬意를失치아니하도록注意할지라。

練習

一、上杉鷹山이細井平洲를스승、
를하야라。

二、上杉鷹山의이약이를듯고、

第四課 漢文

子夏ㅣ曰小人之過也ㅣ

人恒過然後에能改하나니라

古之君子는過則改之러니今ᅳ

之로다 (孟子)

改過호대不吝이니라 (書經)

朱子ㅣ曰遷善을當如風之速하고改過를當如

雷之猛이니라 (朱子)

練習

一、다음□표속에漢字를넣고、吐를달어라。

(가)□之君子過則□之□之君子過則□之

(나)遷善當如□□□改過當如□□□

二、다음漢字를各其너어서、두字식의말을지어라。

過。改。順。善。

第五課 春朝

一、지새는달그림자 놀빗

종달새ㄴ

이께

玲瓏

소ᄯ

二、定치못ᄒ ㄴ

玲瓏한새벽이슬 芳草

이제야조흔時節 山家이

나물캐는少婦며 나무하ㄴ

三、도다오는붉은날 뭇속에빗취、

細柳의아침연긔 溪邊에둘녓도다

이제야조흔봄빗 農家의밧분모양

밧가는上坪이며 씨쑤리는下坪田

兎 鰐

第六課 白兎(一)

어느섬에흰톡기하나이잇는대、바다저편에가랴고궁리를하얏소。 하로는海邊에나아가서본즉、鰐魚가잇소。 톡기가鰐魚를對하야말하기를、

「네동모와내동모가、어느편이만흔지、한번比較하야보자」。

하얏소。 鰐魚의對答하는말이、

「그것滋味잇겟다」。

하고、곳동모를만히다리고왓소。

톡기는이것을보고、

「올치、네동모는매우만코나。 우리편이적을는지도몰으겟다。 너의들의잔등이우으로가면서、세여볼터이니、바다저편까지벌녀보아라」。

하얏소。

鰐魚는톡기의말대로벌녀업드렷소。 톡기는하나둘셋하고、세면서건너가다가、마조막

한걸음에언덕에올녀가게되엿슬때에、

「너의들나에게잘속엇다。 내가여긔까지오고십허서、그리한것이다」。

하면서우섯소。 鰐魚는그말을듯고大怒하야、맨씃헤잇던鰐魚가톡기의털을몬창다썹아버렷소。

練習

一、白兎는무슨말로鰐魚를속여서저편언덕에건너갓느냐。

二、鰐魚는속은後에白兎를엇더케하얏느냐。

第七課 白兎(二)

톡기는압혀서견듸다못하야、海邊에서서울고잇섯소。 맛참여러神人이그리로지나가시다가、

「너웨우느냐」

하고물으셧소。 톡기가仔細한曲折을말한즉、

「그러면、바다물에沐浴을하고、들어누어잇거라」。

톡기가그말삼대로하얏더니、몸이。과갓치되엿소。 톡기는깃버서大國主命에게致謝하러가서、

「德澤으로몸이이와갓치快하얏습니다、後日에丁寧코여러형님들보다장한량반이되시오리다」。

하고말하얏소。

其後大國主命는톡기의말과갓치果然장한량반이되셧소。

耽 穴

練習

一、白兎가울고잇는것을보고、여러神人이무엇이라고、가르쳐주셧느냐。

二、大國主命가그톡기에게、엇더한말을가르쳐주셧느냐。

三、白兎는大國主命의가르치신대로하얏더니、몸이엇더케되엿느냐。

四、大國主命는、그後에엇더한량반이되셧느냐。

第八課 漢文

(耽*羅開國)

高麗史古記에云厥初에無人物하더니三神人이從地湧出하니今鎭山北麓에有穴曰毛興이니

는이약이를하얏소。

老人「엇던夫婦두사람이、어린아해하나를다리고寂寞한山中에旅行하는대、人家가업서서、나무밋헤서자는일도각금잇섯다

어느날그夫婦가큰나무밋헤서자다가、밤중에안해가눈을쩌본즉、어린아해가어듸로갓는지보이지아니한다。

깜짝놀나서、男便을일으켜서、갓치四面으로차저보앗다。그때맛참달은잇섯스나、

慌

큰나무가鬱密하야、민데가보이지아니한
다。

그새건너편캄캄한곳에、무엇이희끗희끗
한것이잇는故로、仔細히삷혀본즉、범한마
리가어린아해를얼느고잇다。

男便이그것을보고、곳銃으로범을노하죽
이랴고하닛가、안해가慌忙히挽留하되、
「만일아해를죽이면、엇더케하느냐。」
고하얏다。 그러나男便은그말을듯지안

코、걱정말라하고、銃을노흔즉、큰소리가나
며、범이그자리에서죽엇다。

둘이달음박질하야가서본즉、어린아해는
빙긋빙긋웃고잇다。 어린아해는범이무
서운줄을몰낫던것이다。」

아해들이老人의이약이를熱心으로듯고잇
다가、老人다려물엇소。

兒孩 「그어린아해는、그後에엇더케되엿습
닛가。」

老人「잘자라서、지금도살어잇단다。」

兒孩「지금은어듸잇습닛가。」

老人「여긔잇다。」

아해들이異常히녀여、방안을돌나보아도、아모도달은사람이업스닛가、아해들은다시老人을처다보면서물엇소。

兒孩「그러면老人이그어린아해이엿습니다그려。」

老人「올타、그럿타。」

하면서썰썰우섯소。

練習

一、夫婦가어린아해를다리고、山中에旅行할때에、어느날밤에、그어린아해가엇더케되엿느냐。

二、男便이銃으로범을노흔때에、범과어린아해는、엇더케되엿느냐。

三、이이약이를듯고、나죵에아해들은、웨우섯느냐。

第十課 漢文

子ㅣ曰人能弘道ㅣ오非道弘人이니라 (論語)

子ㅣ曰志於道하며據於德하며依於仁하며游於藝

樊 蛟

라니 (論語)

樊遲ㅣ問仁대한子ㅣ曰居處恭하며執事敬하며與人忠을雖之夷狄이라도不可棄也ㅣ라니 (論語)

積土成山이면風雨ㅣ興焉하고積水成淵이면蛟龍이生焉하고積善成德이면而神明이自得하야聖心이循焉이라니 (荀子)

君子는位尊而志恭하고心小而道大하고所聽視者ㅣ近而所聞見者ㅣ遠이라니 (荀子)

孟子ㅣ曰身不行道ㅣ면不行於妻子ㅣ오使人不以道ㅣ면不能行於妻子ㅣ라니 (孟子)

練習

一、다음□표속에漢字를넛코、吐를달어라。

(가)志於□據於□依於□游於□

(나)積□成□風雨興焉積□成□蛟龍生焉

(다)君子位□而志□心□而道□

二、다음漢字를比較하야、달은것을말하야라。

非、悲。 執、熱。 狄、秋。 輿、與。

第十一課 新鮮한空氣

아침에일즉이門外에行步하면、바람이좋음

을왜워서、心神이爽快한것은、新鮮한空氣를
呼吸하는所以이니라。萬一空氣가업스면、
我等은瞬時間이라도生活키不能할지니라。
사람이空氣中에生活하는것이、魚族이水中
에生活함과갓하서、고기가물밧게나면살지
못할것이오、사람이空氣를離하면、呼吸動作
을不得할지라。 사람이水中에빠져죽는것
은、물이肺에들어가서、空氣를呼吸치못하는
所以이니라。

滌　洒

물에淸水와濁水가잇는것과갓치、空氣에도
淸潔한空氣와汚濊한空氣가잇서서、淸潔한
것은衛生上에有益하고、汚濊한것은有害한
지라。 多數한사람이會集한狹室中에들어
가면惡臭가잇고、居無何에頭痛이나는것은、
空氣가汚濁한證據이라。 그런故로室中에
空氣流通을善良케하고、朝夕으로洒掃를精
히하며、時時로窓戶를開放하야、新鮮한空氣
를注入할지니라。

柑

練習

一、아침에일즉이門外에行步하면心神이爽快한것은무슨까닭이냐。

二、사람이水中에빠져죽는것은무슨까닭이냐。

三、多數한사람이會集한狹窄中에들어가면惡臭가잇고、頭痛이나는것은무슨까닭이냐。

第十二課 漢文 (濟州柑子)

申維翰이使于日本하야與雨森芳洲*로食柑할새問曰此物이我國南方海邑에亦或有之하고濟州則所產이甚多하야逐年納貢이나而其味ㅣ皆不如貴國之柑하니柑亦有美種否아芳洲ㅣ曰美惡이各隨土宜니寧有種乎리오昔年에有貴國船隻이漂到於藍*島者하야其人與物은已盡沈沒하고而獨於破船餘板中에得柑子一籠하고籠上에有文書하니卽濟州牧使所貢이라島中人이以爲他國物而貴之하야取植其子하야樹成에而名曰濟州柑이라하니今所謂濟州柑者는味甘而品好하야與此無別云하니蓋濟州之柑은自來有名하야而李朝에使牧使로進貢하야須賜館學

儒生야하 而分其味고하 仍設科取士니하 名曰黃柑製也라ㅣ니 (據申維翰海遊錄)

練習

一、黃柑製의 이약이를하야라。

二、다음말을漢字로곳쳐써라。

납공。 목스。 션쳑。

第十三課 山上眺望

우리들은오날처음이山에올나왓도다。 山上에서멀니바라보면、森林과村落과山川이

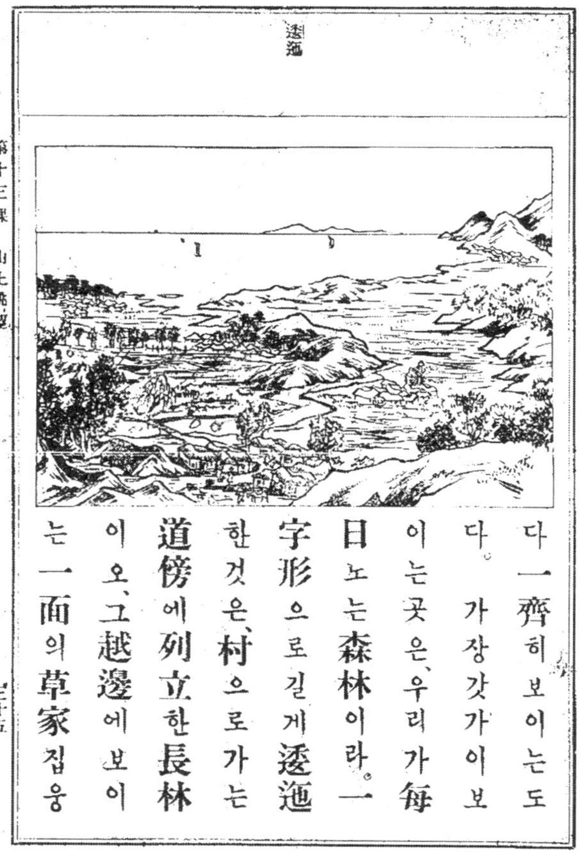

다一齊히보이는도다。 가장갓가이보이는곳은、우리가每日노는森林이라。一字形으로길게逶迤한것은、村으로가는道傍에列立한長林이오、그越邊에보이는一面의草家집웅

阡

은、우리가居生하는家屋이로다。已熟한누른벼와未熟한푸른벼는、阡陌에茂盛한풀과相間하야、花紋席을편것과恰似하고、사람과牛馬의往來하는것은、개암이가움작이는貌樣과갓도다。

村前에흘으는내는、岸底로隱流하다가、다시森林中으로부터流出하야、구븨구븨흘너서、終末에는海中으로流入하는도다。海面은遙遠하야、물결도보이지안코、波濤聲도들니

疊

지안는도다。 다만水鳥갓치적고희고海上에뜬것은、漁船의布帆이로다。

後面을본즉、山과山이重疊하고、또右便을본즉、廣濶한平野로다。 平野의越邊에멀니구름貌樣으로보이는것도、또한山이로다。

練習

一、山上에서멀니보이는森林의貌樣을말하야라。

二、누르고푸른벼와阡陌의풀이相間하야잇는貌樣을말하야라。

三、사람과말의往來하는貌樣을말하야라。

四、海面의貌樣을말하야라。

第十四課 漢文

子ㅣ曰德之不修와學之不講과聞義不能徙하며不善不能改ㅣ是吾憂也ㅣ니라 (論語)

子ㅣ曰學如不及이오猶恐失之니라 (論語)

子夏ㅣ曰日知其所亡하며月無忘其所能이면可謂好學也已矣니라 (論語)

子ㅣ曰由아誨女知之乎ㅣㄴ저知之爲知之오不知爲不知ㅣ是知也ㅣ니라 (論語)

子ㅣ曰溫故而知新이면可以爲師矣니라 (論語)

博學之하며審問之하며愼思之하며明辨之하며篤行之니라 (中庸)

練習

一、다음□표속에漢字를넣고吐를달어라。

(가)聞義不能□不善不能□

(나)博□之審□之愼□之明□之篤□之

二、다음글을漢文으로곳처써라。

날로그업는바를알며달로그能하는바를잇지아니한다。

三、「溫故而知新」의 뜻을 말하야라。

第十五課 汽車窓

壽童은 처음으로 汽車를 탓소。 汽車가 나는 것갓치 走行하는 故로, 壽童은 滋味잇게 생각하야, 窓外를 觀望하얏소。

山林과 家屋은, 다 後面으로 날너가는 것갓흐며, 田野에서 勞働하는 사람과 道路의 行人과 車馬等이 멀니압헤 보이더니, 어느겨를에 後面에 잇소。

汽車 밋헤서 瞥眼間 큰 소리가 들니더니, 汽車가 鐵橋를 건너가오。 다리아래에는 깁흔 江이 잇서, 물이 만히 흘으고, 물이 업는 沙場에는 漂白物을 曝晒하며, 사람은 水中에서 배를 타고, 閑暇히 고기를 낙그며, 소는 水邊에서 돌아단기면서, 풀을 뜨더먹으오。

越邊에 적은 市街가 보이더니, 벌서 汽車가 그 市街停車場에 到着하얏소。 停車場에는 겨

笛 窟

鑿、隧

우數名의乘客이잇는대、한老人은그엽헤서長竹을물고졸고안젓소。

조곰잇다가、汽笛소리가나더니、汽車는캄캄한窟속으로들어가오。 우를본즉、車內에燈火를달엇고、사람들은兩便의窓을急히닷치오。 壽童은아모것도볼수가업서서、무슨일이잇는가싱각하얏더니、汽車가다시光明한곳으로나와서、右便에廣濶한바다가보이오。 即今지나온窟속은、山을鑿通한隧道라하는것이요。

練習

一、汽車의速히走行하는貌樣을말하야라。

二、汽車가鐵橋를건너갈때의이약이를하야라。

三、汽車가停車場에到着한때의이약이를하야라。

四、汽車가窟속을지나갈때의이약이를하야라。

第十六課 漢文

(日記)

凡人이每日所作之事를當書於一小簿以記之하야作日記면有三益하니能查檢往日所作之

藉

靡

事ㅣ一益也ㅣ오 藉此練習記事之文이二益也ㅣ오 如有不可告人之事ㅣ爲日記中所不可寫者ㅣ면 則戒之不可爲니 藉此以檢束身心이三益也ㅣ라 但人之寫日記者ㅣ往往間斷하야 始雖勤而繼則惰하고 終則廢而不寫矣나니 是爲無恒이라 詩云靡不有初ㅣ나 鮮克有終이라하니 戒之戒之어다

練習

一、日記하는것이三益이잇슴을말하야라。

二、다음글에吐를달고、그뜻을말하야라。

靡不有初鮮克有終

三、다음漢字의새음과音을말하야라。

藉。寫。間。繼。

第十七課 陸地와海洋

地球의表面의高處는陸地가되고、低處는海洋이되엿스니、海洋의廣은陸地의三倍나되오。

陸地의最大한者이四個가잇스니、亞米利加

와亞弗利加와大洋洲와我等의居住하는大陸이오。我等의居住하는大陸의東方을亞細亞라하고、그西方을歐羅巴라하는대、亞細亞의面積은、全世界의三分之一이나되오。日本과支那는亞細亞에잇고、英吉利와佛蘭西와伊太利와獨逸과露西亞는歐羅巴에잇소。亞弗利加도、古昔에는亞細亞와相連하얏섯스나、그最狹한地峽을掘開하야、運河를만든故로、今日에는分離하야、따로히一個大陸이되엿소。

亞米利加는南亞米利加·北亞米利加가잇서서、그中間은狹隘한地峽이더니、近年에그地

峽을鑿通하야運河를만든故로、亞米利加도또한二個의大陸이되엿소。亞米利加合衆國은北亞米利加에잇소。亞細亞와歐羅巴와亞弗利加와北亞米利加와南亞米利加와大洋洲를合하야六大洲라稱하오。

海洋은亞細亞와大洋洲와亞米利加의中間에잇는것을太平洋이라稱하고、歐羅巴와亞弗利加와亞米利加의中間에잇는것을大西洋이라稱하고、또印度의南方에잇는것을印

度洋이라稱하는대、太平洋이最廣하고、印度洋이最狹하오。

北極의海洋을北氷洋이라稱하고、南極의海洋을南氷洋이라稱하는대、北氷洋과南氷洋은極寒하야、四時에氷雪이融解치아니하는故로、船舶도通치못하고、實地를往見한者도稀少하오。

練習

一、海洋과陸地의廣을比較하야말하야라。

二、六大洲는무엇무엇이냐。

三、亞細亞·歐羅巴·北亞米利加各洲에는、엇더한有名한나라가잇느냐。

四、太平洋·大西洋·印度洋·北氷洋·南氷洋은어듸잇느냐。

第十八課 漢文 (薛女守信)

薛氏는民家女子也ㅣ라雖寒門單族이나而顏色이端正하고志行이脩整이러니眞*平王時에其父ㅣ番當防秋할새女ㅣ以父衰病으로不忍遠別하고又恨女身이不得侍行하야徒自愁悶이러니有少

年嘉實이聞之하고願以身代한대父ㅣ不勝喜幸하야欲以女子로奉箕帚하니嘉實이再拜謝之하고退而請期한대薛氏ㅣ曰婚姻은人之大倫이라不可以倉猝이니既以心許어니有死無易하리니願君赴防하야交代而歸然後에卜日成禮하노라하고乃取鏡分半與之云此는所以爲信이니後日에當合之하리라嘉實이遂辭而行이러니會에國有故하야淹六年未還하니.父ㅣ欲使女子로歸于他한대薛氏ㅣ守嘉實之約하고不從父命하니父ㅣ欲强

拒、遁

骸、槁、襤褸

偕

之하야 潛約婚於里人한대 薛氏ㅣ 固拒하고 密圖遁去而未果ㅣ러니 於是에 嘉實이 交代而來하니 形骸枯槁하며 衣裳襤褸하야 室人이 不知하고 謂爲別人이어늘 嘉實이 直前하야 以破鏡投之하니 薛氏ㅣ 得之하고 不勝悲喜하야 遂約日相會하야 與之偕老하니라

(據三國史記)

練習

一、本課의 이약이를 듯고 感動된 것을 말하야라。

二、다음 漢字를 比較하야 달은 것을 말하야라。

防、妨。 徒、徙。 艦、鑑。 襤、濫。

三、다음 말을 漢字로 곳쳐라。

안석 단졍。 지횡 슈졍。 형히 고고。

第十九課 飛行機와 飛行船、氣球

文明이 進步되기 以前에는、사람들이 天地間의 自然力을 그대로 等棄하야 두엇소。 그러나 卽今은 水力을 應用하야、電氣를 發하며、或은 石炭과 石油를 使用하야、汽車와 汽船을 行하는 等、自然의 力을 利用하는 일이 만케 되엿

翔 構 險

소。 더욱最近에는、海水中에潛水艦을走行하며、空中에飛行機와飛行船等을飛行하게되엿소。 文明의힘은、진실로偉大한것이오。

飛行機는鳥의空中을飛翔하는것을보고、研究하야낸것이오。 最初에는、構造가極히幼稚하야、飛揚이低近하고、또危險함이多하더니、其後에研究를더하고더한結果로、今日에는機械가精巧하야、空中에高翔하고、또長距離를無難히飛行하게되엿소。 저空中에놉

히떠서잇는飛行機를보시오。 或高하며、或低하며、或橫轉하며、或逆轉하는貌樣은、大鳥가空中을제것으로알고、任意飛揚함과恰似하오。 地上의사람들은、다놀내여、精神을일코、처다보고잇소。

飛行船은其形이細長한甘諸갓고、氣球는球의形갓흐니、堅牢한大囊中에空氣보담도輕한瓦斯를充入하야써、遠方에飛行하거나、또는空中에놉히飛揚하는것이오。 飛行機의輕快히上空에飛翔하며、飛行船의中天에浮行하야、地上을睥睨하는形狀은、참勇壯스럽고、또畏慄할만하오。

飛行機와飛行船은、近世에至하야非常히發達되여、最近의世界戰爭에서、偉大한效力을

著顯한것은、사람마다熟知하는바어니와、現今에는單히戰爭時에만아니라、平時에도海陸交通의機關에廣히應用코저하야、各國이다熱心으로研究하오。

練習

一、飛行機의이약이를하야라。

二、飛行船의이약이를하야라。

三、氣球의이약이를하야라。

四、飛行機、飛行船은、엇더한데에쓰느냐。

第二十課 漢文

子ㅣ曰放於利而行이면多怨이니라 (論語)

子以四敎하시니文行忠信이니라 (論語)

子ㅣ曰性相近也니習相遠也니라 (論語)

孟子ㅣ曰道在爾而求諸遠하며事在易而求諸難하나니人人이親其親하며長其長이면而天下ㅣ平하리라 (孟子)

道雖邇나不行이면不至오事雖小ㅣ나不爲면不成이니라 (荀子)

不聞이不若聞之오聞之ㅣ不若見之오見之ㅣ不若知之오知之ㅣ不若行之니學至於行之而止矣니라 (荀子)

練習

一、다음□표속에漢字를넣고、吐를달어라。

(가)道在□而求諸□事在□而求諸□

(나)道雖邇不□不至事雖小不□不成

二、다음漢字의새음과音을말하야라。

遠。近。難。易。

杲 鑠 霈 姑捨

第二十一課 旱熱中에寄하는書

拜啓今年은可謂近來에罕有한旱熱이라。 杲杲한烘日과赫赫한炎天은、實로金을流하고石을鑠하야、原野에靑草가殆無하고、田畓에五穀이盡焦하오니、如是히幾日을繼續하야、甘霈가不降하오면、將來에無秋는姑捨하고、目下의受病이是易하오니、豈不可慮이오며、豈不可畏이오잇가。 貴鄕도大同之患은難免

企

이올듯하오나、特히樹木이多하고、溪川이近하야、他處에比하오면、惜乾의處가稍히少할듯하오니、健羨하는바이옵나이다。 此時에侍奉若何하오신지、아모조록倍前加意하오서、自愛保重하심을千萬企祝하옵나이다。 不備禮。

年 月 日 柳永秀

李英植 座下

魃 傘 痒 閣覃

答書

拜復五日不雨則無麥하고、十日不雨則無禾라하니、近日旱魃은無麥無禾가已久矣라。況炎熱이日熾하야、天은火傘을成하고、地는烘爐와如하니、此實人數이俱痒할時라瞻想이倍常터니、承審辰下에起居保重하시고、閣覃安康하오시니、大賀且慰이오이다。弟는事育이顯警은無하오나、居鄕十餘年에처음으로

訊 荷 鑒

五六反步의田畓을作農하얏삽더니、意外에如此한大無를當하와、秋收의望이無하오니、可歎이옵나이다。惠訊을先施하오서、感荷不已옵나이다。不備回鑒。

年 月 日

李英植

柳永秀 座下

純

第二十二課 水와人體

우리들은、하로도물을먹지아니하는날이업소。 設或純全한물은먹지아니하야도、물이석긴것이나、물을석거서만든것을먹소。 더운물·차·토장국·맑은장국갓흔것은、勿論이고、술과초와간장이나、밥과썩과菓子도、다물이업스면、만들지못하오。 果實에도물이잇고、菜蔬에도물이잇소。

우리들은、아침마다낫을씻고養齒를하오。또

時時로沐浴을하지아니하면、몸이더럽고、몸이더러우면病이나기쉽소。 冷水浴과海水浴은、皮膚를强하게하고、또身體를强健하게하며、心神을爽快하게하오。

이와갓치물은우리들의生活함에가장緊重한것이니、萬若이것이업스면、到底히生命을保全할수업소。 그러나물을만히먹던지、찬물속에오래들어잇던지하면、大害가되오。또

臾

더러운물이나、오래된물을먹으면、무서운病이드는일도잇는故로、極히操心하야야하오。

練習

一、飮食物에물이석겨잇는것을말하야라、

二、沐浴은몸에엇더한利가잇느냐。

三、冷水浴海水浴은、몸에엇더한利가잇느냐。

四、엇더케하면、물이사람몸에害가되느냐。

第二十三課 漢文

道也者는不可須臾離也ㅣ니可離면非道也ㅣ라

睹

是故로君子는戒愼乎其所不睹하며恐懼乎其所不聞이니라莫見乎隱이며莫顯乎微니故로君子는愼其獨也ㅣ니라 (中庸)

子ㅣ曰不患人之不己知오患其不能也ㅣ니라 (論語)

君子는行德하야以全其身하고小人은行貪하야以亡其身이니라 (論語)

練習

一、다음□표속에漢字를넛코、吐를달어라。

君子行□以□其身小人行□以□其身

二、다음漢字를各其너어서、두字식의말을지어라。

謙。 類。 敬。 德。

三、다음말을漢字로곳쳐써라。

슈유。 계신。 공구。

第二十四課 保安林

薪炭材木等이森林에서産出함은、世人이共知하는바이라。然이나森林의利益은、다만이것뿐이아니니라。

森林의樹木은、그가지가서로連接하야、비가一時에쌍에써러짐을防止하고、또地上의水分을一時에蒸發치못하게하나니라。 또落葉과잇기와그물갓치퍼진뿌리는、海綿과恰似히地上에써러진물을먹음엇다가、조곰식천천히흘느게하나니라。 그런故로萬若森林을濫伐하면、數時間暴雨에도、忽然히洪水가나고、數日旱魃에도、河水가全히涸渇함에일으나니라。

濕

森林은能히暴風을막으며、그힘을減殺함으로、土砂가飛散치안케하고、또恒常土地를濕潤케하야、土砂를沈着케하나니라。 森林이업스면、土砂가附近田畓에飛散하야、그土地를荒蕪케하는일이만흐니라。

大抵魚類는어둔곳을즐겨하야、樹蔭이잇는水中에만히모임으로、森林은또漁業에도多大한利益이잇나니라。 海岸이나江岸의森林을採伐한緣故로、漁業의利를일허버린地

方이또한不少하니라。

其他森林은氣候를穩和케하며、土砂의流出을防遮하며、名勝地에風景을增益하나니、其效力의多大함은、이로말하기어렵도다。

森林의效用이이갓치顯著함으로、近年에一定한森林에對하야、其樹木을一時에採伐함을禁止하나니、若是히保護하는森林을保安林이라하나니라。

涉
墜、栔

練習

一、落葉과잇기와가는뿌리는、水旱을防禦함에엇더한效力이잇느냐。

二、森林이업스면、暴風이부는때에、田畓이엇더케되는일이잇느냐。

三、森林과漁業의關係를말하야라。

四、保安林이라하는것은、엇더한것이냐。

第二十五課 漢文

刻舟求劍 楚人이有涉江者ㅣ러니其劍이自舟中으로墜於水어늘遽栔其舟曰是ㅣ吾劍之

矛、盾

所從墜ㅣ라하고舟止에從其所栔者하야入水求之하나舟已行矣오而劍不行이라求劍若此ㅣ면不亦惑乎아 (呂氏春秋)

矛盾之說 楚人이有鬻盾與矛者하야譽之曰吾盾之堅은莫能陷也ㅣ라하고又譽其矛曰吾矛之利는於物에無不陷也ㅣ라하야늘或이曰以子之矛로陷子之盾이면何如오한대其人이弗能應也ㅣ러라 (韓非子)

守株待兎 宋人이有耕田者ㅣ러니田中有株

ㅣ라 兎走觸株하야 折頸而死어늘 因釋其耒而守株하야 冀復得兎ㅣ라가 兎不可得이라 而身이 爲宋國笑라하니 (韓非子)

練習

一、刻舟求劍과 矛盾之說과 守株待兎의 뜻을 簡單히 말하야라。

二、다음 말을 漢文으로 곳쳐서、吐를 달어라。

(가) 칼 求하기를 이갓치 하면、또한 惑됨이 아니냐。

(나) 내 창의 利함은 物件에 陷치 아니하는 것이 업다。

(다) 톡기를 可히 엇지 못한지라、몸이 宋나라의 우슴이 되니라。

第二十六課 約束

順明이와 福童이는、매우 誼가 조흔 동모이라。

順明이가 조흔 畫帖을 가졋는대、福童이가 順明이의 집에 가서、畫帖을 보고、甚히 조화하야、母親과 妹氏에게 보이고저하야 暫間 빌어 갓다가、明日午前에 반다시 도로 가져오기로 約束하니라。 그날 밤에 母親과 妹氏가 그 畫帖을 보고、매우 깃버하더라。 잇흔날 大雨가 오는대、福童이가 그 畫帖을 갓다주라하니、妹氏

가挽留하야갈오대、
「大雨가오고、또道路가매우사나온지라。조
곰기다리면、비가긋칠듯하니、午後에갓다
주는것이엇더하뇨」。
하거늘、福童이가갈오대、
「午前으로約束한지라。 아모리비가올지
라도、내身體는조희가아닌즉、저저쎠어질
念慮는업다」。
하고、우스면서、맛참내갓다주니라。

母親이그말을듯고、크게깃버하야갈오대、
「約束을직힘은、眞實로착한일이라。 사람
이한번約束한일은、決斷코어긔지아니할
지니、너갓흔사람은、남에게信用을어더、반
다시立身하리라」。
하더라。

練習

一、福童이는웨、順明이의畫帖을빌어왓느냐。
二、잇흔날、大雨를不係하고、福童이가順明이의집에畫帖
을갓다주랴갈때에、妹氏는福童이에게무엇이라고말

鄭麟趾

하얏느냐。

三、그새에、福童이는妹氏에게무엇이라고對答하얏느냐。

四、福童이가約束을직히고、順明이에게畫帖을갓다주랴갈새에、福童이의母親은福童이다려무엇이라고말하얏느냐。

第二十七課 漢文

(訓民正音)

李朝世宗*二十八年에王이以爲諸國이各製文字하야以記其國之方言호대獨我國이無之라하시고遂親製正音二十八字하야開局禁中하야命鄭

倣 篆 礙 翰 瓚、謫 韻

麟趾申叔舟成三問崔恒等하야詳加解釋하고名曰訓民正音이라하니正音은卽諺文也ㅣ라蓋倣古*篆하야分爲初中終聲하니字雖簡易나轉換無窮하야諸語音의文字所不能記者를悉通無礙라

ㄱ	ㅋ	ㆁ	ㄷ	ㅌ	ㄴ
ㅂ	ㅍ	ㅁ	ㅈ	ㅊ	ㅅ
ㆆ	ㅎ	ㅇ	ㄹ	ㅿ	
ㆍ	ㅡ	ㅣ	ㅗ	ㅏ	ㅜ
ㅓ	ㅛ	ㅑ	ㅠ	ㅕ	

(正音二十八字)

明朝翰林學士黃瓚이時謫遼東일새命三問等하야見瓚質問音韻하니凡往來遼東이十三度

ㅣ라 教日國之語音이 異乎支那하야 與文字로 不相流通이라 故로 愚民이 有所欲言이나 而終不得伸其情者ㅣ 多矣라 予ㅣ 爲此憫然하야 新製二十八字하야 欲使人人易習하며 便於日用耳로라

(文獻撮錄)

練習

一、諺文의撰定된來歷을말하야라。

二、다음□표속에漢字를넛코、吐를달어라。

(가) 字雖□□轉換□□

(나) 愚民有所欲□而終不得伸其□者多矣

第二十八課 自己의物과他人의物

이아해는복송아세개를가젓소。 이아해가田園에복송아가濃熟한것을보고、다섯개를따서、두개는먹고、세개는母親에게들이랴하고、가지고집으로돌아왓소。 이것을들이면、母親도매우깃버할줄로싱각한것이오。

母親이복송아가진것을보고、물어갈오대、

「이것을누구에게어덧느냐」。

한즉、아해가對答하되、

「이것은어든것이아니라、길가의밧헤서싼것이올시다」。

하얏소。母親이이말을듯고、놀나갈오대、

「그러면그것은不美한일이다。

게取함은、곳盜賊의行

ㅣ주고、謝罪하

ㅣ가

漢文

(西伯仁人也)

而不平하야 乃相謂

ク相與

잇더케하야야하느냐。

케하야야하느

ᄋ느냐。

ᄼ孩들 惡한兒孩는아니 ᄼ사람을嘲笑하기를조화하

는못된버릇이잇서서、恒常무슨일이잇기만 기다리고잇섯소。

正善이는新入生인대、동모가적엇소。 어느 날아침에虎男이는正善이가소를몰고가는 것을보고、동모다려말하기를、

「이애、우리저쇠골뚝이를한번놀녀주자。이 애、쇠골놈아、牛乳갑시얼마냐。 소에게무 엇을먹이느냐。 이애、너의들서울時體모 양을보랴거든、저구두를보아라」。

하얏소。

正善이는들은테도하지안코、빙글빙글우스면서、소를牧場으로몰아들여보낸후에、學校에가고、午後에下學한뒤에는、또소를쓸어내여、집으로쓸고갓소。 이러케하기를二三週日하얏소。 이學校生徒는大概富者집子息인故로、虎男이와갓치正善이의하는일을賤하게역엿소。 하로는虎男이가외양간냄새가난다고하며、正善이가엽헤와안지못하게

弄

하고、온갓말로嘲弄하얏소。 正善이는天性이溫良하야、이런여러가지嘲弄을다참고、外面에조곰도怒하는빗츨들어내지아니하얏소。 어느때虎男이가正善이를對하야、

「이애、너의아버지가너를이다음에牛乳장사를식힐터이라더냐」。

하고물으닛가、正善이는、

「그러코말고」。

이러케對答을한즉、虎男이는、

「이애, 그러면牛乳瓶을씻은뒤에, 물을남겨
두지말어라」
하고, 嘲笑하닛가, 듯고잇던달은生徒들도, 다
쌀쌀우섯소. 그러나正善이는조곰도態度
를變치안코, 對答하기를,
「그런念慮는하지말어라. 내가牛乳장사
를하면, 되기도잘되고, 또조흔牛乳를갓다
줄터이니」
하얏소.

練習

一、虎男이는性質이엇더한兒孩냐。

二、虎男이가正善이에게對하야嘲笑할때에, 正善이는엇더케하얏느냐。

第三十一課 勇氣잇는兒孩(二)

그後數日이지난後에, 學校에展覽會가開催되엿는대, 正善이와虎男이두兒孩는學術優等으로, 列席한紳士淑女압헤서, 校長에게賞與를바덧소. 그때또校長은, 오날이자리에

서、特異한行爲를한少年에게對하야授與할
賞牌하나이잇다하면서、다음과갓치이약이
를하얏소。

「그러케오래된일도아니오。 어느날兒孩
들이길에서연을날니고놀고잇는대、襤褸
한衣服을입은兒孩하나이말을타고물방
아간으로가는길에、맛참거긔를지낫소。그
새에말이연을보고놀나서뛰는바람에、탓
던兒孩는길가온대써러져서負傷하야、二

正當한일을한는것으로確信하야、愉快하
고勇敢하게、그長靴를신고每日소를살고
단겻소。 또그兒孩는일부러自己의仁慈
한行爲를여러사람에게보이라고도하지
안코、또正當한事業에對하야嘲笑하는사
람과말할必要도업다하야、自己가소를몰
고단기는理由도說明하랴고하지아니하
얏소。 이런事情이偶然히어적게야學校
先生의귀에들어와서、學校에서仔細히알

게되엿소。 여러분、이兒孩의이런行爲는
진실로特異한行爲가아니요」。
이새에、正善이는急히漆板뒤로몸을숨기랴
고하얏소。 校長은
「正善아、숨지말어라。 너는달은사람이嘲
笑하는것을조곰도掛念치아니하얏다。 너
는지금이褒賞을바더야한다。 숨지말고、
어서이리나와서、그貴한얼골을보이여라」。
正善이가얼골에붉은빗출씌고나오니、生徒

椅 涙

들은그行爲에對하야異口同聲으로稱讚하
고、來賓中에婦人들은交椅에서일어나서、손
슈건을휘둘으고、老人들은拍手하면서、不知
中落涙하는사람도잇소。 그새正善이의발
에신고잇는더러운長靴는、머리우에쓰는帝
王의冠보담도더榮貴스럽게보이엿소。 그
리하고賞牌는滿場이喝采하는中에、그兒孩
에게授與되엿소。 이새에虎男이는、오날까
지自己가行한惡한行爲를眞心으로붓그려

위하야,式後에눈물을먹음고,正善이에게가서,已往잘못한것을謝過한즉正善이는조곰도介意치안코,

「그만일에謝過가다무엇이냐。 우리여럿이저건너山으로散步나가자」。

하고,三三五五로作伴하야,愉快히습풀속으로들어갓소。

練習

一、學校에展覽會가되엿슬때에,校長이무슨이약이를하얏느냐。 簡單히그大綱을말하야라。

二、正善이가漆板뒤에숨으라할때에,校長은正善이다려무엇이라고말하얏느냐。

三、正善이가漆板뒤에서나온때에,來賓中婦人과老人들은엇더케하얏느냐。

四、虎男이가自己의罪를謝過하러正善이에게간때에,正善이는무엇이라고말하얏느냐。

第三十二課 漢文

子ㅣ曰弟子ㅣ入則孝하고出則弟하며謹而信하며汎愛衆호대而親仁이니行有餘力이어든則以學文이니라

이니라 (論語)

子ㅣ曰默而識之하며學而不厭하며誨人不倦이何有於我哉오 (論語)

子貢이問曰孔文子를何以謂之文也ㅣ닛고子ㅣ曰敏而好學하며不恥下問이라是以謂之文也ㅣ니라 (論語)

人이有雞犬이放則知求之호대有放心而不知求하나니學問之道는無他ㅣ라求其放心而已矣니라 (孟子)

誨、倦

練習

一、다음□표속에漢字를넛코、吐를달어라。

(가)弟子入則□出則□謹而信汎□衆

(나)學問之道無他求其□□而已矣

二、다음말을漢字로곳쳐써라。

목이지지。 하야불염。 민이호학。

第三十三課 順序

如何한物件이던지、順序로되는것이니라。우리들의먹는밥은、엇더케하야되엿는지、싱각하야볼지로다。

玄、舂 炊 醬

벼를落種한後에移秧하야、雜草를除하며、風災와蟲災를念慮하다가、成熟한後에收穫하며、租로玄米를作하고、玄米로白米를舂精하야、飯을炊하나니、그次序가엇더하뇨。

또접시에담긴生鮮은、낙시로잡으며、그물로도잡앗도라。 이것을맛잇게하는鹽과醬도、製造한手功이엇더케만히들엇나뇨。

衣服을製作함에도、또한그와갓도다。 봄에棉花의種子를심엇다가、가을에收取하야、機

核 紗 斫

械로去核한後에綿絲를繰出하야、各樣으로染色하야、織組裁縫하나니、毛織과紬緞과絹紗와麻布等도、이와갓흐니라。

家屋을建築함에는、몬저基地를定하고、그地面을堅固히修築하고、山에서材木을斫伐하야建築하나니、木手·泥匠·石手等이한집을造成하기까지에、幾多한手功이들엇는지싱각하나뇨。

事를成함에는順序가잇고、物件을製作함에

는手功을要하나니、無論무엇이던지、다이러하니라。

練習

一、우리가먹는밥은、엇더한次序로되엿느냐。

二、生鮮이음식이되여、접시에담기기싸지에는、엇더한次序를것첫느냐。

三、衣服이되기싸지의次序를말하야라。

四、家屋이되기싸지의次序를말하야라。

第三十四課 漢文

子ㅣ曰當仁하야不讓於師ㅣ라하니(論語)

蹈 杯 熄 荑

子ㅣ曰民之於仁也에甚於水火하니水火는吾見蹈而死者矣어니와未見蹈仁而死者也케라(論語)

孟子ㅣ曰仁之勝不仁也ㅣ猶水勝火하니今之爲仁者는猶以一杯水로救一車薪之火也ㅣ니不熄則謂之水不勝火ㅣ라하나니此ㅣ又與於不仁之甚者也ㅣ니라亦終必亡而已矣니라(孟子)

孟子ㅣ曰五穀者는種之美者也ㅣ나苟爲不熟이면不如荑稗니夫仁도亦在乎熟之而已矣니라(孟子)

匣

練習

一、다음□표속에漢字를넣코、吐를달어라。

(가)子曰當□不讓於□

(나)仁之勝□□也猶水勝火

二、다음漢字를各其너어서、두字식의말을지어라。

薪。 穀。 種。

第三十五課 分業

한匣、석냥이갑은적으나、여러사람의손으로製造하얏고、그材料는나무와조희와藥의여러가지가들엇소。

山에서나무를버히는사람과、그나무를運搬하는사람과、나무를켜는사람이、다各各이며、또켠나무를다시일궈서、얇게하는사람과、잘게하는사람도、다달으오。

잘게쪼갠나무로석냥가지를만들고、얇게일군나무로석냥匣을만드는것도、다달은사람이오、또석냥끗헤藥을뭇치는것과、匣에조희를붓치는것과、그조희우에藥을발으는것도、모다한사람이하는것이아니오。

그런즉、한匣석냥일지라도、다만들기까지는、여러사람의수고가들엇슬쁜아니라、석냥에뭇치는藥과、匣에붓치는조희를만들기에도、몃十名의수고가들엇는지몰으오。

또석냥을製造함에는、器具도必要하고、家屋도建築하야야할것이오。 그런즉、그器具와家屋을製作하는사람까지合하면、한匣의석냥을製造함에、實로여러百名의수고가든것을알겟소。

嫺

이와갓치、物件한個를製造함에、여러사람의손을것쳐서하는것을分業이라하오。 近時에는、무슨物件이던지、모다分業으로製造하게되엿소。 만일석냥한匣을製造함에、나무를버히는일로부터、藥을만드는일까지、다한사람의손으로하게되면、時間만虛費할쁜아니라、조흔物件을製造하기도어렵소。 그러나、分業으로하면、時間도虛費되지안코、또各其所長을쌀어自己의嫺熟한일만하는고로、

翻

物件도精密하게되오。

練習

一、석냥은무엇무엇으로되느냐。

二、한匣석냥이라도、數百名의손을겻처야되는싸닭을말하야라。

三、分業으로하야物件을製造하면、무슨利益이잇느냐。

第三十六課 漢文

(申叔舟)

公이俱通日本漢蒙古女眞*等語ㅣ라時或不假舌人호대亦自達意하더라後에公이手翻諸譯語

仍 賚

以進하니舌人이賴以通曉하야不假師授하니라公이南使日本하며北征野人*할새所歷山川要害를靡不記錄作圖하고又記日本官制風俗大臣族系諸島君長族系强弱以進이러니王이仍命幷我國八道地理及諸國作圖한대公이作海東諸國記以進하니王이覽之嘉賞하야賞賚優厚하니라

(燃藜室記述)

練習

一、申叔舟는、엇더하게여러나라말을알엇는지、말하야라。

二、申叔舟는、엇더하게日本事情을알엇는지、말하야라。

三、다음말을漢字로곳쳐써라。

몽고。 녀진。 야인。 히동졔국긔。

第三十七課 愛親

옛날어느山村에산양군한사람이잇서서、겨울에山中에들어가산양할새、아무것도잡지못하고空還하다가偶然히한곳을본즉、큰나무아래에큰원숭이한마리가잇소。 산양군이깃버하야、卽時銃으로노하서、自己집에가

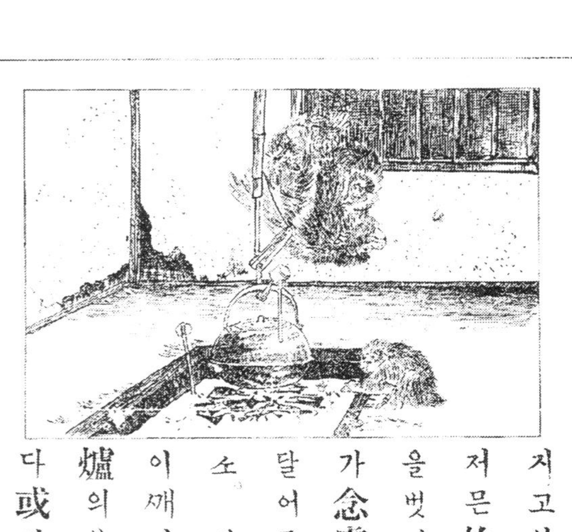

지고왓소。 이미날이저믄故로來日에가죽을벗기랴하는대、或얼가念慮하야、火爐우에달어두고、寢室에들엇소。 밤이깁흔後에、잠이깨여눈을떠본즉、火爐의불빗치或보이엿다或아니보이엿다하

오。甚히怪異히여여仔細히살펴보니、적은원숭이서너마리가큰원숭이의엽헤붓허안저서、火爐에손을쐬여、番次例로傷한곳을덥게하고잇소。 산양군은生覺하되

「이것은원숭이의색기가、그어미의잡혀죽음을슯허하야、回生케하고저하야、이갓치看護함이라。」

하고、불상한情을禁치못하얏다하오。

練習

一、산양군이、어듸서원숭이를잡어왓느냐。

二、산양군은、왜、그날밤에그원숭이를火爐우에달어두엇느냐。

三、밤이깁허서、火爐가에무슨일이생겻느냐。

四、本課의이약이를듯고、感動된것을말하야라。

第三十八課 漢文

冠

冠義ㅣ日凡人之所以爲人者는禮義也니ㅣ禮義之始는在於正容體하며齊顔色하며順辭令하나니容體正하며顔色齊하며辭令順而後에禮義備하고

以正君臣하며 親父子하며 和長幼하나니 君臣正하며 父子親하며 長幼和而後에 禮義立이니라 (初學知要)

人性之中에 有道德之至貴至樂者而存焉하니 君子는 知之라 故로 尊之樂之오 小人은 不知之라 故로 害德失道하야 而不能尊之樂之하고 唯貪利縱慾而已나니 學者ㅣ 苟能知尊德樂道ㅣ면 則不知手之舞之하며 足之蹈之니 何以須臾不樂而長戚戚乎리오 是以로 君子는 知之爲貴니라 (初學知要)

第四十課 雁

기러기가 行列을 지어 飛行하는 것을 보시오。

기러기는 甚히 치운 땅에 棲息치 안코 또 甚히 더운 곳에도 棲息치 아니하오。

여름이 지나고, 漸漸 生涼이 되면, 치운 地方으로부터 飛來하얏다가, 翌年 봄이 지나고, 여름이 되여오면, 다시 치운 地方으로 向하야 飛去하오。

기러기는 오고 가는 때에, 반다시 整齊히 行列

을짓소。 萬一整齊한行列을짓지
안코、各各마음대로飛行하면、雲霧
가가득히낀새에던지、大風이어지
러히부는새에던지、深谷과高山을넘어갈새
에、서로分離되여、길을일허버리고、方向을알

지못할것이오。

보시오。 맨몬저進行하는기럭이는、恒常그
行列을셔나서、압흐로나아가오。 그것은一
行全體의先導가되여서、여러기럭이를引導
하야方向을指示하는것이오。

밤에、기럭기럭울면서、中天에飛去하는새는、
곳기럭이오。 月色이밝어서、山川의方向을
알기조흔새에、雁群의往來가가장만소。

기럭이는무슨일을爲하야우는가。 그것은

서로軍號를맞초어서, 行列을써나, 길을일허버리지안케함이오。 注意가周密한것이, 참놀납소。

練習

一, 기럭이는, 氣候가엇더한곳에棲息하느냐。

二, 기럭이는웨, 整齊히行列을지어서나느냐。

三, 기럭이가進行할때에, 한마리가, 맨몬저날어가는것은, 무슨싸닭이냐。

四, 기럭이가進行할때에, 기록기록우는것은무슨싸닭이냐。

狎

第四十一課 漢文

子ㅣ曰君子는周而不比하고小人은比而不周ㅣ니라 (論語)

子ㅣ曰君子는泰而不驕하고小人은驕而不泰니라 (論語)

子ㅣ曰君子는上達하고小人은下達이니라 (論語)

孔子ㅣ曰君子ㅣ有三畏하니畏天命하며畏大人하며畏聖人之言이니라小人은不知天命而不畏也ㅣ라狎大人하며侮聖人之言이니라 (論語)

練習

一、다음□표속에漢字를넣코、吐를달어라。 그리하고、그
뜻을말하야라。

(가)君子周而不□小人比而不□

(나)君子泰而不□小人驕而不□

(다)君子□達小人□達

二、다음漢字의색음과音을말하야라。

周。 泰。 毋。 侮。

第四十二課 材木

樹木을斫伐하야、家屋을建築하고、器具를造

櫃 欅

作함에쓰는것을材木이라하나니라。

朝鮮에서는、家屋을建築하는대、松木을만히
쓰는故로、기동과들보와도리와섯가래가、다
松木이니라。 器具等을만드는材木에는、그
種類가許多한中에槐木·欅木等은가장堅强
한나무인故로、독긔와광이等의자로는大槪
欅木으로만들고、梧桐은가장가벼운나무인
故로、籠과櫃等을만드는대쓰나니라。 樺榴
는材木中에가장價高한것인故로上等器具

를만드는대쓰나니、그質과色이甚히美麗하니라。

鐵道의枕木은흔히栗木을쓰나니、堅强하야容易히朽敗치아니하는所以이오、電信柱는흔히杉木을쓰나니、杉木은內地에서가장만히產出하고、朝鮮에는稀少하니라。

練習

一、松木은무엇을만드는데에쓰느냐。

二、목긔와광이의자루는、大槪무슨나무로하느냐。

三、梧桐과椶櫚는무엇을만드는데에쓰느냐。

四、栗木과杉木은、무엇을만드는데에쓰느냐。

第四十三課 漢文 (怨天)

人之所資以生者에衣食이爲大하니衣生於桑麻하고食生於五穀하고桑麻五穀은成於雨露하고雨露는成於天地하니라 一絲一粒이果何從而生哉아頑氓은不識하야乍潦則怨天하며暫乾則詈地하야謂天必欲殲人이라하나니 天豈不欲栽養之哉리오氣數ㅣ或有不免也ㅣ라새 比之君之於

頑氓、乍

寵、祿

臣에貴寵其身하며祿養其口라가一言或失이면怨讐隨之하고父母之於子에生育恩愛라가而撫養不時면則切切然歸咎하나 나詩에曰忘我大德하고思我小怨이라하니其是之謂歟ㄴ저 (星湖僿說)

練習

一、다음□표속에漢字를넛코、吐를달어라。

(가)人之所貴以□者衣食爲□

(나)頑氓不識作□則怨□暫□則詈□

二、다음글을漢文으로곳쳐라。

(가)한실과한쌀알이、果然어듸로조차나느냐。

(나)하날이엇지심으고길으고저하지아느리오。

三、다음말을漢字로곳쳐써라。

상마。　오곡。　싱옥。　무양。

第四十四課　火災

이洞里를보시오。四五日前에火災가잇서서、집이만히탓소。집이타서、住接할데가업시된사람이만소。치워서떨면서、길에서서잇는사람은、모다집이업게된사람이오。이러케치운새에、집이업스니、苦生이오작하겟소。

집이업서졋슬뿐이아니라、糧食으로두엇던쌀과보리가다타버려서、먹을것도업소。 寢具가업서져서、잘수도업소。 그러하더라도、목숨을保全한사람은、오히려僥倖하나、타서죽은사람이不少하다하오。

여러분은웨이런큰火災가난줄로싱각하시오。 火災는변변치아니한적은불에서나는일이만흔것이오。

이洞里에서는、처음에兒孩들이석냥을가지고놀앗소。 그석냥불이풀에단겨서、이러케큰불이된것이오。 兒孩가大驚하야、急히불을끄랴하나、불이漸漸커져서、끄지못하얏소。 洞里사람들이놀나서、달녀와서、끄랴고하나、바람이몹시불어서、불이더욱커졋소。 그러하야、집이이러케만히탄것이오。

적은석냥불에서、이갓흔큰火災가낫스니、엇지두려운일이아니오。

趍

措、頷

練習

一、火災에집을타인사람들은엇더케苦生을하고잇느냐。

二、이火災는엇더케하야일어낫느냐。

三、이火災는엇더케하야、크게되기前에、끄지못하얏느냐。

第四十五課 漢文

(畫工良秀)

昔日에 畫工有良秀者ㅣ 善畫佛像이러니 一日에 隣家ㅣ 忽失火하야 延及其家어늘 秀ㅣ 不顧家財器物하고 倉皇趍出門外하니 人皆以爲驚怖失措러니 秀ㅣ 觀火嘉歎者ㅣ 久之라가 乃頷首揮

踊

焰、滋、穢

手하며 左右瞻視하야 歎喜踊躍而不已어늘 見者ㅣ 驚怪하야 以爲狂한대 秀ㅣ 曰吾自幼至今에 繪不*動尊像이 不知其幾千百幅이나 然이나 當其畫火焰에 筆滋氣穢하야 卒不能如意러니 今我ㅣ 忽得畫法하니 不自知手之舞之하며 足之蹈之耳로다 我豈不愛資財리오마는 意不能以彼而易此耳로라 世傳其畫하야 以爲至寶하더라

(伊藤維禎)

練習

一、本課의大綱뜻을이약이하야라。

二、다음□표속에漢字를넛코、吐를달어라。

(가)隣家忽失□延□其家

(나)秀觀□嘉歎者□之

三、다음漢字를比較하야、달은것을말하야라。

晝、書。 措、借。 瞻、蟾。

四、다음말을漢字로곳쳐써라。

불상。 환희。 창황。 용약。

第四十六課 晝夜

太陽은아침에東에서나와서、西으로들어가고、밤사이에地球의뒤를돌아서、西에서東으

로가는것과갓치보이나、그러나、실상은、太陽이地球의周圍를도는것이아니라、地球가太陽의周圍를도는것이니라。

地球는太陽의周圍를廻轉하면서、또自體가廻轉하나니、地球에晝夜의分別이생기는것은、이地球의自轉을因함이니라。 玆에蠟燭과地球儀를持來하야、蠟燭에點火하야、地球儀와조곰離置하고、地球儀를돌니면、地球儀의半面은어둡고、半面은밝을것이오、또地球

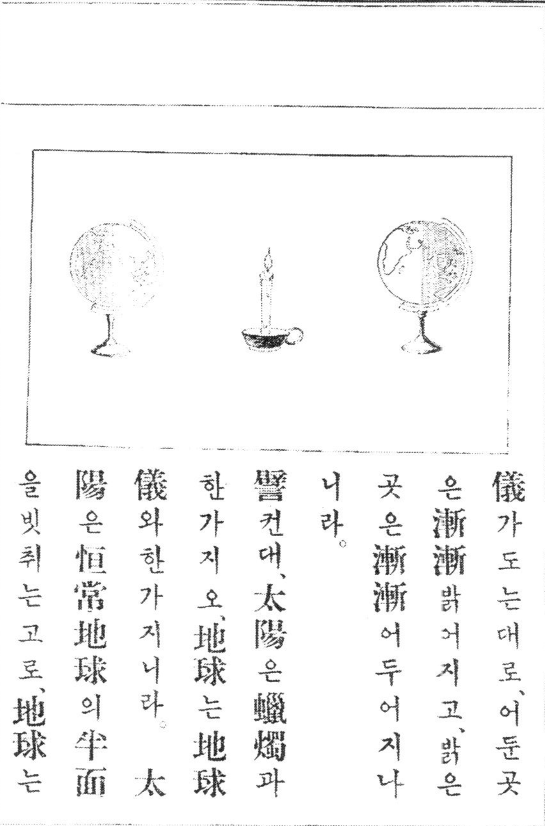

儀가도는대로、어둔곳은漸漸밝어지고、밝은곳은漸漸어두어지나니라。

譬컨대、太陽은蠟燭과한가지오、地球는地球儀와한가지니라。 太陽은恒常地球의半面을빗취는고로、地球는

恒常半面은밝고、半面은어두니、그밝은곳은낫이오、어둔곳은밤이니라。

地球儀는적은고로、瞬息間에一次自轉하나、地球는대단히큰고로、一次自轉함에二十四時間을要하나니、卽太陽을正面으로向한곳이、一次自轉하야、다시正面이되는사이가、二十四時間假量이니라。 地球가一自轉하는사이를一晝夜라稱하나니라。

練習

一、地球에晝夜가생기는사닭을地球儀와蠟燭의例로써說明하야라。

二、地球가一次自轉함에는몃時間이걸니느냐。

闚、窺

第四十七課 漢文 (晏子之御)

晏子ㅣ爲齊相하야出할새其御之妻ㅣ從門間而闚其夫하니其夫ㅣ爲相御하야擁大蓋하며策駟馬하고意氣揚揚하야甚自得也어늘旣而歸에其妻ㅣ請去하니夫問其故한대妻ㅣ曰晏子는長不滿六尺이로대身相齊國하고名顯諸侯ㅣ라今者에妾觀

其出하니志念深矣하야常有以自下者어늘今子ㅣ長八尺으로乃爲人僕御ㅣ라然이나子之意ㅣ自以爲足하니妾이是以求去也ㅣ로라其後에夫自抑損이러니晏子ㅣ怪而問之한대御以實對어늘晏子ㅣ薦以爲大夫하다 (史記)

練習

一、本課의大綱뜻을이약이하야라。

二、다음□표속에漢字를넛코吐를달어라。

(가)晏子長不滿□□身□齊國

(나)今子長□□乃爲人□□

三、다음말을漢字로곳치고、그뜻을말하야라。

ᄉᆞ마。 ᄌᆞ득。 억손。

第四十八課 小話三篇

一 旅人과熊

甲乙두사람의旅人이、길에서만일危急한境遇를當하거든、서로救援하자고相約하고、同行하는대、瞥眼間길가숩속에서곰한마리가나와서、이두사람을向하야쒸여왓소。 그런

오다가、나귀를보고、

「이애、걸닌다。 빗켜라。 어름어름하면、발로차죽여버리겟다」。

하고、훌뿌렷소。 그러나、나귀는잠잣고、길을빗켜주엇소。

그後에、그말은어느戰爭에나갓다가、重傷하야病身이되여、農家에팔녀가서、每日일을하얏소。

하로는、그말이걸음을실고、더벅더벅오는것

을나귀가보고、

「저말이언제던가、나를훌ᄲᅮ리던놈이지」。

하고、그겻흐로가서、

「이애、요젼처럼ᄲᅢᆷ내랴거든、ᄲᅢᆷ내여보아라。

나는元來賤한몸이지마는아즉한번도걸

음을실어본일은업다」。

하얏소。

三　鹿의自矜

사슴하나이못가로물을먹으러왓다가、맑은

물에빗취는自己貌樣을브고、혼자말로

「이내ᄲᅮᆯ을보아라。 참머리裝飾으로는더

할수업다。 그러나、이말너ᄲᅡ진가는다리

가참보기실타」。

하고、自歎하고잇슬ᄯᅢ에、瞥眼間어듸서산양

군과산양개소리가나닛가、사슴이ᄭᅡᆷ작놀나、

금방홍보던다리로、걸음아나를살녀라하고、

숩속으로ᄯᅱ여들어갓소。 그ᄯᅢ에自矜하던

ᄲᅮᆯ이도로혀怨讐가되여、이쪽저쪽나무가지

에걸녀、옴작도못하고、산양개에게물녀죽엇소。

練習

一、旅客과곰의이약이를하야라。
二、말과나귀의이약이를하야라。
三、自矜한사슴의이약이를하야라。

第四十九課 漢文

朝三暮四 宋有狙公者ㅣ愛狙하야養之成群하니 能解狙之意하고 狙亦得公之心이라 將限其

食할새 先誑之曰與若茅호대 朝三而暮四하리니 足乎아 衆狙ㅣ皆起而怒어늘 俄而오 曰與若茅호대 朝四而暮三하라니 足乎아 衆狙ㅣ皆伏而喜하더라 (列子)

多岐亡羊 楊子之隣人이亡羊에既率其黨하고 又請楊子之竪追之어늘 楊子ㅣ曰嘻라 亡一羊에 何追者之衆고 隣人이曰多岐路ㅣ일새로라 既反에 問獲羊乎아 曰亡之矣로라 曰奚亡之오 曰岐路之中에 又有岐焉호니 吾不知所

之라 所以反也ㅣ라로 (列子)

練習

一、「朝三暮四」의뜻을말하고、또그故事를이약이하야라。
二、「多岐亡羊」의뜻을말하고、또그故事를이약이하야라。
三、다음漢字를比較하야、달은것을말하야라。
暮、募。 狙、祖。 茅、矛。 奚、溪。

第五十課 論難과爭鬪

犬猫等은自己의일만싱각하고、남의일은싱각지아니하나니라。 然故로조고마한고기를보더라도、곳爭鬪를시작하나니라。 사람도學問이업고卑劣한者는、自己의일만싱각하고、他人의일을싱각하지아니하는故로、爭鬪하는일이만흐니라。

學問이잇고高尙한사람은、自己의일만싱각하지아니하고、서로謙讓하는故로、爭鬪하는等事가드므니라。 낫츨붉혀가지고、눈을부릅뜨고、입을세죽히하고、침을튀게하며、言語하는것은、實로보기에穩當치아니하나니라。 孔

子께서말삼하시되「己所不欲을勿施於人하라」하셧나니、이말삼과갓치行하면、爭鬪가일어날理가萬無하리로다。

사람의마음은、그顏面이各異함과갓치、다달으니라。 마음이달으면意思도달으고、意思가달음을因하야論難이생기나니、論難과爭鬪는本來判異한것이니라。 論難함은無妨하나、爭鬪함은不可하니라。

練習

一、爭鬪는무슨까닭으로생기느냐。

二、「己所不欲을勿施於人하라」의뜻을말하야라。

三、다음말을漢字로써라。

견묘。 징두。 학문。 비렬。

겸양。 온당。 안면。 의ᄉ。

第五十一課 漢文 (李退溪)

先生의諱는滉이니退溪는其號也ㅣ라天姿ㅣ重厚하고德器ㅣ宏深하고踐履篤實하야以至大成이라撰理學錄하고註解四書三經하고詩與文을專學

朱子*하고 長於文而書法이 亦甚健勁이라 士林이 重之如泰山北斗ㅣ러라 嘗以豐*基郡守로 解綬歸來할새 吏民이 遮道涕泣하며 行李蕭然하야 惟載書數馬而已러라 寢疾에 謂子曰死後에 毋用禮葬하며 且勿建碑하고 只題小石曰退陶晩隱眞城李氏之墓ㅣ 足矣라하고 正席而絶하니 壽七十이라 嶺南人이 多薰陶德性일새 世稱此地하야 謂之鄒魯鄕이라하나니 實圖*隱後一人也ㅣ니라

練習

圖

一、本課의大綱뜻을이약이하야라。

二、다음말을漢字로곳쳐써라。

련즈중후。 덕긔광심。 래산북두。

第五十二課 寬大

宋時에呂蒙正은極히寬大한사람이라。 他人에게無禮함을바들지라도、조곰도介意치아니하더라。

처음에參知政事가되여、入朝할새、簾內에一朝士가倨坐하야、呂氏를가르치며、「如此豎子도亦是參政乎아」하고、嘲笑하

寵、倨

는지라。

呂氏는聽而不聞하고、過去하는지라。 同列에잇던諸人이그朝士의無禮함을憤히역여、그官位와姓名을探索하야、詰責코저하니、呂氏가挽止하다。 退朝한後에도、同列에잇는諸人이오히려詰問치아니함을後悔하거늘、

呂蒙正이갈오대、

「한번그姓名을알면、終身토록잇지못할지나、차라리아지못하는것이죳코、또그姓名

을探索하야詰責한들、무엇에有益하리오」하니、이말을人人相傳하야、그寬大함을敬服하더라。

古人의말에、「怒하는사람은易與호대、怒하지안는사람이可恐이라」하얏스니、果然이로다。度量이寬大하야、容易히怒하지안는사람을對하면、自然畏敬할생각이나는도다。 路上에서肩臂가相摩할지라도、忽然히怒氣가滿面하야、사람을大聲叱咤함은、賤丈夫의行爲

无 兢 瑣

인즉、君子의甚이붓그러워하는바이니라」。
他人이或時自己를對하야無禮한言行이잇슬지라도、徐徐히그所以然을窮究한즉、「一時无妄之過에나옴이만토다 婢僕等이그主人에게服事함에、戰戰兢兢하야、猶恐失之하거늘、細瑣한일에도怒하야、叱責하는사람이잇는지라。 이는自己의威嚴을損傷하야、他人의輕侮를自招함이니라。

子貢이孔子께뭇자오대「一言이可히終身토록行할者ㅣ잇나닛가」孔子ㅣ갈오사대「恕」라하셧스니、能히容恕하면、怒함이稀少하니라。

寔、弓

練習

一、呂蒙正의이약이를하야라。
二、「恕하는사람은易與호대、怒하지안는사람이叵恐할지라」의뜻을말하야라。
三、婢僕은엇더케부려야하느냐。

第五十三課 漢文 (梁上君子)

後漢陳寔의字는仲弓이니少作縣吏하야爲都亭

絹

刺佐에 有志好學하야 坐立誦讀한대 縣令이 奇之
하야 聽受業太學이러니 後에 除太丘長하야 修德請
靜하니 百姓이 以安이라 時에 歲荒하야 有盜ㅣ夜入
其室하야 止於梁上이어늘 寔이 陰見之하고 呼子孫
正色訓之曰夫人은 不可不自勉이니 不善之人
이 未必本惡이라 習以性成하야 遂至於此ㅣ니 梁上
君子ㅣ是矣라한대 盜ㅣ大驚하야 自投於地하야 稽
顙歸罪어늘 寔이 曰視君狀貌하니 不似惡人이라 當
由貧困이로다하고 令遺絹二匹하니 自是로 一縣에

竊 講

無復盜竊이러라 (後漢書)

練習

一、本課의 大綱뜻을 이약이하야라。
二、다음□표속에 漢字를 넣코、吐를 달어라。
(가)歲□有盜夜入其□
(나)不善之人未必本□習以□成
三、다음말을 漢字로곳쳐써라。
량샹군ᄌᆞ。 슈덕쳥졍。 계상귀죄。

第五十四課 講話會의 請邀文

拜啓前日부터 朝鮮에 渡來하야 各地方

의商業을視察研究하던山田高等商業
學校教授가數三日間當地에來留하는
機會를乘하야、有志者의周旋으로써、來
十日午後六時부터、當地普通學校에서
特히朝鮮商業에關하야一場의講演을
得聽케되온바、同教授는最近에歐米諸
國의商業을視察하고歸朝한新進의學
者이라　그講話는반다시有益한點이
多할줄로認하오니、相値되는事이無하

乘

시거든、아무조록有志家를多數勸誘하
야、作件參聽하심을望함

月　日　　鄭秉稷

朴應先　座下

答　狀

惠書는拜讀하온바、來十日에普通學校
에서山田教授의講話會를開催함에對
하야일부러請招하오시니、感謝感謝하

오며朝鮮에는自來로商業에關한知識이不足함으로써、充分히發達을遂치못한지라。此際에其學專門家의講話를聽함은、大히參考의益이有할줄로思하오니、其日에아무조록多數의人員을動得하야、參會코저하옵나이다。

月 日

朴應先

鄭秉稷 座下

第五十五課 吾人의衣服

吾人의衣服은、大概綿布나紬緞이나、麻布나、毛織이니、其材料는모다農夫의手로부터된것이니라。

昔에는、農夫가스스로絲를製하며、布를織하야、衣服을製着하더니、近來에는此事가漸次減少하니라。

今에는、農夫가綿과繭을商人에게賣却하고、商人은此를買集하야、更히工業家에게賣却

하나니라。 工業家는機械를使用하야、此等材料로써、布木과紬緞等을織造하야、此를更히商人에게賣却하고、商人은此를廣히世人에게放賣하나니라。

是故로農夫는自己의手로써製作한材料를賣却한後에、美麗히織組된것을更히商人으로부터購買하나니、此는異常한듯하나、如此히함이反히便利하니라。

農夫가스스로絲를製하야、布木과紬緞等을

織하면、時間을多費할뿐아니라、美麗한衣服을得하기難하니라。 故로如此히함보담、材料를販賣하고、그製絲와織組하는手功을他事에應用하면、도로혀美麗한衣服을得하기易하니라。

如此히吾人의衣服은、農夫가材料를田地에耕作하는時로부터、美好히되기까지에、多大한勞心과手功을入한것인故로、비록一尺의紬布라도疎忽히함은不可하니라。

芙蓉 腰

練習

一、布木과紬緞이商人의손에서放賣되기까지에는엇더한次序를것쳣느냐。

二、農夫가스스로絲를製하며布木과紬緞을織하면엇더한不利益이잇느냐。

第五十六課 漢文 (富山宜名)

一日에仰視富士山하니屹然中天하야高不知其幾千丈矣라形如芙蓉出水하니宜其以芙蓉峰得名者也ㅣ라半腰以上이四時長白일새謂之雪

苺 磅礴

色者는證之於白頭山之積雪不消하고謂之土色者는證之於金剛山之苔衣石苺也하야自古로互相爭難하나나適見亂風過山애雪花紛飛하야乍止乍起하니到此에尤可驗其白雪之無疑也ㅣ라山形이磅礴重厚하야宜其富山爲名하고亦當爲日本第一主鎭山也ㅣ로다 (趙曮海遊日記)

練習

一、다음□표속에漢字를넣코吐를달어라。

(가)屹然□□高不知其□□□矣

(나)適見□□過山□□紛飛

二、다음말을漢字로곳쳐써라。

적설불쇼。 티의셕민、 방박중후。

第五十七課 人은萬物의長

庭園의草木을見하라。草木은我等人類와共히此世界에成長하는者이나、我等과如히自由로動作하지못하나니라。

又水中에游泳하는魚蝦와地上에匍匐하는昆蟲을見하라。此等動物은能히動作하고感覺하나、我

縮

等과如히事物을思量하며、事業을作爲치못하고、鳥獸에至하야는、知力의稍進한바이有하나、我等의有한言語가無하고、又進步된知識도有치못하니라。

諸子여、我等은良心이有하니、良心은善惡을分辨하야、善한事는行하고、惡한事는行치말라命令하나니、萬若惡한事를行한時는心縮할것이오、善한事를行한時는愉快할지라。此良心은唯獨人類에게有하고、禽獸草木에는

巢

無한바이니、此가卽人類가萬物의長된所以이니라。

諸子는蟻의巢를見하얏슬지로다。蟻는群을成하야生活하는者이니라。又諸子는蜜蜂을知하나뇨。蜜蜂도亦是群을作하야棲息하는者이니라。此外의動物에도、群을成하야生活하는者가不少하나、彼等은다만自然의性質로不知不識間에群居하는者이니라。然이나人類가共同生活을하는時는、各其共同生活하는道理를辨知하야、人을爲하야善을行하고、又善을行함은人의本務됨을辨知하나니、此亦人類가萬物보다優勝한所以이니라。

輝

諸子여、萬物의長으로生한者는、또한萬物보다優勝한行爲가有하야야할지니、此가無하면人生의本意가無하니라。然한즉智를十分琢磨하야、其光輝를發揚케하고、又德行을勉勵하야、其效力을表顯케할지니라。大凡

飛躍登天이러니翌朝에卒거늘朝野ㅣ無不號痛相弔하니年四十九ㅣ라實千載之眞儒ㅣ오經濟之大才也ㅣ니라

練習

一、本課의大綱뜻을이약이하야라。

二、다음□표속에漢字를넣코、吐를달어라。

(가)天姿□□學語□知文字登科□□三場

(나)晝則□□在公夜則不解□□

三、다음말을漢字로곳쳐써라。

성학즙요。 격몽요결。 려시향약。

第五十九課 隣人은四寸

예로부터「이웃四寸」이라하는말이잇도다。近隣의사람은、諸般事에서로扶助함이만흠을일음이니、急한疾病이잇는때와盜難과火災를當한때에、第一盡力함도、이웃사람이오、또이런일이잇슬때뿐아니라、每日서로言語하며往來하며、서로즐거워함도이웃사람이로다。

萬一우리집이사람의居住치아니하는山中과曠野에홀로잇스면、그寂寞함이엇더

하리오。

그러한즉、우리는이웃사람과親睦하며、諸般事爲에아무조록서로扶助함이可하도다。妄佞되히詬辱하거나、細瑣한일로써不和케함이不可하도다。 또隣家의墻壁을傷하며、草木을썩그며、果實을싸서、이웃사람에게責望을當함이不可하도다。

練習

一、「이웃四寸」이라함은엇더한뜻이냐。

二、다음말을漢字로곳쳐써라。

적막。 친목。 후욕。

세쇄。 불화。 장벽。

第六十課 漢文

子ㅣ曰其身이正이면 不令而行하고 其身이不正이면 雖令不從이니라 (論語)

子ㅣ曰可與言而不與之言이면 失人이오 不可與言而與之言이면 失言이니 知者는 不失人하며 亦不失言이니라 (論語)

愆 躁 瞽

孔子ㅣ曰侍於君子에有三愆하니言未及之而言을謂之躁ㅣ오言及之而不言을謂之隱이오未見顏色而言을謂之瞽ㅣ니라 (論語)

子ㅣ曰有德者는必有言이어니와有言者는不必有德이니라 仁者는必有勇이어니와勇者는不必有仁이니라 (論語)

練習

一、다음□표속에漢字를넣코、吐를달어라。

(가)可□言而不與之言失□不可□言而與之言失□

(나)言未□之而言謂之□言及之而不□謂之□

第六十一課 植松

一、언덕우에솔을심어 十年培養다자랐네
곳은것은材木되고 굽은것은火木되니
材木火木저等分이 저되기에달녓도다

二、다음글을漢文으로곳쳐라。
그몸이正하면、令치아니하야도行하고、그몸이正치아니하면비록令하나、좇지아니하나니라。

三、다음漢字를各其너어서두字식의말을지어라。
令。侍。言。顏。

二、사람本性착하건만 學不學에달녓나니
잘배우면賢人되고 안배우면愚氓이라
賢人愚氓저等分을 싱각하소靑年學徒

第六十二課 銀行

崔有大가銀行에돈을맛기러왓소。

崔有大「돈을맛기러왓습니다。」

爲替係「네、그것은저리로가지고가시오。여긔서는爲替만맛혀봅니다。」

預

崔有大「預金을여긔서맛혀보십닛가。」

貸附係「그것은여긔가아니올시다。 여긔는貸附係올시다。 이다음구녕에서셋재로「預金係」라고써붓친데가잇스니、그리로가십시오。」

崔有大「돈을조곰맛기겟습니다。」

預金係「그럿슴닛가。 얼마오닛가。」

崔有大「一百二拾圓이올시다。 엇더케맛김닛가。」

預金係 「預金에는、定期預金과當座預金의두가지가잇습니다。 定期預金으로하면、半年이나一年으로期限을定하고맛기는것인대、限이되기前에는、차즐수업습니다。當座預金으로하면、別로히期限을定치안코맛기는것이닛가、所用이될때는、언제던지차즐수잇습니다。 어느것으로하시랍닛가。」

崔有大 「그러면當座預金으로하는것이便利하겟습니다、그러」

預金係 「그럿습니다。 그것이便利합니다。」

崔有大 「그러면、當座預金으로하야주시으」

預金係 「그러나、利子는定期預金이난故로、速히所用이되시지아니할것갓흐면、定期預金으로하시는것이利가됩니다。」

崔有大 「이돈은六箇月동안은所用되지아니하는것이니、그러면定期預金으로하겟습니다。」

預金係 「그러면, 이조희에 金額과 住所·姓名을 쓰십시오。 그리하고, 그돈은 이엽「支拂係」라고써붓친데 가지고가서내십시오」

崔有大는 支拂係로 돈을 가지고 가서 내엿소。 支拂係에서는, 적은 領收證을 주면서, 「이조희를 預金係로 갓다주십시오」 하얏소。 崔有大가 그 領收證을 預金係에 갓다준즉, 預金係에서는 큰 帳簿에 記入하고, 다시 預金證書를 하야주엇소。 崔有大는 銀行

事務가 낫낫치 分業이 되여 잇는 것을 알엇소。

練習

一、定期預金이라하는것은, 엇더한것이냐。
二、當座預金이라하는것은, 엇더한것이냐。
三、崔有大가定期預金으로돈을맛길때에, 銀行에서는, 엇더한節次를하얏느냐。
四、다음말을漢字로바더써라。
은힝。 위톄。 예금。 금익。
디부계。 지불계。 령슈증。

第六十三課 漢文 (茶)

夫茶는 內地各處에 無不産出이오 而特靜岡縣

叢 蕃

臺灣之產이 最有名焉하니 實爲我國輸出農產之主要物也ㅣ라 朝鮮則新羅興*德王三年에 朝貢於唐할새 奉使大廉이 持來茶種하야 王이 使植於智異山하니 自善*德王時로 雖已有茶ㅣ나 至於此時에 始爲盛焉하고 高麗時에 國人이 頗喜飮茶ㅣ나 然이나 土產之茶ㅣ 其品不良하야 以支那茶로 爲貴하니 商賈ㅣ 多通販하고 李朝成*宗初에 咸陽郡守金*宗直이 得叢於嚴*川寺北竹林中하야 開園種植하니 不過數年에 甚爲蕃盛이라 作詩以

閥、閫

志喜하고 後復無聞焉하야 只於三南山中에 往往見其樹하니 蓋茶之繁不繁은 不無土地氣候之所關이며 而亦在乎獎勵種植之如何也ㅣ로다

練習

一、茶種을支那로부터取來한것을이약이하야라。

二、朝鮮에서茶의產出한것을이약이하야라。

三、다음말을漢字로곳쳐써라。

슈춍。 번셩。 긔후。

第六十四課 儉約

*德川光圀(도구가와미두구니)는 地閫이 高貴한사람이라。 그러

矯

나、恒常儉約을崇尙하야、衣服에質素를爲主하며、飮食도奢侈치아니하고、또常時에무엇을記錄함에、大槪休紙의後面을利用하얏다하나니라。

그러나、그집에使用하는下婢等이조희를濫用하는行習이잇는지라。光圀가이것을矯正코저하야、嚴冬에某村溪川엽헤잇는製紙場으로下婢를보내여、製紙하는婦女의勤勞하는貌樣을가서보게하얏더라。下婢等이

詳 諭

歸來하야、製紙하는婦女가水中에서勤勞하는貌樣을詳告하는지라。於是에光圀는下婢輩를對하야、

「비록白紙一張이라도、容易히생김이아니오、製紙하는婦女가辛苦하야만든것인즉、無益히浪費치말라」。

하고訓諭하더라。婢輩는이말에깁히깨달어서、其後로는조희를濫用하지아니하얏다하나니라。

光圀는이와갓치儉約을崇尙하얏스나、財物을쓸데에는、조곰도吝惜치아니하고、貧寒한者에게는金銀·米穀을補助하더라。 儉約을崇尙함은善美한일이나、吝嗇함은不可하니라。

儉約이라함은、何物을勿論하고浪費치아니함이오、吝嗇이라함은、必要한境遇에도、앗기고쓰지아니함이니、諸子는이區別을分辨하야、儉約을직힐지어다。

練習

一、德川光圀는、平素에엇더케儉約하얏느냐。

二、光圀는婢의조회를濫用하는習慣을矯正하랴고、엇더케하얏느냐。

三、儉約과吝嗇은、엇더케달으냐。

第六十五課 漢文

與善人居할새如入芝蘭之室하야久而不聞其香이오卽與之化矣며與不善人居할새如入鮑魚之肆하야久而不聞其臭오亦與之化矣나니丹之所藏者赤하고漆之所藏者黑이라是以로君子는必

愼其所處者焉이니라 (孔子家語)

君子取友之道ㅣ 有交隣之義하니 百金買宅하고 千金買隣이라하니 謂隣之不可不擇也ㅣ라 況於友乎아 然이나 水深而魚聚하고 樹茂而鳥來하나니 君子求友之道ㅣ 亦在修德於己耳라 德修於己면 則良友ㅣ 自至하나니 故로 曰德不孤ㅣ라 必有隣이라하니라 (藤森大雅)

練習

一、다음□표속에漢字를넣코、吐를달어라。

世宗 李朝第四代의王이니라。

古篆 古代漢字의한體이니라。

第三十六課 漢文(申叔舟)

女眞語 高麗時代부터李朝初까지、滿洲地方에占據하던女眞族의言語이니라。

野人 女眞族의別稱이니라。

第四十五課 漢文(畵工良秀)

不動尊 佛像의一種이니、背에火焰을負하야、獰惡한容貌를持한것이니라。

第五十一課 漢文(李退溪)

朱子 朱熹를謂함이니、卽今부터七百二十餘年前、支那南宋의有名한

儒者이니라。

豐基郡　今의慶尙北道榮州郡에屬한郡名이니라。

圃隱　高麗末의名臣鄭夢周의號이니라。

第五十八課　漢文(李栗谷)

呂氏鄕約　藍田(今의支那陝西省에在한縣名)의呂氏兄弟四人이、惡을去하고善을勸하기爲하야、鄕人과共히結한規約이니라。

第六十三課　漢文(茶)

興德王　卽今부터一千九十餘年前、新羅第四十二代의王이니라。

善德王　卽今부터一千二百八十餘年前、新羅第二十七代의女王이니라。本書卷五第四十五課에有한德曼은、王의卽位前의名이니라。

成宗　李朝第九代의王이니라。

咸陽　慶尙南道에在한郡名이니라。

金宗直　李朝成宗時代의名臣이니라。

嚴川寺　慶尙南道咸陽郡內에在한寺의名이니라。

第六十四課　儉約

德川光圀　卽今부터二百二十餘年前、今의茨城縣水戶의藩主이니、才가文武를兼하고、有益한書도著述하니라。

庶務部印刷所印刷

朝鮮總督府

大正十年三月二十五日發行
大正十年三月二十三日印刷

(大正十一年四月二十日翻刻)

定價金二十五錢

許[illegible]六

제7차 교육령기

初等朝鮮語讀本

卷1・2

初等朝鮮語讀本
卷一
朝鮮總督府

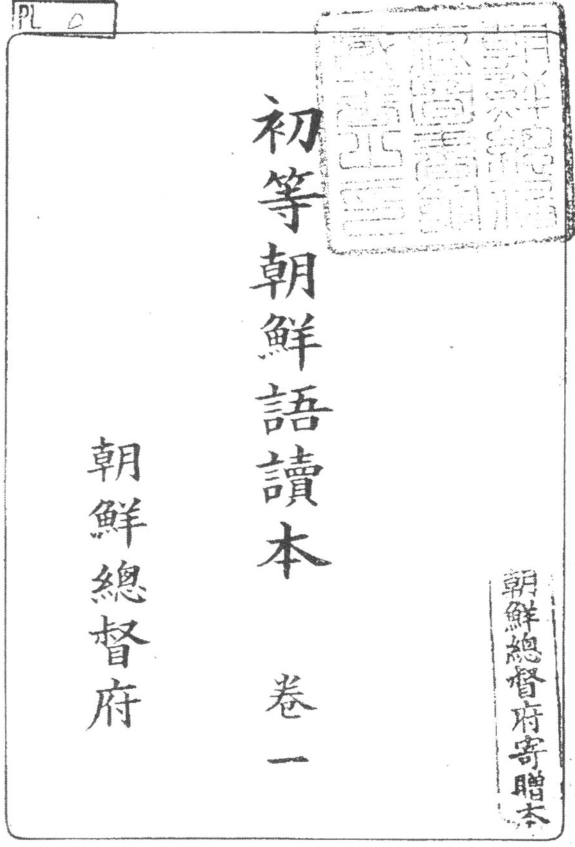
初等朝鮮語讀本
卷一
朝鮮總督府
朝鮮總督府寄贈本

소
一
소

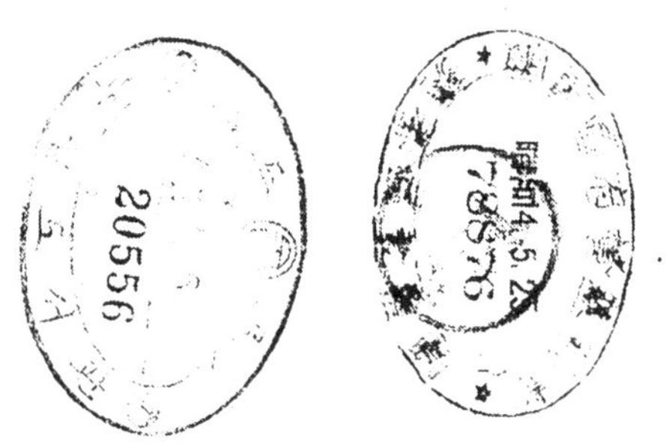

二

기고 리다

고기

다리

三

자모 보

모자

보자기

아버지 우

四 아버지

우리 아버지

四

어머니

五 어머니

우리 어머니

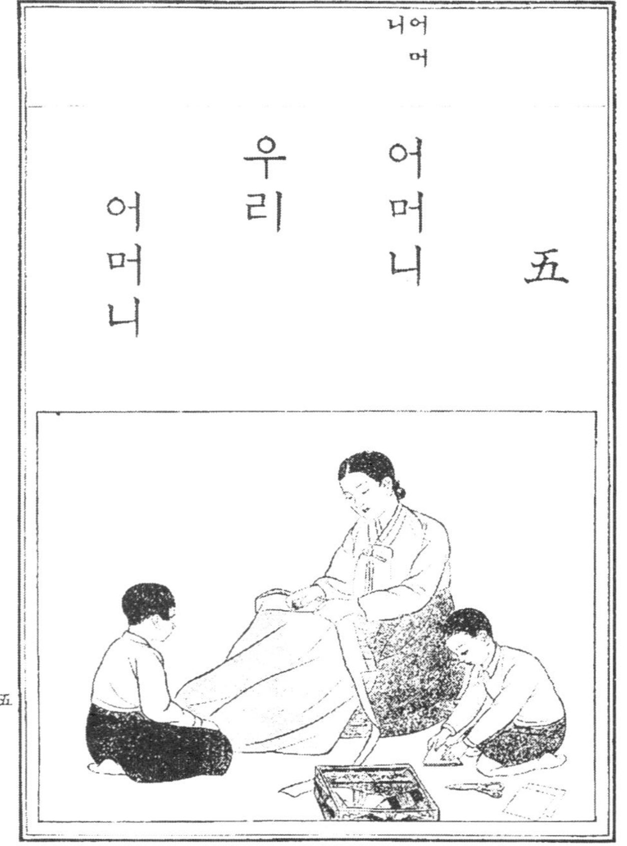

五

七

나비야、 나비야、 어서 어서 이리 오너라。

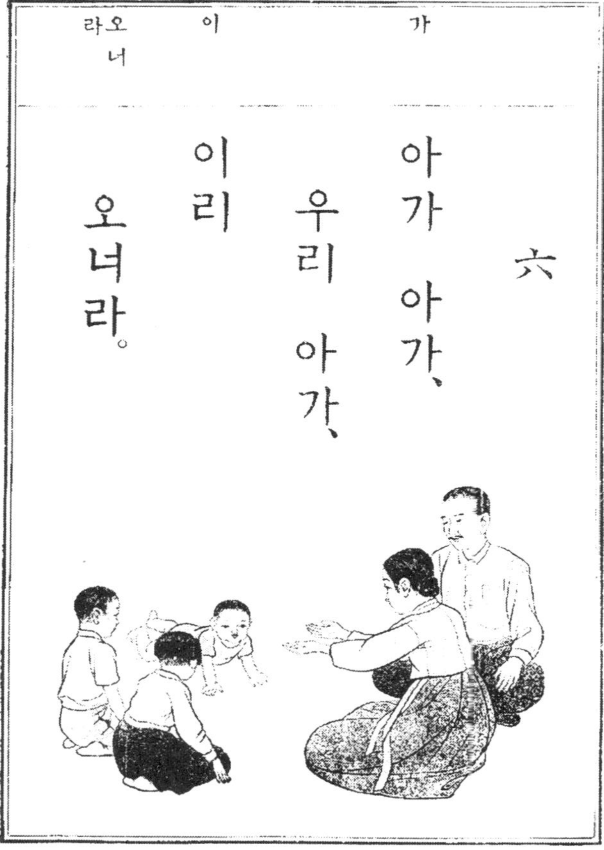

六

아가 아가、 우리 아가、 이리 오너라。

八

거 미 구 두 노 루 　 도 무

거미

구두

노루

도야지

머리

무

八

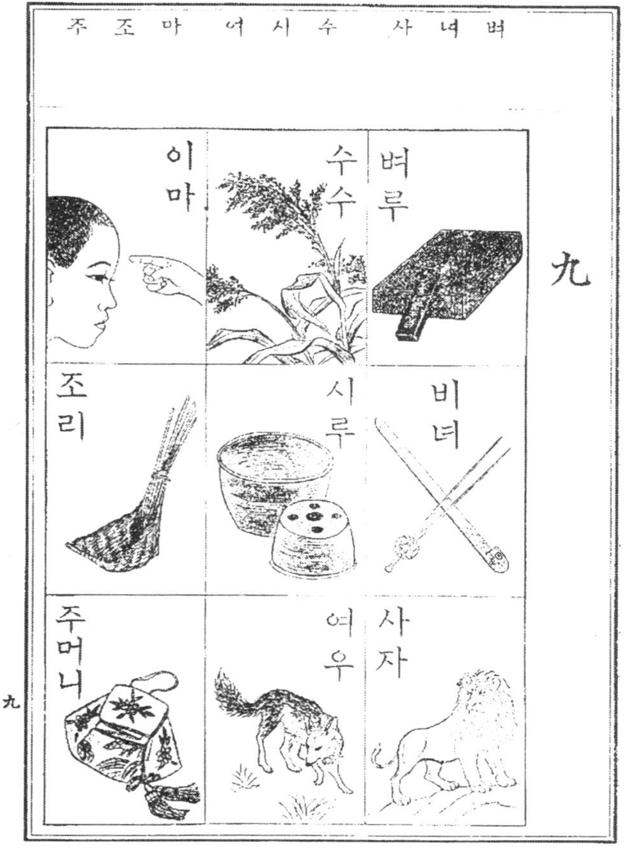

九

벼 녀 사 　 수 시 여 　 마 조 주

벼루

비녀

사자

수수

시루

여우

이마

조리

주머니

九

十

가자 가자、

집으로

가자。

아버지 어머니、

기다리신다。

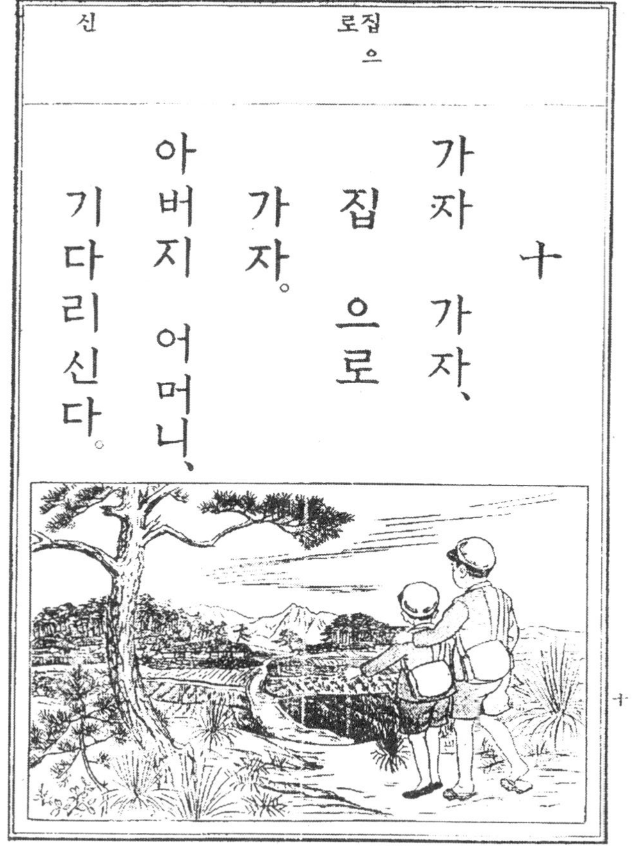

十一

이것은

우리 학교

올시다。

저것은

면사무소올시다。

는 밥을 십 누님 를 습 굽

十二

어머니는、 밥을 지으십니다。

누님은、 고기를 굽습니다。

十二

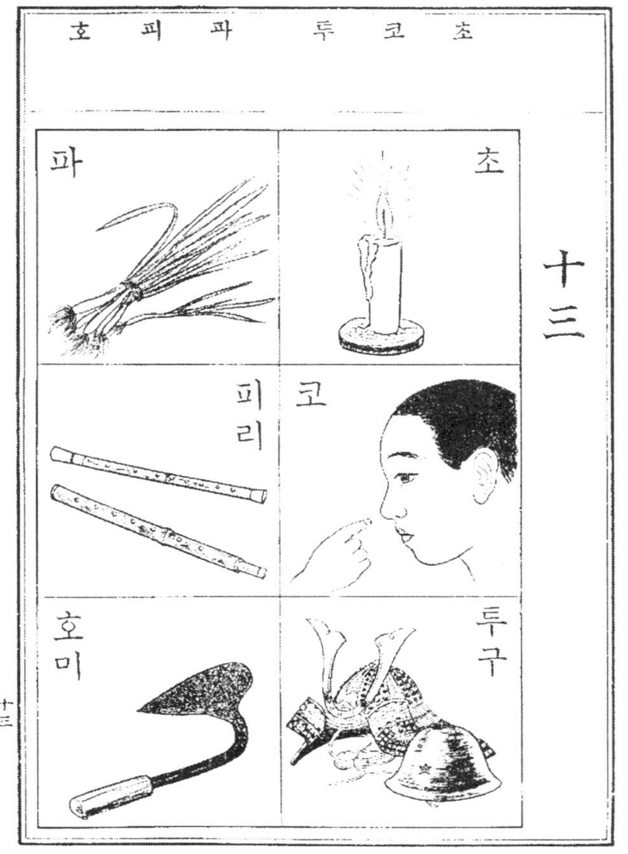

초 코 투 파 피 호

十三

十三

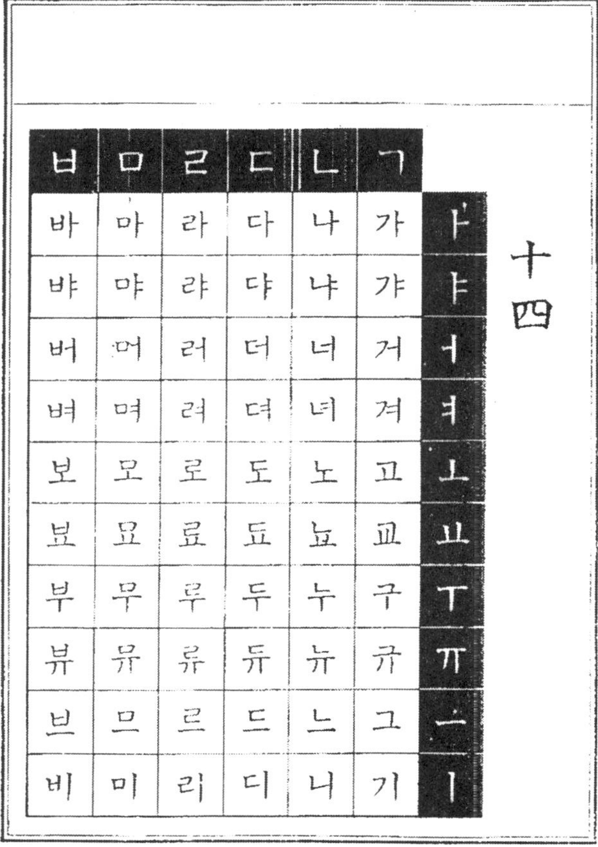

十四

	ㄱ	ㄴ	ㄷ	ㄹ	ㅁ	ㅂ
ㅏ	가	나	다	라	마	바
ㅑ	갸	냐	댜	랴	먀	뱌
ㅓ	거	너	더	러	머	버
ㅕ	겨	녀	뎌	려	며	벼
ㅗ	고	노	도	로	모	보
ㅛ	교	뇨	됴	료	묘	뵤
ㅜ	구	누	두	루	무	부
ㅠ	규	뉴	듀	류	뮤	뷰
ㅡ	그	느	드	르	므	브
ㅣ	기	니	디	리	미	비

十四

ㅅ	ㅇ	ㅈ	ㅊ	ㅋ	ㅌ	ㅍ	ㅎ
사	아	자	차	카	타	파	하
샤	야	쟈	챠	캬	탸	퍄	햐
서	어	저	처	커	터	퍼	허
셔	여	져	쳐	켜	텨	펴	혀
소	오	조	초	코	토	포	호
쇼	요	죠	쵸	쿄	툐	표	효
수	우	주	추	쿠	투	푸	후
슈	유	쥬	츄	큐	튜	퓨	휴
스	으	즈	츠	크	트	프	흐
시	이	지	치	키	티	피	히

十五

안녕히 셧 닛 잣냐 잘

十五

「아버지、어머니、안녕히 주무셧습닛가。」

「오냐、잘 잣느냐。」

十六

에 갓겟

十六

「아버지、어머니、안녕히 주무십시오。」

「오냐、잘 자거라。」

「아버지、어머니、학교에 갓다오겟습니다。」

十七

왓

「오냐、잘 갓다」
오너라」。
「아버지、어머니、
학교 에 갓다」
왓습니다」。
「오냐、잘 갓다왓느냐」。

동산 만듭 화 심읍 음식 들 잔치

十七

동산 을 만듭
시다。화초 를
심읍시다。집
을 지읍시다。
음식 을 만들어서、잔치

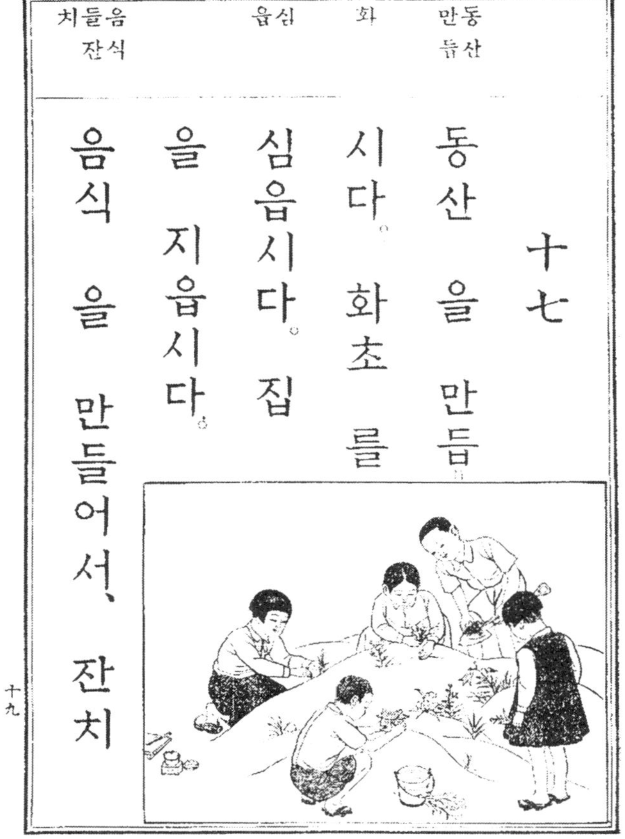

합 엇입 그연 필

를 합시다。

十八

「이 것이 무엇입닛가」

「그 것은 연필이올시다」

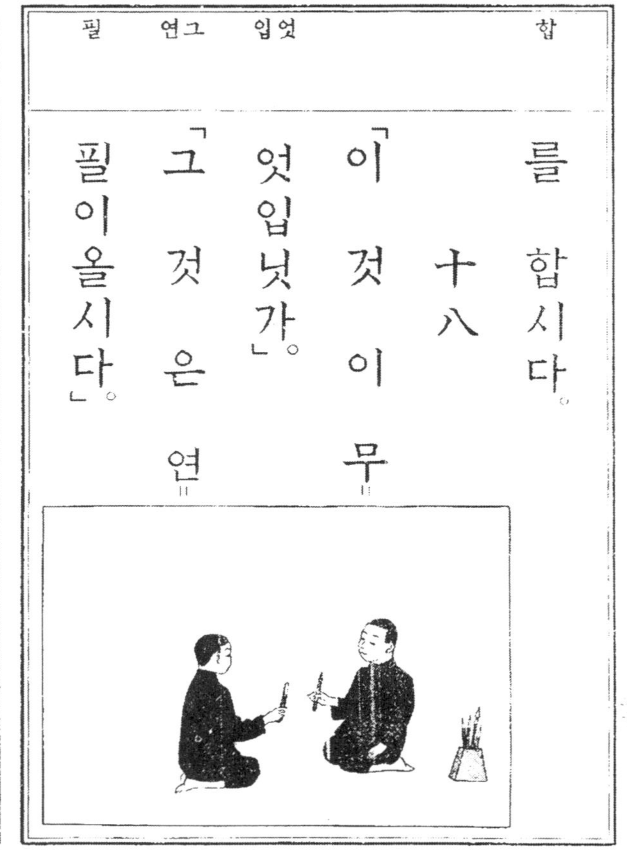

칼 통 생잇 놀

「그 것은 무엇입닛가」

「이 것은 칼이올시다」

「저 것은 무엇입닛가」

「저 것은 필통이올시다」

十九

생도들이、만이 놀고잇습

공 던
름 질 박

니다。

여기 서는,

공을 던집니다。

저기 서는,

다름박질을 합니다。

二十二

람
얼 세 인
둘 셋
넷

二十

「사람이 모다

얼마인지, 세여

보아라」。

「하나 둘 셋

넷 다섯 여섯

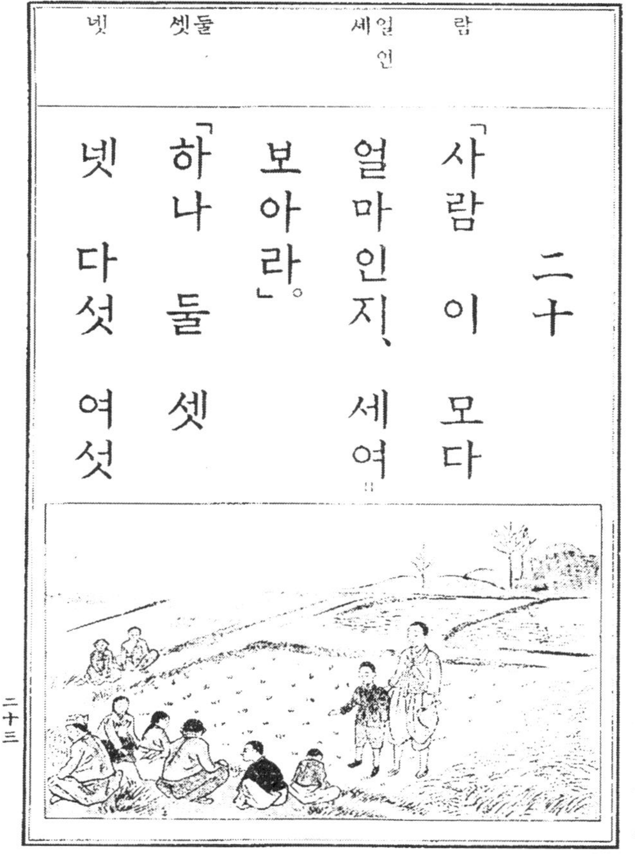

二十三

일곱 여덟 아홉 틀렷 번 네

일곱 여덟 아홉、모다 아홉사람이올시다」

「틀렷다。다시 한번 세여보아라」

「한사람 두사람 세사람 네사람 다섯사람 여섯사람

二十四

얏 열 렷

일곱사람 여덟사람 아홉사람、아홉사람이올시다」

「아니다。너를 세지아니하얏다」

「아、그럿습니다。모다 열사람이올시다」

二十五

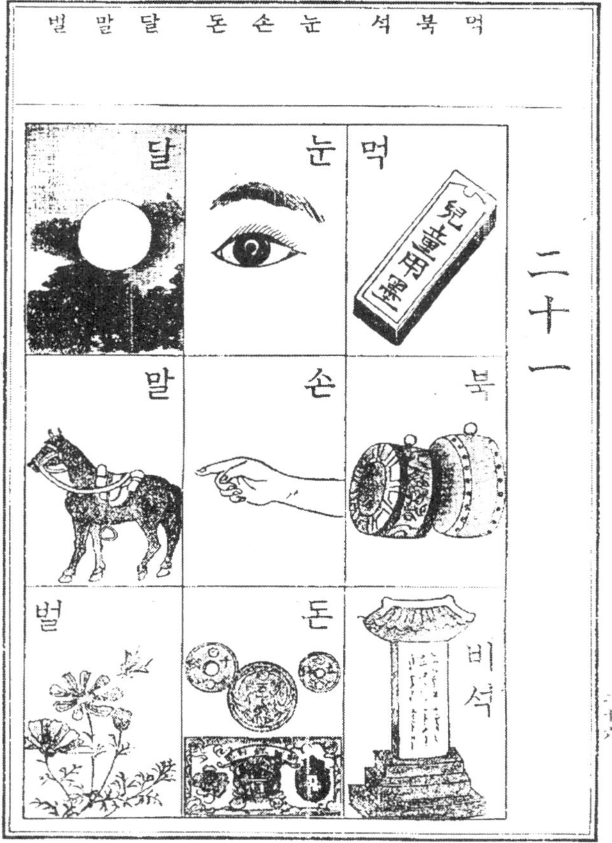

二十一

먹 북 석　눈 손 돈　달 말 벌

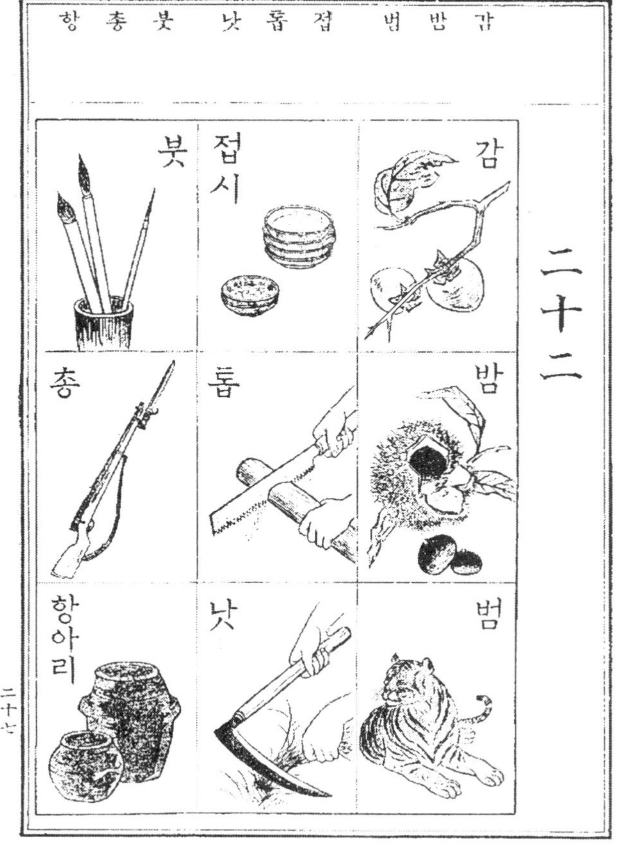

二十二

감 밤 범　접 톱 낫　붓 총 항

二十三

박	막	락	닥	낙	각
번	먼	런	던	넌	건
볼	몰	롤	돌	놀	골
붐	뭄	룸	둠	눔	굼
븝	믑	릅	듭	늡	급
빗	밋	릿	딧	닛	깃
방	망	랑	당	낭	강

학	팍	탁	칵	착	작	악	삭
헌	펀	턴	컨	천	전	언	선
홀	폴	톨	콜	촐	졸	올	솔
훔	품	툼	쿰	춤	줌	움	숨
흡	픕	틉	큽	츱	즙	읍	습
힛	핏	팃	킷	칫	짓	잇	싯
항	팡	탕	캉	창	장	앙	상

二十四 큰 길

큰 길 걸 전

여기는 큰 길이올시다。 걸어가는 사람도 잇고、 자전거를

타 왼편 갑 한운 대 차력 와 포푸

타고가는 사람도 잇습니다。 모다 왼편 가로 갑니다。 길 한가운데로는、 자동차와 인력거와 구루마가 지나갑니다。 길가에는、 포푸라나무

매란 경 러 곳개 남 방되 해 됩

가 나란이 서잇습니다。매우 보기 조은 경치올시다。」

길은、여러 사람들이 다니는 곳이니、남에게 방해가 되는 일을 하야서는 아니됩니다。

께늘 선 습행 쟁 참

二十五

「아버지、오늘 선생님께서、비행기전쟁의 말슴을 해주셧습니다。」

「참 자미잇는 이야기를 들엇구나。」

내 친 켓첫

「그리고, 돈을 만이 내여서, 비행기를 바친 사람이 만타는 말슴도 들엇습니다。 아버지, 우리도 돈을 바첫스면 조켓습니다。」

각착 장적 헌팔 찰 뒤금 할 둔

「아아, 착한 생각이다。 나도 어적게 장에, 가마니를 팔아서, 경찰서에 헌금하고 왓다。 이 뒤로도, 자조 헌금할 생각이다。」

「아버지, 나도 모아둔 돈

줍 　 줄터 　 태

이 팔전 이 잇스니, 선생
님 께 갓다드리고, 헌금하
야 줍시사고 하겟습니다。」
「참 조은 말이다。 내 가
사전 을 줄터이니, 이 것
을 보태서, 십이전 을 갓

三十六

려

다드려라。 얼마 되지안는
돈이라도, 여러사람들 이
내여서 모으면, 만은 돈
이 되여서, 총 도 만들고,
비행기 도 만들수 가 잇
는 것이다。」

三十七

二十六

삽	반	맛	랄	당	남	각
샷	뱔	먕	럄	댝	냡	갼
성	범	먹	럽	던	넛	걸
셕	볍	면	렷	뎔	녕	겸
손	봇	몰	롱	돔	녹	곱
숄	뵹	묨	룍	둅	뇬	굣
숨	북	뭅	룬	둣	눌	궁
슙	뷴	뮷	률	듐	늅	귝
슷	블	믕	름	득	늡	근
싱	빔	믹	립	딘	닛	길

二十八

합	판	탓	칼	창	잠	악
햣	퍌	턍	캼	챡	쟙	얀
헝	펌	턱	컵	천	젓	얼
혁	폅	텬	켯	쳘	졍	염
혼	폿	톨	콩	촘	족	옵
횰	퐁	툠	쿅	춉	죤	욧
훔	푹	툽	쿤	춧	줄	웅
흅	퓬	튯	큘	츙	쥽	육
흣	플	틍	큼	측	즙	은
힝	핌	틱	킨	친	짓	일

二十九

언 설 창 배 웟 제 옵

二十七

「어머니、오늘 언니 에게

설 창가 를 배웟습니다。

설 이 언제 도라옵닛가」。

「인제、아홉밤만 자면 설이

다」。

四十

날 침 족 국 래 례

「나 는 설날 아침 에、일

즉 일어나서、국기 를 달

고、아버지 어머니 께、세

배 를 할터입니다」。

「그래라。착한 말이다。설날

아침 에는、집 에서 차례

四十一

를 지내고、아주머니 한테、세배하러가야한다」。

「예、차례를 지내고、먼저 학교에 가서、선생님들께 세배하고、식을 마치고 오겟습니다。식할 적에、설 창가를 부를것이올시다」。

「이애、깃븐 설날에도、우리 군인

쉴물　건　위문품　낸

들은, 전쟁을 하고잇겟
지。 군인들에게, 설쉴 물
건을 보내야하겟구나」。
「예, 학교 에서, 위문품 을
모아서 보낸다고 하얏스니,
래일 가지고가겟습니다」。

개　릅　검둥　름

二十八

우리 집 에서
는, 개 한마리
를 기릅니다。
이름 은 검둥
이올시다。

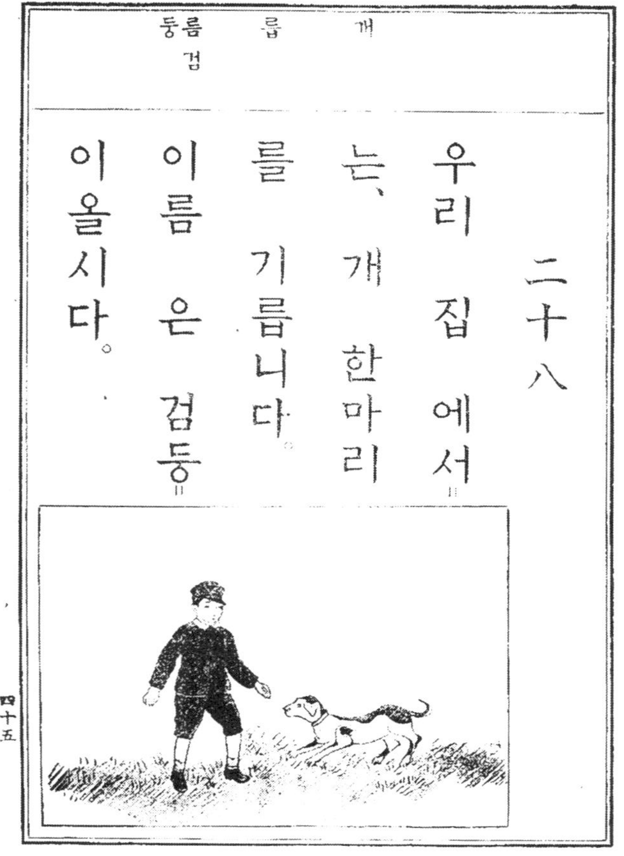

따 혼

검둥이는、나를 따라다
니기를 조아합니다。
내가 공을 던지면、곳
가서、물고옵니다。
아모리 먼 데를 갓다가
도、혼자 집으로 도라옵

섭짖 랑

니다。
모르는 사람이 오면、곳
짓고나섭니다。그러나 사람
을 물지는 아니합니다。
검둥이는、참으로 사랑스
러운 개올시다

二十九

새	배	매	래	대	내	개
세	베	메	레	데	네	게
셰	볘	몌	례	뎨	녜	계
쇠	뵈	뫼	뢰	되	뇌	괴
쉬	뷔	뮈	뤼	뒤	뉘	귀
싀	븨	믜	릐	듸	늬	긔
해	패	태	캐	채	재	애
헤	페	테	케	체	제	에
혜	폐	톄	켸	쳬	졔	예
회	푀	퇴	쾨	최	죄	외
휘	퓌	튀	퀴	취	쥐	위
희	픠	틔	킈	츼	즤	의

四十八

닭　　암닭

三十

우리 집 에서 는, 닭 네 마리 를 기릅니다。

한 마리 는 수 닭이고, 세 마리 는 암닭이

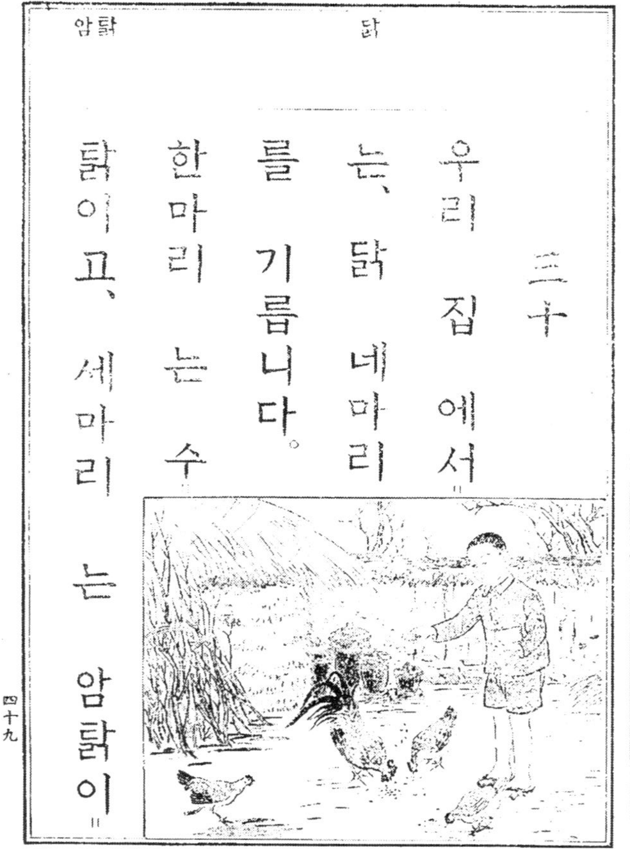

四十九

과 때녀 뛰

올시다。
나는、날마다 아침과
저녁때에、모이를 줍니
다。닭이 모이를 보고、
뛰여와서、주어먹는 것은、
보기에 참 자미잇습니다。

十五

긴목 처 듯 웁 알병 갑 반찬

수탉은、긴 목을 처들
고、듯기 조은 목소리를
내여 웁니다
암탉은、알을 나서、병
아리를 깝니다。
남은 닭의알은、반찬을

十六

만들어서、 먹기 도 하고、
장 에 가지고가서、 팔기
도 합니다。 우리 아버지
는、 그적게 장 에、 닭의알
을 팔아서、 세금 을 바치
고 오섯습니다。

五十二

업 발 몸 못 움 살

三十一

나 는、 귀 도 업고、 눈
도 업고、 손 도 발 도
업습니다。
나 는、 몸 을 움지기지못
하지마는、 살아잇습니다。

五十三

글 양 단죽 속

내 몸은 둥글지마는、공모양으로는、되지아니하얏습니다。

내 몸은、거죽은 단단하고、속은 연합니다。

나는、무엇이겟습닛가。

三十二

웅 럽페 립 젓 쪽대

비행기가 날아갑니다。푸로페라 소리가、웅장스럽게 들립니다。두날개에、히노마루가 그려젓습니다。

여섯대가、서쪽으로 날

五十六

또 멈추

아갑니다。아、저기、또 세대가、북쪽으로 날아갑니다。

사람들이、모다 걸음을 멈추고、처다보고잇습니다。

「지나 비행기는、우리

五十七

정격 든 당

나라 비행기 를 당할수
가 업다지오。」
「그럿습니다。 우리 나라
에서 만든 비행기 를
가지고、 어느나라 와 전
쟁 을 하든지、 걱정 이

五十八

중 닙 련

업다고 합니다。」
이런 말 을 하고잇는 동
안 에、 비행기 는、 벌서
산 을 넘어가버렷습니다。」
저 비행기 중 에는、 우리
들 이 바친 돈 으로 만

五十九

슬　　　　　　　　　　　　빌

든 것 도、 잇슬것이라고
생각하니、 참 반갑습니다。
나 는、 마 음 속 으로、 그
비행기들 이、 무사히 일
을 마치고、 도라오기 를
빌엇습니다。

昭和十四年二月十五日翻刻印刷
昭和十四年二月二十日翻刻發行

初等朝鮮語一 五

定價金十錢

著作權所有

著作兼發行者 朝鮮總督府

翻刻發行兼印刷者 京城府大島町三十八番地 朝鮮書籍印刷株式會社 代表者 井上主計

發行所 京城府大島町三十八番地 朝鮮書籍印刷株式會社

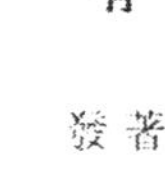

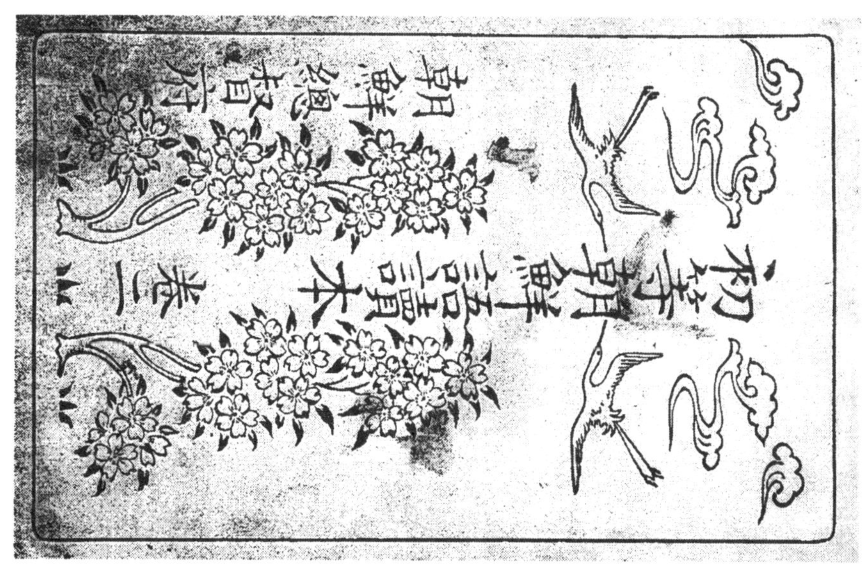

初等朝鮮語讀本 卷二

朝鮮總督府

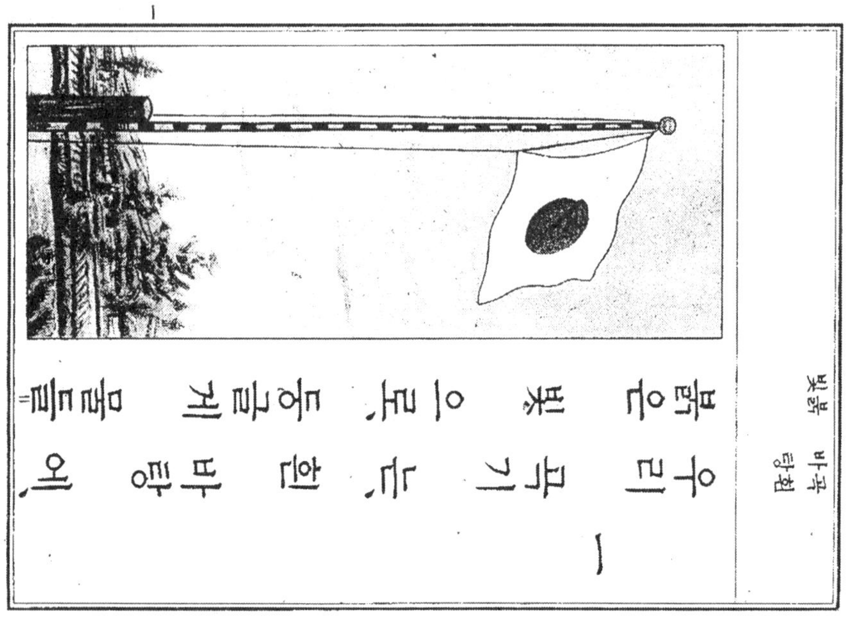

곡 바탕 흰 붉 빛

一

우리 곡기는、흰 바탕에、

붉은 빛으로、둥글게 물들

엿 돋 막 답 렴 축 스

엿습니다。 막 돋은 아침해처럼 아름답습니다。 이 것을, 히노마루라고 합니다。 축일 과, 제일 과, 나라 의 경사스러운 일 이, 잇슬 때에는, 학교 나, 집 이나, 다, 곡기 를 답니다。 바람 에,

二

풀 힘。 神武天皇祭 앗 앞 른

너풀너풀하는 곡기 를 처다보면, 참 힘잇게 보입니다。 그적게, 神武天皇祭 날 에, 나 는, 아침 에 일즉 일어나서, 곡기 를 달앗습니다。 마을 앞 에 나가보니, 다른 집 에도, 모다, 곡기 가 달

三

떼꼭 욱더 받

려잇섯습니다。히노마루 가、
아침해 를 받어서、붉은 빛
이、더욱 곱게 보엿습니다。
곡기 는、해 가 돋을 때
에 달고、해 가 지면、곳
감장해야합니다。또 비 가
오면、꼭 떼여들여야합니다。

四

西 東

곡기를 달고、떼고、감장하
는 때 에는、반다시 공경하
는 마음 을、가저야합니다。

二

해가 돋는 쪽 이、東쪽이
고、해 가 지는 쪽 이、西
쪽이올시다。

五

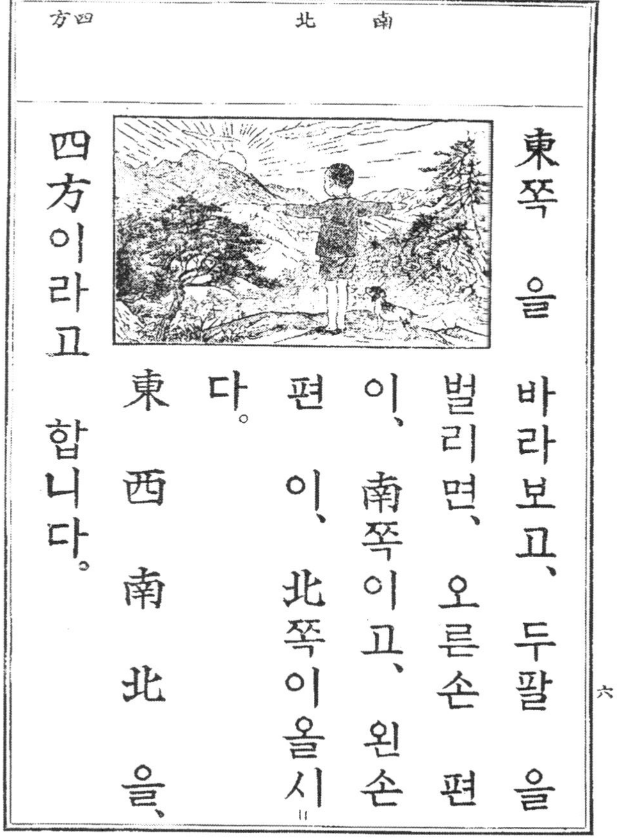

南 北 四方

東쪽을 바라보고、두팔을 벌리면、오른손편이、南쪽이고、왼손편이、北쪽이올시다。

東西南北을、四方이라고 합니다。

六

東京 陛下 宮城

東京는、東쪽에 잇습니다。

東京에는、天皇陛下께옵서、게시옵시는 宮城가、잇습니다。

七

뜰 향拜 遙 빠진

우리 집에서는, 식구들이,
아침 마다, 뜰에 느러서서,
東쪽을 향하야, 宮城遙拜
를 합니다。 치운 때나, 더
운 때나, 비가 오나, 눈
이 오나, 하로도, 빠진 일
이 업습니다。

八

까찌꼬끌 딸 빰 뽕 썰쑥찔레꽃

三

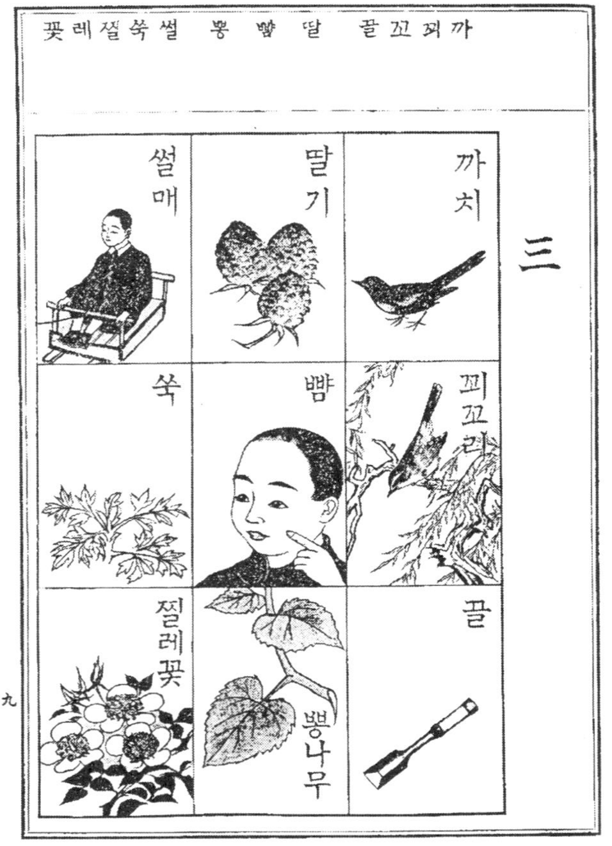

九

四

뾔	깨	짜	싸	빠	따	까
쀠	께	쨔	쌰	뺘	땨	꺄
쌔	꾀	쩌	써	뻐	떠	꺼
쎄	뀌	쪄	쎠	뼈	뗘	껴
쐬	때	쪼	쏘	뽀	또	꼬
쒸	떼	쬬	쑈	뾰	뚀	꾜
째	뙤	쭈	쑤	뿌	뚜	꾸
쩨	뛰	쮸	쓔	쀼	뜌	뀨
쬐	빼	쯔	쓰	쁘	뜨	끄
쮜	뻬	찌	씨	삐	띠	끼

五

인수는, 일기 조은 일요일에, 소를 끌고, 아버지를 따라서, 들에 나갓습니다. 아버지 가, 논ㅣ을 한참

논

갈둑 쉬 부술 一二三錢 六 맞

갈고나서、 논둑 에서 쉬면서、
인수 에게、 산술 공부 를
시기섯습니다。
「一錢 하고、 二錢 하고、 三
錢 은、 얼마냐」。
「六錢이올시다」。
「맞엇다。 그러면、 六錢 하고、

九 五十 八 짜 七

九錢 은」。
「十五錢이올시다」。
「올타。 그 十五錢 에서、 八
錢짜리 필통 을 사면、 얼
마 남겟니」。
「七錢 이 남습니다」。
「그러타。 이 번 에는、 자미

山 앉 떨트 몇

잇는 산술을, 하나 하야 보아라。 나무가지에, 山비들기 열마리가 앉엇는데, 포수가, 총을 노아서, 두마리를 떨어트렷다。 나무가지에, 몇마리나 남엇겟니。」

十四

웃 흔 린

「여덟마리 남엇습니다。」

이번에는, 아버지가, 아모 말도、 하시지안코, 웃기만 하시면서, 고개를 흔들으섯습니다。

인수의 대답이, 틀린 것입닛가。

十五

六

왕골원숭활 횃 괭 궤 짜 꿩 꽹

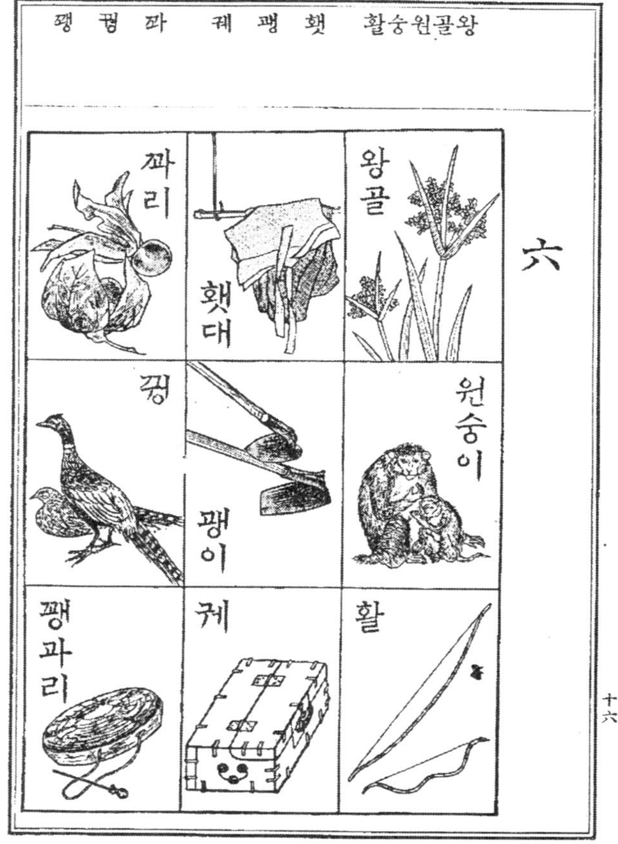

十六

七

과 궈	와 워	괘 궤	왜 웨	꽈 꿔	꽤 꿰
놔 눠	좌 줘	놰 눼	좨 줴	똬 뚸	뙈 뛔
돠 둬	촤 춰	돼 뒈	쵀 췌	뽜 뿨	뽸 쀄
롸 뤄	콰 쿼	뢔 뤠	쾌 퀘	쏴 쒀	쐐 쒜
뫄 뭐	톼 퉈	뫠 뭬	퇘 퉤	쫘 쭤	쫴 쮀
봐 붜	퐈 풔	봬 붸	퐤 풰		
솨 숴	화 훠	쇄 쉐	홰 훼		

十七

넓 냇흘 솟높 성

八

우리 집 앞에는, 넓은 들이 잇고, 들 한가운데로는, 냇물이 흘러갑니다。 뒤에〃는, 높은 山이 솟아잇고, 山에는, 나무가 무성합니〃다。

十八

발 덕

마당가에는, 뽕나무 밭치잇고, 집 뒤언덕에는, 밤〃나무 두주와, 감나무 세주가, 서잇습니다。

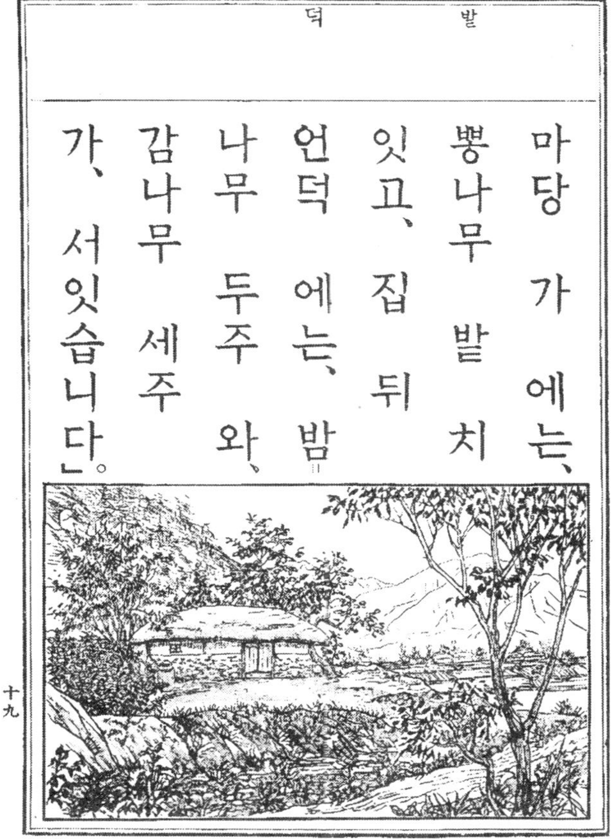

十九

兄 요새 낮 짚 삼

집안 식구 는、아버지、어머니、兄님、누님、누이동생、나、모다、여섯사람이올시다。

요새 는、아버지 와、兄님은、낮 에는、들 에서 일을 하시고、밤 에는、짚신을 삼으십니다。어머니 와、

빨 닢 學校 온

누님 은、밭 에 가서、풀을 매시기 도 하고、집 에서、빨래 도 하시고、누에에게、뽕닢 을 주시기 도 합니다。

나 와、누이동생 은、學校에 가기 전 과、갓다온 뒤

쇠꼴 끝난

에, 닭 모이 도 주고, 도야지 먹을것 도 주고, 쇠끌 도 주고, 집안 소제 도 합니다。

밤 에는, 일 이 끝난 뒤에, 식구들 이 한데 모여서, 여러가지 자미잇는 이야기

잡 상케 튼

를 하다가, 잡니다。

아버지 께서, 한상 이러케 말슴하십니다。

「집안 사람들 이, 모다 튼튼하야, 일 을, 부지런이 하고, 서로 화목하게 지내니, 무엇 보다도, 조은 일

림 혜 써

이다。또 우리 살림 은、
해 마다 늘어가니、참 깃
븐 일이다。이러케 편안하
게、사는 것 은、天皇陛下
의 은혜다。항상 고마운
생각 을 가지고、더욱더욱、
살림 에 힘써야한다」。

愛國 日 흥관 종회 잠깨 時

九

오늘 은、愛國日올시다。아침
에、진흥회관 에서 치는 종
소리 에、잠 을 깨여、일어
낫습니다。시게 는、다섯時
를 첫습니다。
아버지 와、어머니 께서는、

쓸 찻득

발서 일어나서서、 마당 을
쓸고게섯습니다。 곳、 아버지
와 어머니 를 따라서、 진흥=
회관 으로 갓습니다。
동네 사람들 이、 이 골목、
저 골목 에서 모여들어、 마=
당 에、 갓득 찻습니다。

二十六

二十七

旗 껏 歌 불 皇臣民誓詞 읽

國旗를 높이 달고、두줄
로 느러서서、정성껏 宮城遙
拜를 하고나서、國歌를
두번 불럿습니다。그 뒤에、
진흥회장의 소리를 따라
서、皇國臣民노 誓詞를、
모다、소리 높이 읽엇습니다。

二十八

청 萬歲 ㄹ 떠

그리고、곳、목청을 다하야、
天皇陛下萬歲를、세번 부르
고、헤여젓습니다。
國旗는、아침 바람을 받
어서、힘잇게 너풀거리고잇섯
습니다。
山꼭대기에 떠오르기 시

二十九

작한 아침해 가、사람들 의 얼골 을、찬란하게 비첫습니다。

저녁 에는、面직원 한분 과、경관 한분 이、오섯습니다。동네 사람들을、진흥회관 에 모아노코、전쟁 이야기 와、愛國班 의 할 일 을、말하야주섯습니다。

우리 동네 서는、초하룻날 을、愛國日 로 정하고、다달이、이 와 같치 합니다。

十

오늘 은、추석이올시다。정자

멀

는、學校 에 갓다와서、아버
지 와 옵바 를 따라서、할
머니 산소 에

갓습니다。
산소 는、동네
에서、그리 멀지
아니한 山 에

햇실 쌀 송

잇습니다。
햇과실 과、햇쌀 로 만든
송편 과、새로 난 곡식 으
로 만든、여러가지 제물 을、
산소 앞에 차려노코、절사
를 지냇습니다。
정자 는、할머니 의 살아게

근맑 점

실때 에、하시든 일 이、
여러가지 로 생각낫습니다。
밤 에는、집안 식구들 이、
마루 에 앉어서、달구경 을
하얏습니다。
하늘 은、구름 한점 업시
맑고、쟁반 갈치 둥근 달

三十四

밀울

이、東쪽 공중
에 빛납니다。
울밑 여 풀
속 에서는、버
레들 의 우는
소리 가、들립
니다。

三十五

十一

닫 꽂 솥 씻 쫓

ㄷ

문을 닫엇습니다。

ㅈ

붓을 꽂앗습니다。

ㅊ

솥이 잇습니다。

솥을 씻엇습니다。

솥에 밥을 지읍니다。

새를 쫓읍니다。

三十六

볕 쪼 얕 릎 꿇 뚜 덮

ㅌ

볕치 낫습니다。

볕을 쪼입니다。

볕에 말립니다。

물이 얕읍니다。

ㅍ

무릎을 꿇코잇습니다。

뚜께를 덮엇습니다。

三十七

十二

걷	곧	굳	닫	돋	묻	믿	받	뻗	쏟
얻		꽂	궂	낮	늦	맞	맺	빚	잊
잦	젖	짖	찾		꽃	낯	몇	빛	숯
좇	쫓		같	겉	끝	맡	밑	밭	뱉
볕	붙	얕	짙	팥	흩		갚	깊	높
덮	릎	섶	숲	싶	앞	엎	옆	잎	짚

三十八

十三

농군 판뿌　잎싹

우리는、벼올시다。우리가、
아즉벼알로잇슬때에、
농군들이、모판에다가뿌=
려주엇습니다。
얼마안되여서、뿌리가생=
기고、싹이돋앗습니다。잎

三十九

밖 뽑 랏럭

이, 물 밖 에서, 너풀너풀할
적 에, 농군들 이 뽑아다가,
여기 에 심어주엇습니다。
잎 으로는, 햇빛 을 받고,
뿌리 로는, 거름 과 물 을
빨아서, 무럭무럭 자랏습니다。
농군들 은, 더운 여름 에,

四十

김 패덧 삭 익

별 치 나거나, 비 가 오거=
나, 우리 를 위하야, 김 을
매고, 버레 를 잡아주엇습니=
다。 감사한 생각 은, 다 말=
할수 가 업습니다。
어느덧, 이삭 이 패서, 누러=
케 익어, 이러케 머리 를

四十一

숙 룩 씨베 훑

숙이고잇습니다。
우리는、여물
이들어갈수록、
머리가숙으〃
러집니다。
인제곳、농군〃
들이베여다가、훑어서、씨〃

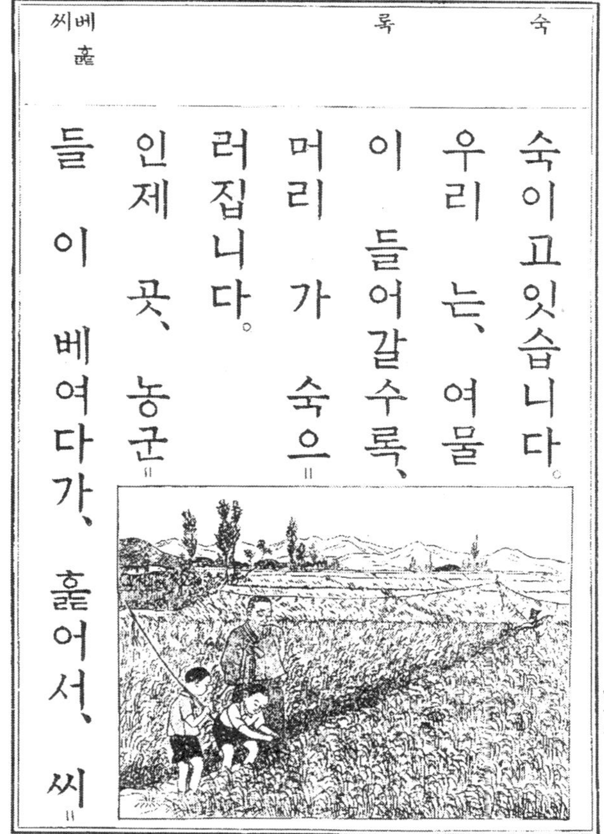

겨락 찌 년명

나락을남겨노코、방아에
찌여서、쌀을만들것이올시〃
다。씨나락은、명년에、다〃
시벼가되고、쌀은、여〃
러분의먹는밥이됩니〃
다。
우리는、사람들에게、수고

끼 량 月日 明治節

를 만이 끼치고, 그 대신
에, 사람들 의 량식 이 되
여줍니다。

十四

오늘 은, 十一月三日인데,
明治節올시다。집집 에, 달린
國旗 가, 마치 꽃밭 갈치

四十四

式 校長先生

보엿습니다。
學校 서는, 式
이 잇섯습니다。
校長先生님 께
서, 明治天皇
의 여러가지
장하신 말슴

四十五

뒷 社 參拜 百 代

을, 하야주셧습니다。
式이, 끝난 뒤 에, 學校
뒷山 에 잇는 神社 에 가
서, 參拜하고 왓습니다。
明治天皇 께옵서는, 百二十二
代 의 天皇옵신데, 天皇陛下
의 하라버지 가 되옵십니다。

훌륭 戰爭 強

明治天皇 께옵서, 우리 나라
를, 훌륭하게 발달시기옵시고,
두번 이나, 큰 戰爭 에 이
기옵셧습니다。 그리하야, 우리
나라 는, 세계 에서, 強한
나라 가 되엿습니다。
十一月三日 은, 明治天皇 께

땀

옵서、나옵신 날이올시다。이
날을、明治節 로 정하고、
왼 나라 가、정성껏 축하합
니다。

十五

더운 여름날、개미 가、땀
을 흘리면서、먹을것 을、집

四十八

벳

으로 물어나르고잇섯습니다。
이 것 을、보고잇든 벳장이
는、
「여보、개미님、더운 여름
에、그러케 부지런이 일만
하면、무엇합닛가。자、갑시
다。저기、시원한 풀밭 에

四十九

춤 놉겁 닥

가서、노래 도 부르고、춤
도 추면서、질겁게 놉시다。
자、어서 갑시다」。
하고、말하얏습니다。그러나、
개미 는、
「아니올시다。인제 곳、치운
겨을 이 닥처옵니다。지금、

五十

입

부지런이 먹을것 을、모아
두지아니하면、겨을 에、무
엇 을 먹고、살아갑닛가。
당신 도、어서 가서、부지
런이 일 을 하십시오」。
하고、벳장이 의 찌임 을、
듯지아니하얏습니다。

五十一

워

어느덧, 여름이 가고, 가을도 지나서, 눈바람 치는 겨울이 되엿습니다. 놀기만 하든 벳장이는, 치워도, 들어갈 곳이 업고, 배가 고파도, 먹을것이 업섯습니다. 하는수 업시, 개미의

五十二

찾 견딜

집을 찾아가서,

「개미님, 나는, 지금 배가 고파서, 견딜수 업스니, 먹을것

五十三

좁

을, 좀 주십시오。 그리고,
더운 방 에서, 쉬게하야주=
십시오。」
하고, 울면서 말하얏습니다。
개미 는, 그 말 을 듯고,
불상하게 생각하야, 곳, 먹을=
것 을 주면서,

五十四

손엽 좁

「아, 참 가엽슨 일이올시다。
이 것 을, 좀 잡수십시오。
그러나, 집 이, 이러케 좁=
으니, 쉬실수 는 업습니다。」
하고, 말하얏습니다。
벳장이 는, 먹을것 을 받어=
듣고, 벌벌 떨면서, 쓸쓸한

五十五

들판 으로、어정어정 걸어갓
습니다。
개미 는、벳장이 의 뒷모양
을 바라보고、벳장이 의 딱
한 일 을、걱정하얏습니다。

十六

朝鮮 의 기후 는、농사 짓

기와、누에 치기
에、매우 조읍니다。
쌀 과、보리 와、
綿花 는、南쪽 에서 만이
나고、조 와、콩
은、北쪽 에서 만
이 납니다。

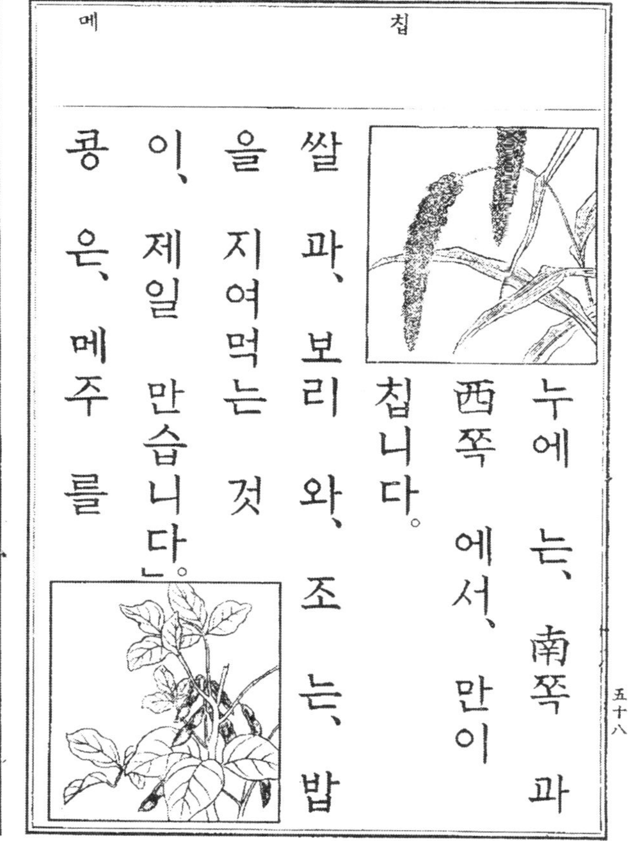

누에는、南쪽과
西쪽에서、만이
칩니다。
쌀과、보리와、조는、밥
을지여먹는것
이、제일만습니다。
콩은、메주를

五十八

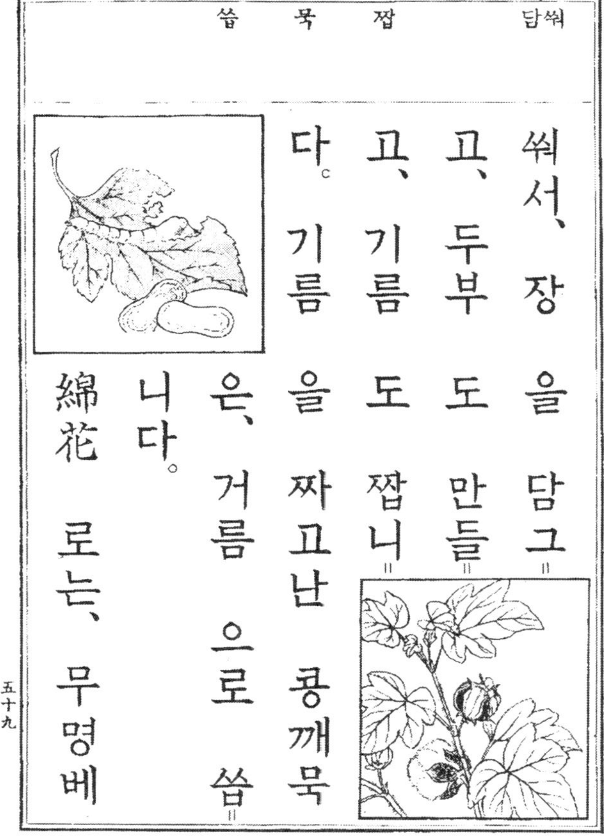

쒀서、장을담그
고、두부도만들
고、기름도짭니
다。기름을짜고난콩깨묵
은、거름으로씁
니다。
綿花로는、무명베

五十九

內地 滿洲

를 짜고、누에고추 로는、명
주 를 짭이다。
쌀 과、콩 과、綿花 와、누
에고추 는、朝鮮 안 에서、
만이 쓸뿐아니라、內地 로도、
만이 들어갑니다。
조 는、모자러서、滿洲國 에

六十

옷

서、적지안케 들어옵니다。
쌀 과、보리 와、조 와、콩
은、사람 이、먹고 사는 것
이고、무명베 와、명주 는、
옷 을 만들어 입는 것이니、
모다、사람 에게、업지못할
물건이올시다。

六十一

깎　삯　얹령　밝떳

十七

ㄲ 연필을 깎엇습니다。

ㄳ 삯을 받엇습니다。

ㄵ 시령에 얹엇습니다。

ㄺ 밝은 달이 떳습니다。

六十二

삶　밟　핥혀　읊　값쌉

ㄻ 나물을 삶읍니다。

ㄼ 보리밭을 밟읍니다。

ㄾ 혀로 핥읍니다。

ㄿ 글을 읊읍니다。

ㅄ 값이 쌉니다。

六十三

十八

짧	닮	묽	앉	석	깍
	삶	밝	얹	솎	꺾
핥	젊	붉		엮	걲
훑		얽	굵		낚
	넓	읽	긁	넋	닦
읊	덟	흙	늙	몫	묶
	밟		닭	삯	밖
값	얇	굶	맑		볶

봉 軍人 훈 련 늙 父母

十九

봉수의 언니는, 軍人을
지원하야, 지난 겨울에, 훈
련소에 들어갓습니다。 봉수
는, 學校를 다니면서, 늙은
父母를 도아, 들일과 집
안일을, 부지런이 하고잇습

語 뜻

니다。
봉수 는、편지 한장을 들
고、아버지 앞에 가서、
「아버지、서울 언니 에게서、
편지 답장 이 왓습니다。
國語 로 씨엿스니、제 가、
뜻을 엿주어드리겟습니다」。

六十六

쉽 넌

하고、알어듯기 쉽게、편지
를 읽어드렷습니다。
「네 편지 는、잘 받엇다。
아버지 와、어머니 께서、
안녕하시고、너 도、편히
잇스면서、學校 를、잘 다
닌다니、매우 깃브다。나

六十七

도、잘 잇다。
나는、여기
들어온 뒤
로、몸이
더욱 튼튼하=
야저서、몸무=
게가、六기=

朝鮮總督府陸軍兵志願者訓練所

쓰 썻

로 나 불엇다。이런 말슴
을、아버자 어머니 께、엿=
주어드려라。
네가、발서 國語로 훌=
륭하게、편지를 쓰게 되=
엿구나。매우 잘 썻다。더=
욱더욱、國語 공부를、잘

安心

하야라。
내가、집에 업는 사이
에、동네 사람들과、學
校 아이들이、자조 와서、
우리 일을 도아주엇다니、
참 감사하다。그리고、집일
은、아조 安心한다。내가、

車준 잊

집을 떠나올때 에도、
동네 여러분들이、정거장
에 나와서 보내주고、또
車삯까지、모아준 것은、
언제 까지든지、잊을수 업
다。동네 여러분들께、안
부 엿주어라。

굳 결 갚

나 는、 훌륭한 軍人 이
되여서、 나라 를 위하야、
몸 을 바치기 로、 굳게
굳게 결심하얏다。 이 것
이、 天皇陛下 의 은혜 를
갚고、 父母 의 마음 을
편안케 하고、 동네 사람들

七十二

의 은혜 를、 갚는 것이라
고、 생각한다。
날이、 아즉도 치우니、 몸
을 조심하고、 잘 잇거라」。
봉수 의 아버지 는、 눈물
을 흘리면서、 끝 까지 듯고
나서、 말슴하셧습니다。

七十三

「네 兄이、서울 간 제가、발서 석달이 되엿구나。그 동안에、몸무게가、그러케 불엇다니、참 깃븐 일이다。그리고、네 兄의 결심을 들으니、나도 安心한다。너도

커서、훌륭한 軍人이 되여야 한다。戰爭에 나가서、몸을 잇어버리고、싸우고잇는 우리 軍人들을 생각하면、네 兄도、빨리 戰爭에 나가서、그들과 함께、싸우기를 바란다。」

제7차 교육령기

初等朝鮮語讀本 - 教師用

卷1

教師用
初等朝鮮語讀本 卷一
朝鮮總督府
5530
1

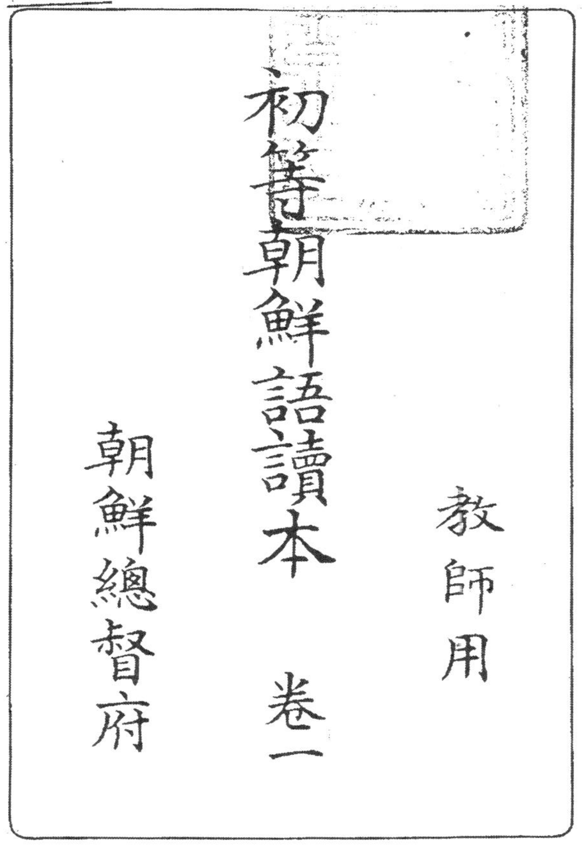
教師用
初等朝鮮語讀本 卷一
朝鮮總督府

初等朝鮮語讀本 卷一 教師用 目次

總說

各說

目次

目次

目次

初等朝鮮語讀本　卷一　教師用

(鮮語教一)

總　說

小學校規程第一條には

小學校ハ兒童身體ノ健全ナル發達ニ留意シテ國民道德ヲ涵養シ國民生活ニ必須ナル普通ノ知能ヲ得シメ以テ忠良ナル皇國臣民ヲ育成スルニ力ムベキモノトス

と規定されてあつて、小學校教育の目的が明示されてゐる。隨つて小學校に於ける凡ゆる施措は、すべて此の目的に歸一せしめて爲さるべきことは、論を俟たない所である。小學校に於て朝鮮語を教授する場合に當つても、固より同樣である。

更に同規程第二十九條第一項には

朝鮮語ハ日常簡易ノ言語、文章ヲ了解シ正確ニ思想ヲ表彰スルノ能ヲ得シムルヲ以テ要旨トスとあつて、朝鮮語教授の要旨が規定されてゐる。

初等朝鮮語讀本は云ふまでもなく、以上の小學校教育の目的及び朝鮮語教授の要旨に合致するやうに編纂されたものである。之を取扱ふに當つては、同條各項の規定の趣旨に則るべきことは勿論であるが、就中第五項には

朝鮮語ヲ授クルニハ成ルベク日常ノ生活ニ關聯セシメ常ニ國語ト聯絡ヲ保チ皇國臣民タルノ信念ヲ涵養センコトヲカムルヲ要ス

と規定されてあつて、その趣旨徹底に一層意を用ふべきことは、小學校教育の目的に徴して明かなことである。卽ち「小學校規程改正趣旨」にもある通り、「教授の實際に當り、常に國語と聯絡對比して、國語の特質、國民の思想・感情・風俗・習慣等を理會せしめ、內鮮一體・同胞輯睦の美風を養ひ、皇國臣民たるの信念を涵養せしめんとする」精神を、常に念頭に置かなければならない。

以下讀本編纂に當つて、意を用ひた所を明かにして置きたい。

一 組織

從來の讀本の如く、諺文教授を巻二までに完了することとした。而して巻一に

(鮮語教一)

(鮮語教一)

は先づ單語より始り、語句・單語表・短文を提出した後、諺文反切表を揭げ、更に短文・單語表又は文章を提出した後、諺文表を揭げる順序を取つて、四個の諺文表を插入配置した。而して全巻に提出した教材は、四個の諺文表の外に單語八課、語句二課、短文十一課、文章七課、都合三十二課である。

こゝに注意すべき問題がある。卽ち言語を先にし諺文を次にする組織上の順序を取つたのは、從來の讀本の如く、又は國語教育の場合の如く、言語教授を先にし文字教授を後にするといふ精神からではなくして、言語を通して個々の諺文を習得せしめ、然る後纏まつた諺文表に移らしめる便宜上の必要から出た措置であつて、飽くまでも基本讀本として諺文教授に重點を置いて組織を考慮したものである。故に新出諺文・新出單語及び諺文表等の取扱に當つては、特に諺文の讀み方・書き方等を正確に習得せしめるやうに反復指導しなければならない。

二 教材採擇の方針

教材は國體明徴・內鮮一體・忍苦鍛錬に亙る內容を持つものを採擇したことは勿論であるが、兒童の環境其の他に留意して、左の諸點を考慮した。

(イ) 會話は親子間を主としたこと。
(ロ) 用語は家庭生活に關するものを主としたこと。
(ハ) 題材は家庭生活に於ける事實を主とし、獻金・國防・皇軍慰問袋・納税・交通道德等を適當に織込んだこと。
(ニ) 農村教材を主とし、都市教材を若干加へたこと。

各教材を取扱ふに當つては、以上の教材採擇の方針を常に念頭に置いて、皇國臣民の指向を明かにすべく教材を十分生かして指導してもらひたい。

三 插畫作製の方針

插畫は云ふまでもなく、直觀に訴へて、或は教材内容の理解を助け、或は實踐意欲を觸發する重大な意義を持つものであつて、美的要素を備へてゐなければならないと同時に、國民生活の現實及び理想の世界に於て、意味と價値とを具有したものでなければならない。此が作製に當つては、縦令一草一木、一毫一髪たりとも、輕々に筆を下すべきでないことは勿論である。人物又は事物等の現實の姿に卽して、忠實に之を描寫する必要があると同時に、又其等の理想化された姿卽ち我等國民に對して、當爲の迫力を以て臨む所の一層高次の狀態を創造提示する所が無ければならない。そこに自ら美的要素が具現される筈である。特に留意した點を擧ぐれば左の通りである。

(鮮語教一)

(鮮語教一)

(イ) 人物はすべて頑健な體格、質實剛健な氣魄、緊張した身構へを表はしたこと。
(ロ) 多數の人物を配する場合には、内鮮人を交へたこと。
(ハ) 人物の坐り方は主として跪坐としたこと。
(ニ) 男子はすべて丸刈としたこと。
(ホ) 服裝は男子の大人は主として青年團服又は標準服、兒童は男女何れもすべて洋服、老人及び婦人は主として朝鮮服とし、すべて色服としたこと。
(ヘ) 履物は主として下駄又は草鞋としたこと。
(ト) 庭には必ず樹木又は花を配したこと。
(チ) 村落には必ず點綴せる樹木を配したこと。

全卷に提出した插畫は、色刷の中一頁大一枚、半頁大二枚、普通のものの中綜合的なもの十八枚、個物のもの三十九枚、都合六十枚である。

四　諺文綴字法

諺文綴字法は昭和五年二月本府に於て改正したもの(附錄其二)に據つたことは從來の讀本と變りない。しかし改正諺文綴字法の趣旨に反せざる範圍内に於て、綴字法の簡易化を圖る見地から、發音の紛はしいもの、語源の誤認と認められるもの、標準語と認め難いもの(標準語の問題は、純粹の綴字法の問題とは自ら性質を異にするものであるが、便宜上こゝに纏めて取扱ふこととする)で訂正を要すべきものと認めたものは、必ずしも從來の讀本に從はなかつた。之を新舊讀本別に示せば左の通りである。

	新讀本	舊讀本
(イ) 發音の紛はしいもの	여기(此處)(二十二頁、三十頁)	여긔
	저기(彼處)(二十二頁、五十七頁)	저긔
	비행기(飛行機)(三十三頁以下九箇所)	비행긔
	국기(國旗)(四十一頁)	국긔
(ロ) 語源の誤認と認められるもの	따라다니다(附いて歩く)(四十六頁)	딸아다니다 (鮮語數一)

	新讀本	舊讀本
(ハ) 標準語と認め難いもの	도라오다(歸つて來る)(四十六頁、六十頁)	돌아오다 (鮮語數一)
	오늘(今日)(三十三頁、四十頁)	오날

(イ)の場合の「기」と긔は、純粹の朝鮮語に於ても漢字音に於ても實際の用語には殆ど區別されてゐない。「긔」音は單なる音としては存在し得るが、語音としては一般的に「기」と發音される。「긔」は漸次陶汰されて行く音と見なければならない故に新讀本に於ては、之を一切「기」に統一することとした。

(ロ)の場合の「따라다니다」は「따르다」(隨ふ、追ふ)と「다니다」(歩く)の複合動詞である。從來の讀本では「따르다」の語源を「딸」と認め、之に溯らせて表記したものであるが、その語源認定の根據明瞭ではない。隨つて語源不明瞭にして語源に溯り得ないものは、表音表記法に從ふといふ原則に依り、當然「따라다니다」とすべきである。「따라가다」・「따라오다」・「따라나서다」等も亦此と同樣の關係を有する語である。

次に「도라오다」は「돌다」(廻る)と「오다」(來る)の複合動詞と、一應は想像され得るだけのものである。しかし「돌다」はその本來の意味からすれば、物が圓形を

描いて廻る場合と物そのものが廻轉する場合とに用ひられる。此が「오다」と複合された語は、「廻つて來る」といふ意味にしかならないものであつて、「歸つて來る」といふ意味を表現するものと考へるには無理がある。どうしても「도라오다」が全體として「歸つて來る」といふ意味を表現するものと考へざるを得ない。縱令「도라」が「돌다」から來たとしても、もはや意味の變化を來したものを、態"語源に溯らせて表記する必要は毫もない。故に表音表記法に依り、當然「도라오다」とすべきである。此と同様の關係を有する語は、「도라가다」である。而して「도라」のみに關係を有する語と認められるものは、「도로」(復)・「도로혀」(却つて)を擧げることができる。明かに「돌다」の要素を含む複合語と看做すべきものは、「돌아보다」・「돌아서다」・「돌아다니다」等である。

(ハ)の場合の「오늘」は現在一般的に使はれてゐるものであつて、「오날」は殆ど使はれてゐないと云つていゝ位である。故に「오늘」を標準語とすべきである。此と同様の關係を有する語は「하늘」である。此は卷一には提出されてゐないが、今後は從來の讀本に於て「하날」としたものを改めて「하늘」とする積りである。

([illegible]卷一)

([illegible]卷一)

以上の(イ)・(ロ)・(ハ)に屬するもので卷一に提出されてゐない語が相當あるが、こゝには(イ)に屬するものの中、最も簡易な語を若干左に例示する。左の例の語は從來の讀本は乙の書方に依つたのであるが、今後卷二以上の編纂に當つては、之を甲の書方に改める方針であるから、卷一の敎授の際に此等の語の表記を指導する必要ある時は、甲の書方に依つてもらひたい。

例

甲	乙
계°시다(いらつしやる)	게°시다
계°집(女)	게°집
시계°(時計)	시게°
기°계°(機械)	긔°게°
기°차(汽車)	긔°차
어디°(何處)	어듸°
잔디°(芝)	잔듸°
티°끌(塵)	틔°끌

은혜。(恩惠)　　　은혜。

右の例に掲げたものは、結局純粹の朝鮮語でも漢字音でも、계·긔·듸·킈·혜の게·기·디·키·헤に發音されるものを、表音表記法に從ふといふことに改められる。此の措置は、改正諺文綴字法各說第三項の趣旨を擴張適用したものに過ぎないのであつて、毫も差支ない。その結果、ㅖ列では폐·례·예だけはその儘存することとなる。폐·예は何れの場合にも明瞭に發音されるものであり、례は禮·例等の漢字音の場合(綴字法各說第七項にㄴ行ㄹ行の漢字音は原則として歷史的綴字法を取ることに定められてゐる)があるからである。それからㅢ列では의·희だけが殘ることとなる。(긔·킈·틔は從來の讀本に於ても全然用ひられてゐなかつたから論外である。)

五　諺文表

卷一に四個の諺文表を提出したことは、前記組織の條に於て述べた通りである。提出の順序は簡單なものから複雜なものに進んだ。卷一に提出した諺文表は左の通りである。

(讀本卷一)

(イ)　單初聲と單中聲とに依つて構成されたもの卽ち諺文反切表(第十四課)

(ロ)　單初聲と單中聲ㅏ·ㅓ·ㅗ·ㅜ·ㅡ·ㅣと單終聲ㄱ·ㄴ·ㄹ·ㅁ·ㅂ·ㅅ·ㅇとに依つて構成されたもの(第二十三課)

(ハ)　諺文反切表と單終聲ㄱ·ㄴ·ㄹ·ㅁ·ㅂ·ㅅ·ㅇとに依つて構成されたもの(第二十六課)

(ニ)　單初聲と重中聲ㅐ·ㅔ·ㅖ·ㅚ·ㅟ·ㅢとに依つて構成されたもの(第二十九課)

(イ)に於て從來の讀本と異なる所は左の二點である。

(1)　從來の讀本に於ては、二個に分けて提出されたものを一個に纏めた。最初に提出する諺文表としては、分量が多過ぎる嫌がないでもないが、基礎諺文表を一個の纏まつたものとして一目瞭然たらしめる必要があると認めたからである。從來の讀本には卷頭に諺文反切表が掲げられてあつた。その目的は兒童の自習の便宜の爲であつて、敎師をして最初から之に據つて敎授せしめる爲ではなかつたとしても、之に依つて諺文反切全體に對する觀念を與へることができるから、本文には之を二個に分けて提出しても差支なかつた筈である。新讀本には巻頭に諺文反切表を掲げることを止めて、之を教材として一個に纏めて提出することとしたのである。

(2) 従来の讀本に於ては、아行を最初の行に置いたのを改めて、普通の反切表の順序通りにした。此は아行を最初に置くことに依つて、特に反切の理解を便ならしめるものとは考へられないからである。

(ロ)にも(イ)と同様の考慮を拂つた。

(ハ)は従来の讀本と全然同一のものである。

(ニ)は従来の讀本に於ては、巻二に提出したものの一部をこゝに移したものである。本表に掲げた諺文は、普通簡易の言語に相當多く用ひられるものであつて、此等を全然避けることは編纂上極めて困難である。現に巻一に於て本表に含まれた諺文及びそれに單終聲の附くものの新出、三十六字の多きに達してゐる。又本表の諺文は、その書方も割合に簡單であり、發音もᅴ列・ᅱ列を除いては左程困難なものでない。しかもᅴ列・ᅱ列は前記諺文綴字法の條に於て論じた如く、普通の言語を表記する場合に用ひられるものは、僅かにᅴ列では븨・킈・희、ᅱ列では위・휘のみに止るから、此の四字以外の字は適宜簡單に指導してもいゝ譯である。此れ本表を巻一に提出した所以である。

諺文はその各音標の組合はせ方如何に從つて、殆ど數へ切れない程の字數を構成し得るものであつて、四個の諺文表に含まれた諺文の音標、即ち單初聲、單中聲、重中聲の一部、單終聲、此だけでも種々の方法で組合はせると、極めて多い字數に達する。此を全部幾つかの表に網羅することは、固より不可能のことに屬する。表はたゞ諺文構成の基本を示したに過ぎない。隨つて表中の諺文が巻一に於て全部活用されたといふこともなく、又同一種類の構成要素を持ちながら表中に掲げられてゐない諺文も、巻一中には勿論多く出てゐる。

又巻一には成るべく巻一に提出した表中の諺文及び此と同一種類の構成要素を持つ諺文のみを用ひることに努めた。しかし此と別種類の構成要素を持つ諺文即ち巻二に於て取扱ふことにしてゐる諺文が若干出てゐる。例へばㄲ・ㄸ・ㅆの重初聲を含むもの、꺼(三十三頁)・또(五十一頁)・따(四十六頁)・때(五十頁)・뜨(五十頁)・쏘(五十七頁)・쑤(五十五頁)、ㅘ・ㅝの重中聲を含むもの、과(五十頁)・와(十八

頁)•와(三十一頁)•워(四十頁)•와(十九頁)、スの單終聲及び리•래の重終聲を含むもの、짓(四十七頁)•닭(四十九頁)•멀(二十四頁)•탉(四十九頁)等全部で十六字である。しかし從來の讀本の二十九字に比して遙かに少數である。此の種の諺文は、當然やがては卷二に於て表として整理されるべきものであるから、やはり一つ一つの諺文として正確に教授すべきである。

六 新字

前記組織の條に於て明かにして置いた如く、基本讀本として諺文教授に重點を置いた爲、卷一には漢字は一切提出しないことにした。隨つて上欄摘出の新字は諺文のみである。諺文は二つ以上の音標を以て構成されたものを一字の諺文とする。例へばㄱ•ㅔ•人の三音標に依つて構成されたもの겟と、ㄱ•ㅔのみに依つて構成された게とは別字である。隨つて겟が新字として出た後、又게が出たとすれば、게はやはり新字である。此の場合、겟を教授した後に게を教授するのであるから、게は兒童に於て已に學習したものと看做して、之を粗略に取扱つてはならない。勿論兒童の既知の知識を活用させて指導することは、その逆の場合も同樣である。

(鮮語教一)

咎むべきことではない。たゞ要は諺文の性質上、兩方別字であることを念頭に置いて、一つ〳〵の諺文として指導することにあるのである。讀本には此の見地に於て新字摘出をした。その總數二百八十二字、一頁平均四•八字である。因みに從來の讀本は新字總数三百五十七字、一頁平均四•六字である。

尙ほ第十四課•第二十三課•第二十六課•第二十九課の諺文表中には新字に屬するものが相當多いが、表中の諺文は上欄に摘出するまでもなく、各說に於て述べる取扱法に依つて詳しく指導すべきものであるから、上欄摘出の煩を避けた。

七 文體

文體は全部口語體とした。その中崇敬體を主とし、常體を若干加へ、普通敬體は全然採らなかつた。普通敬體は最近漸次廢れて來て、一般的には使用されず、崇敬體に變化する傾向が著しい。此は最近朝鮮社會に於て階級觀念の變化を來したことを物語るものであらう。此の趨勢に鑑み、普通敬體を全然止めて崇敬體を主としたのである。

八 分量

分量は從來の讀本より相當減少した。從來の讀本の八十四頁に對して新讀本は六十頁である。尙ほ從來の讀本は一頁七行十五字詰で、新讀本は一頁六行十三字詰であるから、之を計算に加へると約四十頁の減少となる。此は從來實際敎授者に於て分量が多過ぎるとの聲があつたこと、及び小學校規定改正に依り朝鮮語每週敎授時數の減少したことを考慮した結果である。

九　分別書方

卷一・二には分別書方を採ることにした。その標準は左の通りで、從來の讀本と全然同樣である。

一　體言(名詞・代名詞・數詞)・用言(動詞・形容詞)・副詞・接續詞・感歎詞ハ、ソレゾレ他ノ語ヨリ離シテ書ク。

但シ次ノ如キ場合ハ續ケテ書ク。

（イ）二箇以上ノ名詞相集リ、熟語ヲナス場合又ハ文勢・語勢其ノ他ノ關係ヨリ分別セズニ書クヲ便利トスル場合ハ續ケテ書ク。

(例)　버드나무(柳ノ木)　어미소(母牛)　버레소리(蟲ノ聲)
앞산(前ノ山)　山川　桃花

(鮮語教一)
(鮮語教一)

（ロ）二箇以上ノ活用語相集リ、熟語ヲナス場合又ハ文勢・語勢其ノ他ノ關係ヨリ分別セズニ書クヲ便利トスル場合ハ續ケテ書ク。

(例)　들어간다(ハ入ツテ行ク)　울고있다(泣イテヰル)　달아난다(逃走ス)
나온다(出テ來ル)　지나간다(過ギテ行ク)　갓다와서(行ツテ來テ)

（ハ）數詞ノ名詞ト結ビ付キタルモノ。

(例)　한사람(一人)　다섯개(五箇)　서너마리(三四匹)

二　辭(助詞及助動詞)及接尾語ハ、上ノ語ニ續ケテ書ク。但シ體言ノドニ來ルモノノ中、左ノ如キモノハ離シテ書ク。

(例)　개 가(犬ガ)　말 이(馬ガ)　아버지 께서(オ父樣ガ)
개 는(犬ハ)　말 은(馬ハ)　말 을(馬ヲ)
개 를(犬ヲ)　바다 에(海ニ)　그 사람 의 것(ソノ人ノモノ)
로인 께(老人ニ)　개 에게(犬ニ)　나 더러(私ニ)
개 한테(犬ニ)　경성 오로(京城ヘ)　학교 로(學校ヘ)
붓 으로(筆デ)　나무 로(木デ)　학교 에서(學校デ／學校カラ)
서울 서(京城デ／京城カラ)　어디 까지(何處マデ)　세시 부터(三時カラ)
말 과 소(馬ト牛)　소 와 말(牛ト馬)　나 보다(私ヨリ)
소 하고 말(牛ト馬)　비 때문에(雨ノ爲ニ)　이 것 보다(コレヨリ)
하나 도(一ツモ)

三 二個以上ノ助詞相集レル場合ハ續ケテ書ク。

(例) 에는 (ニハ)　에도 (ニモ)　에서는 (カラハ/デハ)

께서는 (ハ)　로부터 (カラ)　보다도 (ヨリモ)

各 說

一

要旨

牛は兒童が日常よく目擊する動物で、朝鮮の農家に於て缺くべからざる大事な家畜であり、今後益〻增産させねばならぬ地位にあるものである。此の重寶な牛に對する觀念を明瞭にし、且つ其の效用を知らせて、家畜愛護の精神を養ひ、同時に文字の讀み方・書き方を知らせて、文字に親しむ最初の態度を養ふ。

取扱 (二時間)

直觀によつて牛の名稱を知らせ、插畫中にある牛の生活を眺めて親子の情愛を窺ひ、且つ既知の經驗に訴へて形態・習性の特徵について簡單に問答し、牛の重寶(話語教一)な家畜たることと之を愛護すべき精神について說話し、次に文字の讀み方・書き方(讀寫書一)を知らせて、暗寫する迄に練習させる

插畫

春の草が萌え始める時、親牛と子牛が野原で草を食つてゐる。親牛は子牛を愛して、暫く草を食ふことも忘れて子を眺めて喜び、子牛は親に連れられて、萬事安心して旨さうに草を食つてゐる、平和な牛の生活を描いたものである。

新字

소は「人」(시옷)の初聲音標と「ㅗ」(오)の中聲音標から構成されて一音節をなした字である。單に字形・筆順・劃數を知らせるだけでなく、「人」と「ㅗ」の二つの部分から組立てられてゐることを確實に認識させ、併せて其の部分の名稱を知らせる。新字の取扱には常に此の方法を以て爲すべきである。

新語

參考

소の發音は短い。長く發音すると「素」の語と間違へられる。

1. 소の名詞が複合語になる場合は쇠となる。

例 쇠고기(牛肉)　쇠꼬리(牛の尾)　쇠가죽(牛の皮)　쇠여물(牛ノ飼料)

2. 牛に關係ある語

例 뿔(角)　굽(蹄)　어미소(親牛)　송아지(子牛)　코뚜레(牛の鼻木)　고삐(手綱)　꼴(秣)　길마(牛の鞍)　멍에(牛の頸に掛ける橫木)　외양간(牛小屋)

3. 소の發音を長くする場合

例 소고기(肉類の入らない汁)　소물하였다(肉類が食へなかつた)

二

要旨

春の野外景色を味はせつゝ、小川を中心に橋と魚の觀念を明確にし、新語を文字に結合して、文字の讀み方・書き方を知らせる。

取扱（二時間）

插畫に表現されてゐる春の自然美を味はせつゝ、小川に於ける魚の生活、橋の必要性を問答して、新語の內容及び發音を正確に知らせ、次に新語と文字とを結合させて、其の讀み方・書き方を十分練習して覺えさせ、各音節を構成した初聲「ㄱ・ㄷ・ㄹ」中聲「ㅏ・ㅣ」の音標の觀念を與へる。

插畫

野外に於ける春の景色として、川を中心に橋あり魚泳ぎ、兩側には新芽を出した柳類が春光を浴びて立ち並んでゐる。中でも橋と魚は本教材直觀點の中心を表はした部分である。

新字

고は二つの音標初聲「ㄱ」(기역)と中聲「ㅗ」から構成されて一音節をなした字である。

기は初聲「ㄱ」と中聲「ㅣ」(이)から構成された字である。

다は初聲「ㄷ」(디귿)と中聲「ㅏ」(아)から構成された字である。

리は初聲「ㄹ」(리을)と中聲「ㅣ」から構成された字である。

新語

고기は魚にも肉にも用ひられる語で、何れの場合にも短音である。

다리は橋にも脚にも用ひられる語で、何れの場合も短音である。

다리를대리と發音する人もあるが、これは鄙語であるから必ず發音の矯正に注意すべきである。

參考

1. 同じ發音で內容の異る同音異語は、文の前後の關係によつてこれを區別することが出來る。

例　물속에서고기가논다。（水の中で魚が泳いでゐる。）

도야지고기는기름이만타。（豚の肉は油が多い。）

2. 다리を대리と發音するやうに、中聲「ㅏ」が「ㅐ」に發音され易い語が可なりある。これは特に注意して矯正すべきである。

例　학교（學校）―핵교　안경（眼鏡）―앵경　자전거（自轉車）―재전거　자리（席）―재리

3. 插畫中の事物の名稱

들（野）　나무（木）　버드나무（柳の木）　내（川）　냇물（川の水）　냇가（川の畔）　나무다리（木の橋）　붕어（鮒）　길（道）　세마리（三匹）　풀（草）

三

要旨

部屋に机あり、その上に本包が置いてある。柱には帽子が掛つてゐる。學校生活に入つた兒童に取つて最も樂しいことである。家庭に於ける學用品の整頓について說明しつゝ、新語の內容を明瞭にし、文字の讀み方・書き方を知らせる。

取扱（二時間）

帽子と本包の實物によつて名稱及び其の用途を問答し、更に插畫によつて勉强部屋の整頓の方法を知らせ、新語と文字との結合をはかり、その讀み方・書き方を覺えさせ、新字「모・자・보」につき、初聲「ㅁ・ㅈ・ㅂ」の音標の觀念を與へる。

插畫

家庭に於ける兒童の勉强部屋である。机がきちんと置いてあり、その上には上手に包んだ本包が正しく置いてある。尙ほ柱には兒童の帽子が正しく掛つてゐる。よく整頓された部屋である。

新字

모は初聲「ㅁ」(미음)と中聲「ㅗ」から構成された字である。

자は初聲「ㅈ」(지읒)と中聲「ㅏ」から構成された字である。

보は初聲「ㅂ」(비읍)と中聲「ㅗ」から構成された字である。ㅂの書き方の順序は、縦の二畫を先に引き横の二畫を後に引く。此の順序について注意して指導するがよい。

新　語

모자は二字とも短音である、若し모の字を長く發音すると「母子」になる。かやうに同じ文字であつても、其の讀み方の長短によつて語の意味や語感が違ふ場合が多いから、長短音に注意して指導し、訛謬を矯正すべきである。

보자기は一般に物を包む布切の總稱であるから、本包は책보자기として取扱ふべきである。보자기は三字とも短音である。보재기と發音され易いから、注意して矯正すべきである。

參　考

1. 插畫中の事物の名稱

책상(机)　걸상(掛子)　책보자기(本包)　기둥(柱)　모자챙(帽子の庇)　모자표(帽子の徽章)

2. 既習の文字からなつた單語

고리(環)、모기(蚊)　보리(麥)　자리(席)　소리(音)　고모(父ノ姉妹)

3. 新語の短文

모자는머리에쓴다(帽子は頭に被る。)

모자는똑바로써야한다(帽子は正しく被らねばならぬ。)

책은보자기로싼다(本を風呂敷で包む。)

책보자기는얌전하게싸야한다(本包は丁寧に包まねばならぬ。)

4. 同字で發音の長短によつて意味の違ふ語

例　눈(眼)——눈(雪)　밤(夜)——밤(栗)　부자(父子)——부자(金持)　사지(死地)——사지(四肢)

말(馬)——말(語)　새(新)——새(鳥)　장(場)——장(醬)　발(足)——발(簾)

四

要　旨

農村に於ける平和な光景、親子の美しい情愛の光景を敍したものである。父親の有難さを感じさせて、よい子になる自覺を持たせると共に、語句の讀み方・書き方を覺えさせる。

取　扱　（二時間）

插畫の觀察によつて農村の自然の光景を味はせつゝ、一日の勤勞を終へ鍬を擔いで家庭へと歸つて來る父親の姿、父の歸宅を見つけ嬉しさに溢れて、跳び出て父を迎へて來る子供の可愛い有樣を說明し、この親子間の美しい情愛に感激を持たせて、自分も親をもつと有難く思はねばならないと云ふ心を起させ、特に「우리」の語に愛情の含まれてゐることを吟味させると同時に、語句の讀み方・書き方を十分練習させ、新出字「아・버・지・우」を暗寫させる。

插　畫

農村の長閑な平和な景色その儘を色彩で表はしたものである。山あり野原あり田や畑あり、山には木が鬱蒼としてあり、畑には麥が青々と伸びてゐる。人家は點點と散在し、桑畑の一部には桑の木が軟い葉を出し、道の傍には草花が一杯咲いてゐる。何處を見ても新綠色を呈して、見渡せば自ら爽快な氣分が湧き起る晩春の田舍の景色である。農夫は野良仕事から歸る所で、國防色の勤勞服、脚絆と地下足袋で身を纏つてゐる。上衣を鍬に掛けて肩に擔いで來る姿は、元氣と希望に充ちてゐる。子供は父の歸を見ては、嬉しさに堪えず跳び出て迎へて來る。右には男の子左には女の子、何れも下駄を履いて、或は父の手を取り或は着物を執つて、父の疲勞を慰める。親子三人が語り合ひつゝ家に歸る有樣は、如何にも樂しさうな實に平和な生活の場面である。景色も美しいが、親子間の情愛の光景も實に美しい。

新　字

아は初聲「ㅇ」（이응）と中聲「ㅏ」から構成された字である。

버は初聲「ㅂ」と中聲「ㅓ」（어）から構成された字である。

지は初聲「ㅈ」と中聲「ㅣ」から構成された字である。

우は初聲「ㅇ」と中聲「ㅜ」（우）から構成された字である。

新　語

아버지、우리の發音は何れも短音である。버は「브어」の間音のやうな發音をしてはならない。

參　考

1.　插畫中の事物の名稱

서룬(田舍)　산(山)　집(家)　길(道)　농부(農夫)　아들(子)　딸(女)　갈보(脚絆)　항이(鍬)

밭(畑)　논(田)　보리(麥)

國語の單語——지가다비(地下足袋)　게다(下駄)

2.　新語の短文

우리아버지께서도라오신다。(お父さんが歸つて來られる。)

아버지마중을나가겟다。(お父さんの出迎へに行かう。)

아버지께서더우신지、웃저고리를벗으셧다。(お父さんがお暑いのか、上衣を脫いでいらつしやる。)

아버지께서광이를엇개에메고오신다。(お父さんが鍬を肩に擔いで來られる。)

아버지는참고마우신어룬이시다。(お父さんは本當に有難いお方でいらつしやる。)

아버지말슴을잘듯겟다。(お父さんの言付をよく守らう。)

아버지께서깃버하시면、우리도질겁드다。(お父さんが喜んで居られると、私達も嬉しい。)

五

要　旨

([illegible]一)

([illegible]一)

前課と同樣に親子の情愛の光景を敍したものである。家庭に於ける樂しい溫い團欒の生活を說明し、母親の有難さを感じさせ、語句の讀み方・書き方を覺えさせる。

取　扱　（二時間）

插畫によつて母親の裁縫の有樣と子供に對する愛情、子供の遊ぶ態度と母親に對する信賴心・尊敬心等について問答して、家庭に於ける親子の情愛を感じさせ、語句の讀み方・書き方を十分練習させ、新字「어・머・니」を暗寫させる。尙ほ最後に前課と連絡綜合して、「우리아버지、우리어머니」として練習させる。

插　畫

母は裁縫道具を置いて裳を縫つて居り、男の子は色紙で一所懸命に折紙の手工の稽古をして居り、女の子は母の裁縫の仕方を眞面目に見てゐる。裁縫を覺えようとしてゐるのであらう。一人も無駄遊をするものはなく、母の側に行儀よく坐つて、それぞれ何か爲になることをしてゐる。母は子供達に面白い話やよい敎訓などを言つて聞かせるに違ない。

新字

어は初聲「ㅇ」と中聲「ㅓ」から構成された字である。

머は初聲「ㅁ」と中聲「ㅓ」から構成された字である。

니は初聲「ㄴ」(니은)と中聲「ㅣ」から構成された字である。

新語

어머니の發音は短音である。어は「으어」の間音のやうな發音をしてはならない。

參考

1. 插畫中の事物の名稱

바느질(裁縫)　치마(チマ)　반지고리(裁縫箱)　실(絲)　실패(絲卷)　바늘(針)　골무(指貫)

가위(鋏)　색조희(色紙)

2. 新語の短文

어머니께서바느질을하심니다。(お母さんが裁縫をしていらつしやる。)

나는어머니옆에서수공이나하겠다。(私はお母さんの側で手工でもしよう。)

나는어머니가바느질하시는것을잘보겟다。(私はお母さんの裁縫して居られるのをよく見よう。)

어머니는언제든지우리를귀여워하심니다。(お母さんは何時も私達を可愛がつて下さる。)

(讀本卷一)

(讀本卷一)

어머니는참고마우시드라。(お母さんは本當に有難い。)

우리는어머니말슴을잘듯자。(私達はお母さんの言付をよく守らう。)

아버지어머니를부모라고함니다。(お父さんお母さんを父母と云ふ。)

나는아버지어머니업시는못살겟다。(私はお父さんお母さんなしには生きて居られない。)

六

要旨

可愛い赤坊を中心に全家族が打揃つて、赤坊を可愛がり喜ぶ所を敍したものである。母が兩手を差伸べて赤坊を呼ぶと、赤坊は母の方へと喜んで這つて來る。實に和氣靄靄たる平和な家庭である。この家庭の雰圍氣を味はせつゝ、文の讀み方・書き方を知らせる。

取扱（二時限）

插畫によつて全家族が赤坊を可愛がつてゐる有樣を直觀させ、赤坊に對する愛情の心を起させ、文の内容を理解させ、讀み方・書き方を練習させる。

尙ほ前課迄は單語と句の教材であつたが、本課からは文の教材に移つた。文章を取扱ふには、句讀點や讀み振り等に注意し、且つ敎者示範の場合は、必ず分別書き方に依るべきである。

本文の讀み振りとしては、句讀點の處で切り、우리と이리の所に力を入れる。

插畫

赤坊が父母兄姉の前で可愛がられてゐる有樣を描いたもので、姉の呼び聲を聞いて、言葉は理解出來なくとも、差伸べた兩手の動作によつて自分を呼ぶものだと思ひ、喜んで母に向つて這つて來る場面である。

新字

가・이・오・너・라の五字は、音節としては新字であるが、初聲・中聲は何れも既習のものだけである。此等の字を取扱ふことによつて、既習の初聲・中聲の觀念をもつと深める。

新語

아가は아기、애기とも云ふ。이리は方向代名詞の近稱である。方向代名詞の中稱は그리、遠稱は저리、不定稱は어듸である。

오너라の「오」は動詞の語幹、「너라」は命令の助動詞である。

參考

1. 插畫中の事物の名稱

어린애(赤坊)　누나・누님(姉さん)　언니・형님(兄さん)　동생・아우(弟・妹)

2. 新語の短文

아가가기어온다。(赤ちやんが這つて來る。)

아가를안어준다。(赤ちやんを抱いてやる。)

아가는엉이주면조아한다。(赤ちやんはおんぶしてやると喜ぶ。)

아가는참귀엽다。(赤ちやんは本當に可愛い。)

3. 本文を文の成分によつて分解すると、主語は二番目の아가で、述語は오너라である。初の아가아가は呼び聲、우리は主語の修飾語、이리は補語である。即ち單文である。

4. 「點を打つ」は「점을찍는다」と、「丸を書く」は「동그래미를친다」と云ふ。

5. 赤坊の言葉

압바(父)　엄마(母)　맘마(飯)　지지(穢し)　응가(大便)　쉬(小便)　도리도리(頭を左右に振る)　짝짝궁(手を打つ)　곤지곤지(指先を掌に當てる)　쥐암쥐암(手を握る)　길라래비훨훨(兩手を振る)

七

要 旨

子供達が草原で蝶々を友にして遊んでゐる樂しい場面を敍したものである。蝶蝶を擬人視して呼び掛けたり、語つたりする所に、兒童心理の純眞さと明朗さを見る。純眞で明朗な遊び方を指導すると共に、「야」の使ひ方を知らせる。

取 扱 (二時間)

插畫によつて子供達が草原で遊ぶ有様、蝶々に對する親しみの態度について問答して文の內容を理解させ、讀み方・書き方を十分練習させ、新出字を正確に習得させる。尙ほ文の讀み振りは、나비야나비야はやさしく、初の어서と이리の處は稍〻力を入れて讀み、語感と內容との一致を圖る。

插 畫

日和のよい春の日に、村の近所の草原に子供達が集つて面白さうに遊んでゐる。或は語り或は草花を摘んでゐる。そこへ數匹の美しい蝶々が花の方へひら〳〵と

飛んで來る。この可愛い蝶々の姿を見つけた子供達は、或は手を擧げ或は手を打ち、歡呼の聲を擧げて之を迎へようとする。

新 字

나・비・야・서の四字の中、中聲「ㅑ」야」のみが新出音標である。

新 語

나비야の「야」は呼ぶ場合の助詞で、終聲で終る體言の下には「아」を用ひる。어서は副詞で오너라の動詞を限定した語、어서어서と二度用ひたのは意味を强めるためである。

參 考

1. 插畫中の事物の名稱

   동산(小山)　풀밭(草原)　민들레(蒲公英)　오랑캐꽃(菫)　잔디(芝)

2. 新語の短文

   나비가펄펄날아온다。(蝶々がひら〳〵飛んで來る。)
   나비가꽃을찾어간다。(蝶々が花を尋ねて行く。)
   나비가풀닢에알을슨다。(蝶々が草の葉に卵を產みつける。)

나비가꽃에앉어서꿀을빨아먹는다。（蝶々が花に止つて蜜を吸ふ。）

나비는수염이둘、날개가넷、다리가여섯이다。（蝶々は鬚が二つ、羽が四つ、足が六つある。）

3. 本文を文の成分によつて分解すると、나비야나비야は主語、오너라は述語、이리이리は述語の修飾語である。即ち單文である。

八

要旨

終聲を含まない語で、가・나・다・라・마行の字と既習の字とによつて組合はされたものを提出し、畫によつてその名稱を稱へさせ、その音を表記する文字の讀み方・書き方を習得させ、併せて가・나・다・라・마各行の初聲觀念と反切關係の豫備知識を與へる。

取扱（二時間）

插畫によつて各單語の內容を明瞭にさせて、語を文字に結合させ、その讀み方・書き方を十分練習させ、各字について初聲「ㄱ・ㄴ・ㄷ・ㄹ・ㅁ」と中聲「ㅏ・ㅓ・ㅗ・ㅜ・ㅣ」の構成關係を明瞭にさせて、漸次反切の觀念を與へる。此の課迄に習得した諸

文の中から、「ㄱ・ㄴ・ㄷ・ㄹ・ㅁ」の初聲の字を拾つて分類すると左の通りである。

ㄱ……가거고구기

ㄴ……나너노니

ㄷ……다도두

ㄹ……라루리

ㅁ……머모무미

插畫

前記要旨に合致し、しかも兒童の容易に理解し得るものを提出した。

新字

新字として八字提出したが、初聲・中聲の音價は既に取扱つたもののみである。

新語

거미、구두、노루、도야지、머리は短音で、루は長音である。

參考

新語の短文

參考

新語の單文

벼루에먹을간다。(硯に墨を磨る。)

계너는저자거리엽헤섯는다。([illegible])

사자는무서운김생이다。(獅子は恐しい獸である。)

수수로경단을만드러먹는다。(黍で團子を拵へて食ふ。)

시루는떡을찌는것이다。(甑は餅を蒸すものである。)

여우는꾀가만은김생이다。(狐は知謀の多い獸である。)

이마에서땀이흐른다。(額から汗が流れる。)

조리로쌀을인다。(笊で米の砂を選り除く。)

주머니에돈을넛는다。(財布にお金を入れる。)

十

要旨

兄弟仲よく學校から歸る途中、家で待つてゐる親のことを考へて、兄が弟に足を急ぐやうに促してゐる所である。この子の親に對する眞情を理解させると共に、「ㄴ・ㅂ」の終聲を明確にし、「으로、ㅡ자、ㅡ겟다」の使ひ方を知らせる。

取扱（二時間）

挿畫によつて兄弟が仲よく歸宅する有様を問答し、文の讀み方を練習させて、親を思ひ道を急ぐ子供の美しい孝心を愛でつゝ談話させ、新出字の構成及び書き方を確實に知らせる。

新語として「으로、ㅡ자、ㅡ겟다」の使用を練習させて、その使ひ方を確實ならしめ、且つ最初に終聲「바겟」を含む字「겟・섯」を提出したから、その發音と書き方を練習せしめる。

文の讀み振りとしては、가자가자及び아버지어머니の所は親しみある語調で讀み、저으로、기다리겟다は稍力を入れて讀み、語感に注意させる。

挿畫

兄弟仲よく學校から家に歸る所である。遠方に見える部落へ通ずる坂道に差掛つて、兄がためらひ勝ちな（弟が足を揃へて立止つてゐる樣子から容易に察し得る）弟の肩に手を掛けて、急いで家に歸るやうに促してゐる。

新　字

저は初聲「ㅈ」と中聲「ㅓ」と終聲「ㅂ」から構成された字で、「ㅂ」の發音は脣を閉ぢて詰まる音である。

으は初聲「ㅇ」と中聲「ㅡ」(으)から構成された字である。

선は初聲「ㅅ」と中聲「ㅓ」と終聲「ㄴ」から構成された字で、「ㄴ」の發音は前舌面を口蓋に附けて鼻から出す音である。

新　語

으로は方向・使用物又は變換を表はす場合に用ひられる助詞で、中聲で終る體言の下には「로」を用ひる。但し「ㄹ」終聲で終る場合は「로」を用ひる。

가자の「가」は動詞の語幹、「자」は終止助動詞の共同未來である。

기다리십니다の「기다리」は動詞の語幹、「십니다」は尊敬を表はす終止助動詞の現在常體、「니다」は語幹が終聲(「ㄹ」終聲を除く)で終る動詞の下には、「는다」を用ひる。

집と으로を續けて讀む時は「지브로」と發音する。かやうに終聲の下に아行音が來る時は、其の終聲を初聲とした音となる。この法則を轉音と云ふ。

參　考

1. 新語の短文
   - 산으로올라가자。(山に上つて行かう。)
   - 붓으로글씨를쓴다。(筆で字を書く。)
   - 배로건너가자。(船で渡らう。)
   - 구역가가쥐리로변한다。(蛆が蠅に變る。)
   - 고기를잡는다。(魚を獲してゐる。)
   - 할아버지께서진지를잡수신다。(お祖父さんが御飯を召し上つていらつしやる。)
2. 助動詞「십니다」の時の關係は、現在が「십니다」、過去が「셨다」、未來が「시겟다」である。

十一

要　旨

農村に於ける學校・面事務所附近の狀況について郷土的概念を與へると共に、「ㄱ・ㄹ・ㅅ」の終聲を明確に知らせ、代名詞「이것」「저것」、助詞「은」、助動詞「올시다」の使ひ方を知らせる。

取　扱　（三時間）

插畫によつて學校・面事務所附近の狀況を簡單に問答し、最も手近な役所としての面事務所の概念を與へ、而して文の讀み方を練習させ、新語の解釋をなし、新字の構成法及び書き方の練習をさせ、更に新語の使ひ方を練習させる。

插　畫

樹木の點綴した村落の前、小高い丘の上に、標準服を身に纏つてゐる大人と子供が立つてゐる。近き所には學校、少し離れた所には面事務所がある。その間には田植の濟んだ田がある。子供は學校を指してゐる。此の村には駐在所・郵便所・金融組合等もあらうと思はれる。

新　字

것・은・학・올・면は終聲からなつた字で、「ㄱ・ㄹ・ㅅ」が新しい終聲である。「ㄱ」の終聲は口を開けて軟口蓋の所で詰る音、「ㄹ」は舌を曲げて口蓋に輕く舌端を附けて出す音、「ㅅ」は前舌面を口蓋に附けて詰る音である。

교の中聲「ㅛ」（요）は初に出る音標である。

（新字表一）

新　語

이것は事物代名詞の近稱で、中稱は그것、遠稱は저것、不定稱は어느것・엇던것・무엇・아모것である。

은は體言の助詞で、特別に或る物を指定する場合に用ゐる。中聲で終る體言の下には「는」を用ゐる。

올시다は體言の終止助動詞の現在の敬語で、終聲で終る體言の下には「이올시다」を用ゐるのであるが、「입니다」を用ゐてもよい。

것・은を續けて讀む時は、轉音の法則によつて「거슨」と發音する。

학교は핵교と發音され易いから、必ず矯正すべきである。

면사무소の「면」・「사」は長音である。

參　考

1. 新語の用文

이것은소나무올시다。（これは松の木でございます。）

그것은기와집이올시다。（それは瓦葺の家でございます。）

저길은자동차가단기는길이올시다(あの道は自動車が通る道でございます。)
장은물건을사고팔고하는데입니다。(市場は物を買ったり賣ったりする所であります。)
면사무소는면안의사무를보는곳입니다。(面事務所は面内の事務を執る所であります。)
얌전한생도는말씨가공손합니다。(温順な生徒は言葉遣が丁寧です。)

2. 體言の終止助動詞敬語の時の關係は左の通りである。

이올시다・입니다(現在)　이엿슴니다(過去)　이겟슴니다(未來)

十二

要　旨

家事的教材で、臺所に於ける女子の務と炊事の大體を知らせると共に、終聲ある字特に「ㅂ」の終聲を明確に知らせ、新語の中助詞「는・은、을・를」、助動詞「십니다、습니다」の使ひ方を知らせる。

取　扱　(三時間)

插畫によつて臺所で母と姉の働いてゐる有樣を問答して炊事の大體を理解させ、本文の讀み方を練習させ、次に新字を摘出してその書き方及び構成法を知らせ、更に全文を通解させ、新出語の使ひ方を練習させて、語意を明確ならしめる。

插　畫

臺所で母と姉が炊事をする。母は御飯を炊き、姉は火鉢に魚を燒いてゐる。炊事に用ひる色々の道具はよく整頓されてゐる。臺所の窓の垣根には、さゝやかではあるが花卉を植ゑてある。

新　字

는・을・를、닙、밥、십、읍・습の中で「ㅂ」の終聲は初めて提出されたものであるから、特に親切に取扱ふべきである。その發音法は唇を閉ぢて鼻から發音する。

新　語

는は前課で述べた通りである。

을・를は動作の目的物を表はす助詞で、中聲で終る體言の下には「를」、終聲で終る體言の下には「을」を用ひる。

지으십니다の「지으」は「짓」と同樣に用ひられる變格動詞の語幹、「십니다」は尊敬を表はす終止助動詞の現在の敬語で、語幹が終聲で終る用言の下には「으십니다」を用ひる。

곱습니다の「곱」は「구으」と二様に用ひられる變格動詞の語幹、「습니다」は「옵니다」と同じく終止助動詞の現在の敬語で、語幹が終聲で終る用言の下に用ひ、中聲で終る用言の下には「ㅂ니다」を用ひる。

밥을、누님은は續けて讀む時は、轉音の法則によつて「바블」、「누니믄」と發音される。

십니다、습니다は續けて讀む時は「심니다」、「슴니다」と發音される。これは音の同化法則によるもので、終聲「ㅂ・ㅍ」の下に初聲「ㄴ・ㄹ・ㅁ」が來る時は、その終聲は「ㅁ」と發音されるのである。しかし尊敬助動詞は「ㅂ시다、ㅂ지오、ㅂ디다、ㅂ시오、ㅂ소서、ㅂ니다」のやうに、必ず「ㅂ」を書くのであるから、綴字法に注意すべきである。

參考

1. 插畫中の事物の名稱

부엌(臺所) 붓두막(竈の緣) 아궁이(焚き口) 솟(釜) 행주(布巾) 화로(火鉢) 적쇠(鐵灸)
숫불(炭火) 선반・시렁(棚) 상・소반(膳) 그릇(器) 생선(魚)

2. 新語の短文

아궁이는불을때는데올시다。(焚口は火を焚く處であります。)
솟은밥을짓는데쓰는것입니다。(釜は御飯を炊くのに使ふものであります。)
쌀을씻을때는、돌을골라야합니다。(米を洗ふ時は、石を選り除かなければなりません。)
행주를칠때는、잘빨아서하야야합니다。(布巾を掛ける時は、よく洗つてしなければなりません。)
어머니는밥을푸십니다。(お母さんが御飯を移していらつしやいます。)
누님은고기를뒤집습니다。(姉さんは魚を返してゐます。)

十三

要旨

第八課と同樣の趣旨で提出した教材で、차・카・타・파・하各行の初聲觀念と反切關係の豫備知識を與へる。

取扱（二時間）

插畫によつて各單語の內容を明瞭にさせて文字に結合させ、その讀み方・書き方を練習させ、各字について初聲「ㅊ・ㅋ・ㅌ・ㅍ・ㅎ」と中聲の構成關係を明瞭にさせて反切の觀念を與へる。

插畫

第八課と同様の趣旨で提出した。

新　字

츠の初聲「ㅊ」は「치읓」、코の初聲「ㅋ」は「키읔」、트の初聲「ㄷ」は「티읕」、파・피の初聲「ㅍ」は「피읖」、흐の初聲「ㅎ」は「히읗」と稱へる。

新　語

츠は蠟燭にも諸にも用ひられる語で短音、코は鼻にも湯にも用ひられる語で短音、트구・파・피리・흐미は何れも短音である。

參　考

新語の短文

츠에불을켜면밝다。（蠟燭に火をつけたら明るい。）

코는숨도쉬고냄새도맡는다。（鼻は呼吸もし臭も嗅ぐ。）

파는반찬에양념을한다。（葱はおかずの調味に使ふ。）

피리를불면좋기좋은소리가난다。（笛を吹くと綺麗な音が出る。）

흐미는김을매는데쓰는농구다。（ホミは草取りに使ふ農具である。）

十　四

要　旨

諺文の反切(반절)を纏まつた表として知らせる爲に提出したもので、既に習得した初聲と中聲の關係の幾分の知識を基礎として、本表に於ける新出字を讀み得るやうに導き、表全體を暗誦させる。

扱　取　（三時間）

反切表によつて、先づ既習の字を發見させ、次にその字の構成について初聲と中聲に分解して、その音標の稱呼法を問答し、初聲十四字と中聲十字を順に讀む練習をさせ、更に初聲と中聲を組合はせて其の音を發見させ、反切各行を順次に一行づゝ讀み方を練習させる。而して全部が讀めたら、書き方の練習をさせ、縱にも橫にも自由に暗誦する迄に練習させる。

既習の文字で表中にある字は左の通りである。

가거고구기、나너녀노누니、다도두、라루리、마머모무미、바버보비、사서소수시、아야어여오우이、자저조주지、츠、코、트、파피、흐

다行の댜뎌됴듀디を자져조주지に、라行の라러로루르を나녀노누느に、사行の샤셔쇼슈を사서소수に、자行の쟈져죠쥬を자저조주に、차行の챠쳐쵸츄を차처초추に、타行の탸텨툐튜티を챠쳐쵸츄치に發音しないやうに注意させる。

更に實際の言葉に於て、가行の갸겨교규기を자져조주지に、카行の캬켜쿄큐키を차처초추치に、하行の햐혀효휴히を사서소수시に發音しないやうに例を擧げて矯正する。

例 갸륵하다（자×륵하다） 경울읽는다（정×울읽는다） 교육（조×육） 귤（줄×） 김치（짐×치） 불올켜라（불올처×라） 키（치×） 향나무（상×나무） 혀（서×） 효자（소×자） 흉（숭×） 힘（심×）

參考

本表中の字からなつた單語

가지（枝・茄子） 고리（環） 도마（俎） 두루미（鶴） 마루（板ノ間） 모기（蚊） 바다（海）
버드나무（柳ノ木） 보리（麥） 소라（榮螺） 수리（鷲） 사시（匙） 우유（牛乳） 마차（馬車）
고초（唐辛） 타구（唾壺） 도토리（櫟の實） 포수（獵師） 허리（腰） 혀（舌） 호도（胡桃）
파리（蠅） 자라（鼈） 나라（國） 바지（づぼん） 저고리（上衣） 두루마기（つるまき） 자

十五

모（禮拜） 두더지（土龍）

要旨

道德的教材であつて、本文を讀解させることによつて、父母に對する禮儀作法として朝晩に於ける挨拶法を知らせ、併せて「ㅇ」終聲を知らせる。

取扱（三時間）

全文の通讀練習をさせ、新字を摘出してその讀み方・書き方を覺えさせ、特に「ㅇ」終聲を明確に理解させ、問詞を練習させ、更に插畫によつて禮儀作法を問答して、挨拶語を覺えさせ、更に本文の讀み方を練習させる。

插畫

姉と弟が朝晩父母の前で丁寧に挨拶をする作法の樣子を描いたものである。挨拶語を覺えると同時に、その挨拶の態度について心と形式の一致を圖り、誠のこもつた挨拶をするやうに指導する。

新字

안·졍·셔·닛·갓·녕·느·히七字の中で、「녕」の終聲「ㅇ」について特に丁寧に指導する。「ㅇ」の發音は口を開けたまゝ舌尖を曲げて軟口蓋に輕く當て、鼻孔を振動させて出す音である。

新　語

안녕히、졍は副詞、오냐は感嘆詞で應諾の對下稱である。

주무셧슴닛가は「주무시」と「엿슴닛가」の縮まつたもので、「주무시」は動詞「자다」の尊敬語、「엿슴닛가」は終止助動詞の過去問詞の敬語、「시엿」が「셧」となり、更に綴字法上の關係から「셧」となつたものである。

갓느냐は動詞の語幹「가」と終止助動詞の過去問詞の對下稱「앗느냐」の縮まつたものである。

자거라の「거라」は命令助動詞の對下稱で、「너라」と共に「아라、어라」の變則である。

주무십시오の「ㅂ시오」は命令助動詞の敬語である。語幹が終聲で終る動詞の下には「읍시오」を用ひる。

參　考

1. 新語の短文

안녕히가십시오。（左樣なら。）

안녕히계섯슴닛가。（お變りはございませんか。）

댁내다안녕하십닛가。（お宅の皆樣お變りはございませんか。）

그동안기운안녕하십닛가。（お變りはございませんか。）

그동안기운한가지십닛가。（同前）

잘가거라。（左樣なら。）

잘잇거라。（同前）

그동안잘잇섯니。（變りはないか。）

그동안보시고잘잇섯느냐。（同前）

2. 命令助動詞は「아라、어라」が本則で、其他は變則である。

例

原則 보아라（見よ） 노아라（置け） 모아라（集めよ）

원칙 먹어라（食へ） 주어라（やれ） 그어라（引け）

變則 가거라（往け） 자거라（寢よ） 오너라（來い）

十六

要　旨

道德的教材であつて、本文を讀解させることによつて、登校及び歸宅の時の父母に對する挨拶法を知らせ、併せて諺文の重中聲よりなつた字「에・겟・왓」の構成法を理解させる。

取扱（二時間）

全文の通讀練習をさせ、新出字を摘出してその讀み方・書き方を覺えさせ、特に重中聲の字の構成法を理解させ、插畫によつて子供の父母に對する挨拶の態度を吟味させ、親の子に對する愛情と希望の心とを想像させて感謝の念を持たせ、更に本文の讀み方練習をさせて挨拶語を覺えさせ、書取の練習をさせて諺文の綴字法を確實に覺えさせる。

插畫

學校に行く姉と弟が、家を出る時に父母に丁寧に挨拶する場面である。父母は可愛い娘と息子が揃つて挨拶して學校に行くので、喜びながら答禮をする。家庭に於ける親子の情愛と作法を描いたものである。この溫い平和な家族團欒の美しい有樣を鑑賞させる。

(鮮語敎一)

新字

四字の中에・겟・왓は重中聲から成つた字で、에・겟は「ㅔ」（에）、왓は「ㅘ」（와）が重中聲である。

新語

에は助詞で動作を起す場所を示す語である。

갓다오겟습니다は「가다」と「오다」の複合動詞で、「갓」は「가앗」の縮まつたもの、「다」は「다가」（動作を一旦中止する意味を表はす用言助詞）の「가」の略されたもの、「겟습니다」は終止助動詞の未來の敬語である。

갓다왓습니다の「왓습니다」は動詞「오」と終止助動詞の過去の敬語「앗습니다」が縮まつたものである。

「오겟습니다」は「오갯습니다」の方言を使はないやうに注意する。

「왓느냐」は音の同化關係によつて「완느냐」と發音する。

參考

1. 插畫中の事物の名稱

안방(主婦の部屋)　건넌방(主婦の部屋と相對する部屋)　마루(板の間)　뒷마루(緣側)

댓돌(踏石)　뜰(庭)　미닫이(障子)　유리창(硝子窓)　짚신(草鞋)

2. 新語の短文

아버지、정거장에 갔다 오겠습니다。（お父さん停車場に行って參ります。）

오냐、속히 갔다 오너라。（うん、早く行っておいで。）

어머니、시골 갔다 오겠습니다。（お母さん田舍へ行って參ります。）

오냐、그러면 잘 갔다 오너라。（うん、よく行っておいで。）

아저씨 갔다 왔습니다。（お叔父さん行って參りました。）

오냐、벌써 갔다 왔느냐。（いや、もう行って來たのか。）

3. 갔습니다が가았습니다の縮まった語であるやうに、二音が縮まって一音となる場合が多い。

例　가았소(行った)—갔소　　자았소(眠った)—잤소

서었소(立って居る)—섰소　　치었소(打った)—쳤소

아프어서(痛くて)—아파서　　쓰었소(使った、書いた)—썼소

하시었소(なさった)—하셨소　　그리었소(畫いた)—그렸소

4. 終聲「ㄱ・ㅂ・ㅅ」の下に初聲「ㄴ・ㄹ・ㅁ」が續く時は、その終聲は夫々「ㅇ、ㅁ、ㄴ」に發音される。これは音の同化法則である。

例

ㄱ { 먹는다(食ふ)—멍는다 / 백리(百里)—뱅니 / 작문(作文)—장문 }

ㅂ { 합니다(します)—함니다 / 압록강(鴨綠江)—암녹강 / 잡목(雜木)—잠목 }

ㅅ { 옷나무—(漆の木)온나무 / 뒷마루(緣側)—뒨마루 }

十七

要旨

子供が飯事をしながら仲よく遊んでゐる自然的で樂しい藝術生活を敍したものである。遊び事を通じて友達と共同一致して或る理想物を創造する根本態度を養成する。

取扱（三時間）

插畫によって子供達の遊を觀察させ、本文の讀み方を練習させ、插畫と本文との結合を圖って、文の內容を明確に理解させ、更に讀み方練習と新出字の取扱をなし、全文の書き方練習と書取をさせて、諺文の綴字法を正確に覺えさせる。

插畫

子供達が集って花園造りの遊び事をしてゐる所で、砂を搔き集めて花壇を造り、草花を植ゑ、四阿を建て、料理を拵へて宴を開く等、子供に取って實に面白くて樂しい遊の場面を描いたものである。

新字

反切文字は치、終聲文字は동・산・단・들・심・읍・을・식・를・잔・합、重中聲文字は화である。終聲及び重中聲の構成法に注意して取扱ふ。

新語

만듭시다の「만드」は「만들」と二様に用ひられる變格動詞の語幹、「ㅂ시다」は語幹が中聲で終る動詞の下に來る助動詞の共同未來の敬語である。

심읍시다の「심」は動詞の語幹、「읍시다」は語幹が終聲で終る動詞の下に來る助動詞の共同未來の敬語である。

만들어서の「만들」は上で述べた通り變格動詞の語幹、「어서」は下に來る語の理由又は原因を表はす用言助詞である。「어서」は母音調和の法則によって、「아서」又は「여서」となる。

합시다の「하」は動詞の語幹である。

參考

1. 插畫中の事物の名稱

땅(地)　흙(土)　모래(砂)　삽(シャベル)　광이(クヮツ)　소꿉(飯事道具)　도마(爼)

식칼(庖丁)　풍로(焜爐)　솥(釜)

2. 新語の短文

뒷동산에진달래꽃을구경하러갑시다。(後の小山に躑躅の花を見に行きませう。)

앞마당에화단을만들고、화초를심읍시다。(前の庭に花壇を作って、草花を植ゑませう。)

오늘한일을가지고、글을지읍시다。(今日やった事を文に作りませう。)

새집을짓고손님을청해서、잔치를합시다。(新しい家を建てゝお客を呼んで、饗應をしませう。)

음식을만들때는、손을정하게씻읍시다。(食物を拵へる時は、手を綺麗に洗ひませう。)

3. 變格動詞には五つの場合がある。

例

イ　{흐르다(流れる) 흘러서(流れて)}　{부르다(呼ぶ) 불러서(呼んで)}　{기르다(養ふ) 길러서(養って)}　{오르다(昇る) 올라서(昇って)}

ロ　{울다(泣く) 울어서(泣いて)}　{놀다(遊ぶ) 놀아서(遊んで)}　{늘다(増す) 늘어서(増して)}　{돌다(回る) 돌아서(回って)}

ハ　{돕는다(助ける) 도아서(助けて)}　{굽는다(燒く) 구어서(燒いて)}　{눕는다(臥す) 누어서(臥して)}　{깁는다(補綴す) 기워서(補綴して)}

ㄷ	듣는다(聽く) 들어서(聽いて)	묻는다(問ふ) 물어서(問つて)	깨닫는다(悟る) 깨달아서(悟つて)	붇는다(殖える) 불어서(殖ふて)
ㅅ	긋는다(引く) 그어서(引いて)	짓는다(作る) 지어서(作つて)	잇는다(繋ぐ) 이어서(繋いで)	낫는다(癒える) 나아서(癒えて)

十八

要　旨

事物代名詞及び指定助動詞の使ひ方を知らせる。

取　扱（三時間）

先づ本文の讀み方を練習させて插畫中にある二人の會話の有樣を問答し、學用品を直觀させてその名稱を知らせ、代名詞「이것、그것、저것、무엇」の使ひ方を練習させる。再び本文の讀み方練習をさせ、新出字を摘出してその書き方と構成法を練習させ、轉音關係のある綴字について、特に發音法と其の書き方の說明をする。次に助動詞の問詞と答詞について使ひ方を練習させ、最後に全文の視寫と書取の練習をさせて、綴字法を確實に覺えさせる。

……

證文綴字と轉音關係について注意して、이것이は「이거시」に、그것은は「그거슨」に、저것은は「저거슨」に、무엇입니가は「무어심니가」に、연필이올시다は「연피리올시다」に、칼이올시다は「카리올시다」に發音されるが、綴字はやはり本文通りであることを明確に知らせる。

插　畫

事物代名詞の近稱・中稱・遠稱を學用品の位置によつて示したものである。

新　字

엇・입・그・연・필・칼・등の中で、「필、칼、등」の三字については、特にその構成法と發音に注意して取扱ふ。

新　語

그것は事物代名詞の中稱で目の前に見えるもの〻外、過ぎ去つたことや一旦指示した後再び指示する場合にも用ひる語である。

무엇입니가の「무엇」は事物代名詞の不定稱、「입니가」は體言の終止助動詞（又は指定詞）の現在の問詞の敬語である。

연필이올시다の「이올시다」は體言の終止助動詞の現在の敬語で、終聲で終る體言の下に續くものである。

이것이の「이」は體言の助詞で、動作の主體を表はす語である。中聲で終る體言の下には「가」を用ひ、敬語の場合は「께서」を用ひる。

參　考

1. 新語の短文

이것이무엇을하는것인지아십니가。（これが何をするものか知つてゐますか。）

그것은공책에글씨를쓰는연필이올시다。（それは紙面に字を書く鉛筆でございます。）

그것은무엇을하는것입니가（それは何をするものですか。）

이것은연필을깍는칼이올시다。（これは鉛筆を削る小刀であります。）

저것은무엇에쓰는것입니가。（あれは何に使ふものですか。）

저것은붓·철필·연필같은것을넣어두는필통이올시다。（あれは筆・ペン・鉛筆のやうなものを納して置く筆立であります。）

붓은무엇을하는것입니가。（筆は何をするものですか。）

먹을묻히어가지고글씨를쓰는것입니다。（墨をつけて字を書くものであります。）

2. 體言助動詞終止の敬語の時の關係は左の通りである。

現在	입니가（ですか）	입니다（であります）
	이오니가（でございますか）	이올시다（でございます）
過去	이었습니가（でありましたか）	이었습니다（でありました）
未來	이겠습니가（でせうか）	이겠습니다（でせう）

十九

要　旨

飜へる國旗の下で兒童が快活に遊んでゐる所を敍したものである。場所代名詞の使ひ方と綴字法を知らせる。

取　扱（三時間）

插畫によつて校庭に於ける國旗揭揚臺と兒童の遊について問答して、國旗に對する觀念を明かにさせ、皇國臣民たる自覺と喜を喚起させる。次に本文の讀み方と新字の取扱をなし、文と插畫との關係を問答して、文の內容及び場所代名詞の使ひ方を知らせ、更に全文の熟讀と書取の練習をさせて、諺文綴字法を確實に覺えさせる。

插畫

學校の運動場の國旗掲揚臺に日の丸の旗が翻つてゐる。その下で兒童が樂しさうにかけつこをしたり體操をしたりして活潑に遊んでゐる。

新字

벽・먼・놀・걸・롭・잇・꽁・셩の終聲關係と重中聲「ㅐ」（애）の構成法について知らせる。

新語

생도들の「들」は體言の複數を表はす接尾語である。

밧비は「밧브」の形容詞から變つた轉成副詞である。

놀고잇습니다は「놀다」と「잇다」の複合動詞で、「놀」は「노」と同様に用ひられる變格動詞の語幹、「잇」は存在詞の語幹、「고」は用言助詞で、語を重ね、又は原因を表はす場合、或は中止の場合に用ひられる。

여기、저기は場所代名詞で、近稱は「여기」、中稱は「거기」、遠稱は「저기」、不定稱は「어대・어느곳」である。

서는は體言助詞の「서」と「는」の複合助詞で、「서」は動作の起る場所を表はす語で、終聲で終る體言の下には「에서」を用ひる。

던집니다の「던지」は動詞の語幹である。

다름박질の「질」は仕事の意味を表はす接尾語である。

「밧이、놀고、공」の黒點ある字は長音である。

「들이、만이、걸음」は終聲が下つて初聲になるやうに發音し、「습니다、집니다、합니다」の「ㅂ」終聲は音の同化關係によつて「ㅁ」終聲に發音する。

參考

1. 國語の譯語

히노마루（日ノ丸）　대이닛뽄데이고꾸（大日本帝國）　나이지（内地）　도-꾜-（東京）

규-죠-（宮城）　뎅노-헤이까（天皇陛下）　징구-（神宮）　진쟈（神社）　이세징구-（伊勢神宮）

조-센징구-（朝鮮神宮）

2. 新語の譯文

우리들은대일본제국의신민이올시다。（私共は大日本帝國の臣民であります。）

여기서는도-꾜-편을향하야요배를합니다。（こゝでは東京の方を向いて遙拝をしてゐます。）

저기보이는것이조ー센징구ー올시다(あそこに見えるのが朝鮮神宮であります。)

3. 接尾語「들」「질」の附く語

들……우리들(私達) 사람들(人達) 저이들(あの人達) 어른들(大人達) 이것들(これ等)
저것들(あれ等)

질……바느질(裁縫) 설거지(食器を洗ふこと) 다리미질(火熨をかけること)
인두질(焼鏝を掛けること) 쓰레질(掃くこと) 걸레질(雑巾で拭くこと)
톱질(鋸で切ること) 뜀박질(跳ぶこと) 딸꾹질(吃逆)

二十

要　旨

数詞及び人の數へ方を知らせ、諺文綴字法として終聲及び重中聲の字を習得させると共に、「ㄹㅂ」の重終聲の構成法を知らせる。

取　扱　（四時間）

挿畫又は實際によつて數詞及び人の數へ方を問答し、且つ忘れ勝ちである自分に氣付くことを注意させ、その數へ方を文字で書くことを練習させ、次に本文の讀み方を練習させ、新字の構成法特に重中聲・重終聲の字に一層力を入れて指導し、更に全文の讀み方と書取を練習させて、諺文綴字法を確實に覺えさせる。

挿　畫

稻刈をする農夫達が畔で休憩してゐる所である。人の數へ方の直觀に用ひるべきで、人を數へてゐる人物は、田の中に鎌を持つてゐる父と一所に立つてゐる子供である。

新　字

인・번・엳・듣・읻・흩・엗・랍・콥・홉・괏・얏・뮷・셰・뵈・쇳・뵛・ㄹㅂ의中で、特に力を入れて取扱ふべきものは、「셰・뵈・쇳・뵛」の重中聲の字と「ㄹㅂ」の重終聲の字である。

重終聲「ㄹㅂ」（리을비읍）は、單獨又は初聲（子音）の上では、一方の終聲「ㅂ」は消滅され、一方の「ㄹ」のみが發音されて「ㄹ」となり、ㅇ行音（母音）の上では、左方は終聲として右方は下の母音の初聲として發音される。即ち「여덟」「여덟하고」は「여덜」「여덜하고」に、「여덟을」「여덟이」は「여덜블」「여덜비」に發音される。

新　語

보다・다시は副詞、아は感歎詞である。

얼마인지の「얼마」は數の確實でないことを表はす語、「인지」は體言助詞で、確實でないことを云ふ場合に用ひる。

세여보아라は「세다」と「보다」の複合動詞で、「여」は用言助詞「여서」(用言の語幹が「ㅣ」の中聲で終る場合に用ひられる。用言助動詞にも此と同樣の關係がある。)の「서」の略されたもの、「아라」は前述の通り命令語である。

틀렷다は「틀리엿다」の縮まつたもので、「틀리」は動詞の語幹、「엿다」は終止助動詞の過去である。「틀녓다」と綴字を誤らないやうに注意する。

數詞하나・둘・셋・넷の下に名數が附くと、「한・두・세(셔)・네(너)」と變化する。

아니다の「아니」は否定詞、「다」は體言助動詞の現在「이다」の縮まつたものである。

너は人代名詞の對稱で、自稱は「나」、他稱は「저사람、저이」、不定稱は「누구・어떤사람」である。

세지아니하엿다の「지」は否定詞の上に來る語、「하」は動詞の語幹、「엿다」は終止助動詞の過去である。

그럿슴니다は肯定語で、形容詞の語幹「그러」と終止助動詞現在の敬語「엇슴니다」の縮まつたものである。

參考

1. 新語の短文

그솟장이모다몃자인지자로재여보아라。(その反物が皆で何尺あるか物指で量つてごらん。)

저사람손에가진것이열쇠인지무엇인지알수업다。(あの人の手に持つてゐるのが鍵だか何だか解らない。)

저시계는잘맛는데、내시계는좀틀린다。(あの時計はよく合ふのに、自分の時計は一寸合はない。)

아이고、저일을잇고하지아니하엿구나。(あら、あの事を忘れてやらなかつたね。)

참、그럿슴니다。미처그일을생각하지못하엿슴니다。(あ、さうです。そこ迄考が及びませんでした。)

2. 數詞の稱呼法は下に來る名數が諺である場合には諺で讀み、字音である場合には字音で讀む。しかし名數が諺である場合でも百位以上の數は字音で讀む。

例　열한재(十一番目)　열한번(十一回)
　스물두개(二十二箇)　이십이명(二十二名)
　서른세마리(三十三匹)　삼십삼필(三十三疋)
　마흔네자루(四十四本)　사십사리(四十四里)

쉰다섯장(五十五枚)　　오십오전(五十五錢)

예순여섯살(六十六歲)　　륙십륙세(六十六歲)

이른일곱섬(七十七石)　　칠십칠석(七十七石)

여든여덟칸(八十八軒)　　팔십팔호(八十八戶)

아흔아홉해(九十九年)　　구십구년(九十九年)

삼백예순날(三百六十日)　　삼백륙십일(三百六十日)

二十一

要旨

文字と插畫との對照によつて「ㄱ・ㄴ・ㄹ」の終聲觀念を明瞭にさせる。

取扱（二時間）

插畫によつて各單語を問答してその內容を明瞭にし、文字に結合させてその讀み方・書き方を練習させ、「ㄱ・ㄴ・ㄹ」の終聲構成法及び發音を正確に知らせる。

尙は既習の文字より「ㄱ・ㄴ・ㄹ」よりなつた終聲文字を拾ひ集めて練習させ、終聲觀念を明確ならしめる。既習の「ㄱ・ㄴ・ㄹ」の終聲文字を分類すると左の通りである。

ㄱ……박석학

ㄴ……는던만면산신안연은인잔

ㄹ……놀물틀들를해열올울일잘절칼틀팔

插畫

前記要旨の趣旨に合致し、しかも兒童の日常目擊するものを提出した。

新字

먹・북・석・は「ㄱ」の終聲、눈・손・돈は「ㄴ」の終聲、말・발・벌は「ㄹ」の終聲からなつた字で、「기역・니은・리을」の後の發音に注意させる。

新語

먹、북、비석、눈、손、말、발、は短音、돈、벌は長音である。

눈は眼にも雪にも用ひられる語で、長音の場合は雪である。

말は馬にも斗にも言葉にも用ひられる語で、長音の場合は言葉である。

벌は野にも罰にも蜂にも用ひられる語で、短音の場合は野又は罰、長音の場合

は蜂でその發音は「버얼」の開音である。

參考

新語の短文

먹은벼루에갈아서글씨를쓰는것입니다。（墨は硯に磨つて字を書くものです。）

북은세게칠수록큰소리가납니다。（太鼓は強く叩く程大きい音がします。）

비석은훌륭한사람이나죽은사람을잊지아니하려고만들어세우는것입니다。（石碑は偉い人や死んだ人を忘れないために建てるものです。）

눈은물건을보는것입니다。（目は物を見るものです。）

손은온갖일을하는것입니다。（手はいろいろな仕事をするものです。）

돈은물건을사고파는데쓰는것입니다。（お金は物を賣買するのに使ふものです。）

달은밤에떠서사면을밝혀주는것입니다。（月は晩に上つて四方を照らしてくれるものです。）

말은사람이타거나짐을싣거나하는짐생이올시다。（馬は人が乗つたり荷物を負はせたりする獸です。）

벌이꽃을찾어날아옵니다。（蜂が花を訪ねて飛んで來ます。）

（讀方卷一）

二十二

要旨

前課と同樣に、文字と插畫との對照によつて「ㅁ・ㅂ・ㅅ・ㅇ」の終聲觀念を明瞭にさせる。

取扱（二時間）

插畫によつて各單語を問答してその内容を明瞭にし、文字に結合させてその讀み方・書き方を練習させ、「ㅁ・ㅂ・ㅅ・ㅇ」の終聲構成法及び發音を正確に知らせる。

尚既習の文字より「ㅁ・ㅂ・ㅅ・ㅇ」よりなつた終聲文字を拾ひ集めて練習させ、終聲觀念を明瞭ならしめる。既習の「ㅁ・ㅂ・ㅅ・ㅇ」の終聲文字を分類すると左の通りである。

ㅁ……남밤몸심음

ㅂ……곱굽늡밥숩십읍입합흡

ㅅ……갓것켓벗났팟펫섯셋앗엇왓잇잣

ㅇ……공녕생

新　字

감・밤・범は「ㅁ」の終聲、접・톱は「ㅂ」の終聲、낫・붓は「ㅅ」の終聲、총・항は「ㅇ」の終聲からなつた字で、「미음・비읍・시옷・이응」の後の發音に注意させる。

新　語

감・밤・범は長音である。「밤」の短音は夜である。「범」の發音は「ㅂ엄」の間音である。

접시、톱、낫、붓、총、항아리は何れも短音である。

1. 新語の短文

감은사람이따서먹는과실이올시다。（柿は人が取つて食ふ果物です。）

밤은처음에밤송이속에들어잇는것이니다。（栗は初めいがの中に入つてゐたものです。）

범은깁흔산속에잇는무서운짐생이올시다。（虎は深い山の中に居る怖い獸です。）

접시는음식을담는그릇이니다。（皿は食物を入れる器です。）

톱은나무를자르는연장이올시다。（鋸は木を切る道具です。）

낫은풀을베는연장이올시다。（鎌は草を刈る道具です。）

붓은먹을찍어서글씨를쓰는것이니다。（筆は墨をつけて字を書くものです。）

총은탄환을너어서쏘는것이니다。（鐵砲は丸を入れて打つものです。）

항아리는독보다작은그릇이올시다。（ハンアリは甕より小さい入物です。）

2. 同字異語の例

먹을감이업다。（食ふべき柿がない。）　만들감이업다。（拵へるべき材料がない。）

밤나무를심는다。（栗の樹を植う。）　밤나무버레가먹엇다。（どの栗も蟲に食はれてゐる。）

눈에눈이들어갓다。（眼に雪が入つた。）　손이손을들엇다。（客が手を擧げた。）

말은말을못한다。（馬は話が出來ない。）　벌에벌이난다。（野原に蜂が飛ぶ。）

二十三

要　旨

諺文單終聲（흘바침）の練習教材で、既に習得した終聲文字の觀念を基礎として、本表の終聲構成法を理解させ、正確に讀み且つ書き得る力を養ふ。

取　扱（二時間）

先づ本表を觀察させて、その中から既習の文字を發見させ、而してこれ等の字を分解して構成上の問答をなして、終聲音標「ㄱ・ㄴ・ㄹ・ㅁ・ㅂ・ㅅ・ㅇ」の音素即ち最後の音「ㅋ・ㄷ・ㅌ・ㅂ・ㅍ・ㅈ・ㅎ」を練習させる。次にこれを基礎として、表の各列即ち橫左の方へ一字づゝ讀み方を發見させ、更に縱の各行の讀み方を練習させて、發音の不充分な點を矯正し、且つ書き方の練習をさせ、別項の單語に用ひられる字は特に書取をさせて、終聲構成法に對する確實な知識を持たせる。

新　字

곧・딴・듣・밖・옷・웃・엿・히・향の九字は既習の文字で、これを除く八十九字が新字である。これ等はすべて兒童をして讀み方を發見させるべきものである。

新　語

本表中一字が單語となるものは左の通りである。單に文字だけの指導をせず、文字を語に結合させてその使用される場合を簡單に問答して、その文字の觀念をもつと深めるがよい。

골(骨髓、型、怒氣、谷)　골(部)　깃(襟、羽)　강(江)　놀(夕燒、朝燒)　돌(石)
막(幕、無暗に)　막(只今)　박(パク)　번(番、度)　볼(頰)　빗(櫛、負債)

(讀本卷一)

(讀本卷一)

방(部屋)　솔(松)　솜(綿毛)　숨(息)　상(面相、飯臺)　올(今年)
웅(あなぐら)　전(前)　줌(握)　장(市場)　장(醬)　천(千)　춤(舞)
창(窓、槍)　통(桶)　탕(湯)　품(懷中、日備稼ぎ)　학(鶴)

參　考

本表中の字の含まれた單語

각각(各々)　각기(夫々)　수건(手拭)　건강(健康)　다락(二階の物置)　골무(指貫)　강당(講堂)　망건(網巾)　강냉이(玉蜀黍)　상품(上等品)　문답(問答)　작품(作品)　장막(天幕)　지각(知覺、遲刻)　항상(常に)　방학(休校)　꽁지(尻)　탁자(棚)　탁타(駱駝)　장도(押切)　분망(多忙)　곧가리(葉の落ちた枝)

二十四

要　旨

稍、繁華な地方に於ける交通の頻繁な狀況と守るべき交通道德を敍したもので、本文を讀解することによつて左側通行の嚴守、街路樹の保護及び交通上の防害除去等の交通道德について自覺と實踐の念を深めさせる。

取扱（三時間）

新字を取扱ひつゝ全文の通讀練習をさせ、問答によつて文の大意を明瞭にさせ、次に新語を教書しつゝ一小節を分節して讀ませ、插畫によつて內容を直觀させて、交通の狀況及び交通道德を理解させ、更に全文を熟讀させる。而して新語及び新字の書取をさせ、諺文綴字法を正確に覺えさせる。

插畫

稍〻交通頻繁な郡廳所在地を描いたもので、道の兩側に電話線・電氣線があり、街路樹が立ち並び、人の往來多く、自動車・人力車・自轉車・荷車等が通つてゐる。左側通行がよく行はれてゐる交通狀況である。

新字

反切文字として리 차 타 포 푸、終聲文字として력、큰 운 전 곤 편 한 왼、걸 길、남、양 뭉、곳、정 방、重中聲の文字として게 데、메 해、되、와が提出されてゐる。終聲及び重中聲の字について、特にその構成法を明確に理解させる。

新語

큰길の「크」は形容詞の語幹、「ㄴ」は連體助動詞の現在で、語幹が終聲で終る形容詞の下には「은」を用ひる。

걸어가는は「걷다」と「가다」の複合動詞で、「걸」は「걷」と二樣に用ひられる變格動詞の語幹、「어」は用言助詞「어서」（用言の語幹が「ㅜ・ㅡ・ㅓ・ㅕ」の中聲で終る場合又は終聲で終る大部分の場合に用ひられる。用言助動詞にも此と同樣の關係がある。）の「서」の略されたもの、「는」は動詞の連體助動詞の現在である。

도は體言助詞で、同一の意味を及ぼす時又は感歎の意を表はす時に用ひる。

타고가는は「타다」と「가다」の複合動詞である。

왼편の「왼」は接頭語の形容詞、「편」は不完全名詞である。

로は中聲及び「ㄹ」終聲で終る體言の下に用ひられる助詞である。

한가운데の「한」は接頭語の形容詞、「가운데」は名詞である。로는は體言の複合助詞で「로」と「는」の重なつたものである。終聲（「ㄹ」終聲を除く）で終る體言の下には、「으로는」を用ひる。

인력거の發音は音の同化法則によつて「일력거」となる。

와は體言の助詞で、比較・共同・接續の意味を表はす。終聲で終る體言の下には「과」を用ひる。

구루마は「수레」の國語である。포푸라は「서양버드나무」である。

지나갑니다は「지나다」と「가다」の複合動詞である。

에는は「에」と「는」の複合助詞である。

나란이・매우は副詞である。

서잇습니다は「서다」と「잇다」の複合動詞である。

보기は動詞の語幹「보」に「기」が加つて名詞になつた轉成名詞である。

조흔の「조」は形容詞「조타」の語幹、「흔」は語幹が終聲で終る形容詞の下に用ひられる連體助動詞の現在であるが、조흔は例外である。

여러は體言の複數を表はす接頭語である。

다니는の「다니」は動詞の語幹である。

곳이니の「곳」は名詞、「이니」は理由を表はす體言助詞である。

남에게の「남」は他人と云ふ名詞、「에게」は體言助詞「한테」と同じ意味に用ひる。

되는の「되」は動詞の語幹である。

하야서는の「하」は動詞の語幹、「야서는」は「아서는」・「어서는」・「여서는」と同じく、假定の意味に用ひられる用言助詞で、その下に續く否定語の否定の理由を表はす。「야」は「하」の下にのみ用ひられる變則的形である。

參　考

1. 國語の單語

구루마(車)　사쿠라(櫻)　가기도메(書留)　가와세(爲替)　후리가에(振替)　우게쓰게(受附)

2. 插畫中の事物の名稱

이층집(二階建)　우편소(郵便所)　우체통(郵便箱)　전화줄(電話線)　전기줄(電線)

기와집(瓦葺の家)　초가집(茅葺の家)　포목상(反物屋)

3. 終聲「ㄴ」の下に初聲「ㄹ」が續く場合は「ㄴ」は「ㄹ」に發音する。これも音の同化法則である。

例　천리(千里)—철리　　산림(山林)—살림　　전력(全力)—절력

본래(本來)—볼래　　난로(煖爐)—날로　　전라도(全羅道)—절라도

4. 新語の短文

저기는큰집이나란이느러서잇습니다。（彼處には大きな家が並びたつてゐます。）

길에더러운것을버리거나、서잇는나무를꺽는사람은、공덕을모르는사람이올시다。（道に汚い物を

捨てたり、立つてゐる木を折つたりする人は、公德を知らない人です。)

길을걸어갈때에왼편가로가는것은,자기를위하고남을위하야지켜야할교통도덕이올시다。(道を步く時に左側を步くのは、自分の爲他人の爲にするべき交通道德であります。)

도회지에서길을건너갈때는、교통순사의신호를기다려서건너가야합니다。(都會地で道を橫切る時は、交通巡査の信號を待つて橫切らなければなりません。)

어떤것이든지남에게방해가되는일은、결코하여서는못씁니다。(どんなことでも人の妨害になることは、決してしてはなりません。)

二十五

要　旨

父と子が忠良な皇國臣民として愛國心に燃えて、國防獻金をした貧者の一燈の赤誠に關する假作說話の教材で、之を讀解させることによつて、この親子の愛國心について十分味はせ、時局に對する深き認識を持たせて、之を實行にまで移すやうに指導する。

取　扱　(四時間)

(第一時)

新字を取扱ひつゝ本文を通讀させ、問答によつて文の大意を明瞭にさせ、次に新語を板書しつゝ內容を問答し、且つ說話をなしてこの親子の愛國心と赤誠に感激させ、自分も皇國臣民として忠義を盡くしたいと云ふ自覺と決心を持たせ、之を實行して行くやうに導き、更に全文を何回も熟讀翫味させて文意を確認させ、新字・新語の書取練習をさせて、諺文綴字法を確實に覺えさせる。

新　字

反切文字として리릐、終聲文字として갓걱것、곤선컨헌、놀솔팔할、言合삼、좀、젓킷、장생행、重中聲の文字として뵈릐、괘、뒤が提出されてゐる。終聲・重中聲の構成法及び重初聲(「ㄲ」「쌍기역」又は「끼역」)を特に正確に知らせる。

新　語

오늘は從來「오날」と書いたものであるが、發音に一致させる爲に「오늘」に改めたのである。

선생님の「님」は人の敬語である。

께서は「가、이」と同じく、動作の主體を表はす體言助詞の敬語である。

의は體言助詞で所有又は所屬を表はす語である。

뵘습은「뵘」の敬語である。

쥐주셧슴니다の「쥐」は「쥐어」の縮まつた語、「주셧」は「주시엇」の縮まつた語で、「주」は動詞の語幹、「시엇슴니다」は尊敬を表はす助動詞の過去の敬語である。

참・아아は感歎詞である。

자미잇는の「자미잇」は名詞「자미」と存在詞「잇」の複合されたもので、意味から云へば形容詞であるが、文法的には存在詞と同じ働をする。

들엇구나の「들」は「듯」と一樣に用ひられる變格動詞の語幹、「엇구나」は終止助動詞の過去「엇다」の「다」の代りに感歎詞「구나」が用ひられたものである。

그리고は接續詞で、「그리하고」とも云ふ。

바친の「바치」は動詞の語幹、「ㄴ」は連體助動詞の過去である。語幹が終聲で終る動詞の下には「은」を用ひる。

바쳣스면は「바치엇스면」の縮まつた「바쳣스면」が綴字法上の措置によつて、「바쳣스면」になつたもの、「엿스면」は「앗스면」・「엇스면」と同じく假定・原因の意味を表はす用言助詞である。

조켓슴니다の「켓슴니다」は「겟슴니다」の變格で、「조타、만타、슬타」等の用言に附く終止助動詞の未來の敬語である。

착한は「차칸」と發音する。これも轉音の關係で、終聲「ㄱ・ㄷ・ㅂ・ㅈ」の下に初聲「ㅎ」が來る時は、其の終聲は初聲「ㅎ」と混音になり、「ㅋ・ㅌ・ㅍ・ㅊ」に變るのである。

팔아서の「팔」は「파」と一樣に用ひられる變格動詞の語幹、「아서」（用言の語幹が「ㅏ・ㅗ」の中聲で終る場合又はその中聲に終聲の附いた音で終る大部分の場合に用ひられる。用言助動詞にも此と同樣の關係がある。）は「어서」・「여서」と同じく原因・理由を表はす用言助詞である。

로도は複合助詞で終聲（「ㄹ」終聲を除く）で終る體言の下には「으로도」を用ひる。

모아둔は「모으다」と「두다」の複合動詞で、「모으아둔」が縮まつたものである。

「아」は「아서」の「서」の略されたものである。

잇스니の「스니」は「으니」と同じく理由を表はす用言助詞で、語幹が中聲で終る用言の下には「니」を用ひる。

계は「에게」の敬語で、動作を起す場所を表はす體言助詞である。

줍시사고の「주」は動詞の語幹、「ㅂ시사」は尊敬を表はす命令助動詞、「고」は接續詞である。國語の接續詞「と」と同じ語である。

보태서の「보태」は補充すると云ふ動詞の語幹、「서」は用言助詞「여서」の縮まつたものである。

이라도は體言助詞で、不滿を表はす場合に用ひる。中聲で終る體言の下には「라도」を用ひる。

만들수の「만드」は「만들」と二樣に用ひられる變格動詞の語幹、「ㄹ」は連體助動詞の未來で、語幹が終聲（「ㄹ」終聲を除く）で終る動詞の下には「을」を、存在詞の下には「슬」を用ひる。「수」は不完全名詞である。

적정、말슴、했주셨습니다、돈、많이、벌어서、많이는、조렸습니다、몇천서、헌금、뒤、사전、얼마は長音である。

參　考

1. 名詞の中で「수」のやうに單獨には用ひられずに、他の品詞の下に附いて始めて意味を表はす名詞を不完全名詞と云ふ。

例　내것（私のもの）　할바（なすべき所）　갈곳（行方）　바른편（右方）　동쪽（東方）　그런것（そんなこと）　옛적（昔）　밝을녘（明方）

2. 新語の短文

내일은공일이니까、또하라버지앞에모여서、재미있고유익한말슴을듣겠습니다。（明日は日曜ですから、又お祖父さんの前に集つて、面白くて有益なお話を聞きます。）

오늘은집안소제를하였습니다。그리고복습도많이하였습니다。（今日は家の掃除をしました。そして復習も澤山やりました。）

요사이는저금하는사람이많아지는것같습니다。저도모아두었든돈을우편소에갖다맡겼으면좋겠습니다。（此の頃は貯金をする人が多いさうです。私もためて置いた金を郵便所に持つて行つて預けたらよいと思ひます。）

오늘은애국일이니、닭이알낳은돈을가지고학교에가서、선생님께국방헌금으로바쳐줍시사고하겠습니다。（今日は愛國日ですから、卵を賣つた御金を學校に持つて行つて、先生に差上げて國防獻金にして下さいと御願ひする積りです。）

조고마한것이라도잘두면、나중에는긴요하게쓸수가있는것입니다。（小さいものでも大事にして置けば、後には役に立つことがあるのです。）

二十六

要旨

單終聲の第二回目の練習敎材で、今迄習得した終聲文字及び第二十三課の終聲構成法の知識によつて、本表の終聲構成法を理解させ、正確に讀み且つ書き得る力を養ふ。

取扱（二時間）

先づ第二十三課の終聲文字表を復習させて基礎知識を整理し、本表を觀察せしめて其の中から既習の文字を拾つて讀ませ、次に終聲音標の音素を問答して、終聲構成上の要件を確實ならしめ、然る後に本表を各行毎に一字づつ順々に發音法を問答して、兒童にその讀み方を發見させ、全體の讀み方を練習させて、自由に讀み得る時は、別項新語に用ひられる字は特に書取をさせて、終聲構成法に對する確實な知識を持たせる。

新字（會話卷一）

각걸곱길남녕늡넛당던렷름면몰숨악얼은줄즙짓창천친칼톨합훔の二十八字は既習の字で、これを除く百十二字が新字である。

新語

本表中の字で、一字が單語になるものは左の通りである。

곱（倍）　길（道）　길（丈）　남（他人）　맛（味）　먹（墨）　면（面）　범（虎）　북（太鼓）　삽（しやべる）　셩（城）　손（手、客）　숨（息）　은（銀）　잠（眠）　젓（乳）　줄（鑢）　창（窓、槍）　칼（刀）　콩（大豆）　턱（顎）　톨（個）　합（食器の名）

參考

本表中の字の含まれた單語

조각（斷片、彫刻）　걸레（雜巾）　눈곱（目脂）　족하（甥）　반지（指環）　반지（半紙）　친고（友人）　일가（親類）　일기（日記、天氣）　길미（利息）　댕기（リボン）　셩미（性質）　손자（孫）　웅어（田鰻）　잠자리（蜻蛉）　젓조기（鹽漬の石首魚）　족두리（女の禮帽）　줄기（莖）　합당（適當）　혼자（獨り）

二十七

要旨

學校に通ふ一年の兒童が年暮に當つて母親に對して目出度き新年を迎へることについて色々爲すべき行事の豫定を話しつゝ、出征皇軍に慰問品を送る準備をしてゐる所を敍した假作說話である。子供は新年の唱歌を習つた喜の中に、新年の日に當つて、先づ皇國臣民として國旗揭揚や拜賀式について豫定を立て、式に於て新年の唱歌を歌ふことを考へて喜び廻つてゐる。母は子の云つてゐることに對して合槌を打ちつゝ、斯くも嬉しい新年に、皇軍將兵は異鄕に於て奮鬪してゐることを思出し、新年の慰問品を送ることを慫慂して、その準備を始める。眞に親子共に國家觀念・時局認識の徹底した家庭である。本文を讀解することによつて、この親子の皇國臣民として銃後の赤誠を盡してゐる點を十分味はせ且つ感激させる。

取　扱　（四時間）

先づ新字を取扱ひつゝ本文の通讀練習をさせ、自由に讀めるやうになつたら、問答によつて大意を發表させ、次に全文を分節して內容を吟味し、更に綜合的問答によつて國家觀念・時局認識を徹底させ、而して全文の精神を考へつゝ熟讀翫味させ、最後に新語の使ひ方と書取の練習をさせて、綴文綴字法を確實に覺えさせる。

挿　畫

目出度きお正月も九日しか殘つてゐない年暮に當つて、母子が眞心を込めて、出征皇軍への慰問袋を準備してゐる有樣を描いたものである。實感を伴なはせ、感激を深からしめる爲に色彩を施したのである。此の插畫を取扱ふに當つては、銃後の赤誠の發露といふ點を十分鑑賞させる。

新　字

終聲文字として[illegible]、重中聲の文字として래 배 애、떼 게、례 예、외が提出されてゐる。特に重中聲「ㅐ・ㅔ・ㅖ・ㅚ・ㅟ・ㅢ」の構成法について丁寧に取扱ふ。其の稱呼法は「애・에・예・외・위・의」である。

新　語

언니は子供の時の兄の稱呼で、大人になつたら「형님」と云ふ。

배웟습니다の「배우」は動詞の語幹、「엇」は「우엇」の縮まつたものである。

도라옵닛가の「도라오」は歸つて來ると云ふ動詞の語幹、この場合のやうに時間的に用ひられる時は、一定の日が「來る」といふ意味になる。「돌아오다」廻つて

来る）と綴字の違ふことに注意する。

언제、인제、일즉、먼저は指副詞である。

아홉밖만の「만」は體言の助詞で、「뿐」と同じく數量を限定する意味に用ひられる。

자면の「자」は動詞の語幹、「면」は用言の助詞で、假定・原因の意味を表はす場合に用ひられる。語幹が終聲で終る用言の下には「으면」を用ひる。

일어나서は複合動詞で「일」と「나」が語幹、「어」は「어서」の「서」の略されたもの、「서」は「아서」の「서」で、「아」は나音の中に含まれてゐる。

할터입니다の「터」は不完全名詞で、豫定を意味する。恰も國語の場合の「積り」に當るものである。

그럽지요は「그리하얍지요」の縮まつた語で、承諾の場合に用ひる。

차례は新年及節日の晝間に行ふ祭事である。忌日の祭は「제사」又は「기제」と云ふ。

한테は體言助詞で、「에게」と同じ意味に用ひられる。

（讀方卷一）

세배하러가야한다の「세배」は名詞で、「하」が加つて動詞となる。「러」は用言助詞で動作の目的を表はす場合に用ひ、「가」は動詞の語幹、「야한다」は終止助動詞の義務詞である。

예は感歎詞で呼語に對する應語である。

기쁜の「기쁘」は形容詞の語幹、「ㄴ」は連體助動詞の 現在である。「기쁘이」が縮まると「기뻐」になる。

있겠지の「겠지」は助動詞の推量を表はす語である。

절쇨の「절쇠」は名詞「절」と動詞「쇠」とが複合された動詞の語幹、「ㄹ」は連體助動詞の未來である。

보냅니다고の「보내」は動詞の語幹、「ㅂ니다」は終止助動詞の現在、「고」は前述の通り接續詞である。

래일は漢字音で、讀む時は「내일」と發音する。

장가、세배、예、절、언제、정작は長音である。

參考

1. 國語の單語

가미다나(神棚)　다이다이(大橙)　시메나와(しめなは)　마쓰다께(松竹)　가가미모찌(鏡餅)
도소(屠蘇)　하고이다(羽子板)

2. 新語の短文

어제밤에는、아버지앞에서글씨쓰는법을배웠슴니다。（昨日の晩は、お父さんの前で字の書き方を習ひました。）

래일밤에는、어머니앞에서바느질을배우겠슴니다。（明日の晩は、お母さんの前で裁縫を習はうと思ひます。）

인제석달만지나면새학년이도라옴니다。（これから三ヶ月だけ經つたら新學年になります。）

농사를짓는사람은、해가뜨기전에일어나서、일즉이일을하러나가야함니다。（農業をする人は、日が出る前に起きて、早く仕事しに出なければなりません。）

겉을보면속까지안다고하였스니、행실가짐점잖은아이는속까지착함니다。（表を見たら中まで知ると云ふから、お行儀のおとなしい子供は心までがよいのです。）

二十八

要旨

子供が自分の家で飼つてゐる犬のよく慕ひ懷くのがかはゆくなつて、親しみ愛する有樣と犬の習性を敍したものである。犬は家畜の中で最もよく主人に懷くものである。本文を講解することによつて、犬の可愛らしさを味はせて、家畜愛の精神を養ふ。

取扱（三時間）

新字を取扱ひつゝ全文の通讀練習をさせ、問答によつて大意を發表させ、次に文を分節して語句及び内容を理解させ、同時に插畫と文との關係を吟味して、犬の慕ひ懷く有樣、子供の犬を愛する態度を認識させ、更に本文を十分熟讀翫味して大意を確認させ、新語の使ひ方と書取の練習をさせて、語と文字との結合を圖り、諺文の綴字法を確實に覺えさせる。

插畫

子供が何處かへ出掛けて行くのを見つけた犬が、何時の間にか追つかけて來て、尾を振つて跳んだりしやがんだりして喜び戯れてゐる有樣である。兒童各自の經驗によつて、犬の喜ぶ有樣をよく吟味して觀察させる。

新字

혼、검름、릅섭、둥랑、짖の終聲文字の中、特に「짖」(지읒)の「ㅈ」終聲の構成法について正確に知らせる。その發音法は單獨又は子音に續く場合は「ㅅ」と同じく、아行音卽ち母音に續く場合は、아行に下つてその初聲の發音をする。

例　짖고—짓고　　짖어서—지저서　　짖으면—지즈면

개の重中聲「ㅒ」の取扱を丁寧にする。

따の重初聲「ㄸ」(쌍디귿、띠귿)の構成法を知らせる。

新語

기릅니다の「기르」は「길르」と二樣に用ひられる變格動詞の語幹である。

따라다니기は「따르」と「다니」の複合動詞に「기」が加つて轉成名詞となつた語で、「따라」は動詞の語幹「따르」に「아서」の「아」が「라」に含まれたものである。

곳、아모리、혼자、참으로は副詞である。

먼데の「머」は變格形容詞の語幹「멀」の「ㄹ」が省かれたもの、「ㄴ」は連體助動詞の現在、「데」は不完全名詞で場所の意味である。

모르는の「모르」は「몰르」と二樣に用ひられる變格動詞の語幹である。

짖고나섭니다の「짖」は動詞の語幹、「고」は助詞、「나서」は「나」と「서」の複合動詞の語幹である。

그러나は「그러하나」の縮まつた語で、反對の意味を表はす接續詞である。

물지는の「물」は「무」と二樣に用ひられる變格動詞の語幹、「지는」は「지」と「는」の複合助詞で、「지」は否定助動詞の上に用ひられる用言助詞である。

사랑스러운개の「사랑」は名詞で、「스러우」が加つて轉成形容詞となる。「스러우」は「스럽」と二樣に用ひられ、名詞の下に附いて轉成形容詞にする語である。「ㄴ」は連體助動詞の現在である。

개、나를、조아、곳、아모리、사람、먼데は長音である。

參考

1. 新語の短文

우리이웃집에서는、도야지두마리를칩니다。(私の隣の家では、豚二匹を飼つてゐます。)

내동생은그림책보기를조아합니다。(私の弟は繪本を見るのが好きです。)

나는아버지의심부름을가면、속히일을마치고、곳도라와서엿줍고나서놉니다。(私は御父樣の使に行

つたら、早く用を濟まして、直ぐ歸つて來て申し上げてから遊びます。)

저사람은아모리어려운일이라도、남에게의뢰하지안코、혼자하고맙니다。(あの人はどんなに六ヶ敷いことでも、人に頼らないで、獨つでやつて了ひます。)

나는밤이되면、곳잠이옵니다。그러나아침에늣게까지는아니잡니다。(私は夜になつたら、直ぐ眠たいです。しかし朝遅くまで寢てゐやしません。)

소와말은참으로사람에게유익한짐생이올시다。(牛と馬は本當に人のために有益な獸です。)

2. 一つの文の中に節(即ち主語と述語の成分を有するもの)がある時はこれを複文と云ふ。

	主語部	客語部	述語部
單文……	우리집에서는	개 한마리를	기릅니다。
	修飾語 主語	客語 修飾語	述語

	主語部	節(部分的文)	述語部
複文……	검둥이는	내가공을던지면	곳 가서물고옵니다
	主語の省略	主語 客語 述語	修飾語 述語 述語

二十九

要旨

諺文重中聲の練習教材で、今迄習得した重中聲の文字の觀念を基礎として本表の重中聲「ㅐㅔㅖㅚㅟㅢ」卽ち單中聲に「ㅣ」を加へたものの構成法を理解させ、正確に讀み且つ書き得る力を養ふ。

取扱(二時間)

先づ本表を觀察させて、その中から既習の文字を拾つて讀ませ、而して此等の字を分解して、構成上の問答をして重中聲「ㅐㅔㅖㅚㅟㅢ」の稱呼法を練習させ、次に此を基礎として表の各列卽ち縱左の方へ一字づゝ讀み方を發見させて矯正し、然る後に縱の各行毎に讀み方を練習して、別項の單語に用ひられる字は特に書取練習をさせ、而して反切文字に「ㅣ」を加へた重中聲の構成法に對する知識を確實ならしめる。

新字

걔냬럐먜뱨섀얘쟤챼햬、계녜뎨셰예졔켸톄、례예、괴、뒤、위、의の二十四字は既に取扱つた字で、これを除く六十字は新字である。

新語

本表中の字で、一字が單語になるものは左の通りである。

개(犬)　개(浦)　게(蟹)　귀(耳)　내(私の)　내(川)　네(お前の)　네(はい)

뇌(腦)　뉘(白米中に混つてゐる籾)　대(竹)　데(處)　되(桝)　뒤(後)　례(禮)

례(例)　매(鷹)　매(鞭)　메(木槌)　뫼(墓)　배(舟、腹、梨)　배(倍)　베(布)

새(鳥)　새(新)　쇠(金屬)　쉬(蛆)　애(兒)　에(に)　예(はい)　외(瓜)　의(の)

외(證)　재(灰、坂)　제(私の)　죄(罪)　죄(皆)　쥐(鼠)　채(鞭)　체(篩)

태(胎)　태(態度)　패(木の札)　해(太陽)　해(害)　회(膾)　회(石灰、蛔虫)

參考

本表中の字の含まれた單語

개미(蟻)　개고리(蛙)　개나리(連翹)　개시(開始)　시계(時計)　귀수(主謀者)　귀리(燕麥)　귀신(ばけ物、幽靈)　내외(內外、夫婦)　대구(鱈)　대두(大豆)　대야(盥)　대리(代理)　대서(代書)　대추(棗)　뒤주(米櫃)　래일(明日)　래왕(往來)　래력(來歷)　매일(每日)　매우(甚だ)　메추리(鶉)　배추(白菜)　베개(枕)　새우(蝦)　세배(年始廻禮)　세수(洗面)　세전(年末前)　쇠고기(牛肉)　쇠스랑(熊手)　애개(小い物を蔑視する聲)　애기(赤ちやん)　애초(初)　에게(に)　에서(から)　에누리(掛値)　외면(外面、顏を横にそらすこと)　위태(危殆)　의논(相談)　의리(義理)　의자(椅子)

의심(疑)　재앙(災難)　재조(才)　제사(祭)　죄악(罪惡)　채마(田圃に栽培せる蔬菜・果の類)　테두리(緣)　퇴각(退却)　헤엄(水泳)　회사(會社)

三十

要旨

兒童が家庭に於て、時間の餘暇を利用して養雞する趣味と收益のことを敍したもので、文を語解することによつて、農家の副業として養雞の必要なことを覺らせる。

取扱（三時間）

新字の取扱をしつゝ全文を通讀させ、問答によつて大意を發表させ、次に文を分節して新語を取扱ひつゝ內容を理解させ、更に全文を熟讀させて文意を確認させ、副業としての養雞の必要を覺らせ、最後に新字よりなつた語の書取練習をさせて、諺文の綴字法を正確に覺えさせる。

插畫

農家の庭で兒童が雛に餌を與へてゐる所を描いたものである。餌を見つけた雛は子供の前に駈けて來る。庭の隅には藁を積んだのや薪の束があり、味噌・醬油の甕等が並んでゐる。

新　字

지の反切文字と녀곡、긴반찬、읻、앋、음깽、곳、벙の單終聲文字と、ᄃᆞᆰの重終聲文字と、쥐며쀠の重中聲文字が提出されてゐる。特に重中聲の文字とᄃᆞᆰの「ᆰ」重終聲の構成法について確實に知らせる。「ᆰ」の稱呼法は「리을기역」と云ひ、發音法は單獨又は子音が續く場合は「ㄱ」のみを發音し、母音に續く時は「ㄹ」は終聲に、「ㄱ」は該母音の初聲に發音する。

例　ᄃᆞᆰ과（ᄃᆞᆨ과）　ᄃᆞᆰ한테（ᄃᆞᆨ한테）　ᄃᆞᆰ이（ᄃᆞᆯ기）　ᄃᆞᆰ을（ᄃᆞᆯ글）

新　語

ᄃᆞᆰは名詞で單獨の語であるから「ᄃᆞᆨ」と發音する。

수ᄃᆞᆰ이고の「수ᄃᆞᆰ」は수とᄃᆞᆰの複合名詞、「이고」は體言助詞で指定或は接續の意味を表はす語で、中聲で終る體言の下には「고」を用ゐる。수ᄃᆞᆰ이は「수ᄃᆞᆯ기」と發

音する。

암ᄃᆞᆰ이올시다の「암ᄃᆞᆰ」は암とᄃᆞᆰの複合名詞で、암ᄃᆞᆰ이は「암ᄃᆞᆯ기」と發音する。

모다、셔は副詞で、「모다」は轉成副詞、셔は本來副詞である。

와は「하고」と同じく比較・共同・接續の意味を表はす體言助詞で、中聲で終る體言の下には「와」を用ゐる。

주ᄂᆞ다の「주」は與へると云ふ動詞の語幹で、拾ふと云ふ動詞の「주읍니다」と綴字の區別があることに注意する。

모이は名詞で、鳥類に與へる餌を云ふ。同じ飼料の意味でも牛や馬には「죽」、犬には「밥」と云ふ。

쳐듣고の「쳐듣」は「쳐드」と同樣に用ひられる變格動詞の語幹である。

듣기の「듣」は「들」と同樣に用ひられる變格動詞の語幹、「기」は用言を轉成名詞にする語である。

벗기다の「벗」は解くと云ふ動詞の語幹で、皮を剝くと云ふ意味にも用ひられる。

ᄇᆡ마리、셔마리、ᄀᆡ놈、셰ᄀᆡは長音である。

보기、듯기、먹기、말기は用言の語幹に「기」を加へた轉成名詞である。

參考

1. 수・암の下に「ㄱ・ㄷ・ㅂ」の初聲から始る名詞が來て複合名詞を作る場合は、「ㅋ・ㅌ・ㅍ」に變る場合が多い。

例　수캐（雄犬）　수코양이（雄猫）　수캇（雄）　수키와（上の瓦）　암캐（雌犬）　암코양이（雌猫）
암캇（雌）　암키와（下の瓦）　수톳야지（雄豚）　수탉（雄雞）　수펄（雄蜂）　암톳야지（雌豚）
암탉（雌雞）　암펄（雌蜂）

2. 新語の短文

날아가는저가마귀를보고、엇지그암컷수컷을구별할수가잇겟슴닛가。（飛んで行くあの烏を見て、どんなにその雌雄を區別することが出來ませう。）

원숭이가밤을까먹는모양은、보기에참우숩고도자미잇슴니다　（猿が栗の皮を剝いて食ふのを見ると、本當に可笑しく又面白うございます。）

꾀꼬리는버드나무가지에안저서、고흔목소리로울기조케웁니다。（鶯は柳の木の枝に止つて綺麗な聲で鳴きます。）

모기가물속에알을슬면、까저서장구벌레가됨니다。（蚊が水の中に卵を產んだら、孵化して孑孑になります。）

볏짚은짚신을삼기도하고、멍석이나가마니를짜기도하고、영을엮어지붕을이기도합니다。（藁は草鞋をつくり、むしろや叺を織り、屋根も葺きます。）

三十一

要旨

卵の形態其他を表示して、卵そのものを言當てさせる謎の趣味教材であると同時に、既知の條件から未知の眞理を推量する推理教材である。文は擬人的表現を取つた。文の筋路を辿つて兒童自身の推理力を用ひて、求められてゐるものを答へさせ、それを吟味證明して確かめさせる。

取扱（二時間）

新字を取扱ひつゝ本文の通讀練習をさせ、次に文を默讀しつゝ求められてゐるものを發見して答へさせ、その答を文に照らして吟味證明して確認させ、然る後更に文を熟讀させ、語句の解釋と聽取の練習をさせて、謎文綴方法を確實に與へさせる。

新字

녹족、단、랄발살、동옹、엄、못、などの終聲文字のみが提出されてゐる。

新語

잇고の「잇」は存在詞の語幹、「고」は用言助詞である。

도は體言助詞で、同一又は感嘆の意味を表はす場合に用ひられる。

움지기지못하지마는の「움지기」は動詞の語幹、「못」は動詞の上又は下に來て打消の意味を表はす語、「지마는」は反對の意味を表はす用言助詞である。

살아잇슴니다「살다」と「잇다」の複合動詞で、「살」は「사」と二樣に用ひられる變格動詞の語幹、「아」は「아서」の「아」である。

둥글지마는の「둥글」は「둥그」と二樣に用ひられる變格形容詞の語幹である。

단단하고の「단단하」は形容詞の語幹である。

번하니다の「번하」は形容詞の語幹である。

무엇이겟슴닛가の「무엇」は事物代名詞の不定稱、「이겟슴닛가」は體言の終止助動詞の未來の問詞敬語である。

잇고、잇슴니다、번하니다、等は長音である。

参考

同語異義の區別

저산우에는、싸인눈이그저보입니다。（あの山の上には、まだ積つた雪が見えます。）

우리할아버지는、늙으셧지마는눈이그저보입니다。（私の御祖父さんは、年は取つたけれども眼がまだ見えます。）

그사람은경성서사오。（その人は京城に住んでゐます。）

그물건은경성서사오。（その品物は京城で買ひます。）

그일은아즉되지아니하엿슴니다。（その事はまだ出來ませんでした。）

그쌀은아즉되지아니하엿슴니다。（その米はまだ量つてゐません。）

도마뱀은발이네개나잇슴니다。（蜥蜴は脚が四本もあります。）

저집에는발이네개나잇슴니다。（あの家には簾が四枚もあります。）

三十二

要旨

兩翼に日の丸を描いてある我が軍用機が遠しいプロペラの音を立てゝ、勢よく飛んで行く。老若男女足を止めてこを眺めながら、支那事變に於て我が軍用機が歷史上未曾有の大戰果を收めたこと、及び世界中何れの國にも劣らない我が軍用機の優秀性に對する矜持等について語り、又その飛行機の中には自分達の獻金で製造したものもあるだらうといふことに思を及し、最後にその飛行機が各無事にその任務を果し、大成功を收めて、武運の長久ならんことを祈願してゐる所を敍したものである。本文を讀解することによつて、帝國飛行機に對する愛着・信賴・矜持を持ち、國防に於ける飛行機の地位、國防充實の切要なることを悟らせ、時局認識を深めさせる。

取　扱（三時間）

新字を取扱ひつゝ本文の通讀練習をさせ、文を分節して新語を取扱ひつゝ問答によつて內容を探究させ、插畫と文との關係を吟味させて、文意を一層明瞭ならしめ、更に文意を考へつゝ熟讀翫味させ、次に中心語句の書取練習によつて、諺文の綴字法を確實に覺えさせる。

插　畫

日丸のくつきりとついた我が軍用機が、六機は西に向かつて、三機は北に向かつて翼を揃へて碧空を飛んで行く。そのプロペラの音に驚かされた人々は足を止めて眺めてゐる。老若男女內鮮人を問はず、全く同じ氣持であるに違ない。感興を一層深める爲に色彩を施した。

新　字

ㅊの反切文字と、ㄺ、ㄷㄹ、ㅂㅅ、ㅇㅂ、ㄹㄹ、ㅆ、ㅇㅇㅈㅊの終聲文字と、ㅒ、ㅙの重中聲文字と、ㄸ等の重初聲文字が提出されてゐる。重初聲を特に丁寧に取扱ふ。

新　語

날아갑니다は「날다」と「가다」の複合動詞で、「날」は「나」と同様に用ひられる變格動詞の語幹、「아」は「아서」の「아」である。

우쭐스럽게は轉成副詞で、「우쭐스럽」の形容詞語幹に「게」を加へたものである。

들립니다の「들리」は「들」の他動詞語幹に「리」が加つて、自動詞の語幹となつたものである。

그려졌습니다の「그려」は「그리」の動詞語幹に「어」が加つて縮まつたもの、「졌습니다」は「지」と「았습니다」の縮まつたものである。「지」は「…やうになる」の意味を表はす場合と他動詞を自動詞にする場合に用ひられる。

여섯대の「대」は飛行機・自動車等を數へる單位「臺」である。

서쪽、북쪽は複合名詞で「서」「북」の名詞と「쪽」の不完全名詞からなつた語である。

아は感歎詞である。

또は並列・累加の意味を表す接續詞である。

모다、벌서は本來の副詞である。

걸음の「걸」は「걷」と二樣に用ひられる變格動詞の語幹で、これに「음」を加へて轉成名詞にしたものである。

멈추고の「멈추」は動詞の語幹、「고」は用言助詞である。

쳐다보고잇습니다の「쳐다보」は複合動詞の語幹で、「쳐다」は「쳐어다」の縮まつたものである。

지나は支那で固有名詞である。

막할수の「막하」は動詞の語幹、「ㄹ」は連體助動詞の未來、「수」は不完全名詞である。

업다지오は「업다고하지오」の約されたもので、「다」は存在詞の終止助動詞、「고」は接續詞（國語の接續詞「と」と同じ語）、「지오」は終止助動詞の問詞である。隨つて「다지오」は他人の言を擧げて、その眞僞を相手に質す場合に用ひられる。

어느나라の「어느」は指示代名詞の不定稱である。

하든지の「든지」は選擇の意味を表はす用言助詞である。

날어가버렷습니다は「날다」と「가다」と「버리다」の複合動詞で、「버리다」は動作の完了を表はす動詞である。「버리」と「엿습니다」が縮まつて「버렷습니다」となる。

잇슬것이라고の「슬」は存在詞の連體助動詞の未來、「것」は不完全名詞、「이라」は體言助動詞である。「고」は前述の通り接續詞である。

생각하니の「생각」は名詞で、それに「하」が附いて轉成動詞になつたものである。「니」は用言助詞で理由の意味を表はす。

반갑습니다の「반갑」は變格形容詞の語幹で、「반가우」ともなる。隨つて「반가웁니다」でもよい。

빌엇습니다の「빌」は動詞の語幹、「엇습니다」は終止助動詞の過去の敬語である。

두날개、사람、솜、돈、쳐다보고、엷다고、전제は長音である。

參 考

1. 一つの動詞が上下に來る語によつて性質が變る。

例 밥을먹는다。(御飯を食ふ。)……………………他動詞

밥이먹힌다。(御飯が食へる。)……………………自動詞

밥을먹인다。(御飯を食はせる。)…………………使動詞

쥐가고양이한테먹혓다。(鼠が猫に食はれた。)…被動詞

2. 新語の單文

기차가철교우로지나갈때의소리는、마치천둥소리와같어、참웅장스럽게들립니다。(汽車が鐵橋の上を通る時の音は、丁度雷の音の樣で、本當に威しく聞えます。)

해는동쪽에서떠서서쪽으로집니다。(日は東から出て西へ入ります。)

남쪽지방은덥고、북쪽지방은칩습니다。(南の地方は暖くて、北の地方は寒いです。)

이상한소리가나니까、여러사람이모다하든일을멈추고、듯고잇습니다。(變な音がするので、人々が仕事を止めて、聞いて居ます。)

기러기소리를듯고하늘을쳐다보니、여러마리기러기가一자로나란히남쪽으로날아갓습니다。(雁の聲を聞いて空を眺めて見たら、澤山の雁が一の字に並んで南の方へ飛んで行きました。)

호랑이가아모리사나워도、코끼리힘은당할수업습니다。(虎がいくら獰猛であつても、象の力にはかなひません。)

복습을잘하는사람은、언제시험을보든지걱정이업습니다。(復習をよくやる人は、何時試驗をしても心配はありません。)

저산에는우리할아버지께서심으신나무도잇스리라고생각하니、참반갑습니다。(あの山にはお父さんが植えた木もあるだらうと思ふと、實に懐しうございます。)

나는마음속으로아버지께서무사히출장을마치시고도라오시기를빌엇습니다。(私は心ひそかに御父樣が御無事に出張を濟まして御歸りになるやうに祈りました。)

附　錄

其一　諺文綴字法改正の由來

諺文は、李朝世宗二十八年九月、訓民正音の名で發布されたものである。最初は初聲十七字、中聲十一字、全部で二十八字であつたが、その後時代を經るに從つて、漸く音の變化を來し、其の用法も亂れたものがあるに至り、初聲の中三字は廢れて、現在は二十五字となつてゐる。

諺文の發布後、その研究熱の最も高調に達したのは、明治三十七八年前後からである。種々研究の結果は、各研究者に依つて、意見が區々であつた。殊に綴字法上の問題に於てさうであつた。當時の學部當局では、此の情勢に鑑みて、明治四十年七月、「國文研究所」を設け、委員を擧げて、一般諺文に關する研究を爲さしめた。此の研究所では、同年九月より同四十二年十二月に至るまで研究を續けて成案を得たのであるが、遂に決定實施の運びには至らなかつた。

併合後、本府では從來の普通學校の朝鮮語讀本の諺文綴字法が頗る煩雜で、教授上兒童の學習に不便多いことを認め、之を平易なものに一定する爲に、諺文綴字法調査委員會を設けて、明治四十四年七月より同十一月まで審議を經しめ、同四十五年四月、左の「普通學校用諺文綴字法」を決定實施した。

普通學校用諺文綴字法

緒 言

一 本諺文綴字法ハ、曩ニ本府ガ調査囑託員ニ命ジ、調査決定セシメタルモノナリ。

一 本諺文綴字法ハ、從來諺文綴字法區々トシテ教授上不便少カラザルヲ以テ、普通教育上ニ使用セシムル目的ヲ以テ特ニ此ヲ一定シ、普通學校用教科書ニ採用セントスルモノナリ。

一 本綴字法ハ、大體左ノ方針ニ依ル。

(1) 京城語ヲ以テ標準トス

(2) 表記法ハ表音主義ニ依リ、發音ニ遠キ歴史的綴字法等ハ之ヲ避ク。

(3) 漢字音ヨリ成ル語ヲ諺文ニテ表記スル場合ニハ、特ニ從來ノ綴字法ヲ採用ス。

一 本綴字法ニハ、參考トシテ國語ノ五十音・濁音・長音等ノ表記法ヲモ併記ス。

綴 字 法

一 正格ナル現代京城語ヲ標準トシ、可成從來慣用ノ用法ヲ取リテ發音通リノ書キ方ヲナス。

(例) 가르치다(敎ヘル) 아침(朝) 메우(甚ダ) 아름다운(美シイ) 다서、여섯(五ツ、六ツ)

하야서(シテ) 되여서(ナリテ) 일음(名) 빗최다(照ル)

二 純朝鮮語ニ於テハ、「ㆍ」ヲ使用セズ、「ㅏ」ニ一定ス。

三 純朝鮮語ニ於テハ、ㄷ行及ビㅌ行ハㅏ列・ㅓ列・ㅗ列・ㅜ列ノミニ使用シ、其ノ他ノ列ニハㅈ行及ビㅊ行ヲ使用ス。

四 純朝鮮語ニシテ、從來ㅏ・ㅑ、ㅓ・ㅕ、ㅗ・ㅛ、ㅜ・ㅠ兩樣ノ書キ方アルモノハ、ㅏ・ㅓ・ㅗ・ㅜニ一定ス。

(例) 쉰(五十) 적다(小サイ) 하야서(シテ) 조흔(ヨイ)

五 二・三・四ノ三項ハ、漢字音ヲ以テスル語ヲ諺文ニテ書キ現ハス場合ニハ及ボサズ。是レ其ノ語ヲ亂スノ虞アルヲ以テナリ。

六 活用語ノ活用語尾ハ、可成語ノ本形ト區別シテ書ク。

(例) 먹엇소(食ツタ) 들어간다(入ル) 삶어먹엇소(茹テ食ツタ) 붉은빗(赤イ色)

但シ左ノ如キ語ハ例外トス。

(1) 어ヲ며ト書ク場合。

(例) 바뎟소(受ケタ) 기뎟소(待ツ) 뜨뎟소(ムシッタ)

(2) 어ヲ저ト書ク場合。

(例) 바지가지젓소(袴ガ破ツタ) 개가지젓소(犬ガ吠エタ) 해가느젓소(日ガ暮レタ)

七 左ノ如キ場合ニハ、助詞은・을ヲ흔・흘ト書キテ、實際ノ發音ヲ表記ス。

(例) 갓흔(同ジ) 갓흘(同ジ) 놉흔(高イ) 놉흘(高イ)

붓흔(附イタ) 붓흘(附クベキ) 갑흔(報イタ) 갑흘(報ユベキ)

八　形容詞ヲ副詞トスルトキニ用フル接尾語히ハ、其ノ儘ニ히ト書キ表ハス。

(例)　깁히(深ク)　　급히(急ニ)　　가벼히(輕ク)　　브즈런히(精勤ニ)

九　從來二種ノ書キ方アル助詞는·ㄴ、를·ㄹハ는·를ニ一定ス。

一〇　助詞이(ガ)·을(ヲ)·에(ニ)·으로(デ、ニ)ハ、上ニ來ル語ニ依リテ左ノ書キ方ヲ取リテ實際ノ發音ヲ表記ス。

(1)　이ヲ히·시·치·기ト書ク場合。

(例)　압히(前ガ)　　나히(年齡ガ)　　갑시(價ガ)　　삭시(賃金ガ)

꼿치(花ガ)　　숫치(炭ガ)　　밧기(外ガ)

(2)　을ヲ흘·슬·츨·글ト書ク場合。

(例)　나흘(年齡ヲ)　　압흘(前ヲ)　　갑슬(價ヲ)　　삭슬(賃金ヲ)

꼿츨(花ヲ)　　빗츨(色ヲ)　　밧글(外ヲ)

(3)　은ヲ흔·슨·츤·근ト書ク場合。

(例)　나흔(年齡ハ)　　압흔(前ハ)　　갑슨(價ハ)　　삭슨(賃金ハ)

꼿츤(花ハ)　　숫츤(炭ハ)　　밧근(外ハ)

(4)　에ヲ헤·세·체·게ト書ク場合。

(例)　압헤(前ニ)　　끗헤(端ニ)　　갑세(價ニ)　　삭세(賃金ニ)

꼿체(花ニ)　　빗체(色ニ)　　밧게(外ニ)

(5)　으로ヲ흐로·스로·츠로·그로ト書ク場合。

(例)　압흐로(前ニ)　　밧흐로(畑ニ)　　갑스로(價ニ)　　삭스로(賃金デ)

꼿츠로(花デ)　　빗츠로(色デ)　　밧그로(外ニ)

但シ낫(鎌)·곳(處)ハ낫이(鎌ガ)·곳에(處ニ)等ト書ク。

一一　된시옷ノ記號ニハㅅノミヲ使用シ、ㅄ·ㅶ等ノ如キ書キ方ヲ取ラザルコト。

一二　五十音ハ別表ノ通リ書キ表スコト。

一三　國語濁音ヲ諺文ニテ記スル場合ニハ、別表ノ通リ國語ト同樣「〃」ヲ字ノ右肩ニ打ツコト。(濁音表記ニツキテハ、從來ㅺ·ㅼ·ㅽ等ノ書キ方アレドモ、何レモ國語濁音ニ近キ發音ヲ出シ得ルニ過ギズシテ、正確ニ國語濁音ニ中ラズ。要スルニ純濁音ハ古來朝鮮ニナキ音ナレバ、寧ロ新記號ヲ定ムルヲ可ナリト認ム)

一四　國語及ビ外國語ノ長音ヲ表ハスニハ、고·기·저等ノ如ク字ノ左肩ニ「·」ヲ施ス

一五　普通學校ノ漢文ニハ吐(諺文ノ送リ假名)ヲ附ス。

但シ吐ハ可成古經書ニ準據シ、其ノ綴字法ハ前諸項ニ記スル所ニ依ル。

一六　漢字音ハ甚ダシキ俗音ナラザル限リ、時音ヲ採用ス。

○

ア	イ	ウ	エ	オ	아	이	우	에	오
カ	キ	ク	ケ	コ	가	기	구	게	고
サ	シ	ス	セ	ソ	사	시	수	세	소
タ	チ	ツ	テ	ト	다	지	두	데	도
ナ	ニ	ヌ	ネ	ノ	나	니	누	네	노
ハ	ヒ	フ	ヘ	ホ	하	히	후	헤	호
マ	ミ	ム	メ	モ	마	미	무	메	모
ヤ	イ	ユ	エ	ヨ	야	이	유	예	요
ラ	リ	ル	レ	ロ	라	리	루	레	로
ワ	ヰ	ウ	ヱ	ヲ	와	이	우	에	오

ガ	ギ	グ	ゲ	ゴ	가゛	기゛	구゛	게゛	고゛
ザ	ジ	ズ	ゼ	ゾ	사゛	시゛	수゛	세゛	소゛
ダ	ヂ	ヅ	デ	ド	다゛	지゛	두゛	데゛	도゛
バ	ビ	ブ	ベ	ボ	바゛	비゛	부゛	베゛	보゛
パ	ピ	プ	ペ	ポ	바	비	부	베	보

その後、又右の諺文綴字法に關して、種々の議論が起つた。會々大正十年一月、本府に敎科書調査委員會が開かれるや、その委員會の答申中にも、諺文綴字法の改正並びにその使用學年の範圍等に關して、別に委員會を設けて、之を調査せしめられたいとの要求があつた。こゝに於て本府では同年三月、別に普通學校用諺文綴字法調査委員會を設けて審議せしめ、その結果に基づいて左の「普通學校用諺文綴字法大要」を決定實施した。

普通學校用諺文綴字法大要

普通學校用諺文綴字法調査委員會ニ於テ審議ニ附シタル改正案ハ、從來ノ普通學校諺文綴字法ヲ基礎トセルモノニシテ、審議ノ結果、本府ニアリテハ大略次ノ如キ方針ヲ採ルコトトセリ。

第一　普通學校ニ於テハ第一學年ヨリ第六學年マデ同一ノ諺文綴字法トスルコト。

（理由）　全會同一諺文綴字法トスルニ贊成セルヲ以テ右ノ如ク定メタリ。

第二　普通學校用諺文綴字法ニ於テハ、純粹ノ朝鮮語ハ表音的綴字法ヲ採リ、漢字音ハ歷史的綴字法トスルコト。

（理由）　純粹ノ朝鮮語及ビ漢字音兩者ヲ何レモ歷史的ニ綴ルベキカ、又之ト反對ニ其ノ何レヲモ表音的ニ綴ルベキカ、又兩者中ノ一ヲ歷史的ニ一ヲ表音的ニスルヲ可トスベキカニ關シテハ、世上幾多ノ論アリ。本會議ニ於テモ此ノ點ニ於テ議論百出シタルガ、意見ノ大勢ハ次ニ述ブルガ如シ。

純粹ノ朝鮮語ニ關シテハᄒᆞ（爲ス）・뎔（寺）等ノ如ク歷史的綴字法ヲ採ラントスル人アリシモ、大多數ハ之ヲ하・절等ノ如ク表音的綴字法ヲ採ルニ傾キタリ。

字音ノ表記法ニ關シテハ、内ヲᄂᆡ、諸ヲ져、丁ヲ뎡ト書スルガ如キハ單ニ昔時ノ綴字法ニ從ヘルモノニシテ、標準語タル京城語及ビ朝鮮ノ大部分ニ於テハ實際上내・저・정ト發音ヲ同ジクスルヲ以テ、宜シク之ヲ내・저・정ト書スベシ、況ヤ低學年ノ兒童ニ對シテᄂᆡ・져・뎡ノ如キ歷史的綴字法ヲ强フルハ最モ理敎ニ合セザルモノナリト、表音的綴字法ヲ採ルベキヲ主張スル人アリ、又一方ニ於テハᄂᆡ・져・뎡ヲ내・저・정トスルガ如

キハ漢字ノ音ヲ亂ス弊アリ、ヨシヤ表音的綴字法ヲ許ストスルモ、彼等ガ更ニ高等ノ學校ニ進ミ、社會ニ出デ歴史的綴字法ヲ知ラザルベカラザルニ至レル時、忽激ニ學習ノ不便ヲ感ズベシ、最初ニ於テハ多少ノ困難ヲ伴ハンモ、寧ロ初ヨリ之ヲ課スルノ便ナルニ如カズト、歴史的綴字法ノ可ナルヲ主張スル人アリ、兩々相下ラザルノ勢ナリキ。

第二項ニ對スル調査員會議ノ結果ハ右ノ如クニシテ未ダ輕率ニ之ガ可否ヲ決定スル能ハザルヲ以テ、當局ニ於テハ今後トモ研究ヲ繼續シ、且ツ實際敎授者ノ輿論ニモ鑑ミ、機ヲ見テ之ガ決定ヲ圖ランコトヲ期シツツアルモ、今回ハ止ムヲ得ズ字音ニ關シテハ從來ノ如ク歴史的綴字法ヲ採ルコトニ決定セリ。

第三　普通學校用諺文綴字法ハ大略次ノ如ク定ム。

（理由）純粹ノ朝鮮語ハ表音的綴字法ヲ採リ、漢字音ハ歴史的綴字法ヲ採ルニ決シタルコトハ前項ニ述ベタル如クナルガ、更ニ其ノ綴字法ノ細目ニ至リテハ、學者間ニモ異論ノ多キ所ナリ。本府ハ今後ト雖モ尙ホ此ノ種ノ調査ヲ繼續スベキモ、今回ハ調査員ノ意見ヲ十分參酌シ、差當リ次下述ブルガ如キ程度ニ於テ之ヲ實施スルコトトセリ。

一　用語ハ現代ノ京城語ヲ以テ標準トス。

二　成ルベク發音通リノ綴字法ヲナス。

三　純粹ノ朝鮮語中、語頭ニアル니・녀等ハ이・여ノ如ク發音セラルルコト多キモ、他ノ語ノ下ニ着キテ熟語ヲナス場合ニハ、ㄴ音ノ復活シ來ルコト多キヲ以テ、此等ハスベテ니・녀ト書クコトトセリ。

（例）녀름(夏)　녑(側)　녜(昔、古)　니을(繼)

닐온(稱、謂)　니은(連、續)　니즐(忘)　닐어날(起)

닐[illegible]([illegible])　닐거귀([illegible])

四　漢字音ノ頭音ノㄹナルモノハ、發音ノ如何ニ拘ハラズ常ニㄹヲ書ス。

（例）란초(蘭草)　룡산(龍山)　리익(利益)　래일(來日)

五　純粹ノ朝鮮語ニ於テハ、表音的表記法ニ從ヒ「ㆍ」ヲ使用セズ（[illegible]）、「ㅏ」ヲ以テ之ニ代フ。

（例）말(馬、從來ᄆᆞᆯ)　사람(人、從來ᄉᆞᄅᆞᆷ)

但シㅏノ發音ニヨラザルモノハ此ノ限ニアラズ。

（例）가늘(細シ、從來ᄀᆞᄂᆞᆯ)　마음(心、從來ᄆᆞᄋᆞᆷ)　가슴(胸、從來ᄀᆞᄉᆞᆷ)　나물(菜、從來ᄂᆞᄆᆞᆯ)

六　純粹ノ朝鮮語ニ於テハ表音的表記法ニ從ヒ、댜・뎌・됴・듀・디・탸・텨・툐・튜・티ヲ자・저・조・주・지・차・처・초・추・치ト、샤・셔・쇼・슈ヲ사・서・소・수ト書シ、쟈・져・죠・쥬ヲ자・저・조・주ト書ス。

（例）절(寺、從來뎔)　좃소(從ッ、從來좃쇼)　절(落ツ、從來뎔)　소(牛、從來쇼)

七　漢字音ニアリテハ、歴史的表記法ニ從ヒ、댜・뎌・됴・듀・디・탸・텨・툐・튜・티・샤・셔・쇼・슈・쟈・져・죠・쥬等ヲ其ノママ保存ス。

（例）뎡녕(丁寧)　텬디(天地)　샤례(謝禮)　죠셕(朝夕)

八　終聲(받침)ニ關シテハ、

	(甲)	(乙)	(甲)	(乙)
(イ)	곳(處)、곳은(處ハ)	곧、곧은	엇는다(得)、어들	얻는다、얻을
(ロ)	돕는다(助)、도은	돕는다、돕을		
(ハ)	솟(鼎)、솟치(鼎ガ)	솥、솥이		
(ニ)	낫(晝)、낫에(晝ニ)	낮、낮에	짓는다(吠)、지즐	짖는다、짖을
(ホ)	꼿(花)、꼿치(花ガ)	꽃、꽃이		
(ヘ)	밧(畑)、밧헤(畑ニ)	밭、밭에	갓다(似)、가튼	같다、같은
(ト)	닙(葉)、닙흔(葉ハ)	닢、닢은	깁다(深)、기픈	깊다、깊은
(チ)	나(齡)、나히(齡ガ)	낳、낳이		
(リ)	닷는다(修)、닥글	닦는다、닦을		
(ヌ)	갑(價)、갑스로(價ニテ)	값、값으로	업다(無)、업슨	없다、없은
(ル)	삭(賃銀)、삭시(賃銀ガ)	삯、삯이		

甲乙何レノ綴字法ニ從フベキカ頗ル重大ナル問題ナルガ、乙說ノ諸例ヲ採用スル時ハ、從來慣用セラレ來リタルㄱ・ㄴ・ㄹ・ㅁ・ㅂ・ㅅ・ㅇノ終聲以外ニ、尙ホㄷ・ㅈ・ㅊ・ㅋ・ㅌ・ㅍ・ㅎノ七箇ノ終聲ヲモ許容シ、且ツ二重終聲(겹받침)ヲモ許容セザルベカラズ。茲ニ於テ甲乙雙方ノ利害ニ關シ、學問上ノ見地及敎授上ヨリ

各種ノ議論ヲ生ズ。就中今日普通ニ行ハレザル終聲ヲ新ニ採用スルノ可否、又此等終聲ノ發音如何、及ビ之ヲ採用シタル場合ニ於ケル實地敎授上ノ難易ニ關シテハ、尙ホ研究ヲ要スベキ點少ナカラズ。要スルニ甲乙兩說何レモ相當ノ理由アリテ直チニ黑白ヲ決スルコト困難ナルヲ以テ、本敎科書ニ於テハ今後ノ決定ヲ見ルマデ大體ニ於テ從來ノ綴字法ニ從ヒ、大略甲說ニ準據スルコトトセリ。

九　活用語ノ活用語尾ハ成ルベク語幹ト區別シテ書ク。

(例)　먹어소(食ヘリ)　　들어간다(入リ行ク)　　떨어진다(落ツ)　　붉은꽃(赤キ花)

但シ語幹ノ終聲ガㅅニ終ルモノノ中、次ノ如キ例外ヲ置ク。

(例)　짓는다(吠ユ)―지즐　　찻는다(探ス)―차즐　　쫏는다(逐フ)―쪼츨　　깃는다(汲ム)……기를

엇는다(得)―어들　　늣다(遲シ)……느즐

一〇　助詞이・은・을・에・으로等ハ上ニ來ル語ノ終聲ノ種類ニ依リ、치(히・시)・츤(흔・슨)・츨(흘・슬)・체(헤・세)・츠로(흐로・스로)等ト書ス。前記第八項ノ甲說ノ例ヲ參照セヨ。

一一　從來二樣ノ書方アル助詞는・ᄂᆞᆫ、를・ᄅᆞᆯハ는・를ニ、은・ᄋᆞᆫ、을・ᄋᆞᆯハ은・을ニ一定ス。

一二　히又ハ이ヲ附シテ副詞ヲ作ルモノノ中、

(イ)　主要ナル語ガ漢語ナル場合ハ히ヲ附ス。

(例)　大端히　　　閑暇히　　　安寧히　　　急히

(ロ)　主要ナル語ガ純粹ノ朝鮮語ナル場合ハ、發音ノ如何ニヨリ히又ハ이ヲ附ス。

（例）（イ）가득히（一杯ニ）　높히（高ク）　깊히（深ク）　불상히（不憫ニ）

（ロ）많이（多ク）　가만이（徐ロニ）　나란이（並ビテ）　나날이（日々）

一三　된시옷ノ記號ニハㅅノミヲ使用シ、ᄢ・ᄧ等ノ如キ書方ヲナサズ。

一四　二語合シテ複合語ヲナシ、其ノ間ニ促音現象ノ生ズル時ハ、해ㅅ볕（日照）等ノ如ク二語ノ中間ニ入ヲ插入セントスルモノアルモ、本部ニアリテハ、夫々ノ場合ニ依リ、入ヲ上ノ語ノ末ニ、又ハ下ノ語ノ始ニ附記スルコトトセリ。

（例）（イ）동짓달（冬至月）　열헷날（十日目）

（ロ）외양ㅅ간（廐）　모ㅅ자리（苗代）　귀ㅅ밥（耳朶）

一五　語ニヨリテハ말（長音、言語）ト말（短音、馬）、눈（長音、雪）ト눈（短音、目）、밤（長音、栗）ト밤（短音、夜）等ノ如ク、同一綴字ニシテ單ニ母音ノ長短ニヨリテ意義ヲ異ニスルモノアリ。此等ニ對シテハ長短ノ音符ヲ附スルコト最モ必要ナルコトナレドモ、모시고（侍シテ）일（事）교당（教堂）（以上長音）모시（苧）일기（日氣）학교（學校）（以上短音）其ノ他アラユル語ニ對シテ一々長短音符ヲ附スルコトハ其ノ煩ニ堪ヘズ、且ツ長短何レニ屬スルカ尚ホ研究ヲ要スルモノモ少カラザルヲ以テ今回ハ全然之ヲ省略スルコトトセリ。

一六　假名ヲ諺文ニテ表記スル法ハ次ノ如ク定ム。

ア イ ウ エ オ　아 이 우 에 오

カ キ ク ケ コ　가 기 구 게 고　　ガ ギ グ ゲ ゴ　까 끼 꾸 께 꼬

サ シ ス セ ソ　사 시 스 세 소　　ザ ジ ズ ゼ ゾ　싸 씨 쓰 쎄 쏘

タ チ ツ テ ト　다 디 쓰 데 도　　ダ ヂ ヅ デ ド　따 띠 쓰 떼 또

ナ ニ ヌ ネ ノ　나 니 누 네 노

ハ ヒ フ ヘ ホ　하 히 후 헤 호　　バ ビ ブ ベ ボ　빠 삐 뿌 뻬 뽀

マ ミ ム メ モ　마 미 무 메 모　　パ ピ プ ペ ポ　바 비 부 베 보

ヤ イ ユ エ ヨ　야 이 유 에 요

ラ リ ル レ ロ　라 리 루 레 로

ワ ヰ ウ ヱ ヲ　와 이 우 에 오

カア キイ クウ ケイ コウ　가ー 기ー 구ー 게ー 고ー

サア シイ スウ セイ ソウ　사ー 시ー 스ー 세ー 소ー

（以下之ニ準ズ）

キヤ キユ キヨ　갸 규 교

シヤ シユ シヨ　샤 슈 쇼

チヤ チユ チヨ　자 주 조

（以下之ニ準ズ）

ギャ	ギュ	ギョ	갸	규	교
ジャ	ジュ	ジョ	쟈	쥬	죠
ヂャ	ヂュ	ヂョ	쟈	쥬	죠
ビャ	ビュ	ビョ	뱌	뷰	뵤

キュウ	キョウ	규ー	교ー
シュウ	ショウ	슈ー	쇼ー
ギュウ	ギョウ	규ー	교ー
ジュウ	ジョウ	쥬ー	죠ー

（以下之ニ準ズ）

以上に於て見た如く、訓民正音發布後、時代の經過につれ、廢滅された音もあり、隨つて廢れて用ひられない字があるやうになり、綴字法も漸く混亂に陷るやうになつた。而して併合前に於ては、諺文一般に關する研究を目的とした委員會が設けられ、併合後に於ては、主として諺文綴字法の問題に關して、頗る混亂したものを平易化して、その基準を一定することを目的とした委員會が前後二回に亙つて設けられた。かうして次第に整理統一と平易化の方向に向かつて進んで來たことは事實である。しかし何れもその所期の目的を十分達成することができなかつた。併合後第一回の綴字法の決定を見た後、尙は學理上又は實際教授上種々の不備の點の存することが明かになり、第二回の調査研究を遂げたけれども、やはり又暫定的にして、後日の研究に俟つべきものが相當あつた。而して前掲「普通學校用諺文綴字法大要」そのものにも、その旨が明記され、將來に於て又調査機關を設けて、整理審定する機會のあるべきことが豫期されてゐた。しかもその後、時勢の進運に鑑み、社會に使用せられる諺文綴字の狀況に照らして、更に之に改正を加へる必要が痛感されるに至つた。昭和三年八月、本府に開かれた臨時教科書調査委員會に於て決定した「普通學校教科用圖書編纂に關する一般方針」には、「諺文綴字法は新に本府に於て改訂するものに依ること」の一項が加へられてゐた。こゝに於て、昭和四年六月、諺文綴字法調査委員會を設けて審議せしめ、同五年二月、次の「諺文綴字法」を決定實施した。此が現行の諺文綴字法である。その改正理由として擧げたもの左の如くである。

一　兒童生活ノ學習上、負擔ヲ輕減シ、學習能率ヲ一層增進セシメガ爲、改正ヲ要スルコト。

二　學校教育ヲシテ一層時代ノ趨勢ニ順應セシメ、同時ニ社會ニ行ハルル諺文綴字法ノ現狀ヲ釐革シ、之ヲ整理統一セシメガ爲、改正ノ必要ヲ認メタルコト。

三　諺文綴字法制定ノ沿革上ヨリ見テ、改正ヲ要スルコト

以上に由つて之を觀ると、現行諺文綴字法は、二回の決定案の後を受けて、その不合理又は未確定のものを整理審定して、行く所まで行かしめたものであることは明かである。而してそれは又學理上又は實際使用上、最も合理的なものであつて、本來複雜性を具有してゐる諺文綴字法に一定の基準を與へることが

できたと信ずる。随つて現行の綴字法は、確定性を持つた最後のものと云ふことができる。教授者は確たる信念を以て指導されたい。社會の一部に於ては、今尚ほ此と異なる綴字法が使用されてゐる現状であるから、兒童は此に依つて綴字法の混亂を來すやうなことがないとも限らない。教授者は特に此の點に注意を拂はなければならない。

其二　諺文綴字法

一　總說

一　朝鮮語讀本ニ採用スベキ諺文綴字法ハ、各學校ヲ通ジ之ヲ同一ナラシムルコト。

二　用語ハ、現代ノ京城語ヲ以テ標準トス。

三　諺文綴字法ハ、純粹ノ朝鮮語ト漢字音トヲ問ハズ、發音通リニ表記スルヲ原則トス。但シ必要ニ應ジ若干ノ例外ヲ設ク。

二　各說

一　純粹ノ朝鮮語ト漢字音トヲ問ハズ、「ㅏ」ニ發音セラルル「ㆍ」ハ、全部之ヲ廢シ、左例甲號ノ如ク「ㅏ」ト書ス。

例	甲	乙	甲	乙	甲	乙
	말(馬)	ᄆᆞᆯ	사방(四方)	ᄉᆞ방	패(敗)	ᄑᆡ

二　純粹ノ朝鮮語ト漢字音トヲ問ハズ、댜・쟈、뎌・져、됴・죠、듀・쥬、디ノ자、저、조、주、지ニ、탸・챠、텨・쳐、툐・쵸、튜・츄、티ノ차、처、초、추、치ニ、샤、셔、쇼、슈ノ사、서、소、수ニ發音セラルルモノハ、表音的表記法ニ從ヒ後者ニ一定シ、左例甲號ノ如ク書ス。

例	甲	乙	甲	。乙
	절(寺)	뎔	적당(適當)	뎍당
	좃소(良イデス)	둇소	조사(調査)	됴사
	질(蒸)	딥	지방(地方)	디방
	장관(長官)	댱관	가지왓다(持ツテ來タ)	가저왓다
	정분(情分)	뎡분	조롱(嘲弄)	죠롱
	중(僧)	즁	주인(主人)	쥬인
	청천(晴天)	텽텬	촉루(髑髏)	툑루
	착실(着實)	챡실	첫다(打ツ)	텻다
	총주(塚主)	춍쥬	춘풍(春風)	츈풍
	하사(セラレ)	하샤	관사(官舍)	관샤
	섬기다(仕ヘル)	셤기다	하서서(セラレ)	하셔셔
	선악(善惡)	션악	소(牛)	쇼
	수산(水産)	슈산	대소(大小)	대쇼

三　純粹ノ朝鮮語ト漢字音トヲ問ハズ、「계·몌·볘·셰·졔·쳬·켸·톄·폐」ノ「게·메·베·세·제·체·케·테·페」ニ、「믜·븨·싀·츼·킈·픠」ノ「미·비·시·치·키·피」ニ、「[illegible]」ノ「[illegible]」ニ發音セラルルモノハ、表音的表記法ニ從ヒ、甲號ノ如ク書ス。

例	甲	乙	甲	乙
	제일(第一)	뎨일	련메(連袂)	련몌
	세다(老イル)	셰다	세금(稅金)	셰금
	제조(製造)	졔조	체하다(食滯ス)	쳬하다
	게(階)	계	체조(體操)	톄조
	페지(廢止)	폐지	거미(蜘蛛)	거믜
	비곤(憊困)	븨곤	나비(蝶)	나븨
	시장(澌腸)	싀장	시른하다(氣力乏シ)	싀른하다
	치중병(輜重兵)	츼중병	키(丈)	킈
	피다(咲ク)	픠다	취미(趣味)	츄미

四　純粹ノ朝鮮語ト漢字音トヲ問ハズ、左ニ記スル甲號ノ如キハ、乙號ノ如ク發音セラルルモ、此等ハ甲號ノ如ク讀ミテ自然乙號ノ如キ發音トナルモノナルヲ以テ、甲號ニ準據シ別ニ綴字ヲ變セズ。

例	甲	乙	甲	乙
	갓모(笠帽)	갈모	아홉말(九斗)	아홈말
	궈내(圈內)	권내	십만(十萬)	심만

산림(山林)　살림

五　二語合シテ複合語ヲナシ、其ノ間ニ促音現象ヲ生ズル時ハ、左ノ如ク書ス。

(一) 上ノ語ガ中聲ニヨリテ終ル場合ニ於テハ、上ノ語ニ終聲トシテ「ㅅ」ヲ附ス。

例　동짓달(冬至月)　등ㅅ불(燈火)　못자리(苗代)

(二) 上ノ語ガ終聲ニヨリテ終ル場合ニ於テハ、他ノ語ト紛レ易キ場合ニ限リ、中間ニ「ㅅ」ヲ書ス。

例　장ㅅ군(市場ノ人々)…장군(將軍)ト紛レ易シ　문ㅅ자(文字)…문자(熟語ノ意)ト紛レ易シ

附　記

本文ノ場合漢字ニテ書キタル時ハ、中間其ノ他ニ「ㅅ」ヲ書ザルモノトス。

六　發音ノ長短ヲ現ハスベキ音符ハ、左ノ如キ語ニ對シ之ヲ附スルヲ便利ト認ムルモ、其ノ數極メテ多ク、且ツ長短何レニ屬スルカ尙研究ヲ要スルモノ少カラザルヲ以テ、之ヲ附セザルモノトス。

例　말(馬……短音 語……長音)　눈(目……短音 雪……長音)　발(足……短音 簾……長音)

모시고(侍シテ)　일(事)　교장(敎場)……以上長音

모시(苧)　일기(日氣)　학교(學校)……以上短音

七　나行라行ノ漢字音ハ、歷史的綴字法ヲトルモ、中聲ニ終ル音ノ下ニ於テ、나行音ガ라行音ニ變ジ、라行音ガ나行音ニ變ズル場合ハ、表音的表記法ニ從ヒ、甲號ノ如ク書ス。

例　甲　乙　甲　乙

(讀本卷十)

(一) 회령(會寧)　회녕　안뇨(安寧?)　안노

(二) 의논(議論)　의론

八　漢字音中、習慣等ニヨリ音ノ省略セラレ、又ハ加ハリ、或ハ他音ニ變化シテ發音セラルルモノハ、表音的表記法ニ從ヒ、其ノママ書ス。

例　(一) 시월(十月)　시월(十月)　목재(木材)　모과(木瓜)

(二) 철부(撤鉢)　붕어(鮒魚)　추향(趨向)　취미(趣味)

(三) 가평(家坪)　변성명(變姓名)　동전(銅錢)　쇠천(小錢)

벽대(水碓)　사탕(砂糖)

九　純粹ノ朝鮮語ニ於テ、場合ニヨリ아・야、어・여、오・요、우・유、이・ㅣ、에・예ト二樣ニ發音セラルルモノハ、表音的表記法ニ從ヒ、其ノママ二樣ニ書ス。但シ用言ハ、아・어・오・우・이・에ニ一定ス。

例　이(齒)　앞니(前齒)　여우(狐)　암여우(雌狐)

숯(炭)　쩐숯(細ク切リタル燒棚)

但書ノ例

일어나서(起キテ)　일어나니까(起キタバカリダ)　있는(有ル)　갔었는데(往ツテイタガ)

적어(少イ)　좀적어(少シ少イ)

附記　오(最後助詞)ハ、세오・숩오ノ如ク、오・요ニ發音セラルル以外ニ、中聲ノ下ニ於テ、요로(餘毛ヲ中

ニ入レタル(數詞國)ノ如ク、互ニ發音セラルルコトアリ。斯クノ如キ場合ニアリテモ、亦表音的表記法ニ從ヒ、其ノママ書ス。

一〇　動詞又ハ形容詞ノ語尾ニ음・암・엄又ハ이・에等ノ音ヲ附シテ名詞ニ轉成スルモノノ中、

(一)　左ノ如キモノハ、甲號ノ如ク書ス。

例	甲	乙	甲	乙
	이름(名)	일흠	기름(油)	길음
	사람(人)	살암	무덤(墓)	묻엄
	그늠(陰)	긋늠	두루마기(周衣)	두루막이
	마개(栓)	막애		

(二)　左ノ如クモトノ動詞又ハ形容詞ノ語ニ名詞化スル外、其ノ意義ニ於テ、何等ノ變化・增減ヲ來スコトナキモノハ、甲號ノ如ク書ス。

例	甲	乙	甲	乙
	웃음(笑)	우슴	울음(泣クコト)	우름
	죽음(死)	주금	설움(悲シミ)	서름
	길이(長サ)	기리	깊이(深サ)	기피
	넓이(廣サ)	널비	풀이(解クコト)	푸리
	놀이(遊ビ)	노리		

一一　擬聲語ノ語尾ニ이ノ音ヲ附シテ、名詞ニ轉成スルモノハ、甲號ノ如ク書ス。

例	甲	乙	甲	乙
	매아미(蟬)	매암이	괴꼬리(鶯)	괴꼴이
	개고리(蛙)	개골이	기러기(雁)	기럭이
	까치(鵲)	깍이		

一二　된시옷ノ記號ハ、ㅆ・ㄲ・ㅉ等ノ如ク並書トシ、ㅺ・ㅼ・ㅽ等ノ如キ書方ヲナサズ。

一三　終聲ハ、從來使用セラレタルㄱ・ㄴ・ㄹ・ㅁ・ㅂ・ㅅ・ㅇ・ㄺ・ㄻ・ㄼ以外ニ、ㄷ・ㅌ・ㅈ・ㅊ・ㅍ・ㄲ・ㄳ・ㄵ・ㄾ・ㄿ・ㅄヲ加フ。從ツテ次ノ如キモノハ、甲號ニ準據シテ書ス。

例	甲					乙				
	얻다(得ル)		얻어서		얻은	엇다		어더서		어든
	밭(田)	밭매기	밭치	밭에	밭은	밧	밧매기	밧치	밧헤	밧흔
	쫓다(追フ)		쫓아서		쫓은	쫏다		쫏하서		쫏흔
	붙다(附ク)		붙어서		붙은	붓다		붓허서		붓흔
	낯(面)	낯과	낯이	낯에	낯은	낫	낫과	낫치	낫헤	낫흔
	짖다(吠エル)		짖어서		짖은	짓다		지저서		지즌

솥(釜)	솥을	솥이	솥에	솥은	솟	솟츨	솟치	솟헤	솟촌
쫓다(追フ)		쫓아서		쫓은	쫏다		쫏차서		쫏촌
잎(葉)	잎사귀	잎이	잎에	잎은	입	입사귀	입히	입헤	입흔
깊다(深イ)		깊어서		깊은	깁다		깁허서		깁흔
납(鉛)	납날	납이	납에	납은	랍	랍날	랍이	랍에	랍은
좋다(好イ)		좋아서		좋은	조타		조하서		조흔
밖(外)	문밖집	밖이	밖에	밖은	밧	문밧집	밧기	밧게	밧근
훑다(扱キル)		훑어서		훑은	훌다		훌터서		훌튼
넋(魂)	넋드리	넋이	넋에	넋은	넉	넉드리	넉시	넉세	넉슨
앉다(坐ル)		앉어서		앉은	안다		안저서		안즌
많다(多イ)		많아서		많은	만타		만하서		만흔
핥다(舐メル)		핥아서		핥은	할다		할타서		할튼
옳다(正シイ)		옳어서		옳은	올타		올허서		올흔
읊다(詠ム)		읊어서		읊은	읍다		읍허서		읍흔
값(價)	값보다	값이	값에	값은	갑	갑보다	갑시	갑세	갑슨

附記 없다(無シ)ノ如キ用言ハ、없다・없어서ノ如ク書キ、업다・업어서ノ如クㅄノ終聲ヲ附セズ。

備考 一 右ノ例ニヨリテ察知シ得ルガ如ク、新許容ノ單終聲ㄷ・ㅌ・ㅈ・ㅊ・ㅍハ下ニ母音ノ來ル場合、其ノ音明瞭ニ發音セラルルコト從來使用セラルル單終聲ト同ジク、單獨又ハ下ニ子音ノ來ル場合ニ於テハ、ㄷ・ㅌ・ㅈ・ㅊハㅅト同ジク、ㅍハㅂト同樣ノ響キヲナスモノトス。

二 重終聲ㄲ・ㄳ・ㅄ・ㄵ・ㄾ・ㄿハ、下ニ母音ノ來ル場合ハ、其ノ音明瞭ニ發音セラルルコト從來使用セラルル重終聲ㄺ・ㄻ・ㄼト同ジク、單獨ノ場合又ハ子音ノ上ニアリテハ、ㄲ・ㄳ・ㅄ・ㄵ・ㄾハㄱ・ㄱ・ㅂ・ㄴ・ㄹト同樣ノ響キヲナシ、ㄿハㅂト同ジ響キヲナスモノトス。

三 前記五箇ノ單終聲及ビ六箇ノ重終聲ヲ新タニ許容セル結果、從來ト其ノ書方ヲ異ニスル語ヲ擧グレバ大略左ノ如シ。

ㄷノツクモノ……믿(信ズ) 받(受ク) 닫(閉ヅ) 묻(埋ム) 얻(得ル) 돋(日月出ヅ)
쏟(注グ) 걷(收ム) 굳(堅シ) 곧(直シ) 벋(延ブ) 뻗(伸ベス)

ㅌノツクモノ……밭(畑) 솥(釜) 볕(日光) 밑(底) 팥(小豆) 겉(表)
끝(端) 맡(嗅ガス) 뱉(吐ク) 같(如シ) 붙(付ク) 훑(扱ク)
얕(淺シ) 짙(濃シ)

ㅈノツクモノ……낮(晝) 궂(惡シ) 젖(濕ル) 찾(尋ヌ) 맞(適フ) 빚(釀ス)
꽂(揷ス) 맺(結ブ) 낮(低シ) 짖(吠ユ) 꾸짖(叱ル)
부르짖(叫ブ)、잊(忘ル) 늦(晩シ) 잦(屢々スル)

ㅊノツクモノ……숯(炭) 빛(光) 낯(顔) 꽃(花) 쫓(追フ) 좇(從フ) 몇(幾)

ㅍノツクモノ……닢(葉) 무릎(膝) 숲(藪) 옆(側) 앞(前) 섶(薪) 짚(藁)

깊(深シ) 짚(杖ツク) 갚(報ユ) 덮(蓋フ) 엎(覆ス) 높(高シ) 動詞下ノ고프(シ度シ)

ㄲノツクモノ……밖(外) 닦(磨ク) 꺾(折ル) 깎(削ル) 섞(混ズ) 솎(間引ク)

볶(炒ル) 엮(編ム) 묶(束ヌ) 낚(釣ル) 겪(經驗スル)

ㄳノツクモノ……넋(魂) 삯(賃) 몫(割前)

ㄵノツクモノ……앉(坐ス) 얹(載ニ上ス) 끼얹(振掛ル)

ㄾノツクモノ……핥(舐ム) 훑(扱ク)

ㄿノツクモノ……읊(詠ズ)

ㅄノツクモノ……값(價)

一四 助詞ハ、其ノ上ノ語ノ語幹ト區別シテ書クヲ本則トス。

例 사람이(人ガ) 사람은(人ハ) 사람을(人ヲ) 넋이(魂ガ) 넋은(魂ハ) 넋을(魂ヲ)

一五 助詞이、助動詞인데・이오・입니다等ハ、終聲ㅌニ終ル體言ノ下ニアリテハ、發音的表記法ニ從ヒ、치・친데・치오・칩니다等ニ書ス。

例 밭(畑) 밭치 밭친데 밭치오 밭칩니다

곁(傍) 곁치 곁친데 곁치오 곁칩니다

一六 助詞에・에서・에는等ハ、終聲ㅊニ終ル體言ノ下ニアリテハ、發音的表記法ニ從ヒ、헤・헤서・헤는等ニ書ス。

例 숯(炭) 숯헤 숯헤서 숯헤는

빛(色) 빛헤 빛헤서 빛헤는

一七 助詞고・게助動詞다・겠다・지等ハ、上ニ來ル語ノ種類ニヨリ、코・케、타・켔다・치等ニ書ス。

例 조타(善イ) 조코 조케 조켔다 조치

만타(多イ) 만코 만케 만켔다 만치

一八 次ノ如キ場合ニ於ケル이오・이요、시오・시요、지오・지요等二様ノ書方アルモノハ、全部이오、시오、지오等ニ一定シ甲號ノ如ク書ス。

例 甲 乙 甲 乙

사람이오(人デスカ) 사람이요 선생님이시오(先生デスカ) 선생님이시요

책이지오(本デセウ) 책이지요 가시오(行カレマスカ) 가시요

먹지오(食ベルデセウ) 먹지요

一九 終聲ニヨリテ終ル用言ノ活用部ハ、語幹ト區別シテ書クヲ本則トス。

例 먹으오(食ベマス) 먹었소(食ベマシタ) 젓으오([illegible]) 젓어서([illegible])

얻은돈(得タ金)　얻어서(得テ)　깊은물(深イ水)　깊엇다(深カツタ)

핥으오(舐メマス)　핥엇소(舐メマシタ)

二〇　中聲ニヨツテ終ル用言ノ活用語ハ、表音的表記法ニ從ヒ、左ノ如ク書ス。

例　두다(置ク)　두어서　두엇소　주다(與ヘル)　주어서　주엇소

펴다(延ス)　펴어서　펴엇소　지다(負ケル)　저서　젓소

그리다(描ク)　그려서　그렷소　크다(大キイ)　커서　컷소

고프다(餓ジイ)　고파서　고팟소　아프다(痛イ)　아파서　아팟소

흐르다(流レル)　흘러서　흘럿소　마르다(乾ク)　말라서　말랏소

나르다(運ブ)　날라서　날랏소　치르다(支拂フ)　치러서　치럿소

이르다(至ル)　이르러서　이르럿소　푸르다(靑イ)　푸르러서　푸르럿소

二一　用言ノ終聲ガ、場合ニヨリ省略セラレ、又ハ他ノ終聲ニ變ジ、或ハ母音ニ變ズル場合ハ、表音的表記法ニ從ヒ、左ノ如ク書ス。

例　(一)　놀다(遊ブ)　노오　노지마라　놀앗소　놀고

울다(泣ク)　우오　우지마라　울엇소　울고

잇다(繫グ)　이으오　잇지마라　이엇소　잇고

(二)　묻다(問フ)　묻소　묻지마라　물엇소　묻고

듣다(聞ク)　듣소　듣지마라　들엇소　듣고

(三)　덥다(暑イ)　덥소　덥지안소　더웟소　더운

아름답다(美シイ)　아름답소　아름답지안소　아름다웟소　아름다운

二二　左ノ如キ用言ノ下ニ、助動詞소ノ來ル場合ハ、表音的表記法ニ從ヒ、終聲「ㅅ」ヲ語幹ニ附ス。

例　그러타(サウダ)　그럿소　조타(良イ)　좃소　싸타(積ム)　쌋소

二三　左ノ如キ語ハ、甲號ノ通リ書ス。

例　甲　乙　甲　乙

바침(終聲)　밧침　부치다(貼ル)　붓치다

바치다(捧ゲル)　밧치다　구치다(固メル)　굿치다

但シ、形容詞ヨリ轉ジタル副詞갓치(如ク)ハ、같치ト書ス。

二四　「히」又ハ「이」ヲ附シテ副詞ヲ作ルモノノ中、

(一)　主要ナル語ガ漢語ナル場合ハ「히」ヲ附ス。

例　大端히　閑暇히　安寧히　急히

(二)　主要ナル語ガ純粹ノ朝鮮語ナル場合ハ、發音ノ如何ニヨリ「히」又ハ「이」ヲ附ス。

例　(1)　가득히(一杯ニ)　작히(嘸ゾ)　넉넉히(充分ニ)　불상히(不憫ニ)

(2)　만이(多ク)　가만이(徐々ニ)　나란이(整然ト)　깊이(深ク)

二五　假名ヲ諺文ニテ表記スル法ハ、次ノ如ク定ム。

ア	イ	ウ	エ	オ	아	이	우	에	오										
カ	キ	ク	ケ	コ	가	기	구	게	고	ガ	ギ	グ	ゲ	ゴ	ᅁᅡ	ᅁᅵ	ᅁᅮ	ᅁᅦ	ᅁᅩ
サ	シ	ス	セ	ソ	사	시	스	세	소	ザ	ジ	ズ	ゼ	ゾ	ᅈᅡ	ᅈᅵ	ᅈᅳ	ᅈᅦ	ᅈᅩ
タ	チ	ツ	テ	ト	다	지	쓰	데	도	ダ	ヂ	ヅ	デ	ド	ᅂᅡ	ᅈᅵ	ᅈᅳ	ᅂᅦ	ᅂᅩ
ナ	ニ	ヌ	ネ	ノ	나	니	누	네	노										
ハ	ヒ	フ	ヘ	ホ	하	히	후	헤	호	バ	ビ	ブ	ベ	ボ	ᅄᅡ	ᅄᅵ	ᅄᅮ	ᅄᅦ	ᅄᅩ
マ	ミ	ム	メ	モ	마	미	무	메	모	パ	ピ	プ	ペ	ポ	빠	삐	뿌	뻬	뽀
ヤ	イ	ユ	エ	ヨ	야	이	유	에	요										
ラ	リ	ル	レ	ロ	라	리	루	레	로										
ワ	ヰ	ウ	ヱ	ヲ	와	이	우	에	오										

カア	キイ	クウ	ケイ	コウ	가ー	기ー	구ー	게ー	고ー
サア	シイ	スウ	セイ	ソウ	사ー	시ー	스ー	세ー	소ー

（以下之ニ準ズ）

キャ	キュ	キョ	갸	규	교
シャ	シュ	ショ	샤	슈	쇼
チャ	チュ	チョ	쟈	쥬	죠

（以下之ニ準ズ）

ギャ	ギュ	ギョ	ᅁᅣ	ᅁᅲ	ᅁᅭ
ジャ	ジュ	ジョ	ᅈᅣ	ᅈᅲ	ᅈᅭ
ヂャ	ヂュ	ヂョ	ᅈᅣ	ᅈᅲ	ᅈᅭ
ビャ	ビュ	ビョ	ᅄᅣ	ᅄᅲ	ᅄᅭ

キュウ	キョウ	규ー	교ー
シュウ	ショウ	슈ー	쇼ー
ギュウ	ギョウ	ᅁᅲー	ᅁᅭー
ヂュウ	ヂョウ	ᅈᅲー	ᅈᅭー

（以下之ニ準ズ）

附　記

一　子音ノ稱呼法ハ、左ノ如ク定ム。

ㄱ 기역　ㄴ 니은　ㄷ 디귿　ㄹ 리을　ㅁ 미음　ㅂ 비읍　ㅅ 시옷

ㅇ 이응　ㅈ 지읒　ㅊ 치읓　ㅋ 키읔　ㅌ 티읕　ㅍ 피읖　ㅎ 히읗

二　諺文反切ハ、從來ノ通リ書シ、다行・타行・사行・자行・차行・타行モ、皆正音ノ通リ讀マシム。

但シ（ㆍ）ハ（ㅏ）ト同樣ニ讀マシム

附 諺文綴字法各條項改正ノ要點ト理由

一　總　說　一

本項改正ノ要點ハ、從來ノ綴字法ハ單ニ普通學校ニ於テノミ之ヲ使用スルコトト定メラレタルヲ改メ、改正綴字法ハ各學校ヲ通ジテ之ヲ使用スルコトトセル點ナリ。

備考　從來ニ於テモ敎科書ノ實際ハ、高等普通學校其ノ他ニ於テ、普通學校ト同一ノ綴字法ヲ使用セリ。

（理由）　諺文綴字法ヲ普通學校ト其ノ他ノ學校トニヨリテ區別スルハ、徒ラニ學習者ノ頭腦ヲ混亂セシムルノミナラズ、統一上面白カラズ。是レ、今日使用シツツアル高等普通學校其ノ他ノ敎科書ニアリテモ、普通學校ト同一ノ綴字法ヲ採用セル所以ナリ。然ルニ一部論者ノ中ニハ、諺文綴字法ハ、普通學校ニアリテハ表音的綴字法ヲ採リ、普通學校以上ノ學校ニアリテハ歷史的綴字法ヲ採ルコト、恰モ國語讀本ニ於テ、普通學校三年迄ハ表音的假名遣ヲ採リ、四年以上ニアリテハ歷史的假名遣ヲ採ルガ如クシテハ如何ト說ク者アリ。サレド、朝鮮人ガ國語ヲ學ブ場合ト朝鮮語ヲ學ブ場合トハ、其ノ間事情ノ自ラ異ルモノアリ。普通學校國語讀本ニ於テ斯ク二段ノ假名遣ヲ採用セシ理由ハ、國語ヲ知ラザル朝鮮兒童ニ初メヨリ歷史的假名遣ヲ敎授スル時ハ、國語學習ノ上ニ非常ナル困難ヲ伴ナフトノ見解ニ基ヅキシモノニシテ、之ヲ以テ直チニ朝鮮語內ニ適用セントスルハ、兩者異ル立脚點ヲ無視セルモノト謂ハザルベカラズ。加之、朝鮮語ニ於ケル歷史的綴字法トハ、國語ノ歷史的假名遣ノ如ク判然タルモノニアラズ。中ニハ、果シテ歷史的綴字法

ナリヤ否ヤ頗ル疑ハシキモノ少カラザルニヨリ、斯クノ如キ區別ヲナスハ甚ダ至難ノ業ニシテ其ノ煩ニ堪ヘズ。因ツテ寧ロ初メヨリ適當ナル綴字法ヲ定メ、之ヲ以テ各學校ヲ通ジ一貫スルノ便レルヲ認メ、前記ノ如ク改正セリ。

二　總　說　二

本項改正ノ要點ハ、從來ノ綴字法ニ於テハ、純粹ノ朝鮮語ト漢字音トヲ區別シ、原則トシテ、前者ニアリテハ表音的綴字法ヲ、後者ニアリテハ歷史的綴字法ヲ採用セルヲ改メ、改正綴字法ニ於テハ、兩者共原則トシテ、表音的綴字法ヲ採用スルコトトセシ點ナリ。

（理由）　由來漢字音ヲ歷史的ニ綴ルベキカ、表音的ニ綴ルベキカニ就キテハ、世上幾多ノ論アリ。大正十年改正ノ際ニ於テモ、委員ノ意見相伴バシ、俄カニ一致ヲ見ル能ハザリシ結果、餘儀ナク之ヲ後日ノ研究ニ俟ツコトトシ、サシアタリ、漢字音ハ全部之ヲ歷史的ニ綴ルコトト定メタルモノナリ。然ルニ、其ノ後實際敎授者ノ意見ヲ徵スルニ、歷史的綴字法ヲ採用セシ結果、綴字ト實際ノ發音トノ相異スルモノ頗ル多ク、爲ニ例ヘバ「샤」・「셔」ノ如キ、又ハ「사」・「서」・「소」ノ如キ、其ノ音同一ナルニモ拘ラズ之ヲ「ㅅ」「ㅆ」又ハ「샤」・「사」・「샤」ノ如ク二樣又ハ三樣ニ綴ラザルベカラズ。其ノ敎授上ノ困難ト兒童ノ負擔、實ニ大ナルモノアリトノ理由ニヨリ、速カニ之ヲ表音的綴字法ニ改ムベシト主張スル者極メテ多ク、又、今日新聞・雜誌其ノ他ノ刊行物ニ於テモ、大多數ハ、何レモ既ニ表音的綴字法ヲ採用セル現狀ニアリ。因ツテ、當局ニ於テ

モ此等意見ノ妥當ナルヲ認メ、又一般社會ノ實狀ニ鑑ミ、漢字音ト雖モ原則トシテ純粹朝鮮語ト同樣、表音的綴字法ニ從フコトトセリ。

三　各　說　一

本項改正ノ要點ハ、從來ノ綴字法ニ於テハ「ㅏ」ニ發音セラルル「ㆍ」ハ、獨リ純粹ノ朝鮮語ニ於テノミ之ヲ廢シ「ㅏ」ニ一定セシヲ改メ、漢字音ニ於テモ同樣之ヲ廢シ、「ㅏ」ニ一定セシ點ナリ。

（理由）　從來ノ綴字法ニアリテ、獨リ漢字音ノ場合ニ限リ「ㆍ」ヲ廢セズ之ヲ殘シタルハ、原則トシテ漢字音ハ總テ歷史的ニ綴ルコトトセシ結果ナリト雖モ、改正綴字法ニ於テハ、既ニ總則ニ於テ漢字音ト雖モ發音通リ表記スルノ原則ヲ認メタリ。之ガ理由ハ既ニ前項ニ於テ述ベタル通リナルガ、更ニ此ノ場合ニ就キテ述ブレバ、「ㆍ」ト「ㅏ」ハ獨リ純粹朝鮮語ノミナラズ、漢字音ニ於テモ其ノ數極メテ多キモノナリ。從ツテ之ヲ一々歷史的ニ綴ルコトトスル時ハ、例ヘバ「茲・又・此・次」又ハ「賜・思・師・私」等ハ、何レモ之ヲ「자・ᄌᆞ・ᄎᆞ・ᄎᆞ」又ハ「ᄉᆞ・ᄉᆞ・ᄉᆞ・ᄉᆞ」ノ如ク區別シテ綴ラザルベカラズ。斯クテハ綴字ノ混同ヲ來スコトトナルヲ以テ、學習者ハ一々之ヲ機械的ニ記憶スルノ要ヲ生ジ、其ノ負擔逆ニ堪ヘ難キモノアリ。因ツテ、前記ノ如ク「ㅏ」ニ一定スルコトトセリ。

四　各　說　二

（新讀本Ⅰ）

本項改正ノ要點ハ、다・댜、디・지、됴・죠、듀・쥬、티、타・챠、텨・쳐、토・쵸、투・츄、티、샤、셔、쇼、슈ノ자、저、조、주、자、차、처、초、추、치、사、서、소、수ニ發音セラルルモノニ就キ、從來ノ綴字法ニアリテハ、單ニ純粹朝鮮語ニ於テノミ表音的表記法ニ從ヒ後者ニ一定シ、漢字音ニ於テハ、歷史的綴字法ニ從ヒ其ノママ綴ルコトトシタルヲ改メ、漢字音ニ於テモ亦純粹朝鮮語ト同樣、後者ニ一定セシ點ナリ。例ヘバ從來ノ綴字法ニ於テハ、져（本來ハ뎌）・죠（本來ハ됴）ノ如キヲ表音的表記法ニ從ヒ、저・조ノ如ク綴リ、丁寧・調練ノ如キヲ歷史的表記法ニ從ヒ뎡녕・됴련ノ如ク綴リシガ、改正綴字法ニ於テハ之ヲ改メ、丁寧・調練ノ如キモ、亦정녕・조련ノ如ク表音的ニ綴ルコトトシタルガ如シ。

（理由）　前記「ㆍ」ヲ「ㅏ」ニ一定セシ理由ト同樣ノ理由ニヨル。一部論者ノ中ニハ、活用ヲ示ス場合ニ限リ、例ヘバ가져（持ツテ）・바쳐（捧ゲ）・하셔（セラレ）ノ如ク、져・쳐・셔等ヲ使用シテハ如何ト說ク者アリ。サレド、之等ハ、가지어・바치어・하시어ガ가져・바쳐・하셔ト變化シ、更ニ가저・바처・하서ト變化セルモノト解釋シテ何等支障ナキモノニシテ、特ニ斯カル場合、文法的意識ニ捉ハルルノ必要ヲ認メザル爲、之ヲ採ラザルコトトセリ。

五　各　說　三

本項改正ノ要點ハ、폐・몌・볘・셰・졔・쳬・톄・켸・폐・싀・씌・싀・츼・긔・킈・희ノ계・메・볘・셰・제・체・테・케・페・혜・미・비・시・치・키・피・치ニ發音セラルルモノニ就キ、從來ノ綴字法ニ於テハ、漢字音ハ勿論歷史的ニ、純粹ノ

朝鮮語ニ於テモ或モノ、例ヘバ긔・긔ノ如キヲ其ノママ綴リシヲ改メ、漢字音ト純粹朝鮮語トヲ問ハズ、表音的表記法ニ從ヒ後者ニ一定セル點ナリ。

（理由）　前記各說一及二ノ改正理由ト同一ノ理由ニヨル。

六　各　說　五

本項改正ノ要點ハ、二語合シテ複合語ヲナシ其ノ間ニ促音現象ノ生ズルモノニ就キ、從來ノ綴字法ニ於テハ、場合ニヨリ、上ノ語ノ末、又ハ下ノ語ノ始メニ「ㅅ」ヲ附スコトトシタルヲ改メ、上ノ語ガ中聲ニヨリテ終ル場合ハ上ノ語ノ末ニ、終聲ニヨリテ終ル場合ハ特ニ他ノ語ト紛レ易キ場合ニ限リ、中間ニ「ㅅ」ヲ挿ムコトトセル點ナリ。例ヘバ、從來ノ綴字法ニ於テハ、동지ᄯᆞᆯ(冬至月)・조ᄯᅢ(祖代)・외양ᄭᆞᆫ(廏)ノ如ク、單ニ場合ニヨリ、上ノ語ノ末、又ハ下ノ語ノ始メニ「ㅅ」ヲ附記セシガ、改正綴字法ニ於テハ、上ノ語ガ中聲ニ終ル場合ハ、동짓달・좃대ノ如ク上ノ語ノ末ニ「ㅅ」ヲ附シ、終聲ニヨリテ終ル場合ハ、외양간ノ如ク「ㅅ」ヲ附セズ、他語ト紛レ易キモノニ限リ갓ㅅ간([illegible])ノ如ク、中間ニ「ㅅ」ヲ挿ムコトトシタルガ如シ。

（理由）　從來ノ綴字法ニ於テハ、單ニ場合ニヨリテト云フ標準ノモトニ上ノ語又ハ下ノ語ニ「ㅅ」ヲ附セシガ、斯クテハ、上下何レニ附スベキカニツキ徒ラニ迷ヲ生ジ、結局統一ヲ缺グ嫌アリ。改正綴字法ニ於テ、前記ノ如ク其ノ標準ヲ明瞭ニ定メタルハ、此等ノ點ヲ考慮シ以テ使用ノ統一ヲ期セシガ爲ナリ。尙ほ右標準ヲ前記ノ如ク定メタル理由ハ左ノ如シ。

（調査會一）

（一）上ノ語ガ中聲ニヨリテ終ル場合「ㅅ」ヲ表記スルコトトセシハ、此ノ場合、其ノ音韻モ顯著ニ發セラルルニ因ル。

（二）右ノ場合ニ於ケル「ㅅ」ヲ一律ニ上ノ語ノ末ニ附スルコトトセシハ、諺一上斯クスルヲ最モ適當ト認メタルガ爲ナリ。

（三）上ノ語ガ終聲ニ終ル場合「ㅅ」ヲ表記セザルコトトセシハ、此ノ場合ノ中間「ㅅ」ノ音ハ、中聲ニ終ル語ノ下ノ場合ノ如ク顯著ナラザルノミナラズ、コレヲ省略スルモ、二ツノ子音連ナル關係上、自然ニ緊張ナル「ㅅ」ノ音ヲ生ズル傾向ヲ有スルガ爲ナリ。

（四）他語ト紛レ易キモノニ限リ、右ノ場合ノ「ㅅ」ト雖モ特ニ中間ニ之ヲ表記セシハ、意味ノ混同ヲ避ケシガ爲ナリ。

七　各　說　七

本項改正ノ要點ハ、中聲ニ終ル音ノ下ニ於テ사行音ガ자行音ニ、자行音ガ사行音ニ變化スル場合、從來ノ綴字法ニ於テハ、其ノ音ノ變化ヲ認メズ等シク之ヲ歷史的ニ綴リシヲ改メ、表音的綴字法ニ從ヒ、變化セル音ノママ綴ルコトトシタル點ナリ。例ヘバ、從來ノ綴字法ニ於テハ、食事・茶園・議論等ガ식ᄉᆞ・다원・의론ノ如ク發音セラルルニモ拘ラズ、歷史的綴字法ニ從ヒ식ᄉᆞ・다ᄋᆏᆫ・의론ト綴リシガ、改正綴字法ニ於テハ之ヲ改メ、식사・다원・의논ト表音的ニ綴ルコトトセルガ如シ。

（理由）　中聲ニ終ル音ノ下ニ於テ、ㄴ行音ガㄹ行音ニ、ㄹ行音ガㄴ行音ニ變化スルハ、決シテ普遍的ノ現象ニ非ズ。本音ノママ發音セラルルコトモ亦頗ル多キハ、子女(자녀)・五男(오남)・假令(가령)・議論(의논)等ノ例ニ徵シテ明カナリ。從ツテ、若シ此等ヲ歷史的ニ綴ルコトセンカ、자녀ハ자려、오남ハ오람、의논ハ의론ト其ノママ讀ムノ繁アルニ至ル。因ツテ斯カル弊ヲ避クル見地ヨリ、之ヲ表音的ニ綴ルコトトセリ。

（附記）　改正綴字法各說七ニ於テㄷ行・ㅈ行ノ漢字音ハ、前記ノ場合ヲ除キ、皆、歷史的綴字法ニ從ヒ綴ルコトトセリ。（改正綴字法各說七參照）　之ガ理由ハㄷ行・ㅈ行ノ漢字音ノ特殊性ヲ認メタルガ爲ナルコト勿論ナリ。今之ニ就キ一部論者ノ說ヲ引用シ說明スル所アルベシ。即チ一部論者ノ中ニハ、語頭又ハ終聲ノ下ニ於テㄷ行・ㅈ行ノ漢字音ハ、他音ニ發セラルルコト多キニ拘ラズ之ヲ歷史的ニ綴ルハ、天地(텬디)・小說(쇼셜)等ヲ천지・소설等ニ綴ルコトトシタル精神ト矛盾シ、首尾一貫セザルニ非ズヤト說ク者アリ。徹底的表音主義ノ立場ヨリスレバ、甚ニ尤モナル說ト謂ハザルベカラズ。サレド、今回ノ改正ニ於テ此ノ種ノ漢字音ヲ歷史的綴字法ニ從ヒ綴ルコトトシタルハ、ㄷ行・ㅈ行ノ漢字音ハ、天・地・小・說等ノ漢字音ト趣ヲ異ニスルモノアルヲ認ムルガ爲ナリ。即チ詳細ニ之ヲ說明スレバ、天・地・小・說等ノ音ハ、如何ナル場合ニ於テモ천・지・소・설等ノ一音ニ發音セラルレドモ、ㄷ行・ㅈ行ノ漢字音ハ、語頭、語下等其ノ位置ニ從ヒ、或ハ他音ニ、又ハ本音ニ發セラルルコト、女子(녀자)・婦女(부녀)・論難(논난)・混亂(혼란)等ノ實例ニ徵スルモ明ラカナリ。從ツテ此等ヲ全部表音的ニ書ク時ハ、一字ノ漢字音ノ綴字多樣ニ流レ、却ツテ混亂ヲ来スノ弊ヲ生ズ。是レ、ㄷ行・ㅈ行ノ漢字音ノミハ、前記中聲ニ終ル音ノ下ニ於ケルㄷ行・ㅈ行ノ音ノ他音ニ變化スルガ如キ特ニ表音的表記法ヲ必要トスル場合ヲ除キ、全部歷史的ニ綴ルコトトセシ所以ナリ。

八　各　說　九

本項改正ノ要點ハ、純粹ノ朝鮮語中場合ニヨリ야・냐、여・녀、요・뇨、유・뉴、이・니ト二樣ニ發音セラルルモノニ就キ、從來ノ綴字法ニ於テハ、本來ノ音ガㄴ行音ナルモノハ、總ベテ歷史的綴字法ニ從ヒ之ヲㄴ行ニ一定セシヲ改メ、用言ニ限リㅇ行ニ一定スルノ外ハ、總ベテ表音的綴字法ニヨリㅇ行及ㄴ行ニ綴ルコトトセシ點ナリ。例ヘバ從來ノ綴字法ニ於テハ니(齒)・압니(前齒)・니러낫다(起キタ)・니러낫다(起キタバカリダ)ノ如ク綴リシヲ、改正綴字法ニ於テハ이・압니・이러낫다・이러낫다ノ如ク綴ルコトトセシガ如シ。

（理由）　此ノ場合ニ於ケル綴字法ヲ前記ノ如ク定メタルハ、表音的表記法ノ精神ニ基ケル事言フマデモナシ。一部論者ノ中ニハ、此ノ種ノ音ガ前項ニ述ベタル漢字ノㄴ行音ト類似セルヲ以テ、其ノ綴字モ亦之ト同樣ニ大體歷史的綴字法ニ從フコトトシテハ如何ト說ク者アリ。サレド、純粹ノ朝鮮語ハ漢字ト異ナリ、歷史的綴字ヲ正確ニ知ルコト頗ル困難ナルモノ少カラズ。本項ノ如キモノモ亦之ニ屬ス。從ツテ之ヲ歷史的ニ綴ルコトトスル時ハ、幾多ノ疑問ヲ生ジ、使用上少カラザル混亂ヲ來スニ至ル。因ツテ此等ノ說ヲ採ラズ、前記ノ如ク表音的ニ綴ルコトトセリ。但シ、用言ノ場合之ヲㅇ行ニ一定セシハ、用言ニ於テハ、語幹ヲナス場合ノ如ク上語トノ關係密接ナラザルガ爲、發音ニ於テモ後者程變動ヲ認ムル要ナキニ因ル。

九　各　説　十

本項改正ノ要點ハ、動詞又ハ形容詞ノ語尾ニ음·암·엄·이·에等ノ音ヲ附シテ名詞ニ轉成スルモノ、例ヘバ이름(名)·기름(油)·웃음(笑ヒ)·사람(人)等ヲ從來ノ綴字法ニ於テハ、或ハ語源ニ遡リ일음·웃음ト書シ、又ハ其ノママ기름·사람ト綴リ明確ナル標準ヲ設ケザリシモノヲ改メ、(一)·(二)ノ如キ標準ヲ定メ、之ニ據リテ綴ルコトトセル點ナリ。

（理由）一　(一)及(二)ノ如ク標準ヲ定メタルハ、其ノ記法ヲ明ラカニシ混亂ヲ避ケンガ爲ナリ。

二　(一)ニ屬スルモノヲ甲號ノ如ク特ニ語源ニ遡ラズ綴ルコトトセシハ、此ノ種ノ語ニアリテハ語源トノ關係相當複雜ナルモノアル爲、一々語源ヲ考慮シテ書クハ其ノ煩ニ堪ヘズ。且ツ使用ノ上ヨリ見ルモ、甲號ノ如ク綴ル方最モ容易ニシテ簡明ナルガ爲ナリ。

三　(二)ニ屬スルモノヲ甲號ノ如ク特ニ語源ニ遡リ綴ルコトトセシハ此ノ種ノ語ニアリテハ、語源トノ關係頗ル簡明ニシテ、何等語源ニ遡ルモ困難ヲ感ゼズ、且ツ之ニ遡リ綴ル時ハ其ノ意味ヲ明瞭ニシ得ルヲ以テナリ。

十　各　説　十一

（鮮語教二）

（鮮語教一）

本項改正ノ要點ハ、擬聲語ノ語尾ニ이ノ音ヲ附シテ名詞ニ轉成スルモノ、例ヘバ매아미(蟬)·개고리(蛙)等ヲ從來ノ綴字法ニ於テハ、或ハ語源ニ遡リ매암이ト書キ、又ハ其ノママ개고리ト綴リ明確ナル標準ヲ設ケザリシモノヲ改メ、甲號ノ如ク語源ニ遡ラズ、簡明ナル表音的表記法ニ從ヒ綴ルコトトセル點ナリ。

（理由）表音的ニ一定シテ書ク方簡單容易ニシテ、記法ノ統一ヲ得ルガ爲ナリ。

十一　各　説　十二

本項改正ノ要點ハ、된시옷ノ音ハ、從來ノ綴字法ニ於テハㅺ·ㅼ·ㅽ·ㅆ·ㅾノ如ク綴リシヲ改メ、ㄲ·ㄸ·ㅃ·ㅆ·ㅉノ如ク竝書スルコトトセシ點ナリ。

（理由）된시옷ノ音ヲ竝書トスベキカ、從來ノ如ク綴ルベキカニ就キテハ、相當論議ノアル所ナルモ、元來本音ハ、子音ㄱ·ㄷ·ㅂ·ㅅ·ㅈガ濃化又ハ硬化セラルル感ジヲ伴ナフ音ナルガ故ニ之ヲㄲ·ㄸ·ㅃ·ㅆ·ㅉノ如ク竝書スルコトトシ、從來ノ如ク本來「S」音ヲ具有スル「ㅅ」ヲㄱ·ㄷ·ㅂ·ㅈノ右ニ書クコトヲ廢セリ。

十二　各　説　十三

本項改正ノ要點ハ、從來ノ綴字法ニ於テ終聲ハ、ㄱ·ㄴ·ㄹ·ㅁ·ㅂ·ㅅ·ㅇ·ㄺ·ㄻ·ㄼノ十個ヲ使用セシヲ改メ、右ノ外更ニ、ㄷ·ㅌ·ㅈ·ㅊ·ㅍ·ㄲ·ㄳ·ㄵ·ㄾ·ㄿ·ㅄノ十一個ヲ許容スルコトトセシ點ナリ。

（理由）新終聲ヲ許容スルノ可否ニ就キテハ、世上幾多ノ論アリ。既ニ大正十年ノ改正ノ際ニ於テモ、委

且間ニ相當ノ論議アリシ所ナルガ、今回之ヲ許容スルコトトセシハ、諺文ハ元來表音文字ナリト雖モ、朝鮮語本來ノ性質上、全體ニ亙リ徹底的ニ之ヲ發音通リ綴ル時ハ如何ト思ハルルモノ少カラズ。例ヘバ곤난(困難)·아홉은(九ツハ)·사람이(人ガ)·먹어라(食ヘ)ノ如キモ、之ヲ고난·아호븐·사라미·머거라ノ如ク綴ル方最モ表音的ナレド、從來ニ於テモ곤난·아홉은·사람이·먹어라ノ如ク綴リシハ其ノ綴字ニ觀念的表現ヲ必要トセシガ爲ナリ。重終聲中ㄳ·ㄵ·ㄺ等ヲ從來ニ於テモ採用セシガ、此等モ亦右ノ理由ニヨルモノナリ。本項ニ於テ更ニ新シキ單終聲及重終聲ヲ許容セシモ亦右ノ理由ニ基キ其ノ使用ヲ擴張セシ次第ニシテ、表音的ニ考慮スル時若干ノ疑問ナキニ非ザルモ、體言ト助詞、用言ト活用部等ノ關係ヲ明瞭ナラシメ、文法·語法ノ整然ヲ期スル等其ノ得ル所少カラザルモノアリ。因ッテ之ヲ許容スルコトトセシナリ。

尙ホ右ノ外、單終聲ㅎ、二重終聲ㄶ·ㅀ·ㅄ·ㄿ等モ許容セヨトノ論者アレド、此等ニ就キテハ尙ホ發音ノ如何、實際使用上ノ難易等ニ關シ相當研究ノ餘地アルヲ認メ、之ヲ許容セズ、從來ノ綴字法ニ從フコトトセリ。

十三　各說十五

本項ヲ特ニ設ケシハ、終聲ㅌヲ許容セシ結果下ニ은·에等ノ來ル場合ハ、밭은(畑ハ)밭에(畑ニ)ノ如ク綴リ問題ナキモ、이·이며等ノ來ル場合ハ、밭이·밭이며トナリ、普通ノ發音ト異ナル音ヲ現ハスニ至ル。斯クテハ發音通リニ表記スルノ精神ニ反スルヲ以テ、特ニ此ノ場合ニ使用スベキ表音的綴字ヲ明記スルノ必要ヲ認メタルガ爲ナリ。尙一部論者ノ中ニハ、體言ニ於テ밭(畑)·밫(畑)ノ如ク二樣ノ綴字ヲ認メテ下ノ辭ヲ밭에·밭은·밫이·밫이며ノ如ク普遍的ノモノトシテハ如何ト說ク者アレド、體言ヲ下ノ辭ノ爲ニ二樣ニ綴ルハ本末顚倒ノ嫌アルヲ以テ之ヲ採ラザルコトトセリ。

十四　各說十六

本項ヲ特ニ設ケシハ、終聲ㅊヲ許容セシ結果下ニ이·은等ノ來ル場合ハ、숯이(炭ガ)·숯은(炭ハ)ノ如ク綴リ問題ナキモ、에·에서等ノ來ル場合ハ숯에·숯에서トナリ、普通ノ發音ト異ナル音ヲ現ハスニ至ル。斯クテハ發音通リニ表記スルノ精神ニ反スルヲ以テ、特ニ此ノ場合ニ使用スベキ表音的綴字ヲ明記スルノ必要ヲ認メタルガ爲ナリ。尙ホ一部論者ノ中ニハ、體言ニ於テ숯(炭)·숫(炭)ノ如ク二樣ノ綴字ヲ認メ、下ノ辭ヲ숯이·숯은·숫에·숫에서ノ如ク普遍的ノモノトシテハ如何ト說ク者アレド、體言ヲ下ノ辭ノ爲ニ二樣ニ綴ルハ本末顚倒ノ嫌アルヲ以テ之ヲ採ラザルコトトセリ。

十五　各說二十三

本項改正ノ要點ハ、從來ノ綴字法ニ於テ바침(終聲)·부치다(貼ル)·부치다(掛ケル)等ヲ밧침·붓치다·붓치다ノ如ク終聲「ㅅ」ヲ附シテ綴リシヲ改メ、바침·부치다·부치다ノ如ク綴ルコトトセシ點ナリ。

(理由)　特ニ終聲「ㅅ」ヲ附セザルモ、其ノ音ハ自然ニ發セラルルヲ以テナリ。尙ホ一部論者ノ中ニハ、받침·붙치다·붙치다ノ如ク語源ニ遡リテ綴ルベシト說ク者アレド、一々語源ニ遡ルハ其ノ煩ニ堪ヘズ。因ッ

ナ之ヲ採ラザルコトトセリ。

十六 仝 課 二十五

本項改正ノ要點ハ、假名ヲ諺文ニテ表記スルモノノ中、從來ノ綴字法ニ於テハ「チ」ヲ「디」、「ツ」ヲ「쓰」ニヨリ表記セシヲ改メ、「チ」ハ「지」ヲ以テ、「ツ」ハ「쯔」ヲ以テ表記スルコトトセシ點ナリ。

（理由）「チ」ヲ「지」ニヨリ表記スルコトトセシハ、「지」ガ「디」ヨリモ「チ」ノ音ニ近ケレバナリ。「ツ」ヲ「쯔」ニヨリテ表記スルコトトセシハ、「ツ」ヲ「스」ニヨリ表記セシ關係上、其ノ濁音「ヅ」ハ「쯔」ヲ以テ表記スルヲ最モ適當ト認メシガ爲ト、若シ從來ノ如ク「쓰」ヲ以テ表記セバ「ズ」モ「ヅ」モ共ニ「즈」ヲ以テ表記スルコトトナリ混亂ヲ免レザルガ爲ナリ。

初等朝鮮語讀本 卷一 指導書

定價金二十二錢

昭和十四年五月十五日翻刻印刷
昭和十四年五月十八日翻刻發行

著作權所有

著作者 發行者 朝鮮總督府

京城府大島町三十八番地
翻刻發行者兼印刷者 朝鮮書籍印刷株式會社
代表者 井上主計

京城府大島町三十八番地
發行所 朝鮮書籍印刷株式會社

제7차 교육령기

初等朝鮮語讀本 - 簡易學校用

全

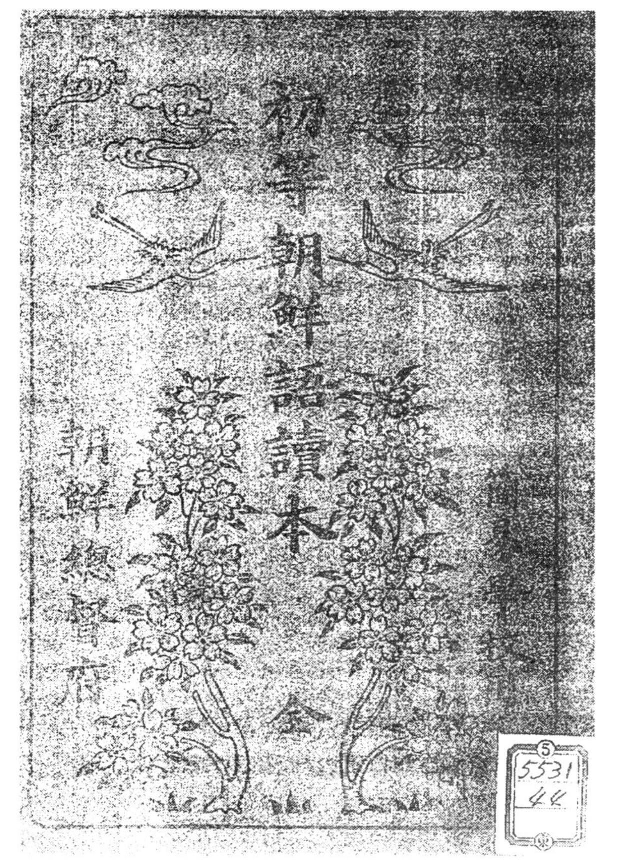

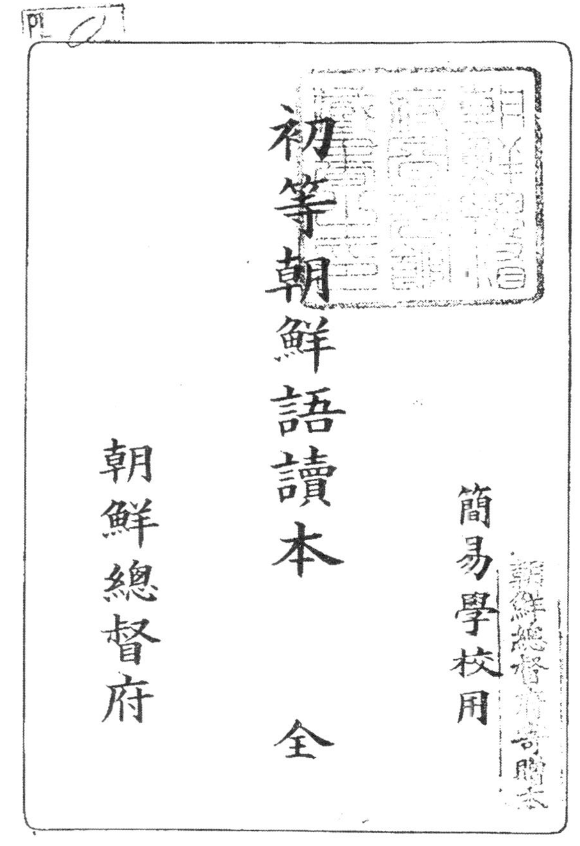

693 초등 조선어독본 전 간이학교용

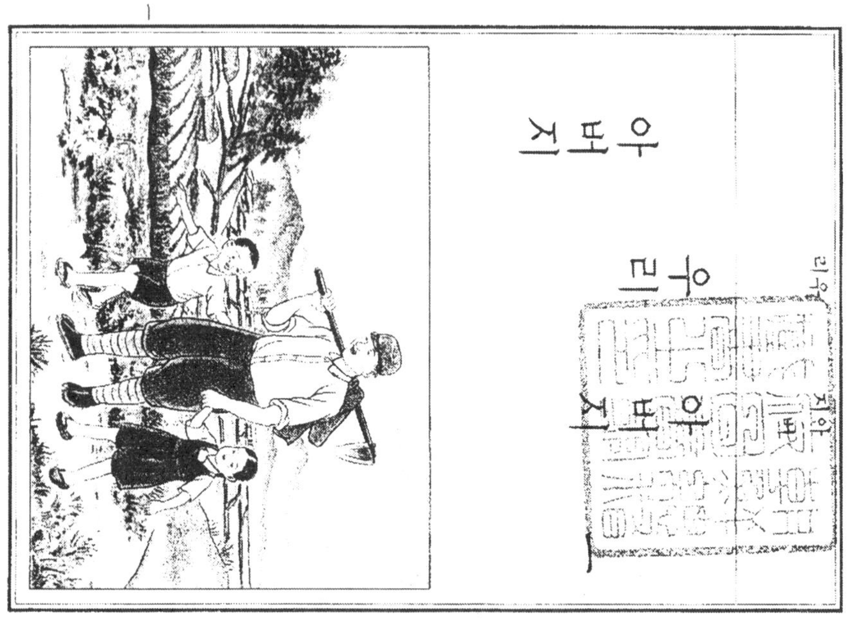
우리 아버지

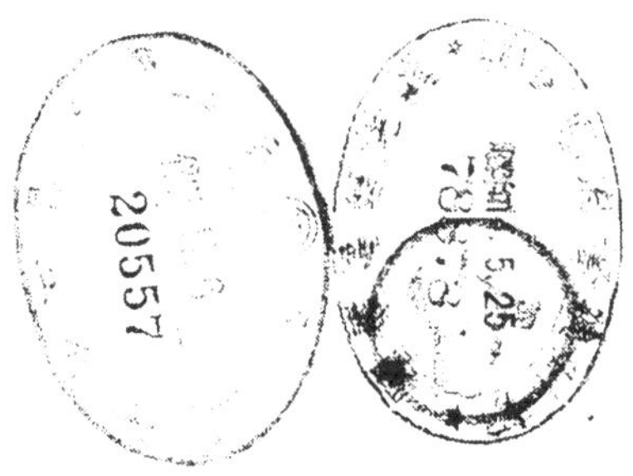

어머니

二

어머니

우리

어머니

가 서이 오너라

三

아가 아가

우리 아가,

어서 이리

오너라。

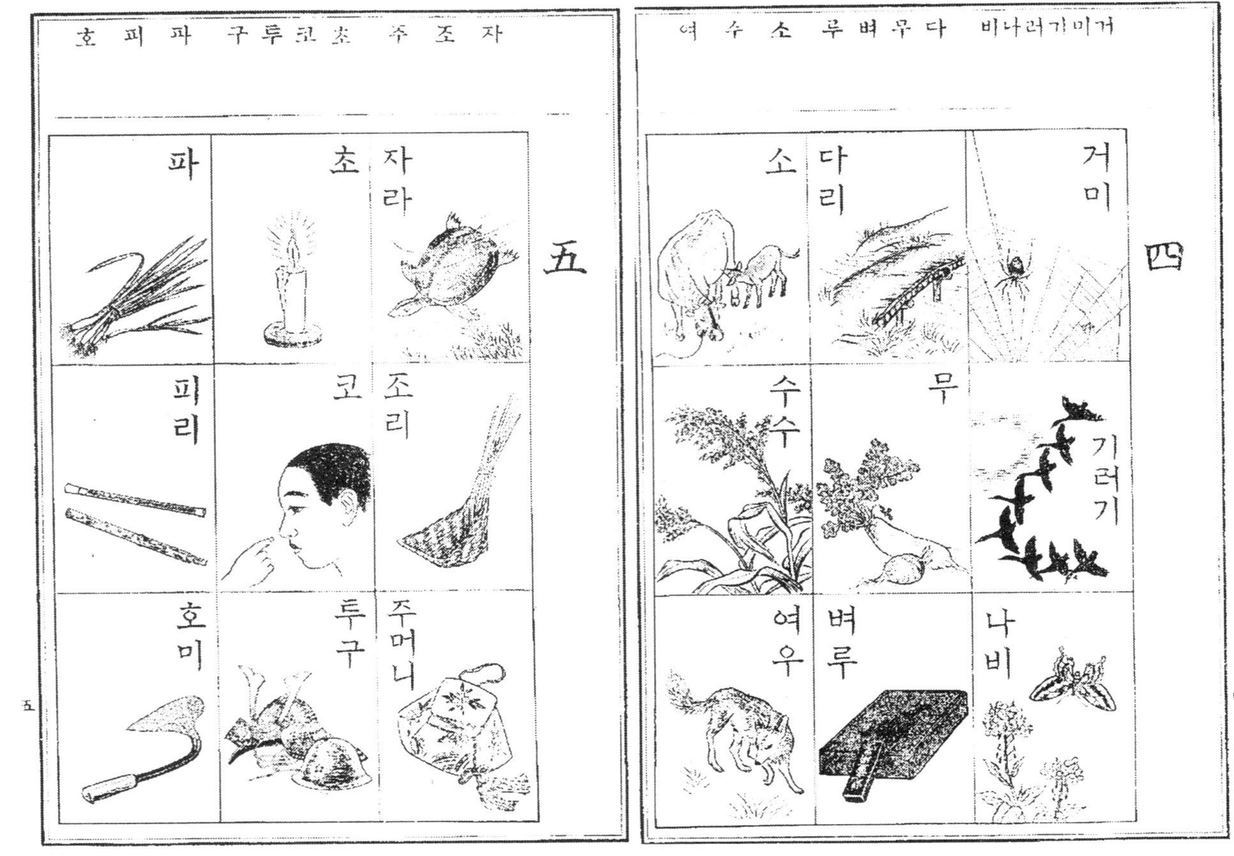
四
거 미 기 러 나 비 다 무 벼 루 소 수 여
거미
다리
소
기러기
무
수수
나비
벼루
여우
五
자 조 주 초 코 투 구 파 피 호
자라
초
파
조리
코
피리
주머니
투구
호미

六

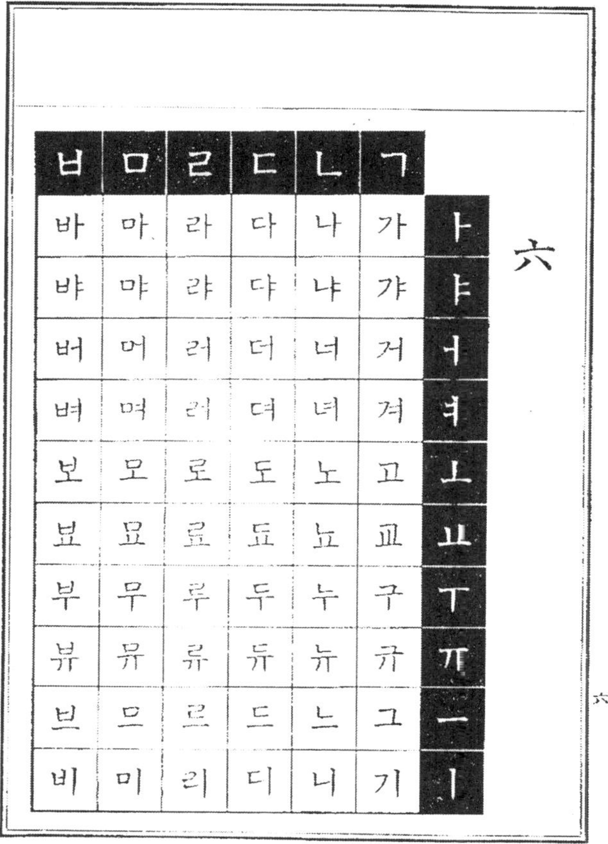

ㅂ	ㅁ	ㄹ	ㄷ	ㄴ	ㄱ	
바	마	라	다	나	가	ㅏ
뱌	먀	랴	댜	냐	갸	ㅑ
버	머	러	더	너	거	ㅓ
벼	며	려	뎌	녀	겨	ㅕ
보	모	로	도	노	고	ㅗ
뵤	묘	료	됴	뇨	교	ㅛ
부	무	루	두	누	구	ㅜ
뷰	뮤	류	듀	뉴	규	ㅠ
브	므	르	드	느	그	ㅡ
비	미	리	디	니	기	ㅣ

七

ㅎ	ㅍ	ㅌ	ㅋ	ㅊ	ㅈ	ㅇ	ㅅ
하	파	타	카	차	자	아	사
햐	퍄	탸	캬	챠	쟈	야	샤
허	퍼	터	커	처	저	어	서
혀	펴	텨	켜	쳐	져	여	셔
호	포	토	코	초	조	오	소
효	표	툐	쿄	쵸	죠	요	쇼
후	푸	투	쿠	추	주	우	수
휴	퓨	튜	큐	츄	쥬	유	슈
흐	프	트	크	츠	즈	으	스
히	피	티	키	치	지	이	시

저물 전에 집으로 신

七

가자 가자、
어서 가자。
저물기 전에、
집으로 가자。
아버지 어머니、
기다리신다。

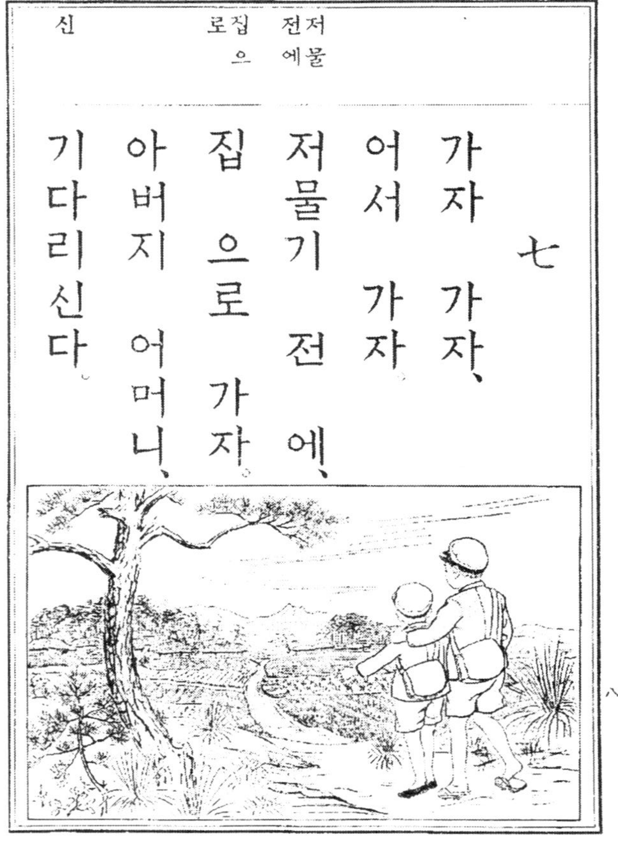

안녕히 섯습 닛 잘잣느냐 학교 갓겟

八

「아버지、어머니、
안녕히 주무섯습
닛가」。
「오냐」。「잘 잣느냐」。
「아버지、어머니、
학교에 갓다오겟습니다」。

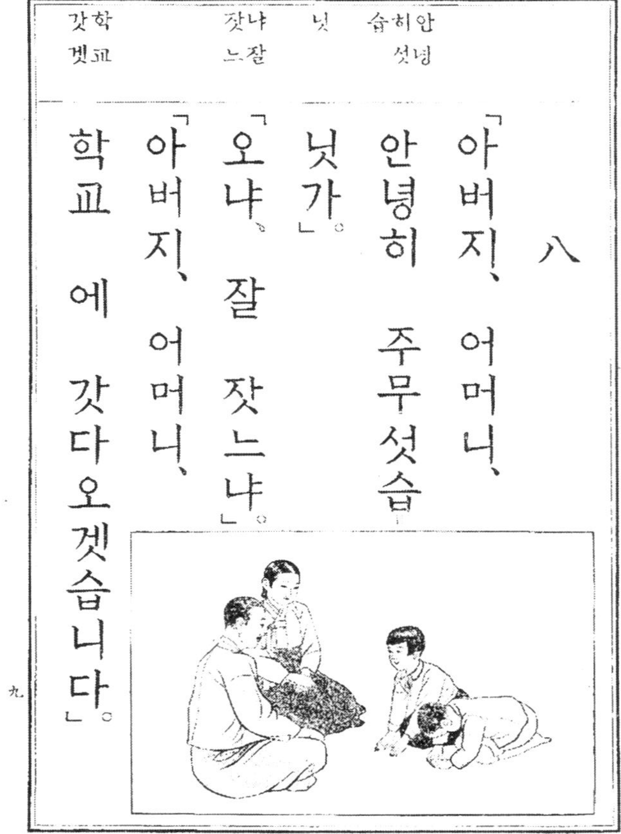

왓 십시

「오냐、잘 갓다오너라」。
「아버지、어머니、학교 에 갓
다왓습니다」。
「오냐、잘 갓다왓느냐」。
「아버지、어머니、안녕히 주무
십시오」。
「오냐、잘 자거라」。

먹 손 말 범 톱 낫 붓 총 항

九

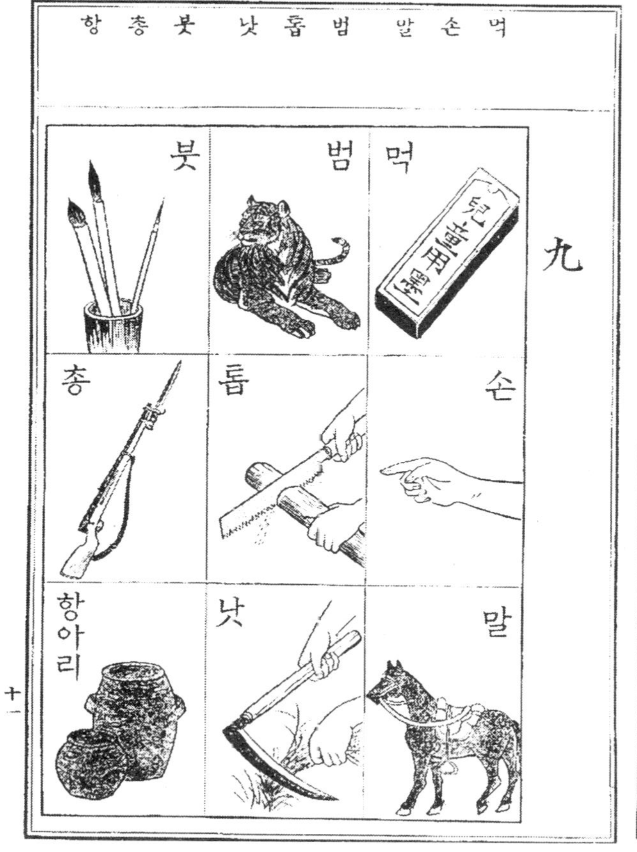

十

삽	반	맛	랄	당	남	각
샷	뱔	망	랼	댝	냡	갼
성	범	먹	렵	던	넛	걸
셕	볍	면	련	뎔	녕	겸
손	봇	몰	롱	돔	녹	곱
숄	봉	묨	룩	둡	뇬	굣
숨	북	뭅	룬	둣	눌	궁
슙	뷴	뮷	률	듐	눕	귝
슷	블	믕	름	득	늡	근
싱	빔	믹	립	딘	닛	길

十二

합	콴	탓	칼	창	잠	악
햣	퍌	턍	캽	챡	쟙	얀
헝	펌	턱	컵	천	젓	얼
혁	폅	텬	켯	쳘	정	염
혼	폿	톨	콩	촘	족	옵
횰	푱	툠	쿅	춉	죤	욧
훔	푹	툽	쿤	춧	줄	웅
흅	퓬	튯	큘	츙	쥼	육
흣	플	틍	큼	측	즙	은
힝	핌	틱	킵	친	짓	일

十三

를거
물고

래 본려 즉

十一

개가 고기를 물고、다리우로 지나갓습니다。다리 아래를 나려다본즉、물

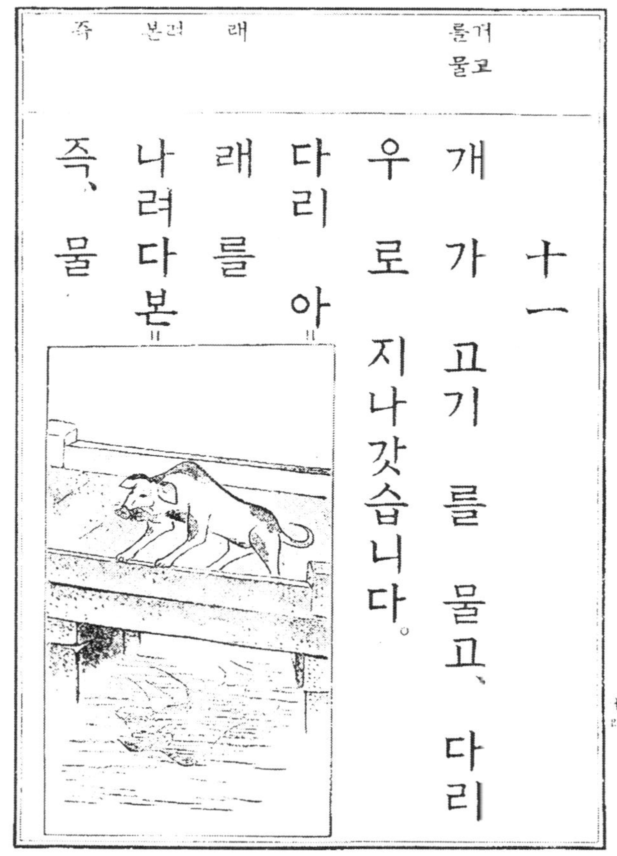

十四

도운 그잇 멍욕 잇짖 입울 속든 렷떨
문데 하심 벌때

가운데에도、고기를 문 개가 잇섯습니다。그 고기도 욕심이 나서、멍하고 짖엇습니다。짖을 때에、입이 벌어저서、물엇든 고기가、물 속으로 떨어저버렷습니다。

十五

는　마한　름릅　올검 둥　합따

十二

우리 집 에서는、
개 한마리 를
기릅니다。 이름
은 검둥이올시다。
검둥이는、 나 를
따라다니기 를 조아합니다。

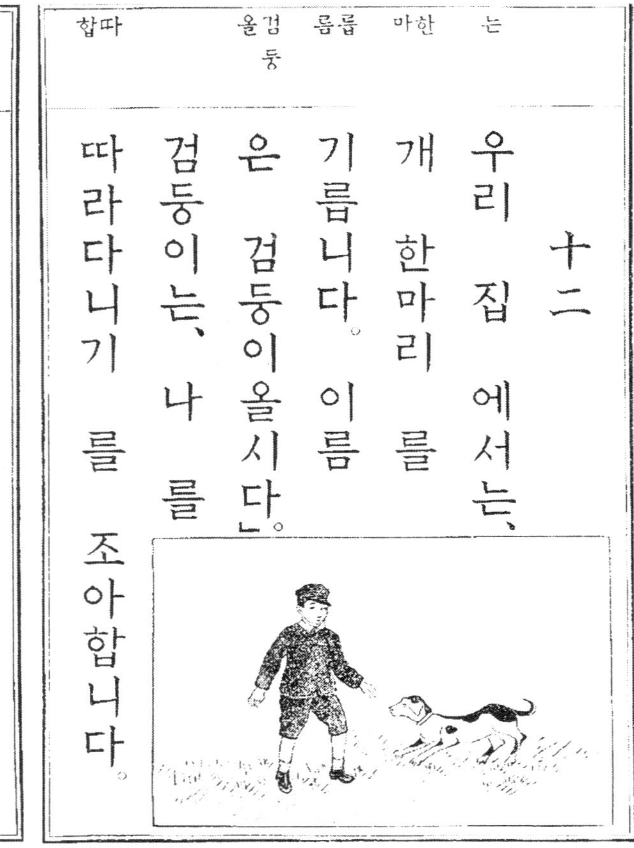

十六

적내　변　불께 들곳　던공　옵　먼모　말냄 새

내가 학교 에 올 적에、
검둥이가 따라나서면、 어머
니 께서 곳 불러들이십니다。
내가 공 을 던지면、 검둥
이가 곳 가서、 물고옵니다。
검둥이는、 아모리 먼 데
를 갓다가도、 냄새 를 맡으

十七

혼 밤낮 람르 보사 섭 스참 랑

면서、 혼자 집 으로 옵니다。

검둥이 는、 낮 에나、 밤 에

나、 모르는 사람 을 보면、

곳 짖고 나섭니다。 그러나、

사람 을 물지는 아니합니다。

검둥이 는、 참으로 사랑스러

운 개올시다。

十三

새	배	매	래	대	내	개
세	베	메	레	데	네	게
셰	볘	몌	례	뎨	녜	계
쇠	뵈	뫼	뢰	되	뇌	괴
쉬	뷔	뮈	뤼	뒤	뉘	귀
싀	븨	믜	릐	듸	늬	긔
해	패	태	캐	채	재	애
헤	페	테	케	체	제	에
혜	폐	톄	켸	쳬	졔	예
회	푀	퇴	쾨	최	죄	외
휘	퓌	튀	퀴	취	쥐	위
희	픠	틔	킈	츼	즤	의

더날 땀 흘 것 벳 장 님

十四

더운 여름날, 개미 가 땀을 흘리면서, 먹을것 을, 집으로 물어나르고잇섯습니다。

이 것 을 보 고 잇든 벳장이는,

「여보, 개미님, 더운 여름

게부 런일 만 갑 원풀 발 노 춤 추질 겁게 놉 얏

에, 그러케 부지런이 일만하면, 무엇합닛가。 자, 갑시다。 저기 시원한 풀밧 에가서, 노래 도 부르고, 춤도 추면서, 질겁게 놉시다。 자, 어서 갑시다」。

하고, 말하얏습니다。 그러나,

당 살 두 처겨 치인
금닥 제

개미 는、
「아니올시다。 인제 곳、 치운
겨을 이 닥처옵니다。 지금、
부지런이 먹을것 을 모아
두지아니하면、 겨을 에 무
엇 을 먹고、 살아갑닛가。
당신 도 어서 가서、 부지

위 눈뇌 바눈 덧 듯 임의
엿 찌

런이 일 을 하십시오。」
하고、 벳장이 의 찌임 을
듯지아니하얏습니다。
어느덧、 여름 이 가고、 가을
도 지나서、 눈바람 치는 겨
을 이 되엿습니다。 놀기만
하든 벳장이 는、 치워도 들

갈 배 업　　찻　　견 딜　　좀

어갈 곳 이 업고、배 가
고파도、먹을것 이 업섯습니
다。하는수 업시、개미 의
집 을 찾아가서、
「개미님、나 는 지금 배
가 고파서、견딜수 업스니、
먹을것 을 좀 주십시오。

二十四

방 쉬　　울

그리고、더운
방 에서 쉬
게하야주십시
오。」
하고、울면서
말하얏습니다。
개미 는、그

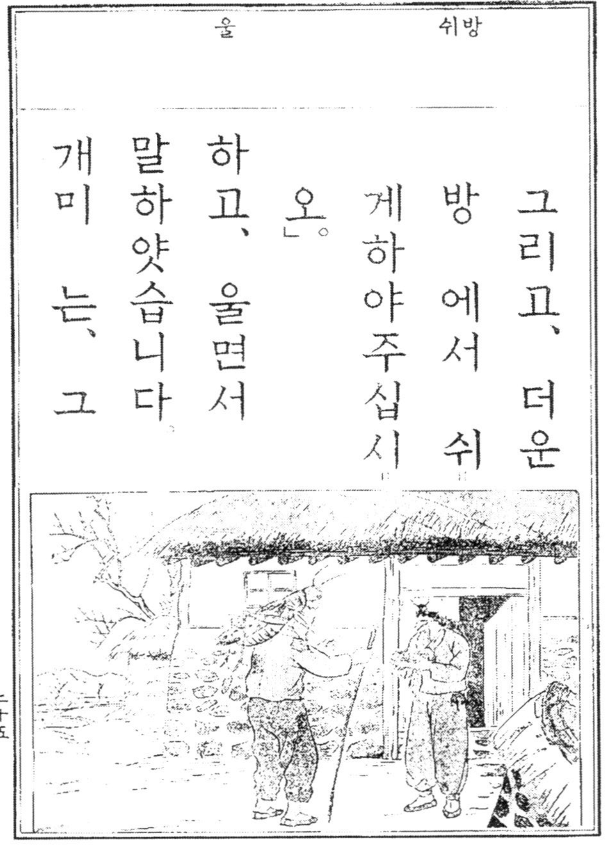

二十五

각상 야 손엽 잡 좁 실
생

말 을 듯고、불상하게 생각
하야、곳 먹을것 을 주면서、
「아、참 가엽슨 일이올시다。
이 것 을 좀 잡수십시오。
그러나、집 이 이러케 좁
으니、쉬실수 는 업습니다」
하고、말하얏습니다。

二十六

받 찬 쓸판 걸정 뒷양 딱 걱

벳장이 는、먹을것 을 받어
들고、벌벌 떨면서、찬 바람
이 부는 쓸쓸한 들판 으로、
어정어정 걸어갓습니다。
개미 는、벳장이 의 뒷모양
을 바라보고、벳장이 의 딱
한 일 을 걱정하얏습니다。

二十七

할 뽑 햇빛 파 빨랏 럭 은

서、너풀너풀할 적 에、농군
들 이 뽑아다가、여기 에
심어주엇습니다。
잎 으로 는、햇빛 을 받고、
뿌리 로 는、거름 과 물 을
빨아서、무럭무럭 자랏습니다。
농군들 은、더운 여름 에、

三十

별 위 레매 웟 삭누 패 익 숙

별 치 나거나、비 가 오거
나、우리 를 위하야、풀 을
매고、버레 를 잡아주엇습니
다。참으로 고마웟습니다。
어느덧、이삭 이 패서、누러
케 익어、이러케 머리 를
숙이고잇습니다。우리 는、여

三十一

록 베 락훑 씨 찌남

물어갈수록, 머
리가 숙으러
집니다。
인제, 농군들
이 베여다가,
훑어서, 씨나락
을 남겨노코, 방아에 찌으

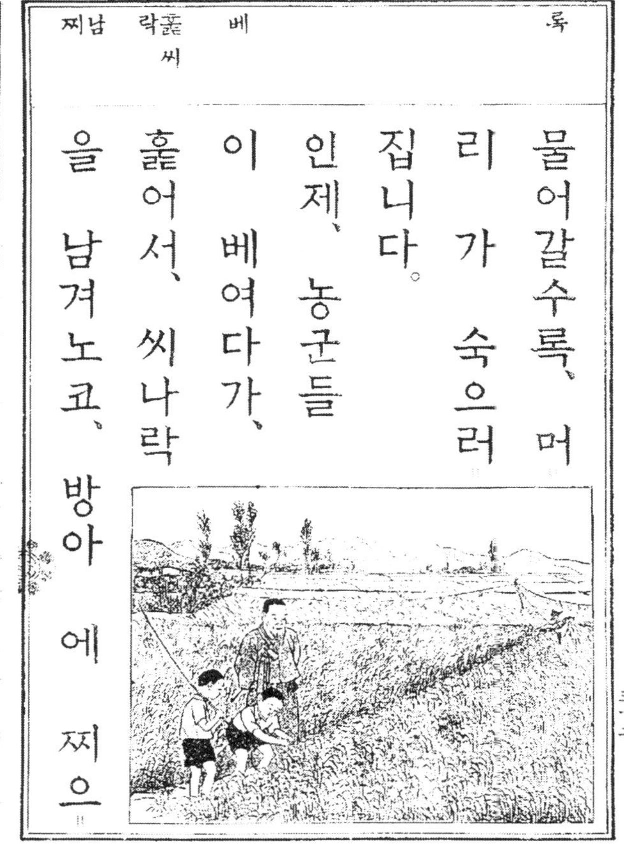

二十二

쌀됩 명년 분 밥 끼대 량죵 식

면, 쌀이 됩니다。 씨나락
은, 명년에 다시 벼가
되고, 쌀은, 여러분의 먹
는 밥이 됩니다
우리는, 사람에게 수고
를 끼치고, 그 대신에, 사
람의 량식이 되여줍니다

二十三

十七

까 꿩 끌 딸 뺨 뽕 썰 쑥 찔

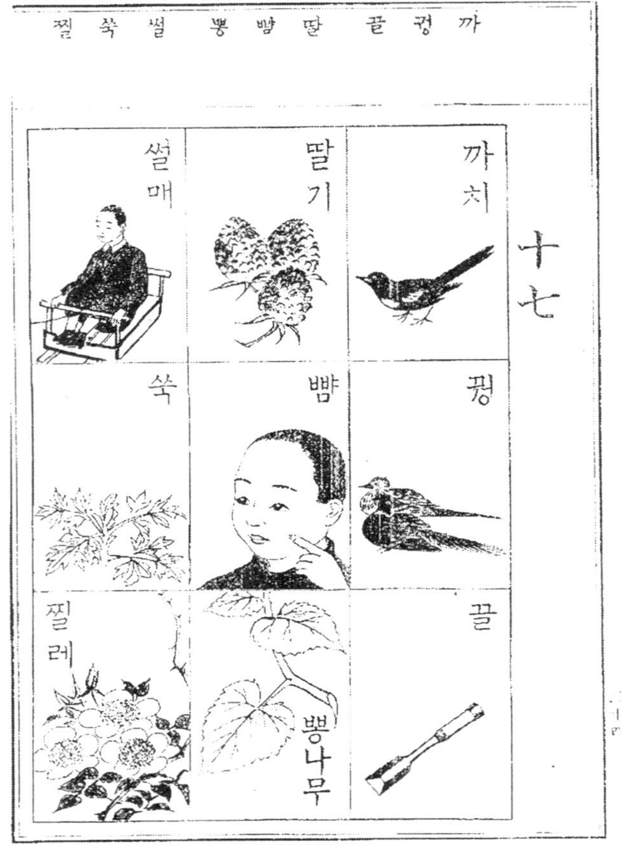

十八

까	꺄	꺼	껴	꼬	꾜	꾸	뀨	끄	끼
따	땨	떠	뗘	또	뚀	뚜	뜌	뜨	띠
빠	뺘	뻐	뼈	뽀	뾰	뿌	쀼	쁘	삐
싸	쌰	써	쎠	쏘	쑈	쑤	쓔	쓰	씨
짜	쨔	쩌	쪄	쪼	쬬	쭈	쮸	쯔	찌
깨	께	꾀	뀌	꽈	꿔	꽤	꿰	때	떼
뙤	뛰	빼	뻬	뾔	쀠	쌔	쐬	째	쬐

국 흰 탕 붉 글 막 침 해 럼 답 축

十九

우리 국기 는, 흰 바탕 에,
붉은 빛 으로 둥글게 물들
엿습니다。 막 돋은 아침해
처럼 아름답습니다。 이 것
을 히노마루 라고 합니다。
우리 나라 의 축일 이나

三十六

三十七

세메 쓰씨　절

제일 에는、학교 나 집 이 나、다 국기 를 답니다。바람 에 너풀너풀하는 국기 를 우러러보면、제절로 머리 가 숙으러집니다。

어적게 메이쐬세쓰 날 에、나 는、아침 에 일즉 일어

달　른앞　란욱

나서、국기 를 달앗습니다。마을 앞 에 나가보니、다른 집 에도、모다 국기 가 달려잇섯습니다。히노마루 가、아침햇빛 을 받어서、붉은 빗 이、더욱 찬란하게 보엿습니다。

봉인 련난 훈 늙

二十

봉수의 언니는, 군인을 지원하야, 지난 여름에 훈련소에 들어갓습니다. 봉수는, 학교를 다니면서, 늙은 부모를 도아, 들일과 집안일을 부지런이 하고잇습

써 편 캐

니다。
봉수의 집에서는, 어적게까지에, 벼도 다 베여들이고, 고구마도 다 캐여들엿습니다. 봉수는, 편지 한장을 써가지고, 아버지 앞에 가서,

끝 읽 와

「아버지、 추수가 다 끝낫스니、 언니에게 편지를 부치겟습니다」。

하고 엿줍고、 편지를 읽어 드렷습니다。

「언니、 안녕하십닛가。 아버지와 어머니께서도 안녕하

四十二

뒤 동네 종 요번

시고、 나도 잘 잇습니다 언니가 서울 가신 뒤에、 동네 사람들과、 우리 학교 아이들이、 종종 와서、 우리 일을 도아주엇습니다。 저번 일요일에도、 우리 학교 이년생이 전

四十三

터깃 타훨 작

부 와서, 우리 벼를 베
여들여주엇습니다. 어적게
까지에, 추수는 다 끝낫
습니다. 벼가, 작년보다
헐신 만타고, 아버지께서
깃버하십니다. 래일부터는,
보리를 갈기 시작할것이

四十四

몸차 랍 륭훌 곰중

올시다. 언니가 게시지안
어도, 집일을 잘 해가
는 중이오니, 조곰도 걱정
하시지말고, 훌륭한 군인
이 되시기만 바랍니다. 날
이 차차 치워지오니, 몸조
심하십시오. 그리고, 훈련소

四十五

습 형 간

이야기 를、자조 들려주십
시오」。
봉수 의 아버지 는、눈물
을 흘리면서、말슴하셧습니다。
「네 형 이、훈련소 에 들
어간 뒤 에、동네 사람들
과、학교 아이들 이、우리

해밥 갚 커

일 을 만이 도아주어서、
참으로 고맙다 그 은혜
를 갚자면、네 형 이 훌
륭한 군인 이되여서、나라
를 위하야、몸 을 바처야
한다。그리고、너 도 커서、
훌륭한 군인 이 되여라」。

쫓 솣테 씻 솣 끚 닫

二十一

ㄷ

문을 닫엇습니다。

ㅈ

붓을 끚앗습니다

ㅊ

솣이 잇습니다。

솣을 씻엇습니다。

솣테 밥을 지읍니다

새를 쫓읍니다。

덮뚜 꿀릎 얇 립 쪼

ㅌ

별치 낫습니다。

별을 쪼입니다。

별에 말립니다。

물이 얇읍니다。

ㅍ

무릎을 꿀코잇습니다。

뚜께를 덮엇습니다。

二十二

걷	곧	굳	닫	돋	묻	믿	받	뻗	쏟
얻		꽂	궂	낮	늦	맞	맺	빚	잊
잦	젖	짖	찾		꽃	낯	몇	빛	숯
좇	쫓		같	겉	끝	맡	밑	밭	뱉
볕	붙	얕	짙	팥	흩		갚	깊	높
덮	릎	섶	숲	싶	앞	엎	옆	잎	짚

五十

창늘 설

二十三

「어머니、오늘 설 창가 를 배웟습니다。설 이 언제 도 라옵닛가」。

「인제、일곱밤만 자면 설이다」。

「나 는、설날 아침 에 일즉 일어나서、국기 를 달고、아

五十一

버지 어머니 께, 세배 를
할터이올시다」。
「그래라。 설날 에는, 집 에서
차례 를 지내고, 아주머니
께 세배하러가야한다」。
「예, 먼저 학교 에 가서, 선
생님 께 세배하고, 식 을

마치고오겠습
니다。 식할
적 에, 오늘
배운 설 창
가 를 부를
것이올시다」。
「이애, 우리

본 쟁 쇨 건 품 낸

군인들 은、 깃븐 설날 에도、
전쟁 을 하고잇겟지。 좀 위
로해주어야하겟구나。 설쇨 물
건 을、 보내주기 로 하자」
「예、 선생님 께서、 위문품 을
학교 에 모아서 보낸다고、
말슴하섯습니다。 래일 학교

五十四

넙 냇 높솟 산 성

로 가지고가겟습니다」。

二十四

우리 집 앞 에는、 넓은 들
이 잇고、 들 한가운데 로는、
냇물 이 흘러갑니다。 뒤 에
는、 높은 산 이 솟아잇고、
산 에는、 나무 가 무성합니

五十五

봄 닢 칩 덕 감

다。 마당가에는、뽕나무밭치 잇서、봄과 여름에는、뽕닢을 따다가、누에를 칩니다。

집 뒤 언덕에는、밤나무 두주와、감나무 세주가

五十六

송 늦 굵

서잇습니다。 초가을에는、밤송이가 벌어저서、밤이 제절로 떨어집니다。 늦은 가을에、굵은

五十七

진 령 꼭꽃 갈

감이 빨가케 익어서, 잎이 다 떨어진 가지 에, 주렁주렁 달려잇는 모양 은, 꼭 붉은 꽃 갈치 보입니다。

집안 식구 는, 아버지, 어머니, 형님, 누님, 누이동생, 나, 모다 여섯사람이올시다。 요새

五十八

짜

는, 아버지 와 형님 은, 날마다 아침 부터 밤 까지, 가마니 를 짜십니다。 어머니 와 누님 은, 바느질 과 빨래 를 하시고, 가마니 도 짜십니다。 나 와 누이동생 은, 학교 에 가기 전 과,

五十九

닭온　꼴쇠

갓다온 뒤에, 닭 모이도
주고, 도야지 먹을것도 주
고, 쇠꼴도 주고, 집안 소
제도 합니다。
밤에는, 일이 끝난 뒤
에, 식구들이 한데 모여서,
여러가지 자미잇는 이야기

튼　목화　근림

를 하다가 잡니다。 아버지
께서는,
「집안 사람들이 모다 튼
튼하야, 일을 잘 하고,
서로 화목하게 지내니, 무
엇보다도 조은 일이다。
우리 살림도, 이 근년

행

에, 전보다 훨신 늘어가
니, 참 깃븐 일이다」。
고, 항상 말슴하십니다。

二十五

「아버지, 오늘 선생님께서,
비행기 전쟁의 말슴을
해주섯습니다」。

켓 헌 신 돈

「참 자미잇는 이야기를 들
엇구나」。
「그리고, 돈을 만이 내여서,
비행기를 바친 사람이
만타는 말슴도, 해주섯습니
다。 아버지, 우리도 헌금
을 만이 햇스면, 조켓습니다」。

[득] [엔]

니다。」
「참 기특한 말이다。 래일 은、
경사스러운 기엔세쓰로구나。
나라 의 경사스러운 날 에、
헌금하는 것 이、 더욱 조은
일이다。 얼마 되지안는 돈이
라도、 여러사람들 이 내여서

[함] [연]

모으면、 총 도 만들고、 비행
기 도 만들고、 군함이라도
만들수 가 잇는 것이다。 나
라 를 위하야、 몸 을 바치
는 군인들 을 생각하면、 우
리들 은、 돈이라도 바치는
것 이、 당연한 일이다。」

二十六

필깎　삯　앉　밝떳

ㄲ	ㄳ	ㄵ	ㄺ
연필을 깎엇습니다。	삯을 받엇습니다。	걸상에 앉엇습니다。	밝은 달이 떳습니다。

六十八

삶　밟　허핥　읊　값쌉

ㄻ	ㄼ	ㄾ	ㄿ	ㅄ
나물을 삶읍니다。	보리밭을 밟읍니다。	혀로 핥읍니다。	글을 읊읍니다。	값이 쌉니다。

六十九

二十七

짧	닮	묽	앉	석	깎
	삶	밝	얹	솎	꺾
핥	젊	붉		엮	겪
훑		얽	긁		낚
	넓	읽	긁	넋	닦
읊	덟	흙	늙	몫	묶
	밟		닭	삯	밖
값	얇	굶	맑		볶

페푸 렵웅 쪽젓

二十八

높은 공중에, 비행기가 날아갑니다。 푸로페라 소리가, 웅장스럽게 들립니다。 두 날개에는, 히노마루가 그려젓습니다。 여섯대가, 서쪽으로 날아갑니다。 아, 저기,

七十二

또북 젊 음 멈 태

또 세대 가, 북쪽 으로 날아갑니다。 늙은이 나 젊은이 나, 다 걸음 을 멈추고, 처다보고잇습니다。

「저 비행기들 은, 손님 을 태우고다니는 비행기입닛가」。

「아니올시다。 두날개 에, 히

七十三

용 디

노마루가 그려진 것을
보니、우리 나라 군용기올=
시다」。
「어디로 가는 것일가요」。
「글세요。서쪽으로 가는
것은、아마 지나로 가=
는 것인듯합니다。북쪽으=

럿

로 가는 것은、어디로=
가는지、잘 모르겠습니다」。
「지나 비행기는、우리 나=
라 비행기를、도저히 당=
할수가 업다지오」。
「그럿습니다。우리 나라 비=
행기가、십배나 되는

트린 썩 뿐 재 퍽 발

지나 비행기와 싸워서, 다 떨어트린 일이, 자조 잇섯습니다。 우리 나라에서 만든 비행기는, 기게가 썩 훌륭할뿐아니라, 기게를 쓰는 사람의 재조가 퍽 발달되여서, 어

七十六

영 혼 론 짓 웃듬

느 나라와 전쟁을 하든지, 조곰도 걱정이 업다고 합니다。 우리 나라에서 만든 비행기를 타고, 영국 론돈까지, 아혼네시간남짓에, 날아간 일이 잇서, 세게에 웃듬

七十七

넘

이 되엿습니다」
사람들이、이런 말을 하고 잇는 동안에、비행기는 차차 작아지드니、저편 산 넘어로 넘어가버렷습니다。
저 비행기들 중에는、우리들이 바친 돈으로、만든 것도 잇스리라고 생각하니、끝업시 반갑습니다。
나는、마음 속으로、그 비행기들이、맡은 일을 잘 마처、큰 공을 세우기를、정성것 빌엇습니다。

빌 큰 반

일제 식민정책과 조선어과 교과서

강진호·허재영*

1. 일제강점기 조선총독부의 교육 정책

일제강점기 식민 지배의 궁극적인 목적은 '조선인을 완전한 일본인으로 동화'하는 데 있었다. '내선 일체', '내선 융화' 등의 이데올로기는 일본의 일부가 된 조선인으로 하여금 '신민(臣民)의 도'를 실천하고 일본 제국의 번영과 이익 추구에 기여하게 하는 것이었다. 이러한 식민 정책을 실현하는 중요한 수단 가운데 하나가 교육이었다. 일찍이 박붕배(『국어교육전사』, 대한교과서주식회사, 1987)는 일제강점기의 교육을 '지배 교육, 노예 교육, 동화 교육'으로 규정한 바 있다. 비록 시대와 사회적인 분위기에 따라 식민 교육의 성격이 다소의 차이를 보일지라도 본질적으로 일제강점기의 교육은 동화와 지배를 위한 효율적인 수단이었음을 분명히 한 것이다.

이 시기 조선에서의 교육은 1911년 공포된 '조선교육령'에 의거하여 모든 사항을 조선총독이 관할하였다. 조선교육령은 모두 9차례에 걸쳐 개정되었는데, 개정의 주된 방향은 조선인의 자주성을 부정하고 내지와 동일한 학제를 운영함으로써 제국 신민화를 가능하게 하는 것이었다. 이 시기 '조선교육령'의 변천 과정을 표로 나타내면 다음과 같다.

---

* 강진호(성신여대 교수), 허재영(단국대 교수)

차수	연월일	주요 변화	비고
제1차 조선교육령	1911.8.23.	조선교육의 기초 법령 명시	구교육령
제2차 조선교육령	1920.11.12.	보통학교 수업 연한 늘림	
제3차 조선교육령	1922.2.4.	국어 상용자를 기준으로 입학 기준 적용	신교육령
제4차 조선교육령	1929.4.19.	실업교육 강화, 사범 교육 관련 개정	
제5차 조선교육령	1933.3.15.	사범학교 관련 개정	
제6차 조선교육령	1935.4.1.	실업보습학교 관련 개정	
제7차 조선교육령	1938.2.23.	단선 학제 운용으로 개정	개정교육령
제8차 조선교육령	1940.3.25.	초등학교령에 따른 개정	41.3.25. 개정에 따라 소학교에서 국민학교로 개정
제9차 조선교육령	1943.3.8.	중등학교령 발포에 따른 개정	통합교육령
제10차 조선교육령	1945.7.1.	전시체제에 따른 교육령	전시교육령

조선교육령 변천 과정에서 주목할 만한 것은 제1차 교육령(구교육령), 제3차 교육령(신교육령), 제4차 교육령(실업교육 강화를 포함한 교육령), 제7차 교육령(개정 교육령)이다.

제1차 교육령은 일제강점기 교육 정책의 기반을 확립한 교육령으로, 이 시기의 주된 학제 운영은 '일본인(거류민)'과 '조선인'을 나누는 방식이다. 달리 말해 일본인(내지인)은 '소학교-중학교-고등여학교'라는 이름을 가진 학교에 다닐 수 있으며, 조선인은 '보통학교-고등보통학교-여자 고등보통학교'라는 이름을 가진 학교에 다닐 수 있었다. 이에 비해 제3차 교육령에서는 '일어(당시의 국어) 상용 여부'를 기준으로 학제를 운영하였다. 달리 말해 '소학교-중학교-고등여학교'에는 일어 상용자가 취학할 수 있고, '보통학교-고등보통학교-여자고등보통학교'에는 일어 비상용자가 취학할 수 있었다. 그러나 기준을 달리 했지만 일어 상용 여부라는 점을 고려할 때 앞선 시대와 크게 달라진 것으로 보기는 어렵다. 그렇지만 3·1 독립 투쟁의 결과 조선에 대한 식민 통치 방식이 이른바 '문화정치'로 전환됨에 따라 조선어 말살정책이 잠시 유예되었으며, 교육 내용이나 방식에서도 다소 유화적인 모습을 보였다.

제4차 교육령은 실업 교육과 사범 교육을 강화하는 교육령이다. 그런데 교과서 정책에서 이 시기가 주목되는 이유는 '좀더 조선적인 것'을 표방하는 교과서 개발 정책 때문이다. 이 시기 학제는 크게 변화되지 않았지만, '병참기지화'의 전단계로서 실업 교육이 강화되고, 이를 무마하기 위한 수단으로 '조선적인 것'을 표방하게 된다. 특히 이 시기 개발된 교과서는 광복 이후 조선어학회의 『초등 국어교본』이나 『중등 국어교본』의 모태가 된다는 점에서 주목할 만하다.

제7차 교육령은 중일전쟁 이후의 병참기지화 정책이 본격적으로 시행되면서 개정된 교육령이다. 이 교육령의 특징은 '국체명징'과 '내선만(內鮮滿) 일체'를 강조하면서 대두된 '대동아 이데올로기'가 본격적으로 반영되었다는 점이다. 이때의 '대동아 이데올로기'는 일본을 중심으로 황국신민화가 완성되어야 한다는 전제를 깔고 있다. 그렇기 때문에 내지인과 조선인을 구분하지 않고 '소학교-중학교-고등여학교'의 단선 학제를 운영하도록 하였으며, 언어 문제에서도 조선어 말살정책을 본격적으로 실행하였다. '조선어 말살정책'은 1937년 이후 학교, 병영, 관공서, 사회 전반에 걸쳐 전국적으로 실행된 정책으로 이른바 '국어 상용운동'이라는 이름으로 나타난다. 이를 반영한 제7차 교육령에서는 조선어 교과를 '수의과목'으로 돌렸는데, 그 결과 대도시에서는 조선어 교과를 운영하는 경우가 없었다고 한다. 엄밀히 말하면 1938년 이후 조선에서의 조선어과 교육은 존재하지 않았다고 해도 과언이 아니다.

2. 조선어과 교과서 개발 실태

일제강점기의 교과서는 각급 학교 규칙에 들어 있는 '교과용 도서' 규정에 따라 조선총독부에서 개발한 것 또는 조선총독의 검정·인정을 받은 것만을 사용하도록 하였다. 이러한 '교과용 도서 검정제도'는 통감시대인 1908년 9월 1일에 공포되었다. 교과서 검정제도는 교과서의 개발 및 보급 과정 전반을 통제하는 장치로 작용하였으며, 이에 따라 조선총독부에서는 보통학교 대부분의 교과서와 고등보통학교 주요 과목의 교과서를 개발하였다. 특히 수신, 국어(일본어), 조선어 교과는 식민 교육 정책의 근간을 이루는 과목이었으므로 식민 초기부터 집중적으로 개발되었다.

이 가운데 조선어과 교과서 개발 실태에 대해서는 박붕배(1987), 이종국(『한국의 교과서』, 대한교과서주식회사, 1992) 등의 선행 연구가 있었으며, 특히 박붕배(『침략기의 교과서』, 국어교육연구소, 2003)는 제1차 교육령기, 제3차 교육령기, 제4차 교육령기의 보통학교 및 고등보통학교, 여자고등보통학교 교과서 자료집을 낸 바 있다. 그러나 이 자료집에서는 일부가 누락되고 또 자료에 대한 해제가 없으며, 발행 부수가 매우 제한적이어서 연구자들이 쉽게 이용할 수 없는 한계가 있었다. 이런 사실을 고려하여 허재영은 일제강점기 조선어과 교과서 개발 실태에 대한 전수조사를 실시했고, 그 결과 다음과 같이 약 62종의 교과서가 개발되었음을 확인하였다.(허재영, 『일제강점기 교과서정책과 조선어과 교과서』, 경진출판, 2009) 이를 바탕으로 이 시기에 개발된 조선어과 교과서의 목록을 작성해 보면 다음과 같다.

학교급	교육령	책명	권수	연대
보통학교	자구 정정본(訂定本)	보통학교 학도용 한문독본	1	1911
		보통학교 학도용 한문독본	2	1911
		보통학교 학도용 한문독본	3	1911
		보통학교 학도용 한문독본	4	1911
		보통학교 학도용 조선어독본	1	1911
		보통학교 학도용 조선어독본	2	1911
		보통학교 학도용 조선어독본	3	1911
		보통학교 학도용 조선어독본	4	1911
		보통학교 학도용 조선어독본	5	1911
		보통학교 학도용 조선어독본	6	1911
		보통학교 학도용 조선어독본	7	1911
		보통학교 학도용 조선어독본	8	1911
	제1차	보통학교 조선어급한문독본	1	1913
		보통학교 조선어급한문독본	2	1913
		보통학교 조선어급한문독본	3	1913
		보통학교 조선어급한문독본	4	1913
		보통학교 조선어급한문독본	5	1922
		보통학교 조선어급한문독본	6	1922
	제3차	보통학교 한문독본	제5학년용	1923
		보통학교 한문독본	제6학년용	1923
		보통학교 조선어독본	1	1922
		보통학교 조선어독본	2	1922
		보통학교 조선어독본	3	1922
		보통학교 조선어독본	4	1922
		보통학교 조선어독본	5	1922
		보통학교 조선어독본	6	1922
		보통학교 고등과 조선어독본	1	1925
		보통학교 고등과 조선어독본	2	1925
	제4차	보통학교 조선어독본	1	1933
		보통학교 조선어독본	2	1933
		보통학교 조선어독본	3	1933
		보통학교 조선어독본	4	1933
		보통학교 조선어독본	5	1933
		보통학교 조선어독본	6	1933
		사년제 보통학교 조선어독본	1	1933
		사년제 보통학교 조선어독본	2	1933
		사년제 보통학교 조선어독본	3	1933
		사년제 보통학교 조선어독본	4	1933
	제7차	초등 조선어독본	1	1939
		초등 조선어독본	2	1939
		초등조선어독본 교사용	1	1939
		초등조선이독본 교사용	2	1939

간이 학교	제3차	간이학교용 조선어독본	미상	1933
	제7차	초등조선어독본 전(全)	全	1939
고등 보통 학교	제1차	고등조선어급한문독본	1	1913
		고등조선어급한문독본	2	1913
		고등조선어급한문독본	3	1913
		고등조선어급한문독본	4	1913
	제3차	신편 고등조선어급한문독본	1	1925
		신편 고등조선어급한문독본	2	1925
		신편 고등조선어급한문독본	3	1925
		신편 고등조선어급한문독본	4	1925
		신편 고등조선어급한문독본	5	1925
	제4차	중등교육 조선어급한문독본	1	1935
		중등교육 조선어급한문독본	2	1935
		중등교육 조선어급한문독본	3	1935
		중등교육 조선어급한문독본	4	1935
		중등교육 조선어급한문독본	5	1935
여자 고등 보통 학교	제3차	여자 고등조선어독본	1	1925
		여자 고등조선어독본	2	1925
		여자 고등조선어독본	3	1925
		여자 고등조선어독본	4	1925

이 표에는 교과서 개발의 전제가 되었던 '편찬 취의서'는 포함되지 않았다. 또한 일부 자료는 개발 사실만 확인하였을 뿐 확보하지 못한 것도 있다. 현재 확보하지 못한 자료는 '자구 수정본'의 '조선어독본' 2종과 '한문독본' 2종, 제4차 교육령기의 '4년제 보통학교 조선어독본' 2종, '간이학교용 조선어독본' 1종, 제7차 교육령기의 '초등조선어독본 교사용 권2'의 8종뿐이다. 이 가운데 자구 수정본은 수정 내역이 밝혀져 있으므로 내용을 재구하는 데 어려움이 없으며, 4년제나 간이학교용은 정규 과정의 축약본이므로 이 시기의 조선어과 교과서의 성격을 규명하는 데 어려움이 없을 것으로 보인다.

3. 식민정책과 교과서의 순응적 주체

조선어과 교과서의 내용을 최근의 교육과정과 비교해보면 여러 가지

점에서 격세지감을 느끼게 된다. 시대 현실에 능동적으로 대응하는 주체적이고 창의적인 인재를 육성하는데 교육의 목적이 있다면, 식민치하의 교육은 그와는 거리가 멀었다. 단편적이고 사실적인 지식을 암기하고 이해하는 능력보다는 정보를 탐색하고 분석하여 새로운 지식을 창출하는 능력, 자기 주도적인 평생학습 능력과 효율적 의사소통, 협동적 문제해결 능력 등을 중시하는 게 최근의 교육과정이다. 그런데 식민치하의 교육은 이와는 달리 객관적이고 절대적인 지식관에 바탕을 두어 '가르치는 주체' 즉, 일제의 의도가 전면화되는 강한 목적성을 특징으로 한다. '배우는 주체'의 신체적 · 정의적 · 지적 성장의 특수한 과정을 고려하기보다는 '가르치는 주체'를 중심으로 모든 학생이 도달해야 할 목표를 설정하고, 그것을 위해 학생들에게 동일하고 획일적인 교육을 시행하는 식이다. 조선어에 대한 교수 · 학습을 목적으로 하는 『조선어독본』이 『수신』 교과서와도 같이 다양한 실용 정보와 지식으로 채워진 것은 그런 이유로 설명될 수 있다.

※ 『조선어독본』3권 내용 분류

내용	단 원 명
수신	「그네」「낙시질」「편지」「추석」「매암이와 개미」「운동회」 「문병」「이언」
역사	「솔거」「박혁거세」
이과	「소와 말」「제비」「희우(喜雨)」「집히 효용」
지리	「백두산」「경성」
실업	「식목」「나물캐기」「국화」
문학	「나븨」「달」「말하는 남생이」「노인의 이약이」「여호와 가마귀」

여섯 권 중에서 한 권을 표본으로 정리한 것이지만, 표에서 알 수 있듯이 『조선어독본』(여기서 분석대상으로 한 것은 3차 교육령기에 개발된

『조선어독본』 6권이다.)에서 가장 큰 비중을 차지하는 것은 수신적 내용이고, 다른 글도 도덕과 교훈을 전달하기 위한 의도로 채워져 있다. 이과(理科)에 속하는 글들이나 실업, 심지어 문학 영역에 속하는 단원들도 대부분 도덕적 가르침이나 교훈을 전달하고자 하며, 조선의 인물과 지리에 대한 설명 역시 그런 의도로 채워져 있다. 하지만 그 모든 것이 궁극적으로는 일제의 식민정책과 결부된 것이라는 점에서 교재의 내용이란 기실 일제가 조선 사람들에게 주입하고자 했던 제국주의적 이념과 가치라고 해도 과언이 아니다.

예절과 도덕

『조선어독본』 전반을 통해서 가장 큰 비중을 차지하는 항목은 예절과 도덕이다. 예절과 도덕이란 원래 강제적 규범이나 구속이라기보다 스스로 타인을 존중하는 자세라 할 수 있다. 일상생활에서 그것은 어떤 일의 순서나 절차, 말투나 몸가짐, 행동의 양식 등으로 구체화되어 드러나는 일종의 실천 덕목이다. 그런데, 『조선어독본』에서 그것은 식민치하의 특수한 상황에서 강요된 규율과 지침이라는 점에서 구별된다. "황국 신민다운 자질과 품성을 구유(具有)케 해야 한다."는 일제의 교육목표처럼, 도덕과 예절은 식민 주체로서 학생들이 갖추어야 할 행위의 구체적 내용들이다. 그래서, 「저녁인사」, 「아침인사」, 「선생님과 생도」, 「한식」, 「집안일의 조력」, 「문병」, 「인사」, 「이웃사촌」, 「애친」, 「친절한 여생도」, 「예의」, 「근검」, 「성실」, 「공덕(公德)」, 「자활」 등의 단원처럼, 모두 자신을 관리하고 원만한 사회생활을 하기 위한 덕목들로 구성되어 있다.

저학년용인 1권의 「저녁인사」와 「아침인사」는 아침이 되면 아버지, 어머니, 형님을 비롯한 이서방, 복동이에게 잘 주무셨냐고 공손하게 인사를 하고, 또 저녁이 되면 같은 식으로 인사를 한다는 내용이다. 「선생님과 생도」에서는 선생님의 가르침을 '귀애'하고 '잘 들어'야 하며, 「문병」에서는 친구가 감기로 결석을 하면 다정하게 안부편지를 보내고, 「인사」에서는 경조사를 당한 사람들에게 보내는 각종 인사 문구가 소개된다. 부자와 사제, 친구와 어른을 공경해야 한다는 이런 내용들은 대부분 유교적 가치와 이념에 바탕을 둔 것으로 위계적 서열의식과 그에 따른 품성의 함양을 내용으로 하고 있다. 공손하고 친절한 주체를 형성하고자 하는 의도로 이해되지만, 그것은 다음에서 알 수 있듯이 사회와 국가의 윤리와 결합되어 있다는 점에서 개인적 덕목의 단순한 강조에만 머물지는 않는다.

「이웃사촌」에서는 개인의 윤리가 사회적 부조의식으로 연결되고, 「근검」에서는 국가의식으로 확대되어 나타난다. 이웃에 가까이 사는 사람은 '어떠한 일에든지 서로 구조하는 일이 많은 고로, 멀리 살아서 자주 상종하지 못하는 친척보다 오히려 친근하'며, 더구나 "아무리 번족한 사람이라도 이웃사람의 부조를 받지 아니하고 사는 사람은 전혀 없"기 때문에 이웃사람과 '서로 친목하고 서로 부조하는 게 가장 좋다'고 한다. 「친절한 여생도」에서는 길거리에서 만난 안면부지의 노인에게도 공손한 태도를 취하는 착한 여학생이 소개되며, 「한식」에서는 그런 마음이 조상으로 확대되어 한식날이면 산소에 가서 정성껏 제사를 올려야 한다는 진술로 이어진다. 고학년용인 『조선어독본』 5-6권에서 '근검'과 '성실' '예의' '순서' 등의 덕목들이 강조된다. 「근검」에서는 "일가를 풍족케 하며, 일국을 부유케 함에 가장 필요한 것은 근(勤)과 검(儉)"이라는 사실이 언급되는데, 여기서 '근'이란 노력을 아끼지 않고 업무에 힘쓰는 것이고, '검'은 자기의 신분에 따라서 절약하고 남용하지 않는 것이라고 한다. '사업의 성취'는 이 '근과 검'에 의해 좌우되는 관계로 천품이 둔한 사람이라도 힘써서 근검하면 성공할 수 있고, 그것이 바로 "가(家)를 흥하고 국(國)을 강하게 하는 요체"라고 말한다. 「성실」에서는, 성실이란 추호라도 허위의 마음이 없이 여하한 일에든지 진정 근직(謹直)을 위주로 하는 선행이다. 그래서 성실한 사람은 그 행동에 표리가 없고 이심(二心)을 갖지 않으며, 궁극적으로는 "군에 충"하게 된다고 한다. 유가의 수신과 충군의 이념을 그대로 재현한 형국으로, 이는 「공자와 맹자」에서 '동양의 대성인'으로 공자를 평가하고 그의 '수신(修身)·제가(齊家)·치국(治國)·평천하(平天下)의 도(道)'

를 강조한 것과 같은 의도로 볼 수 있다.

대범(大凡) 사물은 여차히 정연한 순서가 잇어서 성취되는데, 아등(我等)이 학업을 수(修)하야 실사회에 출(出)함에는, 더욱 순서를 요하는지라. 만일 사(事)의 선후를 바꿔하든지, 속성하기를 위하여, 순서를 밟지 아니하고 엽등(躐等)하야 하면, 도로무공(徒勞無功)할 뿐 아니라, 도로혀 실패하는 일이 만으니, 우리들은 하사(何事)를 당하든지, 신중한 태도로 선후 경중의 순서를 잘 밟아서 행할지니라.(5권, 75면)

모든 사물에는 정연한 '순서'가 있다는 점, 그것을 어기거나 소홀히 하면 도로무공(徒勞無功)하게 되며, 그래서 어떤 일이든지 신중하게 선후의 경중과 순서를 밟아야 한다는 내용이다.

이러한 내용들을 종합하자면, 피교육자는 매사에 순응하고 공경하는 자세를 가져야 한다는 것으로 정리되는데, 이는 일제가 양성하고자 했던 식민 주체의 성격이 어떠했나를 시사해준다. 일상생활에서 윗사람을 공경하고 조상을 숭배해야 한다는 윤리는 '효'를 사회의 질서 유지를 위한 근본 원리로 삼고자 하는 의도와 관계되고, 그것이 사회적 상하관계로 확대되어 '충'으로 발전하는 식이다. 이는 인간 내면에 존재하는 도덕성에 주목하고 그것을 계발해서 사회의 혼란을 구제하고자 했던 공자의 의도를 일제치하의 현실에 적용한 형국으로, 유교 가족국가의 모습을 보였던 일제의 특성을 단적으로 보여준다. 일본과 조선을 문명 대 미개, 천황의 나라 대 신민의 나라로 구분하고 조선이 일본을 공경하고 따라야 한다는, 천황을 정점으로 한 가부장적 윤리 규범을 강조한 형국이다. 여기에 의하자면 조선인은 윗사람(혹은 강자)에게 순응하고 복종하는 공손한 내면의 주체로 스스로를 정립할 수밖에 없게 된다.

위생과 일상의 규칙

『조선어독본』에서 두드러지는 또 다른 항목은 사회 위생과 일상생활의 규칙이다. 위생이란 인체의 발육과 건강 및 생존에 유해한 환경을 살피는 것으로, 개인뿐만 아니라 지역사회 전반의 노력을 전제로 한다. 당시 조선은 개항과 더불어 근대의 세례를 받기 시작했지만, 사회 전반은 여전히 전근대적이고 비위생적인 환경에 노출되어 있었고 근대적 위생관념 또한 거의 형성되지 못한 상태였다. 갑오개혁 이후 시양문명이 조금씩 유입되면서 서양 의학이 들어오고 위생이 점차 개선되었으나 아직은 미미한 수준을 벗어나지 못했던 것이다. 그런 상황에서 언급된 위생 담론은 불결한 환경을 근대적으로 개선하려는 의도로 이해되지만, 그 또한 궁극적으로는 일제의 식민정책과 긴밀하게 관련된 것이었다. 일상생활에 필요한 각종 정보를 제공하는 과정에서 공공연하게 '국민의 도리'를 강조한 것은 위생 담론의 궁극적 의도가 국가의 근간이 되는 '국민의 관리'에 있었다는 것을 말해준다. 「약물」, 「하계위생」, 「청결」, 「안향의 금무(禁巫)」, 「폐물이용」, 「신선한 공기」, 「종두」 등은 모두 위생과 청결의 문제를 다루고 있다.

「약물」(2권)에서는, 약물에는 좋은 것이 있고 그렇지 않은 것이 있으니 좋은 것을 가려 먹어야 하고 또 좋은 것이라도 너무 많이 먹지 말아야 하며, 많은 사람들이 모이는 관계로 약물터에서는 질서를 지켜야 한다는 내용이다. 「청결」에서는 만병의 근원은 불결에 있다는 사실을 예시와 함께 소개한다. 전염병에 걸리면 자기 일신의 불행뿐 아니라 부모와 형제에게도 화를 미치며 심하면 일가가 전멸하고 이웃동네에까지 전염되어 일대소동을 일으키니 각별히 주의해야 하고, 의복 · 취식 · 기구 · 가옥 등 주변 환경을 오염시키지 않는 것이 중요하다고 한다. 「신선한 공기」(5)에서는 물에는 청수와 탁수가 있듯이, 공기에도 깨끗한 것과 더러운 것이 있어서 청결한 것은 위생에 유익하지만 더러운 것은 그렇지 않으며, 따라서 실내의 공기를 유통하여 신선한 공기를 호흡하도록 해야 한다고 주문

한다. 그리고 「종두」(6)에서는 종두의 유래와 제너의 공적을 설명하면서 종두로 인한 피해를 예방하기 위해서는 적극적으로 종두 접종을 해야 한다고 권고한다.

이런 내용들은 당시 전근대적인 미신이 사회 구석구석에 만연되어 있던 상황에서 널리 알려야 될 유용한 정보였다. 「종두」에서 언급된 것처럼, 종두를 맞으면 "신체에 우모(牛毛)가 생(生)한다, 우성(牛聲)을 발(發)한다"는 등 미신에 사로잡힌 사람들에게 종두의 과학성과 효험을 설명하는 것은 마치 어둠 속에서 불을 밝히는 것과도 같은 일이었다. 그렇지만 이러한 위생 담론은 궁극적으로 사회를 건강하게 통제하고자 하는 정치적 의도에 의해 조율되고 있다는 것을 기억할 필요가 있다.

파리 · 모긔 · 벼룩 · 빈대 갓은 벌어지들은 흔히 병독(病毒)을 매개하야, 악병을 전염식히는 일이 만은 대, 그러한 충류(蟲類)는 모다 더러운 곳에서 발생하는 것이오. 그러한 즉 누구든지 반다시 집의 내외를 청결하게 소제하고, 또는 파리 · 모긔 · 벼룩 · 빈대들을 잡아서, 항상 위생상에 해되는 일을 예방하기에 주의하지 아니하면 아니 되오.(4권, 24-25면)

개개인의 위생도 중요하지만 보다 중요한 것은 환경 즉, '집의 내외'를 깨끗하게 '청소'하는 것이라는 주장으로, 학교에서 위생 담론을 강조한 궁극적 의도가 어디에 있는가를 시사해준다. 국민을 건강하게 관리함으로써 식민체제를 유지하기 위한 노동력과 군사력을 양성하고자 하는 '국민 만들기'의 일환이었음을 새삼 확인할 수 있다.

이런 사실은 위생 담론과 함께 큰 비중을 차지한 실생활에 필요한 각종 지식과 정보를 소개하는 단원들에서 한층 구체화되어 나타난다. 여기서는 물건을 구매하기 위해 주문서를 작성하는 법, 식목일의 의미, 세금의 중요성과 납세의 의무 등등을 통해서 국민된 도리를 알리고 실천케 하는 식민주의적 의도가 노골화되어 있다. 「주문서」(4)에서는 모필(毛筆)을 시용(試用)해 본 뒤 제품을 구입하는 주문서의 사례가 소개되며, 「식목일」에서는 신무천황(神武天皇) 제일을 식목일로 정하고 해마다 나무를 심는데, 그것은 조선은 어디든 붉은 산이 많고 그래서 수해와 한해가 심하기 때문이라는 사실이 언급된다. 「인삼과 연초」(5)에서는 인삼과 연초의 특성을 말하고, 이 둘은 '조선총독부 전매국'에서 주관하니 허가 없이 경작하거나 제작·판매하는 것은 금지되었다는 사실을 강조한다. 「조선의 행정관청」(6)에서는 "조선은 대일본제국의 일부니, 조선총독이 천황의 명을 봉하야 차를 통치하나니라. 경성에 조선총독부를 치하야 정치를 행하나니, 총독의 하에는 정무총감이 있어서, 총독을 보좌하야 일반 행정사무를 시위감독하나니라."라고 하며, 총독 산하 전국의 행정기관과 업무를 소개하고 있다. 그리고 「납세」(6)에서는, 세금은 "국가가 국운을 융창(隆昌)케 하고, 국민의 복리를 증진케" 하는 경비가 되는 까닭은 "아등(我等)은 납세의 중요한 소이(所以)를 각성하야 국민된 본분을 다하도록 하야야 할" 것이라고 말한다. 이를테면 조선의 행정 관청의 위상과 역할을 설명하고, 납세의 의무를 충실히 이행하는 것이 바로 '천황의 명'을 받드는 것이라는 주장이다.

일상생활에 대한 이러한 정보는 조선과 일본의 지리적 특성을 소개한 「조선의 지세」(3)와 「부산항」(3) 등에서도 목격되는데, 특히 「후지산(富士山)과 금강산」에서는 이 모든 것을 일본과의 관계선상에서 설명한다. 내지의 웅장하고 신비로운 산야가 조선반도로 연결되어 있다는 식인데, 여기에 비추자면 조선은 지리적으로나 신분적 위계에서 일본의 하위체제의 하나일 뿐 그 자체로 독립적인 영역을 갖고 있지 못하다는 것을 알 수 있다.

그렇다면, 실용적 지식과 정보는 생활의 편의뿐 아니라 궁극적으로 일제가 요구하는 근대적 주체의 기율과 관계되는 것을 알 수 있다. 일제는 일상생활의 모든 영역에서 자기들에게 충성하고 봉사하는 새로운 주체를 요구했고, 그것을 이렇듯 위생과 실용 정보를 통해서 주입시키고자 한 것이다. 그런 사실은 일제의 위생 행정이 경찰제도와 직결된 통치방식의 일환이었다는 점을 생각할 때 한층 분명해진다. 즉, 일제는 합방 이후 모든 위생 행정을 경찰관제의 경무총감부 위생과에서 총괄케 했는데(김진균 외, 『근대주체와 식민지 규율권력』, 문화과학사, 1997), 이는 위생문제가 그만큼 중요한 식민지 규율의 도구였음을 뜻한다. 건강하고 충성하는 국민을 만들고 그것을 통해서 궁극적으로 제국주의의 의도를 관철코자 한 것이다. 만약, 일제가 교육을 통해서 근대적 시민(市民)을 양성하고자 했다면 교과서의 내용을 이런 식으로 채우지는 않았을 것이다. 근대적 시민이란 인격적 주체로서 자신의 자유와 권리를 주장할 뿐만 아니라 타인을 존중하는 자각적 존재를 의미한다. 그런데 교과서에서는 그런 능동성은 배제되고 단지 의무만이 일방적으로 강조되고 있다. 권리를 모른 채 의무만을 강요받아야 하는 존재란 기실 자기 성찰이 배제된 순종과 희생의 주체일 수밖에 없는 것이다.

조선과 몰역사적 과거

『조선어독본』에서 조선과 관련된 단원이 큰 비중으로 수록된 것은 매우 이채로운 모습으로 다가온다. 교재를 편찬한 주체가 '조선총독부'이고 또 교재의 궁극적 의도가 식민지 질서를 구축하는데 있었기에 조선의 역사와 인물을 다룬다는 것은 그런 의도에 반하는 것으로 보이는 까닭이다. 하지만 내용을 자세히 들여다보면 그런 외양과는 다른 식민주의적 의도가 깊게 숨어 있는 것을 볼 수 있다. 『조선어독본』에 수록된 조선 관련 역사와 인물은 '조선어' 교재라는 성격상 불가피하게 수록된, 이를테면 조선 사람으로서의 민족적 정체성이라든가 그에 대한 자부심 등이 배제된 기능적 배치 이상의 의미를 갖고 있지 못하다. 「솔거」, 「박혁거세」, 「한석봉」, 「신라의 고도」, 「서경덕」, 「이퇴계와 이율곡」 등은 외견상 조선의 명사나 신화적 인물을 소개하고 있지만, 대부분 단편적인 일화의 소개와 나열에 머문다.

「솔거」(3)에서는 널리 알려진 노송도(老松圖) 일화가 소개된다. 즉, 솔거가 그림을 잘 그려서 일찍이 황룡사의 벽에 소나무를 그렸는데 그 줄기와 잎이 너무도 생생해서 새들이 가지에 앉으려다가 벽에 부딪혀 떨어졌다. 그런데 색이 바래 다시 칠을 했더니 새들이 일절 오지 않았다는 내용이다. 「박혁거세」(3)에서는 알에서 나온 박혁거세가 어려서부터 영민해서 13세에 신라의 시조가 되었다는 내용이, 「한석봉」(5)에서는 한석봉이 떡장사를 하는 모친의 정성으로 큰 학자가 되고 또 명필이 되어 후세에 명성을 날렸다는 사실이, 그리고 「서경덕」(6)에서는 서경덕의 총명하고 호학하는 자세를 소개한 뒤 서경덕이 보인 '정신일도 금석가투(精神一到 金石可透)'의 정신을 잊지 말고 열심히 연구하면 무슨 일이든지 터득지 못할 게 없을 것이라는 내용이 소개된다. 이들은 모두 남다른 능력으로 업적을 이룬, 초등학생들이 존경하고 본받아야 할 역사적 인물들임에 틀림없다. 이들이 해방 후에도 다시 교과서를 장식한 것은 그만큼 우리 민족의 얼과 정신을 체현한 위인들이기 때문이다.

그렇지만, 교재에 소개된 내용이란 '조선'과는 거리가 먼 추상적 정보와 교훈에 그치고 있다. 솔거는 단지 그림을 잘 그리는 화가의 한 사람일 뿐 조선의 정신과 혼을 지닌 인물은 아니며, 한석봉 역시 글씨를 잘 쓰는 사람일 뿐 조선의 얼과 정신을 담지한 역사성을 갖고 있지는 못하다. 인물이 지닌 역사적 맥락과 배경이 생략된 채 단지 교훈적 특성만을 언급한 까닭인데, 그런 사실은 같은 인물을 그대로 수록한 해방 후의 『초등 국어독본』(1946)과 비교해 보면 한층 분명하게 드러난다. 미군정기의 「솔거」(『초등 국어교본』 중권)에는, 솔거를 신라 진흥왕 때의 인물로 소개한 뒤 그림을 그리고 싶어서 하느님께 빌었고, 꿈에 '단군'이 나타나서 "신의 힘"을 주었으며, 그 후 열심히 노력해서 마침내 세상에서 제일가는 명화공이 되었다는 내용이다. 식민지 교과서에서는 전혀 언급되지 않았던 민족의 시조 '단군'이 언급되고 그의 정기와 얼을 이어받은 인물로 솔거가 형상화되어 있다. 또 「박혁거세」(『초등 국어교본』 중권)에서는 박혁거세가 임금이 된 내력이 상세히 소개되는데, 특히 백성을 다스리기 위한 덕목으로 학문과 용기 · 덕 · 다정 · 정직 · 지방 사정을 잘 알아야 한다는 점이 강조되어 신화적 사실의 단순한 재현이 아니라 민족의 지도자로 성격화되어 있다.

여기에 비추어 볼 때, 조선총독부의 『조선어독본』에 수록된 과거 인물에 대한 진술은 매우 기능적이고 단편적이라는 것을 알 수 있다. 그렇기에 『조선어독본』에 수록된 인물들을 다른 사람으로 대체하더라도 전달하고자 하는 내용(즉 교훈적 덕목)에는 전혀 변함이 없다. 실제로 1937년에 새로 편찬된 보통학교용 『조선어독본』에는 「솔거」가 「솔거와 응거(應擧)」로 조정되어 있다. 솔거와 같은 일본의 유명 화가 응거를 덧붙여 두 인물의 일화를 단편적으로 대비한 것이다.

이런 사실은 고전문학을 수록하는 과정에서도 그대로 이어진다. 언급한 대로, 3권에 수록된 고소설 「심청」은 전통적인 효의 의미를 심청을 통해서 보여주며, 설화인 「영재와 도적」은 신라 원성왕 때의 스님인 영재의 일화를 짧게 소개하고 있다. 물욕에서 벗어난 노승 영재가 고개를 넘다가 도적을 만나지만 그의 무욕한 언행에 감동한 도적들이 무기를 버리고 스님을 따라 지리산으로 들어가 함께 살았다는 내용이다. 5권의 「사자와 산서(山鼠)」는 잠든 사자의 콧등에 올라 위엄을 뽐내던 쥐가 사자에게 혼이 난 뒤 용서를 빌지만, 얼마 후 처지가 역전되어 덫에 걸린 사자를 구해주었다는 보은담이다. 보은이라는 주제 외에는 이야기의 배경이라든가 지역적 특성 등은 전혀 언급되어 있지 않다. 「정저와(井底蛙)」(5)는 『장자』에 나오는 일화를 소개한 것으로, 견문이 넓지 못하면서도 자신의 재능이 출중하다고 망신하는 사람을 경계하는 내용이고, 「분수 모르는 토끼」 역시 자신의 분수를 망각한 채 사슴과 염소와 소의 뿔을 탐내던 토끼가 자신은 그들이 갖지 못한 귀를 가졌다는 사실을 깨닫고 기뻐한다는 내용이다. 「소화 이편(小話 二篇)」(6)에서는 여행자가 길을 가다가 곰을 만나자 죽은 척해서 위기를 모면했다는 내용과, 새벽잠이 없는 노파에게 괴롭힘을 당하던 여자 하인들이 닭을 죽여서 노파의 성화에서 벗어나고자 했으나 오히려 시도 때도 없이 괴로움을 당하게 되었다는 이야기이다.

이런 단원은 모두 효, 무욕, 지혜, 자만심의 경계, 안분지족(安分知足) 등 단편적 교훈으로 일관되어 문학으로서의 맛이라든가 민족의 얼과 정서를 느끼기 힘들다. 교훈적 덕목만을 건조하게 나열함으로써 작품에 수반되는 역사적 맥락과 풍토 등을 배제한 도덕 교과서와 다름없는 것이다. 그런 사실은 앞의 경우와 마찬가지로 미군정기의 『초등 국어독본』과 비교해보자면 더욱 분명해진다. 미군정기의 「심청」에서는 심청을 공양미 삼백 석에 팔아넘기게 된 아버지의 미혹함과 안타까움이 대화체 형식으로 제시되고, 그런 아버지를 측은히 여기는 심청의 심경이 사실적으로 소개되어 소설의 묘미가 십분 발휘되고 있다. 바닷가라는 공간적 배경과 부녀간의 사랑과 희생 등의 심리 묘사에서 우리는 우리 고유의 민족적 특성과 정신을 느낄 수 있다.

그런 사실과 비교할 때 일제의 『조선어독본』은 '조선어독본'이라는 외양에도 불구하고 근본적으로 조선의 역사를 자신(일제)을 위해서 써버리는 '민족에 대한 강력한 폭력'을 행하고 있음을 알 수 있다. 호미 바바의 언급처럼, 이런 담론들은 '문명화 과정에서 고착된 위계질서 속에 타자의 역사를 기록'한 것으로, 궁극적으로 '식민지적 팽창과 착취를 정당화'하는 역할(호미 바바, 나병철 역, 『문화의 위치』, 소명출판, 2002)을 수행한다. 조선인으로서 조선어를 학습하고 있음에도 불구하고 자기 문화에 대한 특성과 전통을 배우지 못하는, 그래서 어떠한 자긍심도 가지지 못하는 상황에서 피식민지 주체는 교재 곳곳에서 언급된 일본적인 것에 대한 선망의식을 내면화할 수밖에 없다. 여기다가 식민사관이 더해지면서 그 정도는 한층 심각해져 우리 민족은 주체성이 없고 퇴영적이며 사대주의에 사로잡힌, 내적 발전이 전혀 없는 민족으로 전락하고 마는 것이다.

4. 교과서의 역사와 자료의 집성

1910년에서 1945년까지 일제는 조선을 식민통치하면서 이른바 '교육칙어'를 근거로 식민화 교육을 본격화하였다. 그 과정에서 총독부 편찬의 『조선어독본』과 『국어독본(일어)』은 식민정책을 알리고 시행하는 교본

과도 같은 역할을 수행하였다. 일제는 식민정책의 변화에 맞춰 『조선어독본』을 수시로 개편하면서 제국의 이념과 가치를 전파하고 정착시키려 하였다. 그 결과 조선 사회는 식민 통치를 겪으면서 이전과는 다른 모습을 갖게 되고, 개개인들의 의식도 한층 근대적으로 변화되었다. 하지만 그렇게 성장한 주체가 진정한 의미의 근대적 주체가 되는 것은 아니다. 교과서 전반에서 목격되는 것은 일제의 식민 통치를 용이하게 하기 위한 순응적이고 피동적인 주체이다. 종소리가 울리면 점심을 먹고 호각 소리가 들리면 체조를 하고, 또 가정에서는 효도하고 사회적으로는 충성하는 도구적 주체만이 교과서를 활보하고 있다. 이런 사실들은 교육을 도구화한 전형적인 경우로 우리 교육의 오랜 병폐가 어디에서 비롯되었는가를 시사해 준다.

『조선어독본』은 이질적인 내용과 형식을 가진 글들이 한 자리에 모여 있는 혼종적인 텍스트라 할 수 있다. 근대적 지식과 문물을 소개하는 글, 조선과 일본의 지리와 산수의 아름다움과 지형의 특성을 설명하는 글, 국토 기행문, 일본의 명절과 풍습 등 실로 다양한 종류의 글들이 수록되어 있다. 형식면에서도 논설문, 설명문, 기행문, 시조, 속담과 격언 등이 다양하게 나열되어 있다. 또한, 1929년 제4차 교육령기의 교과서에는 한글맞춤법통일안이 반영되어 있고, 1925년의 제3차 교육령기의 교과서에는 '·'가 사용되는 등 국어학사의 측면에서도 주목할 대목들이 많다. 그런 점에서 『조선어독본』은 사회와 문화, 식민정책, 한글 정책 등 식민치하의 다양한 측면들을 이해할 수 있는 중요한 문화사적 자료라 할 수 있다.

그 동안 교과서에 대한 연구가 일천했던 것은 교과서 자체가 온전한 형태로 복원되지 못했기 때문이다. 이에 필자들은 『조선어독본』을 면밀하게 조사한 뒤 자료를 정리하고 체계화해서 이렇게 그 전모를 공개한다. 이런 작업이 계기가 되어 향후 교과서에 대한 다양한 관심이 촉발되고 또 활발한 연구가 이루어지기를 기대한다.

조선어독본 2

초판인쇄 2010년 8월 2일
초판발행 2010년 8월 14일

편 자 강진호 허재영
발 행 처 제이앤씨
발 행 인 윤석현
등록번호 제7-220호
책임편집 박채린

우편주소 132-702 서울시 도봉구 창동 624-1 현대홈시티 102-1206
대표전화 (02) 992-3253(대)
전 송 (02) 991-1285
홈페이지 www.jncbms.co.kr
전자우편 jncbook@hanmail.net

ISBN 978-89-5668-796-4 94190
ISBN 978-89-5668-794-0 (전5권)

정가 45,000원